). Le 17. S
_____

de cet

uelques i

LE GRA

libération

, t. XVI,

DOCUMENTS
RELATIFS
AUX ÉTATS GÉNÉRAUX DE 1614.

ÉTATS GÉNÉRAUX DE 1614.
ÉLECTIONS DE PARIS.

ASSEMBLÉES GÉNÉRALLES ET PARTICULIÈRES
FAITES EN L'HOSTEL DE LA VILLE DE PARIS
ET TOUT CE QUI S'Y EST PASSÉ POUR LES ESTATZ GÉNÉRAULX
DE CE ROYAUME.

Ce jourd'huy samedy quatorziesme jour de juing mil six cens quatorze ont esté apporté à messieurs les prévost des marchans et eschevins en leur Bureau les lettres de cachet du Roy touchant la convocation et assemblée génerale des Estatz de ce royaume, desquelles la teneur ensuict.

De par le Roy :

Très chers et bienamez, depuis qu'il a pleu à Dieu nous appeller à ceste couronne, nostre principal désir a tousjours esté suivant l'advis et prudent conseil de la Royne Régente, nostre très honorée dame et mère, de maintenir ce royaume en la mesme paix et tranquilité tant par my noz subjectz qu'avec les roys, princes et estatz noz voisins, que le feu Roy, nostre très honoré seigneur et père d'éternelle mémoire, y avoit par son inimitable valleur et prudence glorieusement establie; et avec cella de soulager nostre peuple aultant qu'il nous seroit possible, ce qui nous a, par la grâce de Dieu, [esté] si généreusement concédé qu'il se peult dire jamais minorité des Roys noz prédécesseurs ne s'estre passée avec plus de doulceur et de repos pour le bien de tous noz subjectz et de réputation pour la conduicte des affaires tant dedans que dehors le royaume, ce que désirans par tous les moyens affermir et d'acroistre, nous avons estimé, suivant l'advis de la Royne Régente nostre dite dame et mère, qu'il estoit maintenant à propos de mectre à effect le désir et intention qu'elle a tousjours eue de faire à l'entrée de nostre majorité une convocation et assemblée générale des Estatz de toutes les provinces de ce royaume pour en icelle représenter et faire entendre ce qui c'est passé pendant nostre bas aage, exposer l'estat présent des affaires et pourvoir pour l'advenir à l'establissement d'ung bon ordre pour la conduicte des affaires et administration de la justice, police, et finances et adviser à tous bons moiens qui puissent servir au soullagement de noz peuples et subjectz et à la réformation des abbuz et désordres qui se pourroient estre glissez au préjudice de nostre auctorité et du bien et advantage de tous les ordres de ce dict royaume; en quoy nous nous promectons que ceste nostre bonne intention sera fécondée et assistée d'une droicte dévotion et sincère affection à nostre service et au bien de nostre dit royaume et de tous noz dits subjectz.

A ceste cause nous vous advertissons et signiffions que nostre vouloir et intention est de commancer à tenir les Estatz libres et généraulx des trois ordres de nostre dit royaume au dixiesme jour du mois de septembre prochain en nostre ville de Sens où nous entendons et désirons que se trouvent aulcuns des plus notables personnages de chacune province, baillage et sénéchaussée d'icelluy pour nous faire entendre les remonstrances, plaínctes et dolléances qu'ils auront à nous faire et les moiens qu'ilz recongnoistront plus convenables pour y mectre ung bon ordre et pour cest effect, nous vous mandons et très expressément enjoignons que vous ayez à faire le plus promptement que faire ce pourra assemblée et convocation générale en l'hostel commung de ceste bonne ville ainsy et en la forme et manière que vous avez accoustumé de faire les convocations et assemblées généralles pour les affaires communes de nostre dite ville en aultres matières et affaires publieques concernant le bien et repos d'icelle, pour en la dite assemblée délibé-

rer et terminer ce qui vous semblera en voz consciences debvoir estre proposé aus
dits Estats généraulx de nostre royaume et ce faict estire, choisir et nommer personnages de suffisance et intégrité que vous envoierez et ferez trouver en nostre
dite ville de Sens au dit jour dixiesme septembre prochain, avec amples instructions, mémoires et peuvoirs suffisans pour, selon les bonnes antiennes et louables
coustumes de ce royaume, nous faire entendre tant leurs dites remonstrances,
plainctes et doléances que les moiens qui leur sembleront plus convenables pour
le bien publicq, manutention de nostre auctorité, soullagement et repos d'un
chascun, ainsy qu'il en a esté par vous ey devant usé lors de l'assemblée des Estatz
d'Orléans et Blois et sans que pour ce vous ny voz depputez, ny les autres habitans de nostre dite bonne ville et faulxbourgs soient tenuz aulcunement comparoir
en la convocation et assemblée qui sera faicte par nostre prévost de Paris de laquelle nous vous avons exemptez ensemble de la jurisdiction et congnoissance de
nostre dit prévost de Paris pour le regard de la dite convocation d'Estatz seullement, voullans à l'exemple des Roys noz preddécesseurs que pour la dignité et
excellance de nostre dite bonne ville elle face de son chef ès dits Estatz généraulx
ung corps à part d'avec le reste de nostre dite prévosté, ainsy qu'il fut faict ès dictz
derniers Estats généraulx tenuz en nos dites villes d'Orléans et Blois. Car tel est
nostre plaisir.

«Donné à Paris le neufiesme jour de juing mil six cens quatorze.» Signées
Louis et au dessoubz DE LOMÉNYE.

Et sur le dos est escript : «A noz très chers et bien amez les prévostz des marchans et eschevins de nostre bonne ville de Paris»; avec le cachet des armes de
France.

Desquelles lectres ayant esté fait lecture, mes dits sieurs les prévostz des marchants et eschevins ont arresté de faire assemblée de messieurs les conseillers de la dite ville à mardy prochain deux heures de
rellevée et à ceste fin mandemens ont esté envoyées à mes dits sieurs
les conseillers de la ville dont la teneur ensuict :

«Monsieur de Versigny, plaise vous trouver demain deux heures de rellevée au
Bureau de la ville pour entendre la lecture des lectres de cachet du Roy envoyées
par Sa Majesté à la dicte ville touchant la convocation et assemblée générale des
Estatz, vous priant n'y vouloir faillir.

«Faict au Bureau de la ville le lundy seiziesme jour de juing mil six cens quatorze.

«Les prévost des marchans et eschevins de la ville de Paris tous vo↑tre »

Pareil mandement envoyé à chacun de messieurs des conseillers de
la dite ville.

Du mardy dix septiesme jour de juing mil six cens quatorze.

En l'assemblée de messieurs les prévost des marchans, eschevins et
conseillers de la dite ville le dit jour, tenue au Bureau d'icelle pour
entendre la lecture des lettres de cachet du Roy envoyées par Sa Majesté
à la dite ville touchant l'assemblée géneralle des Estatz de ce royaume,
sont comparuz :

Monsieur de Grieu, conseiller en la court, prévost des marchans.
M⁽ʳ⁾ de Pien.
M⁽ʳ⁾ Mérault.
M⁽ʳ⁾ Desveux.
M⁽ʳ⁾ Clapisson, eschevin.
M⁽ʳ⁾ Perrot, procureur du Roy de la dicte ville.
Monsieur le président de Marly.
Monsieur le président Aubry.
M⁽ʳ⁾ Marcheri, maistre des Requestes.
M⁽ʳ⁾ Boucher, conseiller.
M⁽ʳ⁾ Perrot, conseiller.
M⁽ʳ⁾ Amelot, maistre des Comptes.
M⁽ʳ⁾ Arnault, advocat.
M⁽ʳ⁾ Potier, s⁽ʳ⁾ de Guenilly.
M⁽ʳ⁾ Prevost, advocat.
M⁽ʳ⁾ Lamy, secrétaire.
M⁽ʳ⁾ de S⁽ᵗ⁾ Germain, sieur de Ravines.
eeditevlle

La compagnie estant assemblée, monsieur le prévost des marchans
a remonstré que le Roy avoit envoié à la ville ses lettres de cachet tou-

chant l'assemblée géneralle des Estatz de ce royaume. C'est pourquoy il avoit, avec messieurs les eschevins, ordonné la présente assemblée pour entendre la lecture des dites lettres et adviser à ce qui seroit à faire pour l'exécution d'icelle, requérant en voulloir délibérer.

Sur quoy, lecture faicte des dites lettres de cachet données à Paris le ıx^e jour du présent moys, signées Louis et au dessoubz de Loménye, et veu les registres de la dite ville des années mil v^e soixante et soixante et seize touchant les Estatz tenuz à Orléans et Blois, et l'affaire mise en délibération, a été arresté que assemblée génerale sera faicte au dit hostel de ville dans la grande salle d'icelle, le mercredy vingt cinquiesme de ce mois de rellevée, des dits s^{rs} prévost des marchans, eschevins et conseillers de la ville, depputez, de messieurs des courtz souveraines, quartiniers et six notables bourgeois de chacun quartier aultres que officiers des dites courtz souveraines, corps, collèges et communaultez esclésiasticques; et à ceste fin que dès demain les dits sieurs prévost des marchans et eschevins yront par devers mes dits sieurs des courtz souveraines pour les prier de depputter d'entre eulx pour assister à la dite assemblée géneralle le dit jour xxv juing.

Et sur ce qui a esté proposé si l'on laisse à la liberté des dits quartiniers d'appeller les six personnes de leur quartier tel que bon leur semblera pour venir à la dite assemblée géneralle, ou si l'on leur ordonnera d'appeller et faire assemblée particulière en leurs maisons de leurs cinquantiniers, diziniers et douze ou vingt des plus notables bourgeois de leur quartier, lesquelz esliront entre eulx les six qui debvront venir es dites assemblées géneralles, l'affaire mise en délibération, a esté arresté que les mandemens seront envoyez aus dits quartiniers, ainsy que a esté faict cy devant, pour appeller et faire venir à la dite assemblée six notables bourgeois et des plus apparens de leur quartier aultres que ailleurs des dites courtz souveraines et que dès demain lesdiz quartiniers seront mandés au Bureau pour estre advertis de choisir en leur dits quartiers des plus notables bourgeois pour venir en la dite assemblée géneralle.

« De par les prévost des marchans et eschevins de la ville de Paris.

« Sire Françoys Bonnart, quartinier, nous vous mandons vous trouver demain une heure de rellevée au Bureau de la ville pour entendre ce que nous avons à vous dire.

« Faict au Bureau de la dite ville le mardy xvıı^{eme} jour de juing mil six cens quatorze. »

Pareil envoyé à chacun des dits quartiniers.

Et le mercredy xvııı^{eme} jour de juing seroient venuz au Bureau les dits quartiniers suivant le mandement à eulx envoyé, lesquelz ont esté advertis par messieurs les prévost des marchans et eschevins de la dite ville de prendre et choisir tous les plus apparans et principaulx bourgeois de leurs quartiers pour venir et assister aux assemblées qui seront faictes en l'hostel de la ville touchant les Estatz, ce qu'ilz ont promis faire.

Le dict jour xvııı^{eme} juing, messieurs les prévost des marchans, eschevins, procureur du Roy et greffier de la ville sont allez en la court de Parlement où ilz ont priez messieurs de la dite court de voulloir depputter quelques ungs d'entre eulx pour venir aux assemblées généralles qui seront faictes en l'hostel de la ville touchant la convocation et assemblée génerale des Estatz de ce royaume, ainsy qu'il a esté faict en cas semblables et Estatz d'Orléans en l'année mil v^e soixante et aux Estatz de Blois l'an mil cinq cens soixante et seize. A quoy mes dits sieurs de la court parlans par la bouche de monsieur le premier président de Berdun que les registres de la court ensemble ceulx de la dite ville seroient venz et que l'on en rendroit responce.

Et suivant ce mes dits s^{rs} de la ville ont faict porter par le greffier d'icelle deux registres de la dite ville des dites années m v^e soixante et soixante et seize concernant les ditz Estatz lesquelz auparavant avoient esté montrez et communiquez particulièrement à mon dit sieur le premier président et à M^r le procureur général de Bélièvre, lequel

auroient chargez mes dits sieurs de la ville de ce trouver en la dite
court au lendemain matin pour entendre la résolution de la dite court.

Et le jeudy 11ᵉᵐᵉ jour du dit mois de juing, sept heures du matin mes
dits sieurs les prévost des marchans, eschevins et gréffier de la dite
ville sont allez en la dite court, où mes dits sieurs estoient assemblez
tant de la Grande Chambre, Tournelle, que de le Édict, pour délibérer sur la dite depputation, où ayans attendu quelque temps, mes dits
sieurs de la ville auroient esté appellez, où estans entrez dans la Grande
Chambre et où estoit messieurs les sept grandz présidens en robbes
rouges et grand nombre de conseillers en robbes noires auroit esté dit
et prononcé par mon dit sr le président l'arrest et la responce qui ensuict :

Prévost des marchans et eschevins, sur la semonce par vous faicte à la court
pour depputter aulcuns d'icelle pour ce trouver en l'hostel de la ville en l'assemblée qui s'i fera pour la convocation des Estatz, que la dite court ne s'empeschera ny
ne s'entremeslera de la dite convocation et assemblée des Estats de la ville, prévosté et viconté de Paris. »

Et aussitost mes dits sieurs de la ville se sont retirez et allez par
devers messieurs de la chambre des Comptes, lesquelz ilz ont priez
de depputter quelques de leur compaignie pour venir en l'hostel de la
dite ville à l'assemblée générale, lesquels srs des Comptes, après avoir
sceu ce qui s'estoit passé en la court de Parlement ont faict responce
qu'ilz en alloient délibérer et en donneroient responce. Et aussitost
mes dits sieurs des Comptes ont faict responce qu'ilz ne depputteroient
point de leur compaignie pour venir à la dite assemblée de l'hostel de
ville.

Ce faict sont mes dits sieurs de la ville et greffier allez par devers
messieurs de la court des Aydes, où ilz ont faict la mesme prière et
semonce, lesquelz sieurs des Aydes parlans par la bouche de monsieur le
premier président Chevallier ont faict responce qu'ilz depputeroient
aulcuns de leur dite compaignie pour se trouver au dit hostel de ville
en l'assemblée qui s'i fera touchant les dits Estatz, et depuis mes
dits sieurs de la ville ont esté advertis qu'ilz ne depputteroient poinct
non plus que messieurs de la court de Parlement et chambre des
Comptes.

Et estans mes dits sieurs les prévost des marchans et eschevins,
retournez au Bureau de la ville pour adviser à ce qui seroit à faire pour
l'exécution des dites lettres, a été arresté entre eulx que chaque mandemens seroient envoiez à mes dits sieurs les conseillers de la ville,
corps, collèges et communaultez esclésiastiques et aux quarteniers et
appeller avec eulx dix notables bourgeois de chacun de leurs quartiers,
sçavoir cinq officiers des courtz souveraines et autres et cinq nottables
bourgeois et marchans, desquelz mandemens la teneur ensuict, sans
que pour cette première assemblée géneralle les maistres et gardes
des marchandises et jurez des mestiers y soient appellez comme n'en
estant encore de besoing :

« Monsieur de Versigny, plaise vous trouver, mercredy prochain vingt cinquisme
du présent mois, une heure précise de rellevée, en l'assemblée généralle qui se
fera en la grande salle de l'hostel de la ville pour entendre la lecture des lettres
du Roy à nous envoiées par Sa Majesté touchant la convocation et assemblée généralle des Estatz et adviser et dellibérer à ce qui sera à faire pour le bien et repos
de ce roiaulme vous prians n'y voulloir faillir.

« Faict au Bureau de la ville le vendredy vingtiesme jour de juing mil six cens
quatorze.

« Les prévost des marchans et eschevins de la ville de Paris tous vostres. »

De par les prévost des marchans et eschevins de la ville de Paris.

Sire François Bonnard, quartenier, nous vous mandons appeller dix personnes
de vostre quartier des plus notables, sçavoir cinq officiers du Roy tant des courtz
souveraines que autres et cinq des plus notables bourgeois et marchans non officiers, et vous trouvez tous mercredy prochain vingt cinquiesme du présent mois,
une heure précise de rellevée, en l'assemblée généralle qui se fera en la grande
salle de l'hostel de ville pour entendre la lecture des lettres du Roy à nous envoiées
par Sa Majesté, touchant la convocation et assemblée générale des Estats et adviser et dellibérer à ce qui sera à faire pour le bien et repos de ce roiaulme. Sy n'y
faictes faulte.

« Faict au Bureau de la ville le vendredy vingtiesme jour de juing mil six cens
quatorze. »

« De par les prévost des marchans et eschevins de la ville de Paris.

« Monsieur l'évesque de Paris, nous vous prions vous trouver mercredy prochain vingt cinquiesme jour du présent mois, une heure précize de rellevée en l'assemblée généralle qui se fera en la grande salle de l'hostel de ville pour entendre la lecture des lettres du Roy à nous envoiées par Sa Majesté touchant la convocation et assemblée généralle des Estatz et adviser et délibérer à ce qui sera à faire pour le bien et repos de ce roiaulme, vous priant n'y voulloir faillir.

« Fait au Bureau de la ville le vendredy vingtiesme jour de juing mil six cens quatorze.

Pareil envoié à M⁹ du chappitre de Paris;
A Messieurs de la Sainte Chapelle;
Aux relligieux, abbé et couvent de Sainte Geneviefve;
Aux relligieux, abbé et couvent de Saint Victor;
Aux relligieux, abbé et couvent de Saint Germain des Prez;
Aux relligieux, prieur et couvent des Chartreux;
Aux relligieux, prieur et couvent de Saint Magloire;
Aux relligieux, prieur et couvent de Saint Lazare;
Aux relligieux, prieur et couvent de Saint Martin des Champs;
Aux relligieux, prieur et couvent des Cellestins;
Aux relligieux, prieur et couvent de Sainte Croix.

Du mercredy vingt cinquiesme jour de juing mil six cens quatorze de rellevée.

En l'assemblée généralle le dit jour faite en la grand'salle de l'hostel de la ville de messieurs les prévost des marchans, eschevins, conseillers de la dite ville, corps, collèges, chappitres et communaultez esclésiasticques, quarteniers et dix bourgeois de chacun quartiers mandez, sçavoir cinq officiers tant des courtz souveraines que autres et cinq des plus nottables marchans et bourgeois de cette dite ville, pour entendre la lecture des lettres du Roy envoiées à la dite ville par Sa Majesté touchant la convocation et assemblée généralle des Estatz, et adviser et délibérer à ce qui sera à faire pour le bien et repos de ce roiaulme, suivant les mandemens envoiez à ceste fin.

Sont comparus :

Monsieur de Grieu seigneur de Saint Aubin, conseiller en la court, prévost des marchans.

Monsieur Desprez, advocat en Parlement; Monsieur Mérault, auditeur des Comptes; Monsieur Desveux, grenettier de Paris; Monsieur Clapisson, conseiller au Chastelet, eschevin.

Monsieur Perrot, procureur du Roy de la dite ville.

Monsieur de Marle, seigneur de Versigny; Monsieur le président de Boullencourt; Monsieur Sanguin, sieur de Livry, conseiller en la court; Monsieur Palluau, conseiller en la court; Monsieur Boucher, conseiller en la court; Monsieur Le Prebstre, conseiller en la court; Monsieur Amelot, maistre des Comptes; Monsieur Arnauld, advocat; Monsieur Prévost, sieur de Sᵗ Cir, maistre des Requestes, *absent;* Monsieur Perrot, conseiller en la court; Monsieur le président de Marly; Monsieur Violle, sieur de Rocquemont; Monsieur le président de Bragelongue, *absent;* Monsieur Abelly; Monsieur le président Aubry; Monsieur Lamy, secrétaire du Roy; Monsieur Canguin; Monsieur Le Clerc, conseiller en la court; Monsieur Le Tonnelier, conseiller en la cour des Aydes; Monsieur de Saint Germain, sieur de Ravynes; Monsieur Sainctes; Monsieur Pottier, sieur de Quevilly; Monsieur Aubry, sieur d'Auvillis; Monsieur Marescot, maistre des Requestes; Monsieur Prévost, advocat en Parlement, conseillers de la ville selon l'ordre de leurs réceptions.

Monsieur l'archediacre Dreux; Monsieur Garnier, depputez de messieurs du chappitre de Paris. Monsieur Jacques Barrin; M. Pierre Povéet, depputez de la Sainte Chappelle. Monsieur Bourguignon, depputté des relligieux de Sainte Geneviefve. Frère Jacques Ozan, depputté de Saint Martin des Champs. Frère Denis Coulon; Frère Anthoine de Bragelongue, depputtez des relligieux de Saint Victor. Frère Hiérosme Le Juge; Frère Philippes Laurens, depputtez des relligieux de Saint Germain des Prez. Frère Adrien Lebon; Frère Anthoine Rousseau, depputtez des relligieux de Saint Lazare. Frère François Vast, depputté de Saint Magloire. Frère Anthoine Rondeaux; Frère Claude Godart, depputtez des relligieux des Cellestins.

Les ditz depputtez de Saint Germain des Prez ont protesté que la préséance, que le depputté de Sainte Geneviefve a présentement faite devant eux, ne leurs puisse nuire ne préjudicier et à leurs droictz de scéance et prévillèges.

Quarteniers et dix bourgeois de chacun quartier mandez :

Sire François Bonnard [Quartenier]; Mᵉ de Beaumont, maistre des Requestes; Monsieur le président Gayant; Monsieur de Pleurs, conseiller en la court; Monsieur Lescuyer, maistre des Comptes; Monsieur Mauroy, secrétaire du Roy; Monsieur de Paris; Monsieur des Champs; Monsieur Le Saige; Monsieur Gaujon; Monsieur de Laulnoy, bourgeois et marchans.

Sire Nicollas Bourlon [Quartenier]; Monsieur Dufour, conseiller en la court; Mᵉ Viollard, trésorier de France; Mᵉ Bourbon, greffier des Comptes; Mᵉ Hac, général des Monnoyes; Mᵉ Prévost, grénetier de Paris; Mᵉ de Marquemont; Mᵉ Cornuaille, advocat; Mᵉ Martin; Mᵉ Le Bossu; Mᵉ Bellin, bourgeois.

M. Jacques Huot [Quartenier]; Mᵉ Hac, conseiller en la court; Mᵉ de Beaurin, maistre des Comptes; Mᵉ du Lys, advocat du Roy en la court des Aydes; Mᵉ Ferrand, Lieutenant particulier; Mᵉ de Ginets, secrétaire du Roy; Mᵉ Tallon, advocat en la court; Mᵉ de la Martillière, advocat en la court; Mᵉ Sebut de Sᵗ Jullien; le sire Guérin, marchant; le sire Hersant, marchant.

Mᵉ Guillaume du Tectu [Quartenier]; Mᵉ des Arches, président des Comptes; Mᵉ de Chaulme, maistre des Requestes; Mᵉ Sévyn, conseiller en la court; Monsieur Fleurette, conseiller ès Requestes; Mᵉ Prévost, maistre des Comptes; Monsieur Becquet; Mᵉ Bergeon; Mᵉ Rolot; le sieur Blin; le sieur Gironet, bourgeois.

Sire Jacques Bérout [Quartenier]; Mᵉ Roullier, conseiller en la court; Mᵉ Chevalier, conseiller en la court; Mᵉ Heseelin, maistre des Comptes; Mᵉ Lusson, président des Monnoyes; Mᵉ Belut, conseiller au Trésor: Mᵉ Loisel, advocat; M. Galland, advocat; Mᵉ du Tour, commissaire; le sieur Rampereur, bourgeois.

Sire Michel Passart [Quartenier]; Mᵉ Brissonnet, conseiller en la court; Mᵉ le président Miron; M. Parfaict, conseiller; Mᵉ Boullanger, conseiller; Mᵉ Le Brest, conseiller au Chastelet; Mᵉ Lengeras; le sieur Loys Mantel; Mᵉ Labé; Mᵉ Lambert; Mᵉ Chapart.

Sire Anthoine Audienas [Quartenier]; Mᵉ Barentin, maistre des Requestes; Mᵉ de Rezé, conseiller en la court; M. Leballeur, conseiller en la court; Mᵉ de Haudicq, maistre des Comptes; Mᵉ Ladvocat, conseiller au Grand Conseil; le sieur Dampmartin, marchant; le sieur Targis, marchant; le sieur Dubois; le sieur Boul'; le sieur Robert, bourgeois.

Mᵉ Robert Danès [Quartenier]; Mᵉ de la Brunetière, commissaire ordinaire des guerres; Mᵉ du Marché, advocat en Parlement; Mᵉ Maillet, advocat en Parlement; Mᵉ Giroult, advocat en Parlement; Mᵉ Gendron, premier huissier de la cour des Aydes; Mᵉ Périer, commissaire au Chastelet; Mᵉ Feulles, marchant, Mᵉ Duhamel, bourgeois; Mᵉ Thomas, bourgeois; Mᵉ de Louan, marchant.

Sire Simon Marces [Quartenier]; Mᵉ Camus, conseiller en la court; Mᵉ Perrot, naguères président en l'Eslection; Mᵉ du Rousseau, advocat du Roy aux Requestes de l'hostal; Mᵉ de la Poustoire, eslcu; Mᵉ Le Coq, substitut; le sire Jacques Barbier; le sire Jacques Benoist; le sire Boucher; le sire Fiacre Malaquin; le sire Chéron, bourgeois.

Sire Jacques de Creil [Quartenier]; Mᵉ Regnart, maistre des Requestes; Mᵉ de Brusselles, maistre des Requestes; Mᵉ des Landes, conseiller en la court; Mᵉ Cocquerel, général des Monnoyes; Mᵉ Abelly, receveur général de Limoges; Mᵉ Henriot; Mᵉ Le Febvre; Mᵉ Hélain; Mᵉ Pregnes; Mᵉ Doublet, l'aisné, bourgeois et marchans.

Sire Jacques de Molhères [Quartenier]; Mᵉ Crespin, président aux Enquestes; Mᵉ Foucquet, conseiller en la court; Mᵉ Thiersault, trésorier de France; Mᵉ Yves, auditeur des Comptes; Mᵉ Bergeon, secrétaire du Roy; Mᵉ Jolly, advocat en la court; le sieur Dubuisson; le sieur Lefèvre, bourgeois; le sieur Macé, bourgeois.

Le sieur Du Pont, bourgeois [Quartenier]; Sire Jehan Le Clerc; Mᵉ Savaris, conseiller en la court; Mᵉ de Grieu, conseiller en la court; Monsieur d'Essais, maistre d'hostel de la maison du Roy; Monsieur de Bréaé, président des Monnoyes; Monsieur de Graville, secrétaire du Roy; Monsieur Le Chassis, advocat en la court; Mᵉ Rigoumien, advocat en la court; le sieur Le Clerc, bourgeois; le sieur du Pré, bourgeois; le sieur Souvis, bourgeois.

Sire Denis de Sᵗ Genis [Quartenier]; le sieur Scaron, l'esné, conseiller en la court; Mᵉ le président Charron; Monsieur Damour, conseiller en la court; Mᵉ Texier, maistre des Comptes; Mᵉ Poussepin, conseiller au Chastelet; Mᵉ Bélin, bourgeois; Monsieur Leblond, bourgeois; le sieur Philippes, marchant; le sieur Henzard, bourgeois; le sieur Duclos, marchant.

Mᵉ François de Fontenu [Quartenier]; Monsieur Fournier, cy devant conseiller en la court de Parlement; Monsieur Charles, sieur d'Esbly, conseiller en la court[1]; Monsieur Roullier, maistre des Comptes; Monsieur Lambert, correcteur des Comptes; Monsieur Puyperreux, secrétaire du Roy; Monsieur de Caoucy, marchant; Monsieur Duseau, bourgeois; Monsieur Roullier, bourgeois; Monsieur de Louvigny, bourgeois; Monsieur Bueques, bourgeois.

[1]. Voir Leroux de Lucey, 2ᵉ partie, p. 221.

Sire Pierre Parfaict [Quartenier]; Monsieur de Bruguinville, gentilhomme ordinaire de la chambre du Roy, *absent;* Monsieur le président de Liverys; Monsieur Violle, conseiller en la court de Parlement; Monsieur de Sainct Germain le grand, maistre des Comptes; Monsieur des Barreaux, trésorier de France; Monsieur de Metz, bourgeois; Monsieur du Buignon, bourgeois; Monsieur Caignet, marchand; le sieur Lefebvre, bourgeois, *absent.*

Sire Ascanius Guillemeau [Quartenier]; Monsieur Peteau, conseiller en la court; Monsieur Le Maistre, conseiller en la court; Monsieur Chaillou, maistre des Comptes; Monsieur Adée, secrétaire du Roy et advocat au Conseil; Monsieur Leroux, conseiller au Chastellet; Monsieur Gélin, auditeur des Comptes; Monsieur de Vernage, advocat en la court; Monsieur Surault, advocat; le sieur d'Ivry, marchant; le sieur Bourellier, marchant.

La compagnie estant assemblée, mon dit sieur le prévost des marchans luy a fait entendre que le Roy désirant tenir ses Estatz généraux en la ville de Sens au dixième jour de septembre prochain, il a envoyé ses lettres de cachet à la dite ville pour faire la présente assemblée et entendre sa vollonté desquelles lettres il a requis la compagnie à en entendre lecture. Et aussytost le greffier de la dite ville a faict lecture des dites lettres données à Paris le neufviesme jour de juing mil six cens quatorze, signées Louis et au dessoubz de Loménye, qui sont cydevant transcriptes.

Après laquelle lecture monsieur le prévost des marchans fait une harengue à la dite compagnie de laquelle la teneur s'ensuit :

« Messieurs, nous avons appris par noz registres qu'en pareilles occasions on a faict jusques à trois assemblées génerales, la première en laquelle après la lecture des lettres de Sa Majesté, on depputte quelques ungs de la compagnie de tous les ordres qui s'y trouveront céans, en tous les jours ou certains jours de la sepmaine à l'heure qui sera advisée, pour recepvoir tous les mémoires qui leur seront présenter, les véoir, assembler et rédiger en ung cahier pour en faire lecture à l'assemblée suivante, en laquelle chacun peult dire ce que bon luy semble pour adjouter, diminuer ou corriger les articles du dit cahier et après les depputtez se rassemblent pour le remectre au nect et y mectre la dernière main, puis on faict une troisiesme assemblée pour leur lire encores une fois et depputter ceulx que l'on veult charger pour je porter aux Estatz généraulx.

Ces mémoires on les peult bailler en deux fassons : ou les présentant à messieurs qui seront depputtez ou les mettans dans ung coffre percé par le dessus en forme de troncq, sy celluy qui les présente ne veult pas estre recongneu.

Il est doncq loisible nonseullement à vous, Messieurs, qui estes icy assemblés avec tous les bourgeois de cette ville et faulxbourgs, de bailler telz mémoires que bon leur semblera et affin que personne n'en prétende cause d'ignorance nous le ferons encores publier par les carrefours de cette ville à son de trompe et cry publicq au premier jour.

Mais, Messieurs, je pense estre obligé de vous supplier que nous prenions bien garde aux mémoires que nous baillerons, car aians l'honneur d'estre cittoiens de la capitalle ville du roiaulme remplis de tant de personnages de grande et eminante dignité, de si beaux et rares espritz, il fault qu'en toutes noz propositions nous fassions parroistre un grand sens et un grand jugement et que noz demandes soient si justes qu'elles ne puissent estre reffusées. Les propositions que nous avons à faire, il me semble que nous devons les examiner par trois et quatre considérations : par celle de l'honneur de Dieu, du service du Roy et du bien de l'Estat et pour nostre propre utilité, et touttes ces considérations bien prises sont tellement liées l'une à l'autre qu'il semble que ce ne soit qu'une mesme chose; car nous ne pouvons faire aulcune proposition qui y soit vrayment utile au service du Roy ou pour nous mesmes, quy soit contraire à l'honneur de Dieu, puisque c'est luy qui establiy les Roys, qui les maintient et les fait régner paisiblement pourveu qu'il garde ses commandemens; celluy qui donne ses bénédictions aux peuples quand ilz le servent bien, et qui chatye par la guerre et autres fléaux quant ilz s'oublient de leurs debvoirs. Aussy ne fault-il pas nous imaginer ung peuple qui renverse l'auctorité des Rois et qui destourne les peuples de leur obéissance; l'Escripture nous enseigne que toutte la puissance vient de Dieu et quy résiste à cette puissance résiste à l'ordonnance de Dieu. Elle nous commande en termes exprès et bien précis d'obéir à ceulx qui sont establiz sur nous, quelques fascheux qu'ilz soient. Ne détruysons pas la loy de Dieu par la subtille interprétation des hommes; n'apportons poinct de distinction où la parolle de Dieu n'en a poinct apporté. Nous sommes obligez de le servir et maintenir en auctorité et par la conscience et par la considération de nostre propre utilité; où il n'y a rien qui nous fasse demeurer en seurreté dans noz maisons, qui nous maintiennet dans la jouissance

de noz biens et qui empesche que le plus fort n'opprime le plus foible que l'aucthorité du Roy. Souvenons nous de l'estat où nous avons esté pendant le temps
que nous nous promettions une liberté imaginaire, et en faisant comparaison avec
l'estat auquel nous sommes à présent, nous recongnoissions clairement que la diminution de l'auctorité du Roy est la diminution de nostre liberté et acheminement à une servitude. Ne cherchons doneques poinct d'utilité contraire à son
service, que nostre principal but soict de penser aux moiens propres pour affermir
son auctorité. La considération de ses jeunes ans ne doibt pas détourner de cette
affection; au contraire, sy nous sommes bien naiz, si nous avons ung cœur françois, c'est ce qui nous doibt plus affectionner à le maintenir et le servir fidellement. Souvenons-nous qu'il est filz de ce grand Roy, qui de ce nom là et tout ce
qui se peult imaginer de grand et excellent, principallement parlant à vous Messieurs, qui estes tesmoings de ses généreuses et héroïcques actions dont nous sen-
tons tous les jours les faictz par la jouissance de noz maisons et de noz biens; re-
présentons nous qu'il est filz de la Roine régente à laquelle nous avons tant
d'obligation, qui a conduict les affaires depuis quatre ans et plus avec tant de
prudence que, contre toute espérance humaine, elle a maintenu ce roiaulme en
paix. Nous maintenir en paix, Messieurs, c'est nous donner asseurance de noz vyes
et de noz biens, qui pendant la guerre sont exposez en proye; c'est obligation et
si grande qu'elle obscurcit toutes les autres. Je ne puis néantmoings passer soubz
sillence la gratification que nous avons receue de Sa Majesté, depuis peu de jours,
nous faisant bailler de ses coffres jusques à trois cens mil livres pour parfournir
ce qui manquoit aux effectz de de Gondy pour le paiement de ung quartier des
rentes du sol; et peu auparavant nous avoit faict bailler vingt six mil livres de
rente d'augmentation par messieurs du Clergé, avec espérance de mieulx à la première assemblée. Résolvons nous de servir Sa Majesté fidellement envers tous et
contre tous, ne nous divisons point par faction, tenons nous fermes en son obéissance au péril de noz vyes.

Or, Messieurs, le meilleur service que nous luy puissions rendre, la plus grande
démonstration que nous pouvons faire de noz affections, c'est de pourvoir aux
désordres qui sont en c'est Estat, car tous les désordres, tous les desréglemens
servent d'acheminement à la désobéissance, parceque le Roy est la loy anymée
et les lois et ordonnances ne sont autre chose que la vollonté escripte de noz
rois. On ne peult doneques contrevenir aux lois et ordonnances, que l'auctorité
du Roy ne soict blessée et que l'on ne contrevienne à l'obéissance qu'il luy est deue,
mais à cette refformation il fault y apporter ung esprit de doulceur, poinct d'aigreur
poinct d'amertume, poinct d'animosité, poinct d'esprit de vengeance, poinct d'inthérest particulier. Car si chacun pense à son particulier, le publicq sera habandonné,
et le publicq passant le particullier sera enveloppé dans la ruine publicque et,
conservant le publicq, le particullier est asseuré. Tous les désordres proviennent
des actions desréglées que chacun commet en son particullier, qui pour l'ambition
quy pour le proffict, quy pour le plaisir, et on ne peult apporter de refformation
que l'on ne retranche cette ambition, ce proffict, ce plaisir; sy doneq chacun
veult tenir ferme sans rien quitter, sy personne ne veult mectre en arrière ce qui
est de son propre inthérest, en vain nous assemblons les Estatz. Il n'y a rien si
aysé que de réformer aultruy, car nous voions bien les faultes des autres, et
n'avons pas ung si grand amour à aultruy que nous craignons par nostre refformation luy retrancher ce qui est de ses commoditez; nous ne voions noz faultes
qu'à grand peine, et l'amour que nous portons à nous mesme nous empesche de
consentir au retranchement de ce qui nous apporte honneur, proffict ou plaisir. Si
nous pensons seullement à refformer les autres et les autres pensent à nous refformer, nous n'avons aulcun fruict de noz assemblées, et tout se passera en contentions et querelles. Il fault doneq que nous fassions ung effort contre nous mesmes
que nous commencions nostre refformation par nous mesmes, et que nous regardions
soigneusement sy en noz actions il n'y a rien à reprendre, et ce que nous trou-
verons qui mérite correction, il fault que nous le quittions vollontairement avant
qu'ung autre ne le demande contre nous. De là nous pouvons venir à ce qui est de
nostre profession et vaccation, de laquelle nous pouvons mieux congnoistre les
abuz; que après cella nous peuvions parler librement des autres et entrer à la reformation d'aultruy, et si nous ne suivons cet ordre, il est malaisé que nous re-
cueillons le fruict que nous espérons de noz assemblées.

« Or quant nous nous examinerons bien nous mesmes, je crois que les plus
justes se trouveront en quelque chose coupables les ungs pour avoir faict le mal,
les autres pour l'avoir souffert ayant eu moien de l'empescher, les autres pour
l'avoir sceu et n'en avoir pas adverty les magistratz qui pouvoient y apporter le
remède. Car, Messieurs, l'excuse d'ung chacun se veult couvrir de dire : Je n'y
eusse rien gaigné à traicter les choses à la rigueur, si est plus recepvable. Et comment scavez vous que vous n'y eussiez rien gaigné? Vous dires que vous avez bien
veu que le magistrat l'a sceu et il n'y a pas pourveu; je vous diray au contraire

que le magistrat a pensé que vous l'approuviez tous, puisque personne ne s'en plaignoict, et ce faisant, à la pensée qu'il ne gaigneroit rien de l'entreprendre voiant tout le monde bandé au contraire, et encore que de lui mesme son inclination n'eust esté porté à y pourvoir, sy est ce que sy vous, sy ung autre, sy dix, sy ung cent, sy mil luy eussent faict plaincte, il eust eu honte de se porter si ouvertement contre son debvoir. Il a pensé que personne ne s'en appercevoit, il c'est endormy là dessus; s'il eust pensé estre esclairé, il y eust apporté remedde. Que personne doncq ne s'excuse, ne rejectons poinct les faultes les ungs sur les autres; et prendre les choses à la rigueur chacun a failly, qui plus, quy moings; chacun en quelque chose a contribué à la continuation du désordre.

« C'est pourquoy je pense que nostre principal but doibt estre de refformer le mal pour l'advenir, commençant par nous mesmes et puis venant aux autres, et quant à ce qui est passé ou l'oublier du tout ou en user avec si grande modération que la multitude de ceux que nous vouldrions rendre coulpables ne puisse empescher le succedz de noz bonnes intentions. »

Ce faict, le dit sieur Prévost a prié la compagnie d'adviser et arrester à ce qui est à faire pour l'exécution des dites lettres de Sa Majesté.

Sur quoy l'affaire mise en dellibération a esté advisé, delliberé et conclud que, suivant les dites lettres du Roy et les antiennes coustumes de la dite ville, l'on estiroit présentement deux de messieurs les conseillers de la ville, ung de messieurs les ecclésiastiques, deux de messieurs de la court de Parlement, deux de messieurs la chambre des Comptes, deux de messieurs de la court des Aydes, deux bourgeoys et deux marchans, pour avec mes dits sieurs les prévost des marchans et eschevins recepvoir touttes et chacunes les plainctes, dolléances et remonstrances que les citoiens de la dite ville et faulxbourgs d'icelle vouldront faire et présenter, ensemble tous les cahiers des corps, collèges et communaultez des marchans et cittoiens de quelque ordre, quallité et condition qu'ilz seroient, et en dresser et compiller le cahier de ladite ville. Et à l'instant a esté proceddé à ladite eslection, et ont esté choisiz, nommez et esleus de vive voix par toutte la dite assemblée assavoir pour conseillers de la ville : scavoir monsieur le président de Marly, et monsieur Le Prebstre.

Pour les esclésiasticques, monsieur l'archediacre de Dreux.

Pour messieurs de la court de Parlement, monsieur des Landes et monsieur le président Myron.

Pour messieurs de la chambre des Comptes, monsieur le président Des Arches, et monsieur Lescuier.

Pour messieurs de la court des Aydes, monsieur Le Tonnelier sieur de Breteuil, et monsieur du Lys.

Pour bourgeois, monsieur Renauld, advocat, et monsieur Perrot, sieur du Chenart.

Et pour marchans monsieur de Cire et Frezon

Et pour l'exécution de ce que dessus mes dits sieurs les Prévost des marchans avec les dits sieurs depputtez cy dessus nommez s'assembleront en l'une des chambres de l'hostel de la ville, aux jours et heures selon qu'il sera advisé entre eux.

Et outre a esté arresté que au grand Bureau de la dite ville sera mis ung grand coffre de bois en forme de troncq pour y mettre les plainctes dolléances qui y seront apportez par escript.

Et est à notter qu'il a esté proceddé en la dicte eslection selon et ainsy qu'il ensuict :

Premièrement ont esté appellez messieurs les conseillers de la ville selon l'ordre de leurs réceptions et encores qu'ilz feussent assis selon leurs graddes et quallitez aux bans et scelles à main droicte de messieurs les prévost des marchans et eschevins; Les esclésiasticques après sur ung bang estant au devant des dits sieurs conseillers;

Après, l'ung des quartiniers et les dix bourgeois de son quartier, et ainsy les dits quartiniers, l'ung après l'autre, avec leurs dits bourgeois, selon l'ordre de leurs réceptions et mes dits sieurs les Prévost des marchans et eschevins les derniers.

Et ayans esté nommez les dits deux sieurs conseillers de la ville, l'on a commencé à réappeller la mesme compagnie pour nommer l'esclésiasticque et ainsy consécutivement les autres compagnies, de sorte que pour faire les dittes eslections, toutte la dite compagnie a esté appellée par sept fois l'ung après l'autre. Et pour lever le doubte de ce que l'on a depputté messieurs les conseillers de la ville et esclésiasticques auparavant messieurs des cours souveraines, et parce que mes dits sieurs des cours souveraines n'estoient en la dite assemblée comme depputtez de leurs compagnies ains comme bourgeois appellez par leurs quarteniers et estoient assis mes dits sieurs des cours souveraines et autres officiers sur des bancz à main gaulche de mes dits sieurs de la ville et de l'autre costé lesdits sieurs conseillers de la ville et esclésiasticques, et au meilleu de la dite assemblée estoit le dit sieur Perrot, procureur du Roy et de la dite ville, assiz dans une chaise viz à viz le greffier de la dite ville.

Pour l'exécution de la dite résolution d'assembler mes dits sieurs de la ville ont ordonné l'ordonnance qui ensuict :

« De par le Roy et les prévost des marchans et eschevins de la ville de Paris.

« On fait assavoir à tous bourgeois et marchans, maistre et gardes des corps et communaultez des marchandises, jurez des artz et mestiers, et touttes autres personnes, de quelque estat, qualité et condition qu'ilz soient, manans et habitans de cette ville et faulxbourgs, qu'ilz aient à apporter ou envoier en toutte liberté par chacun jour en l'hostel de la dite ville les plainctes dolléances et remonstrances que bon leur sembleront, lesquelles ilz pourront mectre ès mains des dits Prévost des marchans et eschevins ou depputtez à recevoir les dictes plainctes, ou iceulx mectre dans ung coffre [qui] pour cest effect sera mis en l'hostel de ville au grand Bureau en forme de troncq, pour après estre faict ouverture du dict coffre par les dits Prévost des marchans, eschevins et depputtez et par eux dressé ung cahier des dictes plainctes, dolléances et remonstrances. Et sera la présente ordonnance publiée à son de trompe et cry publicq par les carrefours, places et autres lieux ad ce que personne n'en prétende cause d'ignorance.

« Fait au Bureau de la ville le vendredy vingt septiesme jour de juing mil six cens quatorze. »

Le lendemain samedy vingt huitiesme juing 1614, la dite ordonnance a esté publiée à son de trompe et cry publicq par les carrefours et place publicque de ceste ville et affiché es dits lieux.

Le dict jour de samedy xxviiième juing, mes ditz sieurs le prévost des marchans et eschevins ont arresté le mandemens qui ensuict :

« De par les prévost des marchans et eschevins de la ville de Paris.

« Monsieur le président de Marly, nous vous prions vous trouver lundy prochain quatre heures de rellevée en l'hostel de la ville pour procceder à l'exécution de l'arresté de l'assemblée généralle du mercredy vingt cinquième jour du présent mois.

« Fait au Bureau de la ville le samedy xxviiie juing mil six cens quatorze. »

Pareil mandement signé du greffier de la dite ville a esté envoyé à chacun de messieurs de Marly, le Prebstre Dreux, des Landes, Myron, Des Arches, Lescuier, le Thonellier, Du Lys, Arnault, Perrot, de Creil et Frezon depputtez par la dite assemblée généralle.

Du lundy trentiesme et dernier jour de juing mil six cens quatorze.

En l'assemblée de messieurs les prévost des marchans et eschevins et depputtez de l'assemblée généralle, ce jourd'huy tenue en l'hostel de la dite ville suivant les mandemens envoiez pour cet effect sont comparuz.

Monsieur de Grieu, sieur de St Aubin, conseiller du Roy en sa court de Parlement, prévost des marchans; Monsieur Desprez, Monsieur Mérault, Monsieur Desveux, Monsieur Clapisson, eschevins; Monsieur le

président de Marly; Monsieur le Prebstre; Monsieur l'archidiacre de
Dreux; Monsieur Deslandes, conseiller; Monsieur le président Myron;
Monsieur le président des Arches; Monsieur Lescuier, maistre des
Comptes; Monsieur le Thonnelier, conseiller en la court des Aides;
Monsieur du Lis, advocat général en la dite court; Monsieur Arnauld
advocat; Monsieur Perrot, sieur du Chesnard; Monsieur Frezon, mar-
chant; Monsieur de Creil.

La compagnie estant assemblée, monsieur le Prévost des marchans
a remonstré que ce jourd'huy, messieurs de la court de Parlement
l'ont chargé d'aller en court à Saint Germain en Laye avec quelques
ungs de messieurs les eschevins, pour supplier leurs Majestez, de
trouver bon que l'on donne ordre à la scureté de la ditte ville pour
remeddier aux excès, entreprises, viollementz et enlèvementz de filles
qui se font en cette ville, sans que aulcuns bourgeois ce meetent en
effort de l'empescher, que suivant ce il espéroit aller demain, avec
messieurs Desprez et Mérault eschevins, au dit Saint Germain en
Laye trouver leurs Majestez, mais, au préalable, supplioit la compagnie
d'adviser sy elle jugeoit qu'il feust à propos de faire quelque autre
remonstrance à leurs Majestez sur ces subject, ensemble sur les moiens
qui seroient proposez et ouvertz pour la scureté de ceste dite ville et
habitans d'icelle.

Sur quoi la matière mise en dellibération, a esté arresté que mon
dit sieur le prévost, Despraiz et Mérault iront trouver la Royne régente,
pour luy faire plaincte de l'entreprise faite par aulcuns seigneurs de la
court, sur l'enslèvement de la fille du sieur Barré, despuis quatre jours
ença et autres excedz et viollemens faitz auparavant et despuis, la supplier très humblement au nom de toutte la ville de trouver bon que
l'on pourvéoie à la scureté d'icelle pour remeddier à l'advenir à telz
desbordemens, entreprises et insollences, et à cette fin que l'on se
puisse servir des cappitaines de cette dite ville, lesquelz s'assureront
en chacune dixaine de certain nombre des bourgeois de leur compagnie
pour servir aux occasions qui se présenteront, et que à chacune maison
derrière les portes ou boutiques, chacun des habitans aura une ou
deux hallebardes pour s'en servir ou sortir par les dits habitans ou serviteurs domestiques aux dites occasions, mesme sur le champ faire
tendre les chesnes pour arrester ceux qui commectront deslict, rumeur
ou excedz; mesme qu'il soiet enjoinct aux sergens des barrières, d'avoir
dans leurs dites barrières, quelques hallebardes pour par eux arrester
et donner main forte contre ceux qui feront les dites viollences et
excedz, que l'on se pourra servir des archers tant du prévost de robbe
courte, prévost de l'Isle, que des gens du guet pour exécutter le décret de prise du corps que mes dits sieurs de la court ont cejourd'huy
décretté, all'encontre de quelques seigneurs touchant l'enlèvement du
dit Barré, et outre que la dite ville interviendra en la dite court de
Parlement avec le dit Barré pour estre receue partie au dit procès et
y desduire ces raisons et moiens.

Ce fait, mon dit sieur le prévost des marchans a dict que pour l'exécution de leur commission, il estoit de besoing d'arrester les jours et
heures que cette compagnie s'assemblera doresnavant, depputter aulcuns de la compagnie pour avoir les clefz du coffre où seront mises les
plainctes et dolléances du peuple, combien il y auroit de clefz et quel
ordre l'on tiendra pour recepvoir les dites plainctes.

Sur quoy, l'affaire mise en dellibération, a esté arresté que doresnavant cette compagnie s'assemblera deux fois la sepmaine, sçavoir les
lundy et vendredy de chacune d'icelles, quatre heures de rellevée,
que le dit coffre dans lequel sera mises les dites plainctes et dolléances, sera mis au grand Bureau de la ville pour y venir par ung
chacun en toutte liberté et apporter leurs plainctes et dolléances, auquel y aura trois clefz dont l'une sera mise es mains de mon dit sieur
le Prévost des marchans, une autre ès mains de monsieur le président
de Marly, et la troisième ès mains de mon dit sieur des Landes.

Que vendredy prochain sera apporté en la dite assemblée les ordonnances de Moulins, Orléans et Blois, pour en estre faict lecture
affin de véoir en faisant les cahiers nouveaux s'il sera besoing de s'en
servir.

Aussy a esté arresté que sy, ès jours des assemblées susdites, il se
présentoit aulcun de messieurs les conseillers de la ville autres que
les depputtez pour y assister, qu'il n'y sera receu ny admis et prié de
se retirer.

Du vendredy quatrième jour de juillet mil vi^e quatorze de rellevée.

En l'assemblée le dit jour faite en l'hostel de la dite ville, dans la
salle à ce destinée, de messieurs les Prévost des marchans et eschevins
et depputtez de l'assemblée génaralle pour adviser à ce qui est nécessaire de faire touchant les Estatz,

Sont comparuz :

Monsieur de Grieu, seigneur de St Aubin, conseiller du Roy en sa
court de Parlement, prévost des marchans, etc. Monsieur Desprez, Mon-
sieur Mérault, Monsieur Desveux, Monsieur Clapisson, eschevins; Mon-
sieur le président de Marly; Monsieur Le Prebstre, conseiller; Monsieur
l'archidiacre de Dreux; Monsieur Deslandes, conseiller; Monsieur le
président Myron; Monsieur le président des Arches; Monsieur Lescuier,
maistre des Comptes; Monsieur Le Thonnellier, conseiller en la court
des Aides, Monsieur Du Lys, advocat général en la dite court, Monsieur Arnauld, advocat; Monsieur Perrot, sieur du Chesnart; Monsieur
Frezon, marchant; Monsieur de Creil, marchant.

La compagnie estant assemblée, a esté proposée par monsieur le
Prévost des marchans sy l'on fera le serment ou non de tenir les délibérations secrettes, et, l'affaire mise en délibération, a esté arresté
que toutte la compagnie fera le serment de tenir secret les dellibé-
rations et arrestez des assemblées qui seront faites touchant les dits
Estatz.

Et à l'instant mon dit sieur le Prévost des marchans a faict faire le
serment à tous les dessus nommez aux fins que dessus, comme au
semblable mon dit sieur le Prévost des marchans l'a juré et promis
faire en son particullier.

Ce faict, mon dit sieur le Prévost a faict entendre à toutte la compagnie ce qui c'estoit passé ensuitte de la résollution de l'assemblée de
lundy dernier touchant les esfortz, enslèvementz de filles et autres insollences, qui se font fort souvent en cette ville, comme luy et trois de
messieurs les eschevins estoient allez en court à Saint Germain en Laye
trouver la Roine régente, à laquelle et à monsieur le chancellier, ilz
avoient faict entendre les dits esfortz, enslèvementz et insollences
commis en cette ville et en plain jour par aulcuns seigneurs de la court
et le peu de sceuretté qu'il y avoit en cette dite ville, avoient supplié
Sa Majesté de ne donner des rémissions à ceux qui c'estoient entremis
et esforcé d'enslever la fille d'ung nommé Barré, ny faire expédier
aulcunes lettres d'évocations, ains d'en laisser faire le cours de la justice
à messieurs de la court de Parlement, qui en avoient pris la congnoissance et décretté contre aulcuns des dits seigneurs. Ce que Sa Majesté
leur avoit accordé et davantage trouvoit bon qu'en pareilles occasions
se présenteroient que l'on tendist les chesnes, que les bourgeois sor-
tissent de leurs maisons avec les armes en mains, pour s'opposer aus
dits esfortz et viollences, et se rendre les plus fortz, mesme mon di
monsieur le chancellier auroit usé de ces motz : *Que l'on les assomast;*
et que aussitost qu'ilz seroient de retour en cette ville, que l'on fist
assembler les collonelz d'icelle, pour adviser à la sceuretté de la dite
ville et habitans d'icelle, ce qui fut faict dès mercredy dernier, dont la
résollution de l'assemblée est dans ung autre registre.

Comme aussy mon dit sieur le prévost des marchans a dict, que suivant la dite résollution de lundy dernier, lui et les dits sieurs eschevins feusrent le lendemain de matin par devers messieurs de la court de Parlement, où ilz présentèrent leur requeste au nom de la ville, pour estre receuz parties intervenantes au procès d'entre le dit Barré et aulcuns des dits seigneurs de la court, de quoy monsieur le procureur général de la court de Parlement c'est offencé, prétendant que c'est entreprendre sur sa charge et qu'à luy seul appartient d'intervenir au dit procès et non à la dite ville, pour ce qui concerne l'inthérest du publicq et seuretté des habitans de la dite ville, lequel sieur procureur général empescheroict par tous moiens la dite intervention au nom de la ville. C'est pourquoy il supplioit la compagnie d'adviser sy l'on continueroit la poursuitte de la ville sur la dite intervention, nonobstant l'empeschement de mon dit sieur le procureur général, ou bien ne s'en poinct mesler dadvantage par la dite ville.

Sur quoy l'affaire mise en délibération, a esté arresté de percister en la dite intervention, et que la ville en fera les poursuittes pour y parvenir nonobstant l'empeschement de mon dit sieur le procureur général.

A esté par l'ung de messieurs de la compagnie présenté une proposition et mémoires touchant le édict des nantissemens et ippotecques en toutes les villes de ce roiaulme où ilz ne sont pas en usaige, lequel est poursuivy par ung nommé Estienne, qui supplie la compagnie de véoir s'il n'est pas juste et raisonnable affin de le demander aux Estatz généraux et le faire expédier.

Et après que lecture a esté faicte des dites propositions et mémoires de édict, a esté arresté, dellibéré et conclud de rejecter le dict édict comme pernicieux et à la grande foulle et surcharge de publicq, et que au contraire de le recepvoir que dans le cahier des plainctes et remonstrances de la dite ville, il y sera mis ung article exprès pour supplier le Roy au cas que l'on le voulut faire expeddier, de le rejecter pour les causes et raisons et moiens qui seront déclarées dans le dit article, lesquelles causes, raisons et moiens seront dressez et rédigez par escript par le dit sieur Arnauld qui en a esté prié par la compagnie, ce qu'il a accepté et promis faire.

Du lundy septiesme jour de juillet mil six cens quatorze.

En l'assemblée de mes dits sieurs les prévost des marchans, eschevins et depputtez le dit jour tenue au dit hostel de ville, touchant les dits Estatz,

Sont comparuz :

Monsieur de Grieu, seigneur de Saint Aubin, conseiller en la court de Parlement, prévost des marchans; Monsieur Desprez, Monsieur Mérault, Monsieur Clapisson, eschevins; Monsieur le président de Marly, Monsieur le Prebstre, Monsieur l'archediacre Dreux, Monsieur le président des Arches, Monsieur Deslandes, Monsieur le président Myron, Monsieur Lescuyer, Monsieur le Tonnellier, Monsieur du Lis, Monsieur Arnault, Monsieur Perrot.

La compagnie estant rassemblée, de l'advis d'icelle ouverture a esté faicte du coffre estant au grand Bureau de la ville, par les dits sieurs prévost des marchans, de Marly et Deslandes qui en ont chacun une clef, dedans lequel c'est trouvé quelques mémoires desquelz a esté faicte lecture et sur lesquelz la compaignie travaillera doresnavant aux jours ordinaires pour dresser les cayers.

Et sur la proposition faicte si l'on demandera que le droict annuel des offices soit supprimé, et à ceste fin en faire ung article dans le dit cayer, a esté arresté qu'il en sera plus amplement délibéré au premier jour.

Monsieur Arnault a rapporté les moiens par luy dressez pour empescher le édict des ypothecques et nantissemens, lesquelz ont esté leuz et trouvez bons et justes par la dite compagnie et mis au greffe pour estre remis dans le dit cahyer ou advertissement[1].

Du vendredy onziesme jour du dit mois de juillet.

En l'assemblée de messieurs les prévost des marchans, eschevins et depputtez le dit jour tenue en l'hostel de la ville pour travailler au cahier des dits Estatz sont comparuz:

Les dits sieurs prévost des marchans et eschevins, messieurs le président de Marly, président des Arches, président Miron, Le Tonnellier, Du Lis, Perrot, Frezon, le procureur du Roy et de la ville, Arnault, l'archidiacre de Dreux, et le Prebstre, et sont icy escriptz selon comme ilz sont assiz à l'entour d'une table, et en oppinant l'on commence par le dit sieur de Marly, et ainsy à la suitte comme ilz sont assiz jusques au dit sieur le prévost qui oppine le dernier.

La compagnie estant assemblée, a esté faict ouverture du coffre dans lequel s'est trouvé quelques plainctes et remonstrances qui ont été veues et examinées par la compagnie, avecq celles qui y avoient esté trouvées cy devant et sur le tout ensemble, sur ung mémoire présenté par le dit sieur Arnauld, contenant plusieurs chefs des plainctes qu'il convient mectre dans le cahier ont esté les articles dispercez et baillez à chacun de la compagnie, pour en leur particullier les examiner et adviser aux moiens d'y remeddier, pour après en estre par eux chacun séparément faict rapport à la compagnie pour estre miz dans le dit cahier, lesquelz mémoires et départemens sont en une liace et n'ont esté icy transcriptz.

A esté arresté de faire publier de nouveau à son de trompe, pour advertir les maistres et gardes des marchandises, jurez des mestiers et toutes autres personnes, d'apporter es mains de mes dits sieurs les prévost des marchans et eschevins, ou mectre dans le dit coffre, leurs plainctes, dolléances et remonstrances sy aucunes ilz ont à faire.

A esté arresté de doresnavant s'assembler par la dite compagnie trois fois la sepmaine, asscavoir les lundy, mardi et mercredy de chacune d'icelles depuis trois heures de rellevée jusques à sept heures.

Du lundy quatorziesme jour de juillet m vie quatorze.

En l'assemblée de mes dits sieurs les prévost des marchans, eschevins et depputtez le dit jour, tenue en l'hostel de la dite ville aux fins que dessus sont comparuz :

Les dits sieurs prévost des marchans et eschevins, messieurs le président des Arches, Des Landes, président Miron, Lescuyer, du Lys, Perrot, Frezon, de Creil, Perrot procureur du Roy, Arnauld, archediacre de Dreux, Le Prebstre.

Sur le mémoire présenté par le dit sieur du Lys, pour l'establissement de huict bureaux en cette ville, où seront commis certaines personnes de ceste dite ville pour faire exécutter les ordonnances et reiglemens de la pollice.

Lecture faite du dit mémoire et l'affaire mise en dellibération a esté arresté, dans le cahier des Estatz de la dite ville y seront unis ung article par lequel le Roy sera très humblement supplié de permectre qu'il soict establiz en ceste dite ville quatre bureaux et en chacun d'eux seront commis quatre bons et nottables bourgeois de cette ville non officiers, qui seront choisis et esleuz par chacun an en l'hostel de la dite ville des seize quartiers d'icelle ung, lesquelz s'assembleront aus dits bureaux deux fois la sepmaine pour recepvoir touttes les plainctes et contravention qui seront faicts aux reiglemens et ordonnances de la pollice de ceste dite [ville], mesmes y prendre garde en leur particullier, mesmes es lieux où se retirent plusieurs personnes mal vivantes et pour ce pourront aller ès maisons, locaulx et autres où ils auront advis que l'on se gouverne mal, lesquelz jugeront sommairement des dites contraventions et condampnations d'amende contre les dellinquans, jusques à la somme de huict livres parisis, et ne seront ès dites charges qu'ung an.

_____
[1] Voir page cotée 46.

Ce faict a esté faict ouverture du coffre dans lequel c'   uvé
certains mémoires qui a esté veu et examiné par la compagnie sur
chacun article et mis au greffe pour en faisant le cahier y mectre ce
qui a esté trouvé juste selon qu'il est escript à costé de chacun article.

Du mardy quinziesme jour des dits mois et an.

En l'assemblée de mes dits sieurs les prévost des marchans eschevins et depputtez le dit jour tenue en l'hostel de la dite ville pour
vacquer au faict des dits cahiers sont comparuz :

Les dits sieurs prévost des marchans et eschevins, M^n des Arches,
Lescuier, le Tonnellier, du Lys, Dreux, Perrot, Frezon, de Creil,
procureur du roy, Arnault et le Prebstre.

A esté arresté que le Roy sera très humblement supplié de ne rompre
l'assemblée générale des Estatz, ny permectre que la compagnie se
desparte que au préalable les cahiers ne soient arrestez et résolus.

Comme aussy sera très humblement supplié de voulloir ordonner
que doresnavant de cinq ans en cinq ans ou de dix ans en dix ans au
plus tard il soit faict assemblée générale des Estatz de son royaulme.

Aussy que sa Majesté sera très humblement suppliée de voulloir
ordonner que l'on tiendra les grandz jours tous les ans pendant les
trois premières années et après de deux en deux ans.

A esté arresté qu'il sera mis ung article dedans le dit cahier de la
ville, par lequel on suppliera le Roy d'ordonner que les procureurs de
sa Majesté et substituz de M^r le procureur général qui sont du ressort
du Parlement de Paris seront tenuz d'advertir M^r le procureur général
de la court de Parlement des crimes publicqz et viollances qui se commectront dans les ressortz où ilz sont establiz, soit de meurtres, asso-
memens, ravissemens et empeschemens à la justice, pour par le dit
sieur procureur général le rapporter et en advertir la court de Parlement de trois mois en trois mois à peine contre les dits procureurs
du Roy et substituz de suspention de leur charge et d'amande pécuniaire.

De mesme les commissions extraordinaires.

Qu'il sera aussy faict article que l'on ne poura demander aucuns
despens contre les ordonnances bien et deuement vériffiées et qu'il ne
sera expeddié aucuns respitz ny lettres d'Estatz.

Qu'il sera mis ung article qu'encores que des filles ayent esté mariées
en premières nopces, néantmoings que les personnes mineures de
vingt cinq ans ne se pourront marier sans le consentement de ses père
et mère à peine de pouvoir estre exhélédées par ses pères et mères, tout
ainsy que s'ilz n'avoient point esté mariez.

Sera mis ung article pour empescher les lectres que M^n les esclésiasticques obtiennent pour rentrer dans les biens qu'ilz auront venduz,
sy ce n'est que quand il y aura lézion de moicté de juste pris et sera
sa Majesté suppliée de n'en plus donner.

Sera aussy mis ung article pour supplier sa dite Majesté ne faire
addresser aucuns édictz à messieurs du grand conseil pour les vériffier
et que les vérffiications qu'ils pourront faire seront déclarer nulles.

Pareillement a esté arresté de supplier le Roy de ne faire aucuns
éedictz pour tirer argent du peuple, et de ne faire don à aucuns princes,
seigneurs, gentilzhommes, ny autres personnes à prendre sur les dits
éedictz, ny autres deniers extraordinaires qui ne seront emploiez en
l'Estat général des finances, ains seront iceulx deniers emploiez au rachapt du domaine du Roy et non ailleurs à peine du double contre
ceux qui se trouveront avoir receu iceux deniers.

Qu'il ne sera exécutté aucuns éedictz que au préalable ilz n'ayent
esté vériffiées aux trois compagnies des cours souveraines, qui sont le
Parlement, Chambre des Comptes et court des Aydes, avecq deffences
d'exécuter aucuns des dits éedictz et commissions non vériffiées es dites
trois compagnies à peine d'estre déclarez incapable de jamais exercer
aucuns offices roiaux et que lors ilz seront privez des compagnies où
ilz sont et à peyne de vye contre les huissiers ou sergent soit titullaires
ou commis.

Comme aussy sera mis ung article contre les bailleurs d'advis qui
ne sont que vendeurs de fumée et requérir commissions pour estre
proceddé contre eux extraordinairement.

Du vendredy xviiième jour de juillet m vi^e quatorze.

En l'assemblée de mes dits sieurs les prévost des marchans, eschevins et depputtez le dit jour tenue à l'hostel de la ville pour vacquer au
faict des dits cahiers, sont comparuz :

Messieurs les prévost des marchans et eschevins, M^{rs} le président
de Marly, Deslandes, président Myron, Lescuier, Du Lys, Perrot, Frézon, de Creil, procureur du Roy, Arnauld, Dreux et le Prebstre.

La compagnie estant assemblée, a esté faict ouverture du dit coffre
dans lequel c'est trouvé plusieurs mémoires, qui ont esté veuz, leuz et
examinés.

A esté arresté qu'il sera mis ung article dans le cahier, par lequel sa
Majesté sera suppliée de régler et modérer la despence de sa maison;
que les chefz et ordonnateurs en feront dresser et certiffieront les Estatz
par quartier qui seront enfin de chacun leu, arresté et signé au conseil, pour servir à la reddition des comptes, sans que les ordonnateurs
puissent prétendre aultres droitz que leurs anciens et légitimes, à peine
de double de ce qui en sera tourné à leur proffict et du quadruple
contre leurs secrétaires et autres de ce quy aura esté par eux pris,
dont le tiers au dénonciateur.

Ce qui aura lieu pour l'artillerie, marine, réparacions et autres
grandes charges.

Qu'il sera aussy mis ung article par lequel les filz de famille jusques
à trente ans pourront vendre les biens qui leur appartiendront, mais
qu'ilz ne pourront s'obliger sans le consentement de leurs pères ou par
advis de quatre de leurs proches parens, et au cas qu'ilz le fissent,
que l'obligacion sera tellement nulle qu'il n'y seront point obligez et
n'en seront poinct poursuiviz ny leurs caultions mesmes après la mort
de leurs pères et sans avoir aulcunes lettres.

Qu'il ne sera poinct permis de vendre à crédit aulcuns draps de
soye, pierreries, jouailleries, ni orphaveries à peine de pure perte et
de nullité des promesses, et sans que les obligez au caultions puissent
estre contraintz, et en cas de desguisement de condamnations de trois
cens livres d'amende au plus grand s'il y eschet, le thiers au desnon-
çiateur.

Qu'il sera faict article par lequel qu'après dix ans les décretz seront
inviollables, sans que l'on soict recepvable entre majeur d'en appeller
quelque nullité qui y puisse estre; et pour le regard des descretz passez,
les dix ans pour le dit appel ne courreront que du jour de la publication
de l'ordonnance.

Semblablement pour l'advenir quand le saisy ou créanciers, préten-
deront qu'un héritage ayt esté adjugé à moings de moicié de juste
prix, ilz y pourront estre rellevez pendant dix ans du jour de l'adjudication, et après iceux ne seront recepvables et seront les deniers qui
proviendront des dites rentes du supplément distribuez aux créanciers
ou saisy selon l'ordre des hippotecques, lesquelz dix ans courreront
contre majeurs, mineurs et tous autres prévillaigez et néantmoings ou
cas que l'adjudication fust faicte sur ung mineur, il aura deux ans après
sa majoritté pour se pourvéoir, encores que les dix ans fussent expirez,
lequel prévilleige des deux ans n'auront les créantiers.

Si ung mineur a hippotecqué sur le bien de son tuteur, sera tenu
dans les cinq ans après sa majorité d'en intenter son action et cinq
ans après faire clorre son compte.

Du lundy vingtungiesme jour de juillet mil six cens quatorze.

En l'assemblée de mes dits sieurs les prévost des marchans et eschevins et depputtez, le dit jour tenue pour vacquer et travailler aux affaires
des dits Estatz.

Sont comparuz mes dits sieurs les prévost des marchans et eschevins, messieurs le président des Arches, le président Miron, du Lys, Perrot, Frezon, le procureur du Roy Arnauld, et l'archediacre de Dreux.

A esté arresté qu'il sera mis ung article dans le cahier par lequel le Roy sera supplié de voulloir supprimer la création des maistrises de plusieurs mestiers érigez despuis l'année mil v^e septante et seize et pour le regard des autres mestiers voulloir retrancher du tretement la despence qui se fait par ceux qui se font recepvoir es dites maistrises, soit pour leurs réceptions, bancquetz, festins droitz d'argent pour les prez, droit de confrairie, et touttes autres despences.

Et quand à la grand despence qui se fait à la réception des théollogiens, qu'elle sera pour l'advenir retranchée et modérée, et pour y parvenir le dit sieur archediacre de Dreux a esté commis par la compagnie pour en faire plaincte, assavoir pour ce qui concerne les dits théollogiens à monsieur de Pierrevive, chancellier universel et à monsieur le scindicq en théollogie, comme aussy aux scindicqz et docteurs de la faculté de médecine, lequel sieur de Dreux s'en est chargé et promect en certiffier la compagnie au premier jour.

A esté arresté de mectre aussy ung article par lequel l'action de retraict lignager ne sera recepvable après dix ans à compter du jour du contract et que l'acquéreur aura commencé à jouir actuellement nonobstant tout deffault d'ensaisinement, insinuation ou autres sollempnitez requises par les coustumes, pourveu qu'il n'y ait poinct de fraude, auquel cas l'action durera vingt ans le tout sans préjudice des droitz seigneuriaux qui se pourront demander dans les trente ans et néantmoings ne pourra le seigneur féodal retirer par retraict féodal après dix ans, s'il n'y a fraude et après dix ans en cas de fraude.

Semblablement la prescription de quarante ans aura lieu nonobstant toutte minoritté ou autre cause de restitution mesme celle qui seroit fondée sur la considération des troubles, pourveu que dans les quarante ans il se trouve trois ans de majoritté de la part du demendeur ou ses autheurs. Et quant aux prescriptions de quarante ans ja commencées, elles ne pourront estre achevées et accomplies plustost qu'après dix ans passez despuis la publication du présent éedict, après lesquelz dix ans, s'il se trouve que le possesseur ou ses autheurs aient possédé quarante ans et qu'il y ait trois ans de majoritté de la part du demendeur ou de ses autheurs, despieça la publication de l'éedict, le demendeur sera déclaré non recepvable, et aussy bien ladite prescription de quarante ans au proffict des thiers pocesseurs nonobstant tous douaires ou substitution, s'il n'y a interruption judiciaire.

Nota que à la liace il y a deux mémoires l'ung pour la pollice des vivres et denrées, et l'autre pour l'usaige du fer doux et fer aigre, lesquelz mémoires ont esté arrestez et trouvez bon et sera besoing de le reprendre pour le mectre dans le cahier lorsque l'on le mectra.

prévost des marchans, eschevins, et depputtez pour vacquer au fait des dits Estatz sont comparuz les dits sieurs prévost des marchans et eschevins, messieurs le président des Arches, Miron, Perrot, Frezon, de Creil, procureur du Roy, Arnauld, Dreux et le Prebstre.

A esté fait ouverture du coffre ou c'est trouvé plusieurs mémoires et plainctes sur lesquelz la compagnie a commencé à véoir, lire et examiner.

A esté arresté qu'il sera mis ung article dans le cahier par lequel sa Majesté sera suppliée de faire deffence à touttes personnes de faire aulcuns festins ny bancquetz aux réceptions des offices, estatz, garddes honneurs ou quallitez de quelque estat qu'ilz soient à peine du quadruple de leur despence qu'ilz auront faicte, dont la moictié sera au dénonciateur.

Que deffences soient faites à touttes sortes de juges de se rendr
pensionnaires des fermiers ou partizans ny prendre aulcun argent ny
autres choses d'eux à peine de concussion et de deux mil livres parisis
d'amende moictié au dénonciateur.

Que desfences soient faictes à tous fermiers, de prendre, lever, ny
exiger aulcun devoir sur les vivres, denrées et marchandises que ce
quy leur est permis et qui a accoustumé d'estre relevé despuis vingt
ans à peine de la vye.

Que sur la plaincte faite en la dite assemblée par les jurez, courtiers
de lardz et greffes en cette ville de ce que le fermier de pied fourche
fait lever, prendre et exiger ung solz pour livre sur les lardz qui se
vendent en cette ville, ce qui n'avoit jamais accoustumé d'estre paié,
mesme que les esleuz de Paris y ont condampné un nommé Jean Collas,
marchand demeurant à Vitry le François cy présent a esté arresté que
le sieur Feideau fermier général des aydes et le fermier particullier
du pied fourche comparoistront au premier jour en la dite assemblée
pour estre ouiz sur le contenu en la dite plaincte, ouquel jour sera apporté la dite sentence des esleuz.

A esté arresté de mectre ung article dans le dit cabier par lequel
les preuves par tesmoings seront receues tant pour les cimonnies que
pour les confidences.

Que les archevesques et évesques, abbez, prieurs et curez feront
résidence actuelle au lieu de leurs bénéfices, autrement perderont leur
revenu pour aultant de mois et jours qu'ilz auront esté absens, dont le
thiers sera donné au desnonciateur, ung autre thiers à l'hospital du
lieu, et l'autre thiers à l'hospital de la ville où sera le parlement.

Que les corps des villes en jugemens ou crimes publicqz comme
assassinatz trahisons, duelz, ravissemens et enslèvemens de filles et
femmes et autres excèdz et viollences soient receues parties et intervenir avec les parties civilles encores que monsieur le procureur géne-
ral ou ses substitudz ce feussent renduz parties, sans que les dites parties civilles se puissent accorder des dits délitz à peine d'une grande
amende, dont la moictié sera donnée au dénonciateur.

De par le Roy et les prévost des marchans et eschevins de la ville de Paris.

Soit faict commandement aux maistres et gardes de la marchandise de drapperie
de ceste ville de Paris d'apporter, envoyer et mectre en noz mains ou dans le coffre
estans au grand bureau de la dite ville à ce destiné leurs cahiers de leurs plainctes
et doléances, sy aulcune ilz ont à faire suivant les publications et proclamations
cy devant faictes tant à son de trompe que par les parroisses et ce dedans lundy
prochain pour tout délay. Faict ou bureau de la dite ville le mercredy xxiiième jour
de juillet m vi⁶ quatorze.

Pareille ordonnance sera expédiée pour les maistres et gardes de la marchandise
d'espicerie.

Aultre pour les maistres et gardes de la marchandise de mercerie.

Aultre pour les maistres et gardes de la marchandise de pelleterie.

Aultre pour les maistres et gardes de la marchandise de bonneterie.

Aultre pour les maistres et gardes de la marchandise d'orphaverie.

Et une aultre pour les maistres et gardes de la marchandise de vins de ceste
dite ville.

Du mardy xxix⁶ juillet mil six cens quatorze.

En l'assemblée de mes dits sieurs les prévost des marchans, eschevins et depputtez le dit jour tenue au dit hostel de la dite ville pour le
faict des dits Estatz.

Sont comparuz mes dits sieurs les prévost des marchans et eschevins,
messieurs les présidens de Marly des Arches, des Landes, Miron, Lescuier, le Tonnellier, du Lis, Perrot, Frezon, de Creil, procureur du
Roy, Arnauld, Dreux et le Prebstre.

La compagnie estant assemblée, c'est présentée en icelle les maistres
et gardes de la marchandise de drapperie, espicerie, pelleterie, bonneterie, et orphaverie, qui ont remonstré que entre les remonstrances
et dolléances qu'ilz avoient à faire, ilz avoient à se plaindre du corps

de la marchandise de mercerie et qu'à cause qu'il n'y avoit pas ung de leurs corps en cette présente assemblée, et au contraire de cellui des dits merciers y avoit les dits sieurs Frezon et de Creil qui sont leurs parties et partant qu'il n'est raisonnable qu'ils soient leurs juges, requèroient que nouvelle assemblée feust faicte ou aulcuns de leurs compagnie feussent nommez et depputtez et à ceste fin en auroient baillé et présenté leurs requestes.

A quoy mon dit sieur le prévost des marchans leur a faict responce que ce que les dits Frezon et de Creil ont esté depputtez pour venir aux dites assemblées n'a point esté particullièrement comme estant du corps de la mercerie, ainsy comme marchans de cette ville, que s'ilz avoient à faire des plainctes contre le corps des dits merciers, ilz ne feissent aulcune difficulté de les bailler soict es mains de l'ung de la compagnie, ou les mectre dans le coffre et s'ilz sont trouvez justes ilz seront mis dans le cahier et quand l'on fera l'assemblée générale pour entendre la lecture du dit cahier, ilz y seront appelez; et s'estans les dits maistres et gardes retirez et pour dellibérer sur ladite requeste ont esté les dits sieurs Frezon et de Creil priez d'eux retirez.

Et après que lecture a esté faicte de ladite requeste et icelle mise en dellibération a esté arresté que les dits maistres et gardes se doibvent contenter de la responce qui leur a esté faicte par mon dit sieur le prévost des marchans et que toutes et quantes fois que l'on dellibèrera sur les mémoires et plainctes concernant le corps de la mercerie, les dits sieurs Frezon et de Creil se retireront et n'en oppineront poinct.

A esté arresté qu'il sera mis ung article dans le dit cahier par lequel deffences seront faictes à toutes personnes à peine de la vie de faire aulcunes levées sur quelques marchandises que ce soit sinon en vertu de éédict vériffié es cours souveraines et ce aulcune levée aura esté disçontinuée de lever pendant cinq ans, l'on ne les pourra faire revivre que l'on ne ce soit premièrement pourveu es dites cours souveraines et qu'il ne soit permis par arrest, les prévost des marchans et eschevins appelez.

Qu'il sera semblablement mis ung article par lequel que les bourgeois de Paris en exécution des mandemens de la ville concernant le faict des armes s'il survient quelque débat ou différend, seront exemptez de la justice et jurisdiction du prévost de Paris ou son lieutenant criminel, et que toutte court et congnoissance en appartiendra à monsieur le gouverneur et prévost des marchans et eschevins, et en attendant que cet article soit arresté aux Estatz généraux, au cas qu'il survienne quelque différend, pour ce que dessus, que la dite ville se rendra partie au dit procès pour desfendre les bourgeois et prendra le fait et cause pour luy.

Que les sieurs Le Thélier, Beausavis et Goislard conseiller en parlement seront priez de se trouver en l'assemblée pour estre admonestez de bailler leurs plainctes touchant les exactions qui se font en la chancellerie.

Sur ce qui a esté rapporté qu'à Petit-Pont il se levoit de certains petitz droictz de barrage qui incommodoient grandement le passage publicq, par ce que pour recevoir ung double d'une charrette chargée il falloit qu'elle s'arrestast et à la suitte quelquefois cent carosses et harnois estoient arrestez à la queue l'un de l'autre a esté arresté que Mrs le Tonnellier, Perrot et Frezon s'informeront quelz deniers il se lève au petit pont et sur quelles sortes de marchandises et depuis quel temps les dits droitz ont accoustumé estre levez pour ce faict y estre pourveu.

Du vendredy premier jour d'aoust mil vicᵉ quatorze.

En l'assemblée le dit jour faicte pour le fait des dits Estatz

Sont comparuz mes dits sieurs les prévost des marchans et eschevins, messieurs les présidents de Marly, des Arches, Myron, Lescuier, le Tonnellier, du Lis, Perrot, Frezon, de Creil, procureur du Roy, Arnauld, de Dreux, et le Prebstre.

A esté arresté qu'il sera mis ung article dans le cahier par lequel
Sa Majesté sera suppliée que nonobstant l'éédict de la dame Desfontaines qui n'aura lieu que pour les grandz chemins seullement, il soit
permis à tous charrons, scelliers, marchans de chevaulx et touttes
autres personnes de loüer des chevaulx et carosses pour aller par les
champs ou en ceste ville, et qu'il sera à la liberté des bourgeois, habitans ou autres de loüer des dits chevaux et carosses de qui bon leur
semblera et selon qu'ilz trouveront leur meilleur marché, sans estre
abstraintz de passer par les mains de la dite dame Desfontaines ny
d'aulcuns fermiers ny partizans.

A esté arresté de faire garder les ordonnances de la ville pour la
pollice du bois et charbon et chastier rigoureusement les dellinquans
et contrevenans aux dites ordonnances tant des marchans que officiers
et crochetteurs, soit par confiscation des marchandises, grosses
amandes, privation des dits offices que pugnition corporelle.

A esté arresté qu'il sera mis ung article dans le dit cahier par lequel
deffences seront faictes à touttes personnes de loüer leurs maisons ou
chambres à aulcunes femmes ou filles desbauchées et gens de mauvaise
vie, à peine six mois après qu'ilz auront demeuré dans leurs maisons
sans les faire sortir d'une confiscation d'une année entière de leur
loier, moittié aux pauvres et l'autre moitié au desnonciateur, et contre
les hommes ou femmes de mauvais gouvernement d'estre punis et
chastiez rigoureusement, assavoir les macquereaux ou macquerelles
d'estre fustigez nudz de verges avec la fleur de lis et bannis et les filles
desbauchées avoir le fouet, et où aulcun m..... ou m..... auront
desbauché une fille pour leur faire perdre leur p...... seront penduz
et estranglez.

Du lundy quatriesme jour d'aoust mil vɪᶜ quatorze.

En l'assemblée le dit jour faicte au dit hostel de la ville de mes dits
sieurs les prévost des marchans et eschevins et depputtez pour vacquer
au faict des dits Estatz

Sont comparuz mes dits sieurs les prévost des marchans et esche-
vins, messieurs les présidentz de Marly, des Arches, Deslandes, Miron,
Lescuier, du Lis, Perrot, Frezon, procureur du Roy, Arnauld et le
Prebstre.

Nota que l'on entre es dites assemblées précizément à trois heures
et l'on ne se lève poinct qu'après sept heures.

Sur le mémoire imprimé présenté par aulcuns de la compagnie de
de la part du sieur du Luac, Ange Cappel, tendant affin de luy ordonner six conseillers des plus signallez et cappables de l'assemblée
généralle, affin d'examiner fidellement et bien particullièrement ses
mémoires, pour en faire publicquement leur rapport à l'assemblée
desdits Estatz, le dit sieur du Luac appellé et présent, pour satisfaire
luy mesmes et par sa bouche à quelques nouvelles difficultez s'il s'en
rencontre, a esté arresté qu'il sera fait responce au dit de Luac par le
dit sieur Desprez l'ung de nous que l'on ne peult delliberer en gros
sur le dit mémoire, mais que s'il peult apporter en la présente assemblée les propositions par le menu qu'il entend faire tant pour
l'aliénation des procès, la refformation de la vénallité des offices et
l'accroissement des finances de sa Majesté, ceste compagnie y travaillera
incessamment selon qu'elle jugera à propos pour le bien du Roy et de
ses subjectz.

Sur le mémoire présenté par monsieur le prévost des marchans et
par luy dressé contenant entre autres choses l'ordre qui est à tenir
pour l'advenir au paiement des rentes de la ville, le fondz qui   t
présent a esté arresté que le dit mémoire sera mis au greffe de la ville
et enregistré au régistre d'icelle pour s'en servir à l'advenir, duquel
mémoire sera faict extraict en l'article faisant mention du temps que
doibvent estre paiez six quartiers des rentes du clergé entre sy et le
dernier jour de décembre mil vɪᶜ quinze, qui est le temps de l'expi-
ration du contract du dit clergé, lequel mémoire sera imprimé et baillé

coppie à messieurs les conseillers de la ville et quant aux dix années à
advenir et de l'ordre que l'on tiendra sera aussy le mémoire enregistré
au greffe d'année en année baillé et délivré ans dits sieurs conseillers
de la ville pour estre observé et exécuté par les receveurs.

A esté arresté qu'il sera faict ung article dans le cahier par lequel
le Roy sera supplié que doresnavant les comptes de messieurs du
clergé de France soient renduz à la chambre des Comptes au lieu que
Mr François de Castille leur receveur les rend par devant (?) eulx, ce
qui cause que de deux ans en deux ans les dits sieurs du clergé s'as-
semblent où il se faict une grande despence au préjudice des rentes de
la dite ville.

Qu'il sera aussy mis ung article pour supplier le Roy de donner à
la ville le fonds entier par chacun an pour le paiement des quatre natures des rentes de la dite ville et bailler par instruction aux depputtez
l'estat des dites rentes des receptes générailes.

Sur la proposition faicte par monsieur le prévost des marchans que
doresnavant les prévost des marchans et eschevins quant ils sortiront
de charge, seront tenuz aller en la court de Parlement, chambre des
Comptes et autres de quy doit pour rendre raison de leurs charges et
dire ce qu'ilz auront fait pendant le dit temps, a esté arresté d'en délibérer dans le conseil de la dite ville et non en ceste compagnie.

Du mardy cinquiesme jour d'aoust m vr° quatorze.

En l'assemblée de mes dits sieurs les prévost des marchans et eschevins et depputtez, le dit jour tenue au dit hostel de la ville pour le
faict des dits Estatz sont comparuz mes dits sieurs les prévost des marchans et eschevins, messieurs les présidens de Marly, des Arches, Deslandes, Miron, Lescuier, Le Tonnellier, du Lys, Perrot, Frezon, de
Creil, procureur du Roy, Arnauld, Dreux et le Prebstre.

A esté arresté que le Roy sera très humblement supplié de réduire
son conseil à un certain nombre qui n'exceddera quarante huict au
plus lequel s'il luy plaist diviser en divers bureaux suivant la quallité
des affaires d'Estat, de la guerre et des finances, qu'il n'y pourra entrer
auleun de longue robbe, qu'il n'ayt l'aage et la qualité requise par
l'ordonnance de Blois pour estre président aux cours souveraines, et
pour les gens d'espée qu'ilz n'ayent l'aage de quarente ans et avec ce
qu'ilz soient officiers de la couronne, gouverneurs de province ou ayent
esté en embassade.

Que les présidens ny conseillers de cours souveraines et autres
officiers fourrez ne prendront plus quallitez de conseillers d'Estat.

Qu'il sera mis ung article dans le dit cahier par lequel que les offices
de présidens et commissions de présidens des enquestes des compagnies
souveraines seront donnez par le Roy à l'ung des trois de ceux du
corps d'icelle qui seront esleuz et nommez par la dite compagnie souveraine, et pour les advocatz et procureurs du Roy seront semblablement donnez par sa dite Majesté à l'ung des trois qui y seront semblablement esleuz, choisiz et nommez par les dites cours, et que
l'eslection s'en fera par billetz secretz mis en ung troncq ou chappeau
comme il se fait des prévost des marchans et eschevins.

Du vendredy huictiesme jour d'aoust m vr° quatorze.

En l'assemblée de mes dits sieurs les prévost des marchans et eschevins et depputtez le dit jour tenue au dit hostel de ville pour le fait
des dits Estatz

Sont comparuz mes dits sieurs les prévost des marchans et eschevins, messieurs les présidens de Marly, des Arches, Miron, Lescuier,
du Lys, Perrot, Frezon, de Creil, procureur du Roy, Arnauld, Dreux
et le Prebstre.

A esté arresté de mectre ung article dans le dict cahier par lequel
sa Majesté sera suppliée que deffences soient faictes à tous les habitans tant de cette ville que des autres villes de la France d'aller aux
tavernes ny cabaretz à peine de deux cens livres parisis d'amende

pour la première fois, dont le thiers sera baillé au desnonciateur et de pugnition corporelle pour la seconde fois. Ce faizant que les deffences faites par le lieutenant civil pour ce subject seront gardées et observées.

A esté arresté de supplier sa Majesté de commectre aux Estatz certaines personnes pour faire rendre compte aux partizans de tous les partitz qui ont esté faict depuis la redduction de cette ville, affin de congnoistre s'ilz ont entièrement satisfaict à ce qu'ilz estoient tenuz, et s'ilz n'ont poinct exigé aulcune chose, informer contre ceulx qui ont destourné et empesché les offres et enchères, et pour estendre et dillater plus amplement le dit article dans le dit cahier et aussy faire rechercher de tous les dits partis, ont esté commis messieurs du Lys et Perrot.

Et a esté remis à délibérer une autre fois sy l'on requèrera que pour l'advenir il ne soit faict aulcuns partys sy ce n'est pour le rachapt du domaine alliéné lequel ne poura estre faict qu'il ne soict vériflié, et sy les aydes ne seront plus baillées en général ains par eslection, comme aussy sy la ferme générale du sel sera baillée par généralitez, par greniers ou en général.

Il est arresté que maistre Philippes Guérin, fermier ou tenant compte de la ferme du bestial à pied fourché, comparoistra lundy en cette assemblée pour respondre sur ce qui lui sera proposé.

Du lundy XIᵉ aoust m VIᶜ XIIII.

En l'assemblée de mes dits sieurs les prévost des marchans, eschevins et depputtez

Sont comparuz mes dits sieurs les prévost des marchans et eschevins, messieurs le président Miron, Lescuier, du Lis, Perrot, procureur du Roy, Arnauld, Le Prebstre.

A esté arresté de mectre ung article dans le cahier par lequel sa Majesté sera suppliée qu'il n'y ait en son royaulme qu'ung poix, une mesure et une aulne et à ceste fin commectre des commissaires par les provinces pour faire les réductions.

A esté arresté de mectre ung article dans le dit cahier, par lequel sa Majesté sera suppliée que deffences soient faictes aux notaires de doresnavant prendre aulcuns deniers de ceulx ausquelz ilz font bailler de l'argent à rente, ny de celluy qui acquerra la dite rente, oultre ce qu'ilz auront mis par escript tant à la minutte que aux deux grosses du conract, et pour leurs vaccations à peine d'estre responsables pendant cinq ans du principal et arrérages de la dite rente.

Et quant aux sallaires des dits notaires pour touttes leurs expéditions, Mᵉ le procureur du Roy de la ville est commis pour s'en informer et en nottifier la compagnie.

A esté arresté de supplier sa Majesté que le cent douzième article de Blois soit inviollablement gardé et observé et qu'en l'interprétant et y adjoustant, que deffences très expresses soient faites à tous conseillers d'Estact, présidens, maistres des requestes, conseillers, advocatz et procureurs généraulx et autres officiers des cours de parlement, grand conseil, chambre des comptes, cours des aydes, et généralement à tous autres officiers de prendre, se charger directement ou indirectement en quelque sorte ou manière que ce soit des affaires ou intendances des princes, seigneurs, chappitres, communaultez et autres personnes quelconques, ny estre leurs pensionnaires ny à leurs gaiges, ny pareillement d'aulcuns vicariatz d'évesque ou preslatz pour le faict du temporel, spirituel ou collation de bénéfices de leurs eveschez, abbayes ou prieurez et de s'entremectre ou empescher aulcunement des affaires d'autres que de sa dite Majesté, des roynes et enffans de France et pour le regard des roynes et enffans de France seront obtenues lettres pattentes qui seront vériffiées au Parlement et quant aux aultres ne pourront obtenir aulcunes dispences et s'ilz en obtiennent en sont dès maintenant desclarées nulles, quelques dérogatoires qu'elles puissent comprendre le tout à peine à l'encontre

de celluy qui y contreviendra de trois mil livres parisis d'amende ap-
plicquable moictyé au desnonciateur et moictyé aux pauvres et outre
son office déclaré vacquant et impectrable au proffict de celluy qu'il
dénoncera, s'il est trouvé capable et au cas qu'il ne soict tel, au proffict d'ung autre de capacité requise qui le demandera, et pour le jugement de la vacquance des dits offices en sera attribué la congnoissance
et première instance au Parlement. Et pour le regard des présiddens
et conseillers tant de la grand chambre enquestes que requestes et
gens du Roy du dit Parlement, qu'ilz seront jugez au grand conseil.
Et quand les procès des Roynes ou enffants de France seront sur le
bureau, leurs dits conseillers ne pourront entrer aus dites courtz sur
la mesme peine de trois mil livres applicable comme dessus.

A esté arresté de supplier sa Majesté voulloir ordonner que tous
larrons et couppeurs de bources pour la première fois auront la fleur
de lys et envoiez aux gellaires pour cinq ans, et pour la seconde fois
seront penduz; et au regard des veilleurs de nuict et ceux qui seront
surpris couppeurs des bources aux esglises, justices, et qui venddent
et desrobent l'argent des troncz seront penduz et estranglez, que les
cappitaines, instructeurs et subornatteurs des couppeurs de bources
seront aussy penduz; que les officiers ou archers qui auront congnoissance ou intelligence avec les ditz couppeurs de bources et qu'ilz ne
les auront pris ny chasticz perderont leurs offices et condampnez en
six cens livres parisis d'amende, moictié aux pauvres et l'autre moictié
au desnonciateur.

Le dit jour ont esté mandez en la dite assemblée Nicollas Buchet,
fermier du bestial à pied fourché et maistre Philippes Guérin sa caul-
tion et tenant compte d'icelle ferme, lesquelz ont esté interpellez de
dire depuis quel temps ilz sont fermiers des dites fermes, ont dit depuis unze mois en ça; enquis sy depuis le dit temps ilz ont pris imposition sur les flèches de lardz qui se vendent à la halle, ont dict que
l'imposition du sol pour livre leur en est deue, mais n'en ont rien
receu que depuis huict jours seullement.

Enquis en vertu de quoy ilz ont faict paier la dite imposition, ont
dit en vertu d'une sentence donnée par les esleuz et sont fondez en
éedict de plus de cent ans, et que sy l'on les veult empescher d'exercer
leurs fermes et lever les droitz du Roy, il s'en plaindra au conseil du
Roy.

Enquis s'il est pas vray que les fermiers de la dite ferme qui estoient
auparavent eux, n'ont jamais rien pris sur les dits lardz, ont dit que
sy les dits fermiers précéddens ont voullu donner leur droict, il leur
estoit permis, que plusieurs fermiers cy devant ont mal exercé les dites
fermes, aulcuns d'eux faisant levées de ce qu'il ne leur estoit permis,
et d'aultres n'ont levé et ont laissé perdre ce qu'il ne leur estoit permis,
au préjudice des droitz du Roy et à la ruine de la dite ferme, et que
pour le regard des dits lardz il y eu des poursuittes faites, mesmes
une sentence donnée dès l'année m vi.e quatre.

Et s'estant les dits fermiers retirez et l'affaire mise en dellibération,
a esté arresté que la ville se portera pour appelantes des dites sentences donnécs aux esleuz, et qu'elle présentera sa requeste à messieurs
de la court des Aides, affin que deffences soient faictes aus dits fermiers
de faire aulcunes levées ny prendre aulcune imposition sur les lardz
sallez qui seront venduz aux halles de cette dite ville à peine de pugnition corporelle.

Du mardy douziesme jour d'aoust mil vi.e quatorze.

En l'assemblée de mes dits sieurs les prévost des marchans et eschevins et depputez, le dit jour tenue au dit hostel de la ville,

Sont comparuz mes dits sieurs les prévost des marchans et eschevins,
messieurs le président Miron, Lescuier, Le Tonnellier, Du Lys, Perrot,
Frézon, de Crel, procureur du Roy, Arnauld et le Prebstre.

A esté arresté qu'il sera mis ung article dans le dit cahier, par lequel le Roy sera très humblement supplié, que le reiglement fait pour la taxe des clercz soict suivy, gardé et observé, et pour le regard des jurisdictions, où la taxe n'a poinct encores esté faite, il en sera faict une modderée par les juges des lieux ung mois après la publiccation à peine d'en respondre en leurs propres et privez noms, touttes lesquelles taxes seront imprimées et affichées en lieux publicz, affin que chacun en ayt la congnoissance avec deffences très expresses aus dits clercz, de prendre ny exiger des parties plus ce que qui leur sera taxé et ordonné, à peine de douze cens livres parisis d'amende applicable moictié aux pauvres et l'autre moictié au desnonciateur, et de pegnition corporelle, et seront les dits clercz jugez en première instance par tel juge roial et ordinaire de la résiddence de l'accuzé ou telle court souveraine aussy en première instance que bon semblera au dénonciateur. Deffences aus dits clercz de porter en leurs habitz aulcune soye aux peines que dessus, que tous les dits clercz seront domesticques résiddans et demeurans en la maison de leurs maistres, sans estre maisonez ny faire maison à part aux mesmes peines que dessus; que les procureurs de communaultez s'assembleront tous les mois, prendront serment de tous les autres procureurs, pour scavoir d'eux s'il y avoit eu contravention au dit reiglement; que à la grand chambre seront depputtez deux conseillers et ung de chacune chambre des enquestes, qui s'assembleront tous les mois et avec eux les gens du Roy, en présence desquelz les dits procureurs de communauté après serment par eux fait, feront rapport de ce qu'ilz auront appris de contraventions au reiglement cy dessus.

Monsieur Le Tonnellier s'est chargé de s'instruire d'une sorte d'imposition qui se lève aux halles sur touttes sortes de marchandises pour ballayer et nettoier la place et en faire rapport à la compagnie.

Messieurs les prévost des marchans, Desprez et Clapisson ont esté commis par la compagnie, pour faire et dresser un reiglement pour la taxe et sallaire des greffiers, clercz de greffes nottaires et tabellions, pour le communicquer et l'arrester en cette compagnie.

Du lundy xviii° jour du dit mois d'aoust.

En l'assemblée de messieurs les prévost des marchans, eschevins et depputtez le dit jour tenue au dit hostel pour le faict des dits Estatz,

Sont comparuz messieurs le prévost des marchans, Desprez et Clapisson eschevins, président de Marly, président des Arches, archidiacre de Dreux, Le Prebstre, Lescuyer, Le Tonnellier, Du Lys, Arnault et Perrot.

A esté mis en dellibération, sy le paiement des rentes de la ville sera faict et suivy comme il a esté encommencé des années qui sont escheues depuis le temps de ce qui se paye à livre ouvert, ou bien sy délaissant en arrière ce qui est escheu, l'on doibt payer l'année courante selon le fondz sans faire aucun recullement; sur quoy a esté arresté, que l'ordre encommancé et jusques à présent gardé et observé pour le payement des dites rentes, sera entretenu comme estant le meilleur et pour la seureté des rentes.

A aussy esté mis en dellibération, sy les arrérages des dites rentes de la ville, seront réputées meubles pour les années eschenes, et que touttes fois ne se paieront à bureau ouvert, ou bien seullement ce qui se paiera au dit bureau et ce qui sera escheu du préceddant, et a esté conclud de se pourvéoir par devant le juge ordinaire sans en parler aux Estatz.

A esté arresté de mectre ung article dans les cahiers, par lequel le Roy sera supplié d'ordonner qu'il ne sera cy-après receu ny establly aucun nouvel ordre relligieux en ceste ville de Paris, ny autre villes du royaume, attendu le grand nombre qu'il y en a establly depuis quelques années et qui s'accroist journellement, sans que les monastères qui sont en ceste dite ville puissent estre accreuz ny augmentez ains demeureront en l'estat qu'ilz sont à présent et que l'administration des sacremens, sera deffendue aus dits monastères pour autres que les relligieux, les bourgeois et autres séculiers abstrains d'aller en leurs paroisses.

A esté aussy arrestées que pareilles deffences seront faictes aux habitans des villes, bourgs et villaiges de hanter ny fréquenter les tavernes et cabaretz, que celles faictes contre les bourgeois et habittans de ceste ville de Paris et sur les mesmes peynes.

A este pareillement arresté de mectre dans les dits cahiers, ung article concernant la polette et vénallité des offices, tant de judicature des finances que de la suitte et maison du Roy.

A esté remis à délibérer sur la réformation et modération des taxes et fraiz des bulles et autres expéditions en court de Rome, et aussy sur celles que les évesques et autres prélatz esclésiastiques du Royaume de France, et leurs secrétaires se font payer pour semblables expéditions, après que le sieur de Sauzay, banquier, aura esté oy, quoy faict sera aussy délibéré, sur ce que l'ambassadeur intervertit les dattes des provisions.

Monsieur Arnault s'est chargé de dresser ung article et l'estendre au long sur ce qui a esté délibéré et trouvé bon qu'il sera receu pour loy fondamentale de l'Estat et inviolable, que le Roy nostre sire est seul seigneur, prince et monarque souverain de son royaulme qu'il ne tient que de Dieu seul, que les habitans d'icelluy le tiendront pour chose très assurée sans que nulle autre puissance, spirituelle ou temporelle, aict aucune supériorité sur sa Majesté, et que toutes personnes qui entreront ès charges publiques, offices, bénéfices et autres quelzconques feront ceste recongnoissance après le serment ordinaire.

Monsieur Dreux s'est aussy chargé d'adviser s'il est à propos que les docteurs en théologie soyent prefférez aux chaires cathédrales des esglises des villes ou y a université, en laquelle ilz auront faict leurs cours, et pour les autres chaires qu'il sera admis et receu aultant de docteurs et prestres que relligieux le tout en l'honneur et gloire de Dieu et à l'édiffication du prochain.

A esté remys à délibérer sur la contrarietté des arrestz qui arrive journellement affin d'y remeddier.

Du mardy dix neufviesme jour d'aoust m vi⁰ quatorze.

En l'assemblée de mes dits sieurs les prévost des marchans et eschevins et depputez, le dit jour tenue au dit hostel de la ville pour l'effect que dit est,

Sont comparuz monsieur le prévost des marchans, messieurs Desprez et Clapisson eschevins, messieurs les présidens de Marly, des Arches, Doslandes, Lescuier, du Lys, Perrot, Frezon, de Creil, Arnauld et le Prebstre.

A esté faict ouverture du coffre dans lequel a esté trouvé plusieurs mémoires partie desquelz ont esté veuz et leuz.

A esté arresté qu'il sera mis ung article dans les cahiers par lequel le Roy sera supplié de commander le razement de tous les chasteaux et forteresses à eux appartenans, qui ne sont sur les frontières ou ès villes cappitalles des provinces, s'il ne plaist à sa Majesté les excepter, et que les cappitaines des dits chasteaux, jouiront leur vie durant des gaiges attribuez à leurs personnes; et quant aux chasteaux appartenans aux princes, seigneurs et gentilshommes, qu'il n'y pourra estre fait aulcune fortification à l'advenir, qu'il ne pourra aussy estre basty aulcuns chasteaux de nouveau qui puisse soustenir effort sy ce n'est de simples volleurs; et quant aux citadelles qui sont sur les frontières, que le nombre des garnisons y soit complet, le tout à peine de dix mil livres parisis d'amende, moictié au desnonciateur et l'autre moictié à l'hostel Dieu, dont la congnoissance en appartiendra aux parlemens ou juges ordinaires en première instance; et que soubz les mesmes peines sera défendu à tous les subjectz de sa dite Majesté, de quelque qualité et condition qu'ilz soient, d'avoir en leurs villes, chasteaux ou forteresses aulcunes pièces de fer ou fonte sur roues ou capable d'y estre remise, ny armes offensives ou deffensives pour armer plus grand nombre que leurs domestiques ordinaires, ny aussi plus de deux cens livres de pouldre ou salpestre; et en oultre que tous les canons, pouldres et salpestres, et magazins d'armes appartenans à sa Majesté, qui ne sont à présent dans les magazins des villes de Paris, Chaallons, Lyon, seront rapportez aus dits magazins.

Qu'il sera aussi mis ung article pour obtenir de sa Majesté, que nul ne pourra estre pourveu de cure qu'il ne soit prestre auparavant sa provision, et que tous p.estres qui voudront aspirer aux cures, seront tenuz au commencement de l'année se présenter à l'évesque de leur diocèse, pour estre par luy avecq quatre docteurs qu'il sera tenu prendre examinez.

Item que les cures ne pourront estre conférées qu'à l'ung de ceux qui auront esté ainsy que dict est, examinez et interrogez et qui seront trouvez cappables, sy ce n'est à quelque homme nottoirement cappable et qui veuille soustenir la disputte contre ceux qui se seront nommez à l'évesque, le tout sans en rien préjudicier aux graduez nommez, et en outre sera informé de la vye et mœurs suivant l'ordonnance.

Que les extraictz de tous les procès seront faictz par les rapporteurs d'iceulx et escriptz de leurs mains et non de leurs clercz, que les espices seront taxées sur les dits extraictz, et que lors du jugement les inventaires de production seront reveu et y aura tousjours deux esvangélistes, dont l'un tiendra l'inventaire et l'autre verra les pièces, à peyne de nullité.

Sera aussy faict article dans les dits cahiers que nul de robbe longue, esclésiasticques ou officiers de justice ou des finances, ne pourra avoir aucun page.

Que nul officier ou autre, demeurant dans les villes ne pourra avoir plus d'ung lacquais qui sera habillé de couleur brune, soit pour luy ou sa femme, comme aussy nul gentilhomme ne pourra avoir plus de deux s'il n'est duc, pair de France, officier de la couronne ou gouverneur de province, auquel cas il en pourra avoir jusques à quatre et non plus, lesquelz lacquetz ne pourront estre aagez que de seize à dix huict ans au plus, sans qu'ilz puissent porter soye fort en l'étoffe ou au parement de leurs habitz et vestemens, ny aussy porter aucunes armes, fers ny bastons, et en cas de contravention à aucun des poinctz cy dessus que le maistre sera condampné en deux cens livres parisis d'amande applicable moictié au dénoncisteur et l'autre moictié à l'hostel Dieu, et au cas que les dits lacquetz portent espées, cousteaux, dagues ou autres ferremens ou bastons, seront condampnez au fouet dans la prison pour la première fois et pour la seconde aux gallères, outre la dite peine de deux cens livres parisis que encourra leur moistre.

A esté arresté avant que de délibérer sur le mémoire du sieur Estienne tendant à ce qu'il luy soiet baillé des commissaires tant du conseil, cour de parlement, que chambre des comptes et du trésor pour examiner ces propositions et moiens concernant les droictz du domaine du Roy qui sont recellez que le dit Estienne se retirera par devers Mr le président de Marly et des Arches, pour leur faire ouverture des dits moiens, affin d'en faire rapport à la compagnie et à ceste fin le mémoire du dit Estienne a esté baillé aus dits sieurs.

Du vendredy XXIIme jour d'aoust m vic XIIII.

En l'assemblée de mes dits sieurs les prévost des marchans et depputtez, le dit jour tenue au dit hostel de la ville pour le faict des dits Estatz,

Sont comparuz :

Messieurs le prévost des marchans, Desprez et Clapisson eschevins Mrs les présidents de Marly et des Arches, Deslandes, Le Prebstre, Lescuyer, Dreux, Le Tonnellier, Du Lys, Arnauld, Perrot, Frézon et de Creil.

A esté remise à délibérer au premier jour, s'il sera mis ung article dans le cahier pour supplier le Roy de laisser la liberté aux chaircuit-

tiers de Paris d'achepter porcs en tous lieux es environs de la dite
ville et plus loing pour estre amenez en icelle en payant le droict d'entrée seullement, nonobstant les arrests que les fermiers prétendent
avoir obtenuz au conseil à ce contraire, auquel jour M^r Du Lys a promis faire véoir le édict de l'an LXXVII.

Sera mis article dans le dit cahier par lequel sera remonstré à sa
Majesté que la diminution des cinquante solz tournois sur minot de
sel, ne tourne en rien selon son intention à la decharge et soullagement des pauvres de son peuple qui n'acheptent le sel que à la petite
mesure, en ce que les chandelliers et autres regrattiers n'acheptent
le sel que XIII livres XIII sols X deniers le minot; et en détail ilz en retirent XVIII livres XII sols, trouvant en chacun minot de juste mesure
soixante et douze litrons qu'ilz vendent et débitent à cinq solz deux
deniers chacun d'iceulx, qui est IIII livres XVIII solz IIII deniers qu'ilz y
gaignent ou exigent sur le pauvre peuple, au lieu de quinze solz qu'en
soulloient cy devant avoir de proffict sur minot et partant sa dite Majesté suppliée de faire deffences à tous les dits regrattiers de plus faire
telles exactions, et ordonner qu'ilz ne pourront prendre et retirer de
proffict sur chacun minot de sel qu'ilz détailleront plus de quarante solz
tournois compris tous fraiz de port et étures, lesquelz regrattiers ne
pourront vendre le dit sel que sur le pied du pris de l'achapt et des
dits quarente solz à peine de deux cens livres parisis d'amende.

Que le Roy sera supplié d'ordonner que cinq ou sept hommes cappables qui seront nommez par les Estatz, s'obligeront de rédiger dans
ung mois ou dix huict mois au plus tard toutes ordonnances qui sont en
vigueur et selon lesquelles les juges seront tenuz et obligez de juger à
peine de nullité, pour estre à la fin du dit temps présenté à monsieur
le Chancellier pour les approuver par lectres pattentes et en après
aussy présentées en la court de parlement, chambre des comptes et
court des aydes pour les vériffier et parce que tel travail ne se peut
faire sans nottables rescompances sera faict fondz par sa Majesté de la
somme de XII^m livres pour chacun des dits cinq ou sept hommes.

Messieurs de la compagnie qui seront chargez de dresser les mémoires et moyens pour ce qui concerne la justice, se sont aussy chargez
de dresser par escript les moiens pour l'expédition et jugement des
causes et appellations verbales en la dite court, et cependant a esté
arresté qu'il sera mis ung article dans le cahier pour supplier le Roy
d'ordonner, que le jugement des causes qui seront plaidées ès audiances
ne sera différé ny arresté s'il n'y a plus du tiers des juges ou conseillers,
qui soient d'advis d'appointer.

Que nulz marchans, libraires et imprimeurs ne contreporteur, ne
pourront mettre en vente aucuns livres ny escriptz, sans que les noms
de l'auteur et de l'imprimeur, le lieu de l'impression et le prévillège
et permission y soient escriptz au commancement à peine du fouet et
d'amande arbitraire pour la première fois, et des gallères et de confiscation des biens pour la seconde, moictyé au desnonciateur et l'autre
moictié aux hospitaux des lieux.

Tous livres seront veuz et examinez, scavoir ceulx qui traicteront de
la théologie par deux docteurs ou bacheliers nommez et depputtez par
chacun évesque en son diocèse et par le juge du lieu, et pour tous
autres livres par deux ou trois doctes personnages de bonne réputation
nommez et depputtez par les Parlements chacun en son ressort, lesquelz commis et depputtez donneront leur certification signée de leurs
mains.

Que ny les juges, secrétaires ny autres ne pourront signer prévillèges d'aucuns livres, sinon après la dite approbation, à peyne de privation de leurs offices.

Tous marchans libraires faisant trafficq de livres ne pourront faire
despacquetter ny desamballer aucunes tonnes, balles ny quaisses de
livres sans que, avant que faire despacquetter, ilz aient faict apparoir
au juge roial du lieu de la facture et inventaire de leurs livres, lesquelz seront confrontez aus dits inventaires qui demeureront aux

greffes des justices et seront iceulx livres veuz et examinez comme dit est sans pouvoir estre mis en vente qu'après le prévillège et approbation comme dessus.

Que tous devins, pronosticqueurs et faiseurs d'oroscoppes soit enseignans ou escrivans seront puniz corporellement, et que nul ne poura faire almanache qu'il ne soient aprouvez par l'évesque du lieu et lesquelz ne pouront parler que de l'astrologie permise par les loix à peine du fouet, avecq pareille peine contre ceux qui seront trouvez exposans des dits almanaches en vente sans estre approuvez comme dict est tant de l'évesque que du juge roial des lieux.

A esté remye a délibérer aux moiens pour empescher que l'on ne débitte et emploie en France que la soye qui s'y faict en l'estendue d'icelle, ensemble au port commung des habitz et bas de soye et des diamans, perles et pierreries affin d'empescher le transport d'argent qui se faict hors du royaulme pour le payement des dites soyes, perles et pierreries, chose de très grande conséquence pour la conservation d'icelluy.

Du mardy xxvie jour d'aoust mil vie quatorze.

En l'assemblée de mes dits sieurs les prévost des marchans, eschevins et depputtez le dit jour tenue au dit hostel de la ville pour le faict des dits Estatz, sont comparuz :

Mrs le prévost des marchans, Desprez et Clapisson eschevins, Mr le président de Marly et des Arches, Lescuier, Du Lys, Perrot, Frézon, de Creil, Arnauld et le Prestre.

Sur la requeste présentée par les marchans et voicturiers par eau des villes de Corbeil et Estampes ad ce que la liberté leur soict laissée de charger marchandises en leurs basteaux nonobstant les deffences au contraire que le maistre et conducteur de basteau Corbeillat prétend avoir obtenu du Roy et dont il s'ayde, a esté arresté que messieurs les prévost des marchans et eschevins pourvoieront sur la dite requeste, et à ceste fin que le dit conducteur du basteau Corbeillat sera appellé au bureau de la ville pour en estre ordonné.

A esté arresté que les antiennes ordonnances faictes contre les juristes et blasphémateurs du sainct nom de Dieu seront renouvelléos et insérées dans le cahier pour estre gardées et enjoinct aux juges d'y tenir la main, avec deffences à eux de modérer les peynes à peyne de suspention de leurs charges; que la moictié des amandes sera adjugée au dénonciateur et l'autre moictié aux pauvres; enjoinct à tous juges et autres officiers et ministres de justice de faire emprisonner ceux qu'ilz trouveront en quelque lieu que ce soict jurans et blasphémans le nom de Dieu et d'oyr sur le champs les tesmoins et permis à toutes autres personnes encores qu'elles ne soient officiers de se saisir de leurs personnes et les mener par devant le plus prochain commissaire pour en estre informé et pour ce qui est des champs seront les blasphémateurs menez par devant le premier juge des lieux, et ou aucuns ne dénonceront les personnes qu'ilz auront entendu blasphémer seront condampnez pour la première fois en dix livres parisis et pour la seconde en c livres parisis.

De supplier le Roy que deffences soient faictes à tous gantiers, parfumeurs et autres personnes d'emploier en gantz peaux ou semblables ouvrages des ambres, œufz et autres choses qui peuvent servir à la nourriture des hommes ou à la médecyne et à tous marchans d'en apporter du dehors en France ou d'en porter ny user à peyne de confiscation et de trois cens livres parisis d'amande, moictié au dénonciateur et l'autre moictié aux pauvres.

Deffences de faire entrer en France aucunes dentelles ny passementz à peyne de confiscation et de douze cens livres parisis d'amande ny d'en vendre ung an après la publication des deffences sur pareilles peynes, et deffences aussy à tous officiers et autres officiers de porter dentelles, passementz ny empoix et à toute damoiselle suivantes ou serventes d'en porter généralement à peyne de deux cens livres parisis d'amande moictyé au dénonciateur, l'autre moictyé aux pauvres.

Que nulz ne pourront avoir qu'ung seul carrosse soit pour les maris et les femmes et ne seront dorez ny doublez d'aucune soye soit passemens ou franges. Ne pourront tous nouveaux mariez habitans des villes avoir carosses qu'ilz n'ayent esté en mesnage au moings trois ans. Nul officier ny autres ne pourront aller eux ny leurs femmes et familles par la ville, de jour, en carosses pour aller aux esglises, parroisses et pardons dans la dite ville et faulxbourgs et au pallais ou ailleurs en leurs charges, sinon les présidens des cours souveraines sexagénaires ou maladifz, comme aussy nulles personnes pour mariage ne pourront louer ny emprunter carrosses, et néantmoings sera permis à toutes personnes d'user de carrosses pour aller aux champs.

Du vendredy vingt neufviesme jour du dit mois d'aoust.

En l'assemblée de messieurs les prévost des marchans eschevins et depputtez pour le faict des dits Estatz le dit jour tenue au dit hostel de la ville,

Sont comparuz :

Mes dits sieurs les prévost des marchans, Desprez et Clapisson eschevins, messieurs les présidens de Marly et Des Arches, Deslandes, Lescuyer, Du Lys, Perrot, Frézon, Arnault, Dreux et le Prestre, cy nommez selon l'ordre en laquelle ilz oppinent.

Sera mis article dans le cahier par lequel le Roy sera supplié d'accorder des dévoluz sur les bénéfices consistoriaux et qui sont en la nomination de sa dite Majesté, dont la congnoissance en première instance appartiendra aux juges roiaux ordinaires et par appel aux parlemens.

Dans le mémoire du nombre de soixante et dix a esté trouvé plusieurs articles sur chacun desquelz a esté oppiné et délibéré et arresté estre mis dans le dit cahier selon qu'il est escript et appostillé à chacun d'iceulx, lesquelx articles n'ont esté cy transcriptz pour estre au long et particullièrement spéciffiez par le dit mémoire, lequel a esté mis à la liace avecq les autres mémoires.

A esté remys à délibérer au premier jour sy les éclésiasticques ne pourront obtenir plus longs délays qu'ilz ont cy devant obtenuz pour retirer les biens par eux aliénez ès ventes et aliénations géneralles du bien de l'Esglise, atendu la bonne foy des acquéreurs et la longue possession et à ceste fin que le nouvel éédict de deux ans sera veu.

Sera aussy advisé sy les estatz des mères en secondes nopces par tout le royaume auront lieu et s'il seroit bon d'y introduire *paterna paternis* partout. Comme aussy sera advisé sur les héritaiges venduz par décret pourront estre retirez par retraict lignager nonobstant la coustume des lieux, atendu que beaucoup soubz ce prétexte laissent faire les adjudications à vil pris, ce qui tourne à la ruyne des débiteurs et créanciers.

Du lundy premier jour de septembre mil vi^c xiiii.

En l'assemblée de mesdits sieurs les prévost des marchans, eschevins et depputtez le dit jour tenue en l'hostel de la ville pour le faict des dits Estatz sont comparuz :

Messieurs les prévost des marchans, Desprez et Clapisson eschevins, Messieurs les présidens de Marly et des Arches, Lescuyer, Perrot, Frézon, de Creil, Arnauld et archidiacre de Dreux.

Sur le mémoire cotté lxxi, par lequel est requis reiglement estre faict pour le payement des rentes, a esté arresté que tel faict ne doibt estre traicté en l'assemblée des Estatz et qu'il y sera pourveu par messieurs les prévost des marchans, eschevins et conseillers de la ville de tel ordre et reiglement qu'ilz verront estre à faire pour les seureté et soullagement des rentiers.

Comme aussy a esté arresté qu'il sera pourveu par mes dits sieurs les prévost desmarchans et eschevins sur le contenu au mémoire lxxii faisant mention des dites rentes.

A esté arresté de mectre article dans le cahier qui contiendra que deffences seront faictes à tous officiers de judicature, finances ou autres de s'entremectre d'aucunes fermes, partiz, charges, commissions ou autres affaires quelzconques où ilz peussent avoir intérest directement ou indirectement à peine de privation de leurs offices, de douze cens livres parisis d'amande moictié au dénonciateur l'autre moictyé aux pauvres et mesmes de pugnition corporelle s'il y eschet. Que deffences seront aussy faictes à tous receveurs sur pareilles peynes et amandes applicables comme dessus d'avoir aucune part aux controlles, de prester deniers pour avoir ledit controlle, ny d'avoir aucunes affaires pour raison de ce avecq les controolleurs, et deffences au controolleur d'estre parant ny allié du receveur jusques au degré de cousin remué de germain inclusivement sur pareilles peynes. A esté laissé à pourveoir par les dits sieurs prévost des marchans et eschevins et conseillers de la ville sur ce que il est faict mention par le mémoire LXXIII du payement des rentes et rembourcemens des receveurs.

Que nul évesque ne poura recevoir de prestres s'il ne luy apparoist par certificat ou autrement que chacun prestre ait cent livres de rente par chacun an et où les dits évesques recevront des prestres qui n'auront le dit revenu qu'ilz seront tenuz les nourir.

Que nul esclésiastique ne poura avoir plus d'ung bénéfice sy ce n'est que plusieurs qu'il poura avoir n'excedera six cens livres tournoiz.

Sera le Roy supplié de depputer des commissaires pour vériffier les bonnes debtes dues par les roys ses preddécesseurs et rejecter les mauvaises affin que les dites debtes ne puissent plus entrer dans les partiz ou ailleurs sans qu'il soit payé aucun intérest de laquelle commission sera faict régistre.

Qu'il sera mis article dans le dit cahier contenant que celluy qui aura une action poura faire signifier à sa partye qu'il offre de quicter sa prétention pour une telle somme et qu'à faulte de l'accepter au domicille qui aura esté esleu, l'action poura estre ceddée à autres pour le dit pris sans que l'on puisse après user de la loy *ab Anastazio* ou *Divertas* et que les bastonniers des advocatz et procureurs de communauté seront tenuz bailler des advocatz et procès pour les pauvres qui occuperont et plaideront pour eux gratis, et sy la cause est bonne en bailleront certificat affin que les dits pauvres ne payent rien au greffe et que les huissiers et sergens travaillent aussy gratis.

Messieurs les prévost des marchans De Marly, Desprez et Perrot seront chargez de vôir ung mémoire trouvé dans le coffre par lequel est soutenu la polette devoir estre continuée.

Que sa Majesté sera très humblement suppliée d'ordonner que les éédictz de pacification seront entretenuz, mais que les juifz, athéistes, anabatistes et autres faisans profession d'autres relligions non tollérées par les dits éédictz seront puniz de mort et de confiscation de tous leurs biens, dont moictié sera adjugée au dénonciateur et l'autre moictié applicable aux frais de la navigation.

A esté remys à parler et délibérer des eslections des charges de l'esglise, de l'aage des curez, du sel et impost, et de la suppression des présidiaux, bureaux et eslections.

Du mardy deuxiesme septembre mil VI° XIIII.

En l'assemblée de mes dits sieurs les prévost des marchans et eschevins pour le faict des dits Estatz sont comparuz :

Messieurs le prévost des marchans, Desprez et Clapisson eschevins, messieurs les présidens de Marly et des Arches, Lescuyer, Du Lys, Perrot, Frezon, de Creil, Arnault et Dreux.

A esté arresté qu'il sera mis ung article dans le cahier contenant que toutes les taxes des chancelleries des Parlemens et présidiaux demeureront en l'estat qu'elles estoient en l'année mil VI° VIII, sans qu'il soit permis aux référendaires ny autres de prendre plus grandes taxes lors ny sur autres lettres que sur celles où les dits refférendaires

qui avoient accoustumé de prendre taxe, le tout à peine de trois cens
livres parisis d'amande applicable moictié au dénonciateur et l'autre
moictyé aux pauvres nonobstant l'éédict non vériffié au parlement de
l'année.....; deffences aussy d'intituller au nom du Roy les lettres
des chancelleries des sièges présidiaux, et quant à la grande chancellerie, que les taxes faictes en l'année LXIII et augmentée en LXX seront
observées sans pouvoir estre augmentées à peyne de mil livres parisis
d'amande contre le grand audiencier et conseillers qui auront assistéà
la taxe applicable comme dessus, dont la congnoissance appartiendra
au parlement et que les dites taxes seront faictes sur chacune sorte de
lettres particullièrement aux Estatz.

Que l'on persévèrera instamment à demander que les commandes
des abbayes soient ostées en tout suivant ce qui a esté cy devant
arresté et là où il ne pouroit estre obtenu que les depputtez pour aller
aux Estatz généraux confèreront avecq messieurs du clergé, du mémoire concernant le tiers du revenu des abbayes, lequel à ceste fin
sera porté aus dits estatz, le dit mémoire cotté LXXVIII,

Que le Roy sera supplié de donner deux fois la sepmaine, à telz
jours et à telles heures qu'il luy plaira audience à ses subjectz qui auront des plainctes et doléances à luy faire et ce à l'exemple du Roy
saint Loys et autres ses prédécesseurs.

A esté remys à délibérer vendredy prochain sur l'abonnement des
aydes.

A esté arresté que s'il y a ordonnance pour la distribution des procès, elle sera suivye, gardée et observée et outre il n'y en aura poinct
que le Roy sera supplié d'ordonner que la distribution de tous procès
ès parlemens sera faicte par les présidens assçavoir à la grande chambre
par quatre présidens et à la chambre de la Tournelle par deulx présidens pour obvier à tous désordres.

Que ceulx qui seront depputtez de la compagnie pour aller aux
Estatz généraux adviseront avecq les depputtez des autres provinces à
faire taxe des sallaires et esmollumens des greffiers, avec reiglement
des lignes et sillabes qui devront estre en chacune page, lequel reiglement sera exécuté à peyne de XIIᵉ l. parisis d'amande applicable comme
dessus, mesme de privation des offices et aussy adviseront pour les
geolles.

Pareillement les dits depputtez en la mesme forme à la modération
des espiçes.

Que les juges seront tenuz jusques au quadruple de ce qui aura esté
pris par leurs femmes, clers ou..... qu'il ne sera pris aucunes espiçes pour jugemens sur requeste ny pour eslargissemens par les juges
ny pareillement par les substitudz de monsieur le procureur général
du Roy à peine de VIᵉ livres parisis d'amande, applicables comme devant, ce qui aura lieu tant pour les cours souveraines que jurisdictions
inférieures et sur mesmes peines ne seront les prisonniers retenuz par
deffault de paier les espiçes.

Du vendredy cinquiesme jour de septembre ou dit an mil VIᵉ quatorze.

En l'assemblée de mes dits sieurs les prévost des marchans eschevins et depputtez pour les dits Estatz sont comparus :

Mes dits sieurs les prévost des marchans Desprez et Clapisson eschevins, messieurs le président des Arches, Lescuyer, le Tonnellier, Du
Lys, Perrot, Frezon, Arnauld et Dreux.

A esté arresté qu'il sera mis ung article dans le cahier portant supplication à sa Majesté d'ordonner qu'il ne poura cy après estre faict
aucuns jeuz de paulme en ceste ville ou faulxbourgs, le nombre de
ceulx y estant à présent retranché et les fraiz et despences d'iceulx di-
minuez et modérez en sorte que les meilleures balles neufves ne pouront estre vendues plus de douze sols la douzaine et au dessoubz avecq
deffences à tous paulmiers ou autres tenans jeuz de paulmes de souffrir laisser jouer aux detz, cartes ou autres jeux de brelan en les dits
jeuz de paulme à peine de XIIᵉ livres parisis d'amande, dont moictié
sera adjugé au dénonciateur et l'autre moictié aux pauvres.

Sera aussy mis ung article pour supplier le Roy d'ordonner que deulx ans après que aucuns auront pris l'habit de jésuistes, ilz ne seront plus cappables d'aucunes successions directes ou collactéralles ny mesme disposer des biens qu'ilz auront auparavant, et après le dit temps ne pourront estre licentiez et mis hors de l'ordre sans leur estre par la maison de laquelle ilz auront esté licentiez donné moien de vivre.

Item que les dits Jésuistes seront subjectz aux mesmes ordonnances et loix civilles et politicques que les autres relligieux de France, qu'ilz ne pourront avoir aucuns provinciaulx qu'ilz ne soyent nayz francais et qu'ilz n'ayent esté esleuz par les Jésuistes francais qui auront faict leur premier veu, et pour le surplus le mémoire cotté m^xx sera porté aux Estatz pour estre communicqué à messieurs du Tiers Estat et en après à messieurs du clergé s'il est trouvé bon.

Que le Roy sera supplié qu'il soit faict loy que doresnavant aux assemblées des Estatz généraulx nulz gouverneurs des provinces ou des villes, lieutenans généraulx civilz et criminelz ny particulliers ny pensionnaires, advocatz, ny procureurs du Roy ne pourront estre depputez pour les dits Estatz généraulx, et au cas que pour ceste fois en la présente assemblée généralle il se trouve aucuns depputez des quallitez susdites seront tenuz eux retirer quand on parlera de choses qui concernora leurs charges et fonctions et les dits pensionnaires lorsque l'on parlera des pensions.

A esté arresté qu'il sera communicqué et conféré avecq messieurs les depputez des Estatz pour prier le Roy d'ordonner certain nombre d'escuiers, lesquelz, avecq les chevaux de la grande et petite escurye, enseigneront à la noblesse gratuitement ou au plus à deux escuz le moys.

Que sa dite Majesté sera très humblement suppliée d'ordonner qu'il sera faict et estably une chambre pour estre ambulatoire composée de personnes de probité telles qu'il sera advisé pour le mieux pour la recherche et congnoissance des abuz, malversations, exactions, concussions et viollances commis tant par les officiers de justice et de finance, gentilzhommes et par quelques autres personnes en leurs charges, fonction et en quelque autre sorte et manière que ce soit ou puisse estre, mesmes ès partiz et commissions pour estre les couppables puniz et remédié au mal pour l'advenir.

Que nul ne sera pourveu dt l'ordre Saint Michel sans avoir fait ses preuves de noblesse, et à ceulx qui l'auront eu par argent faveur ou autrement qui ne sont gentilzhommes qu'il leur sera osté pour en estre indignes, comme aussy que ès charges de cent gentilzhommes de la maison du Roy et aultres qui ont tiltre de gentilzhommes il n'y sera receu que des nobles, et que en la place de ceulx estans ès dites charges qui ne sont de ceste qualité en sera mis des nobles et pareillement ès compagnie des gardes ne sera aussy receu que des nobles ou vieulx soldatz qui auront servy vingt ans.

Du mardy neufviesme jour de septembre m vi^e quatorze.

En l'assemblée de mes dits sieur les prévost des marchans et eschevins et depputtez, le dit jour tenue au dit hostel de la ville pour le faict des dits Estatz.

Sont comparuz :

Monsieur Myron, conseiller du Roy en la court de parlement et présiddent ès requestes du pallais, prévost des marchans au lieu du dit sieur de Grieu, Monsieur Desveux, Clapisson, Huot et Pasquier eschevins, Messieurs les présidens de Marly, des Arches, des Landes, Lescuier, Le Tonnellier, du Lis, Perrot, Frezon, procureur du Roy, Arnauld, Dreux et Leprestre.

La compagnie estant assemblée, monsieur le prévost des marchans a remonstré que aiant esté l'ung des depputtez pour la court de Parlement pour venir aux Estatz, à présent qu'il avoit l'honneur d'estre prévost des marchans, il n'y assiste plus comme depputté de la court, et partant ne restoit plus que Monsieur Deslandes sy ce n'estoit que la compagnie trouvast bon que le dit sieur de Grieu vint aux dites assemblées en sa place, estant du corps de la dite court, joinct qu'il est fort instruict aux affaires des dits Estatz, requérant la compagnie y voulloir adviser. Sur quoy l'affaire mise en délibération, a esté arresté que le dit sieur de Grieu sera prié de venir doresnavant en l'assemblée des dits Estatz et y prendre scéance et sa place au lieu du dit sieur président Myron, ce qui a esté à l'instant fait scavoir au dit sieur de Grieu qui est venu en ladite assemblée dont la compagnie l'a remercié.

A esté arresté qu'il sera mis ung article dans le dit cahier par lequel le Roy sera très humblement supplié d'òrdonner que tous huissiers et sergens seront tenuz faire régistre de tous les saisies qu'ilz feront exceddans la somme de cent livres, lesquelles seront signées sur le dit régistre par les parties à peine de nullité, lequel régistre sera rellié et paraphé en tous les feuilletz au commencement de l'année par le procureur du Roy de la justice dont les dits huissiers ou sergens seront, sans par eux laisser de blanc dans leur dit régistre, et seront tenuz suivant l'ordonnance de faire signer les exploitz par leurs corps et faire mention de la demeurance et quallité des parties.

Que sa dite Majesté sera aussy suppliée ordonner que tout homme qui fabricquera ou fera fabricquer une pièce faulce ou s'en servira après l'inscription en faulx d'icelle sera descheu de son droit outre la peine de faulx, et que tous juges, nottaires, officiers, trésoriers, argentiers et recepveurs des princes et seigneurs qui feront des faulcetez seront punis de crime de mort, et quant aux autres qu'ilz seront envoiez aux gallères.

A esté arresté que sa Majesté sera suppliée d'ordonner que la femme qui aura recellé ou soubztraict quelque chose de la communaulté devant ou après la renonciation à icelle communaulté sera tenue du paiement de la moictié des debtes, encores que la dite moictié exceddera la part qu'elle prendra à la dite communaulté.

Qu'il sera mis ung article par lequel sa Majesté sera très humblement supliée d'ordonner que le retraict n'aura lieu es biens adjugez par décès sinon pour les enffans de ceux dont les héritages auront esté venduz ou par son présomptif héritier au deffault d'enffans et sans fraulde.

Que le remploy des propres tant du mary que de la femme aura lieu en tous pays coustumier où y a communaultez.

Que la continuation de communaulté à faulte de faire inventaire sollenel et cloz aura lieu en tous pays où la communaulté a lieu au proffict des enffans mineurs.

Que touttes personnes ne pourront disposer par testament de leurs acquetz et meubles, sinon après vingt ans accomplis, et de leurs propres après vingt cinq ans.

Que toute personne qui recellera les biens d'une communaulté ou d'une succession sera privé de la part qu'il luy pourroit appartenir en la succession ou communaulté.

Que le régistre des baptesmes sera signez des pères, parains et marraines qui scauront signer, et contraindre les curez de mectre leurs régistres aux greffes roiaux.

Messieurs du Lys et Perrot se sont chargez du mémoire trouvé dedans le coffre concernans les marchans de vins pour l'examiner et en faire rapport au premier jour.

Du vendredy xiime jour de septembre mil six cens quatorze.

En l'assemblée des dits Estatz le dit jour tenue, sont comparuz messieurs les prévost des marchans et eschevins, messieurs les présidens de Marly, des Arches, de Grieu, Lescuyer, Le Tonnellier, Du Lis, Perrot, Frezon, procureur du Roy, Arnault, de Dreux et le Prebstre.

A esté arresté de supplier le Roy d'ordonner que doresnavant les inventaires de procès seront paraphés par le greffier proche la signature du procureur et, si les parties requièrent que tous les feuilletz des dits Inventaires soient aussi paraphez les dits greffiers seront tenuz

ce faire aux despens des dites parties, soit devant, soit après les dits
procès jugez, comme aussy seront toutes les pièces produictes au procès
paraphées par le juge ou rapporteur du dit procès quant les parties le
demanderont.

Que sa dite Majesté sera suppliée d'ordonner que toutes saisies et
arrestz seront desclairées nulles après trois ans si elles ne sont renouvellées ou poursuivies dedans le dit temps, et quant aux saisies féodalles si elles ne sont poursuivies ou renouvellées elles n'auront effect
que pour trois ans, mais si on demeure trois ans après sans poursuitte
ni estre renouvellées elles n'auront point d'effect du tout.

A esté arresté de demander aux Estatz et qu'il soit ordonné que les
parties qui s'adresseront au parlement pour exécution ou interprétation
des arrestz donnez en icelle, se pourvéoiront en la mesme chambre où
auront esté donnez les dits arrestz et que les instructions incidentes
du procès pendans ès chambre des Enquestes se feront ès dites chambres
sans préjudicier aux exécutions des dits arrestz qui doibvent appartenir
aux juges ordinaires et néantmoings ce qui se peult expédier sur simple
requeste sera libre aux parties de s'addresser en la grand chambre.

Du vendredy dixneufviesme jour de septembre mil six cens quatorze.
En l'assemblée des dits Estatz le dit jour tenue

Sont comparuz messieurs les prévost des marchans et eschevins,
messieurs les présidens de Marly, des Arches, de Grieu, Lescuyer, Perrot, Frezon, de Creil, procureur du Roy, Dreux et le Prebstre.

A esté arresté de supplier le Roy que doresnavant les places de
clercz et commis des greffes en la court de parlement qui jusques aujour-
d'huy n'ont esté vénalles ensemble les geolliers et greffiers de geolles
ne soient vendues par quelque personne que ce soit, ains que eslection
soit faicte de personnes cappables pour entrer ès dites places, comme
il a esté cy devant faict, à peine contre ceulx qui les venderont ou en
prendront présens ou rescompenses directement ou indirectement du
quadruple de ce qu'ilz auront receu, dont moictié sera adjugé au dénonciateur et l'autre moictié aux pauvres, et contre ceulx qui les achepte-
ront soit en argent ou présens d'estre chargez des dites charges de pure
perte de ce qu'ilz en auront baillé et de deux mil livres parisis d'amande
applicables comme dessus. Et outre que taxe sera faicte par les juges
des sallaires des dits geolliers et greffiers des geolles, laquelle sera mise
en ung tableau qui sera attaché à l'entrée des dites geolles et que deffences soient faictes à tous geolliers de laisser vaguer leurs prisonniers
par la ville à peine de la vye.

A esté arresté de supplier le Roy d'ordonner qu'il soit permis aux
fabricques et communaultez des villages en plat pais de retirer les terres,
vignes ou autres héritages qui ont esté venduz, par les marguilliers ou
communes depuis l'année mil v^c IIII^{xx} et huict, et où les dites fabricques
n'auront les moiens pour les retirer les acquéreurs en retiendront une
partie pour l'argent qu'ilz en auront baillé et l'autre partie ilz les laisseront aus dites fabricques ou communaultez au dire de gens à ce congnoissans.

Que deffences soient faictes à tous bouchers d'avoir plus d'un estail
à boucher, soit de leur propre soit de leur . . . . .

A esté arresté de proposer aux Estatz de trouver les moiens de réunir à la justice royalle du Chastellet toutes les justices qui sont dans
Paris et ès faulxbourgs et qui appartiennent aux communaultez esclésiasticques en rescompensant les dites communaultez et pourvéoir aux
moiens qu'il n'y ait qu'un degré de jurisdiction.

Le samedy vingtiesme jour de septembre mil six cens quatorze, messieurs
les prévost des marchans et eschevins ayans esté advertis que monsieur
le lieutenant civil debvoit envoyer ung sergent au bureau pour advertir
messieurs de la tenue des Estatz de la prévosté de Paris qui se debvoient
tenir en la salle épiscopalle le lundy en suivant xxiie jour du dit mois
et qu'ilz eussent à depputter quelques ungs d'entre eulx pour y assister,
d'aultant que ce n'estoit la forme et que, encores que messieurs de la

ville feussent par lectres du Roy dispensez de la jurisdiction du dit prévost de Paris pour le faict des dits Estaix néantmoings en cas semblable
par honneur, le procureur du Roy du dit Chastellet auroit accoustumé
de venir du dit bureau faire la semonce luy mesme au moien de quoy
mes dits sieurs de la ville auroit commis maistre Guillaume Clément,
greffier de la dite ville pour aller par devers le dit sieur lieutenant civil
pour l'advertir de ce que dessus et de ce qui c'estoit passé en cas semblable et qu'ilz ne souffriroient aulcune signiffication ny semonce par
ung sergent, que sur le champ la ville ne luy en envoiast ung autre
pour luy signiffier les lectres envoiées par le Roy à la ville le ix juin
dernier, ensemble pour luy déclarer que la dite ville ne depputteroit
aulcunes personnes pour aller à ses dits Estatz, lequel Clément pour
ce que dessus se seroit transporté par devers monsieur de Roissy, lieutenant civil auquel il auroit faict entendre ce que dessus, qui auroit
faict responce qu'il ne pouvoit envoier le procureur du Roy du Chastellet
au dit hostel pour faire la semonce comme il estoit accoustumé,
d'aultant que les lettres du Roy touschant les dits Estatz n'avoient esté
expédiées comme il estoit accoustumé de tout temps, ains par icelles la
dite ville estoit indispencée de sa jurisdiction, mais luy donnoit charge
de rapporter au bureau qu'il ne feroit faire aulcune signiffication ny
semonce pourveu que l'on luy promist que la ville envoiera ses depputtez
aus dits Estatz comme il avoit esté fait par cy devant, sinon qu'il donnera sa charge aux commissaires du Chastellet d'advertir deux notables
bourgeois de leur quartier pour eulx s'y trouver.

Ce que ayant par le dit Clément [esté] rapporté aus dits sieurs prévost des marchans et eschevins fut par eulx résolu de ne poinct aller
ny envoier aus dits Estatz en la dite salle épiscopalle sans exprès mandement du Roy et que s'il mandoit des bourgeois comme il avoit proposé,
que la dite ville en iroit faire plaincte à la Royne régente, comme n'appartenant au dit lieutenant civil de faire aulcune assemblée de bourgeois en ceste ville, joinct que ses dits Estatz ne concernoient que les
estatz du plat pays de la prévosté de Paris, et que pour les Estatz de
ceste dite ville et faulxbourgs ilz se tenoient au dit hostel de ville suivant les dites lectres du Roy.

Et le dimanche xxime du dit mois de septembre mes dits sieurs les prévost des marchans et eschevins étant advertis que le dit sieur lieutenant contre son pouvoir avoit par ses commissaires faict advertir deux
bourgeois de chacun quartier pour eulx trouver le lendemain en son
assemblée d'Estatz, feurent avec le dit greffier par devers la Royne régente au Louvre où ilz rencontrèrent le dit sieur lieutenant civil et par-
lèrent ensemblement à la dite dame de leur contestation, laquelle les
renvoya à Monseigneur le chancellier, où ilz feurent aussytost, en la
présence duquel le dit sieur prévost des marchans feit plaincte de l'entreprise faicte par le dit sieur le lieutenant civil de voulloir faire assembler
des bourgeois de Paris pour aller à ses dits Estatz, que c'estoit le moien
de faire rendre son assemblée nulle joinct qu'ilz ne le permecteront pas.
A quoy le dit sieur lieutenant civil auroit dict que autrefois il auroit
esté faict, mais que si la ville voulloit lui promettre d'y envoier quelques
uns de messieurs les eschevins avec le procureur du Roy de la ville
qu'il contremanderoit les dits bourgeois pour n'y poinct assister; à quoy
le dit sieur prévost des marchans auroit répliqué que c'estoit choses
que la ville ne pouvoit faire sans lectres et exprès commandement du
Roy, d'aultant que cella contreviendra aux lectres de sa dite Majesté du
dit ixe juing dernier, par lesquelles la dite ville doibt faire corps à part
et exempte de la jurisdiction du dit prévost de Paris pour le faict des
dits Estatz, et après plusieurs contestations faictes de part et d'autre,
mon dit sieur le chancellier dit qu'il feroit expédier des lettres du Roy
pour envoier à la dite ville affin de depputter quelques ungs d'entre eulx
pour aller aus dits Estatz du dit prévost d'icelles, sans préjudicier aux
prévillèges et exemptions de la dite ville, et en ce faisant que le dit
lieutenant civil contremanderoit les dits bourgeois mandez et ne les rece-
veroit en son assemblée. A quoy ung chacun promist d'obéir.

Et le dit jour de dimanche de rellevée mes dits sieurs prévost des marchans et eschevins de la dite ville receurent les dictes lettres missives de sa dite Majesté desquelles la teneur ensuict :

De par le Roy :

Très chers et bien amez, nous vous avons cy devant mandé qu'eussiez à faire vostre assemblée du tiers estat en l'hostel de ceste nostre bonne ville affin d'y deputter pour les Estatz généraux de nostre royaume, vous exemptant par ce moien de la jurisdiction de nostre prévost de Paris. Néantmoings ayant sceu que nostre dit prévost a convocqué l'assemblée des trois Estatz en l'hostel épiscopal de ceste dite ville au xxii° du présent mois, nous voullons et vous mandons que sans préjudicier à vos prévillèges et exemptions vous ayez à envoier aulcuns de vous en la dite assemblée au dit hostel épiscopal, et n'y faictes faulte, car tel est nostre plaisir.

Donné à Paris le xix° jour de septembre mil six cens quatorze; signé Louis et au dessoubz De Loménye.

Et au dos est escript : A noz très chers et bien amez les prévost des marchans et eschevins de nostre bonne ville de Paris.

Suivant laquelle lectre cy dessus mes dits sieurs les prévost des marchans et eschevins ont commis et depputtez Messieurs Desveux et Pasquier eschevins pour eulx trouver le lendemain matin en la dite salle épiscopalle, et illec demander scéance aux premières places du banc du tiers estat et là y entendre la proposition que l'on y fera, mesme dire tout hault que la comparution que la ville y faisoit estoit en vertu des lectres et mandemans exprès du Roy et sans préjudicier aux prévillèges et exemptions de la dite ville et ne souffrir qu'il y ait aulcuns bourgeois de Paris, sinon eulx retirer avec protestation de nullité de leurs assemblées et requérir acte et le faire enregistrer.

Et le dit jour de lundy xxiième septembre m vi^e xiiii, comme le dit prévost de Paris, lieutenant civil, procureur du Roy au Chastellet et quelques des conseillers alloient en solempnité à la dite salle épiscopalle, auroient esté rencontrez vers Saint Jacques de la Boucherie, par mes dits sieurs les prévost des marchans et eschevins, lesquelz s'estant arrestez, mon dit sieur le prévost des marchans leur auroit dict qu'il y avoit deux eschevins comme pour aller à leur dite assemblée pourveu qu'il eust contremandé les bourgeois. A quoy le dit sieur lieutenant civil avoit faict responce que à cause de ses grands empeschemens, il luy avoit esté impossible de contremander tous les dits bourgeois, mais que au feur et à mesure qu'ilz se présenteroient il les renvoieroit, ce que auroit aussy promis le dit sieur prévost de Paris, et sur ceste asseurance, les dits sieurs Desveux et Pasquier seroient allez en leur dite assemblée.

Et le dit jour de rellevée iceulx sieur Desveux et Pasquier seroient revenuz au dit bureau de la ville où ilz ont dict et rapporté que suivant la charge qui leur avoit esté donnée ilz s'estoient le dit jour matin transportez en la dite salle épiscopale où se tenoit l'assemblée des Estatz de la dite prévosté où estans. . . . .

Du lundy vingt deuxième jour de septembre mil six cens quatorze,

En l'assemblée des dits Estatz sont comparuz messieurs les prévos des marchans et eschevins, messieurs les présidens de Marly, Desarches, Deslandes, de Grieu, Lescuyer, Le Tonnellier, Du Lys, Perrot, Frézon, procureur du Roy, le Prebstre.

A esté arresté de supplier le Roy d'ordonner que doresnavant on ne prendra aulcun argent ny présens pour la réception d'officiers en quelque justice ou endroict que ce soict à peine de concussion.

A esté arresté de supplier Monseigneur le chancellier de trouver bon de commectre luy mesme les rapporteurs sur les requestes et ne permectre que les greffiers le fassent de leur aucthorité privée.

A esté arresté de supplier le Roy d'ordonner que doresnavant le esclésiasticques ne pourront acquérir aulcuns immeubles sy ce n'es pour leur nécessité seullement et avec congnoissance de cause vériffié au parlement.

Du mardy vingt troisiesme jour de septembre mil six cens quatorze, en l'assemblée le dit jour tenue au dit hostel de la ville sont comparuz messieurs les prévost des marchans et eschevins, messieurs les présidens de Marly, de Grieu, Lescuier, Du Lys, Perrot, Frezon, de Creil, procureur du Roy, Dreux, le Prebstre.

A esté arresté que le Roy sera très humblement supplié que pour remectre les marchans en honneur il plaise à sa Majesté ordonner que doresnavant les marchans qui sont des corps des marchandises et qui ont passé par les charges d'eschevins, juges, consulz ou gardes des corps de leurs dites marchandises ou marguilliers de leurs paroisses, ensemble leurs enffans faisans le mesme trafficq de leur père seront appellez aux assemblées publicques et auront scéance tant aus dites assemblées que aus esglises processions et enteremens et passeront devant les commissaires du Chastelet, procureurs, huissiers, clercz de greffe et sergens.

A esté arresté de supplier le Roy d'abollir et estaindre le change de Paris comme préjudiciable grandement à tout son roiaulme e particullièrement au fait trafficq et négoce de la marchandise.

A esté arresté que le Roy seroit supplié d'ordonner que doresnavant les advocatz et procureurs de Sa Majesté ne pourront estre appellez aux consultations où sa dite Majesté auront inthérest.

Il est ordonné que les gardes des marchandises de cette ville apporteront dans trois jours leurs plainctes et dolléances et à cest effect leur a esté signiffié par Pinet sergent de la ville l'ordonnance qui ensuict :

De par les prévost des marchands et eschevins de la ville de Paris:

Il est ordonné que dedans trois jours pour tous délais les maistres et gardes de la marchandise de la drapperie de cette ville de Paris, mectront en noz mains ou dans le coffre à ce destiné estant au grand bureau de l'hostel de la ville les cahiers de leurs plainctes et dolléances sy aulcunes ilz ont à faire suivant les commandemens à eux cy devant faitz et publication faictes à son de trompe que par les paroisses.

Pareille signiffiée aux maistres et gardes de tous les autres corps.

*Du vendredy xxvi*e *jour de septembre mil six cens quatorze.*

En l'assemblée des dits Estatz sont comparuz messieurs les prévost des marchans et eschevins, messieurs le président de Marly, Deslandes, de Grieu, Lescuier, Le Tonnellier, Du Lis, Perrot, Frezon et procureur du Roy. Sur le mémoire présenté pour faire rompre les arrest de LXXVII touchant les marchans de bois a esté arresté se tenir à ce qui a esté jugé en la dite année de LXXVII, m v^c IIII^{xx} XIX et VI^c huict.

Prendre garde à ce qui a esté cy devant délibéré touchant l'establissement de nouveaulx collèges.

*Du mardy xxx*e *et dernier jour de septembre m VI*e *XIIII.*

En l'assemblée des dits Estatz sont comparuz messieurs les prévost des marchans et eschevins, messieurs les présidens de Marly, Des Arches, de Grieu, Lescuier, Du Lis, Perrot, Frezon, Dreux, le Prebstre.

A esté arresté que doresnavant après les dix ans l'on ne sera poinct recevable à demander ce que l'on a promis par mariage.

Que l'on ne sera plus recevable à demander plus de dix années d'arréraiges de rentes foncières et censives.

Que doresnavant toutes prescriptions seront réduictes à XXX ans au cas que l'action personnelle concurre avec l'ypothecquaire fors de l'esglise qui sera de quarante ans.

A esté arresté que quiconque obtiendra requestes civilles contre ung arrest de la court auparavnt que de la plaider l'on sera tenu de faire lire la consultation des advocatz qui sera signée d'eux et seront deschargez d'assister en personnes à l'audience.

Du vendredy troisiesme jour d'octobre mil six cens quatorze.

En l'assemblée des dits Estatz sont comparuz messieurs les prévost des marchans et eschevins, messieurs le président des Arches, Lescuyer, Le Tonnellier, Du Lis, Perrot, procureur du Roy et Dreux.

A esté arresté de suplier le Roy de depputter aux Estatz certain nombre de personnes pour s'assembler en ceste ville pendant six mois seullement pour juger, régler et terminer tous les différens que les corps et communaultez des marchans de ceste ville et des mestiers ont les ungs contre les autres concernant leur trafficq et marchandise et dont ilz ont proposé leurs plainctes aux depputtes des Estatz sans toutes fois prendre par les ditz depputtes aulcuns droictz, espices, sallaires, ny rescompenses.

A esté arresté que les fermiers des traictes foraines se contenteront de prendre pour les bas destaincs(?) le service porté par les ordonnances pour les mesmes merceries qui est de quarente huict solz pour cent pesant.

A esté arresté que le Roy sera supplié de ne donner à l'advenir aulcunes lettres de maistrise des mestiers tant en ceste ville qu'aux faulxbourgs soit en faveur d'avènemens à la couronne, mariages, naissance d'enffans de France, entrées de roys ou roynes, ny pour quelque autre solempnité ou réjouissance que ce soit.

Que tous actes de justice s'expédieront en papier fors les sentences diffinitives seullement.

Que les menuz droictz de péages et fermes qui se lèvent sur les subjectz du Roy comme le treillis, barrage des pontz, ceinture de la Royne et tous aultres semblables de peu de revenu et de grands fraiz et incommodité seront supprimez.

Du lundy sixiesme d'octobre mil six cens quatorze.

En l'assemblée des dits Estatz,

Sont comparuz messieurs les prévost des marchans et eschevins, messieurs le président des Arches, des Landes, de Grieu, Lescuier, Le Tonnellier, Du Lis, Perrot, procureur du Roy, Dreux.

A esté arresté qu'il sera mis dans le cahier ung article par lequel le Roy sera supplié d'ordonner que doresnavant l'indempnité et les proffictz de fiefs se prescriront par dix ans.

Que toutes saisies féodalles se renouvelleront de trois ans en trois ans.

Que l'on aura hypothecque en crime(?) du jour du décret au cas qu'il y ait sentence.

Et s'estans mes dits sieurs de la ville assemblez avec aulcuns des dits sieurs, eschevins et le greffier de la dite ville, ont repris tous les arrestez d'assemblée cy devant escriptz et ont dressé le cahier général pour en estre faict lecture en l'assemblée générale et y estre arresté.

Du mardy septiesme jour d'octobre mil six cens quatorze.

Messieurs les prévost des marchans et eschevins de la dite ville y ont esté advertis par le Roy et la Royne sa mère que les Estatz généraulx du Royaume se tiendroient en ceste ville de Paris et ont arresté de faire assemblée générale à demain au dit hostel de ville pour la nomination de ceulx qui porteront les cahiers de la ville aux dits Estatz généraulx et à ceste fin ont ordonné et envoié les mandemens qui ensuivent :

Monsieur de Versigny, plaise vous trouver demain une heure précise de rellevée en l'assemblée générale qui se fera en la grande salle de l'ostel de la ville pour choisir, nommer et eslire les personnes qu'il plaira à la dite assemblée pour estre porteurs du cahier des plainctes et dolléances aux Estats généraulx de ce royaume, vous priant de n'y vouHoir faillir. Faict au bureau de la ville le mardy septiesme jour d'octobre mil six cens quatorze. Les prévost des marchans et eschevins de la ville de Paris tous vostres.

Pareil envoié à chacun de messieurs les conseillers de la ville.

De par les prévost des marchans et eschevins de la ville de Paris:

Sire Nicolas Bourbon, quartinier, appellés les dix personnes de vostre quartier qui se trouvèrent en l'assemblée des Estatz faicte en l'hostel de la ville le xxv° juing.

dernier, et avec eulx trouvez vous demain à l'heure d'une heure après midy précisément en l'assemblée généralle qui se fera en la grande salle de l'hostel de la dite ville pour choisir, nommer et eslire telles personnes qu'il plaira à la dite assemblée pour estre porteurs du cahier des plainctes et dolléances aux Estatz généraulx de ce royaume, et au cas où aulcunes personnes des dits dix ne seront en ceste ville vous en appellerez d'autres en leurs places des mesmes quallitez. Sy n'y faictes faulte. Faict au bureau de la ville le mardy septiesme jour d'octobre mil vi.e xiiii.

Pareil envoyé à chacun des seize quartiniers.

De par les prévost des marchans et eschevins de la ville de Paris.

Monsieur l'évesque de Paris, nous vous prions vous trouver demain une heure précise de rellevée en l'assemblée généralle qui se fera en la grande salle de l'hostel de la ville pour choisir, nommer et eslire telles personnes qu'il plaira à la dite assemblée pour estre porteurs du cahier des plainctes et dolléances aux Estatz généraux de ce royeaume. Faict au bureau de la ville le mardy septiesme d'octobre m vi.e xiiii.

Pareil envoié à messieurs les autres communaultez esclésiastiques, assavoir :

A messieurs du chapitre de Nostre Dame de Paris;

A Messieurs les trésoriers, chantres et chanoines de la S.te Chappelle;

A Messieurs de S.te Geneviefve;

A messieurs de Saint Martin des Champs;

A messieurs de Saint Victor;

A messieurs de Saint Germain des Prez;

A messieurs les Chartreux ;

A messieurs de Saint Lazare ;

A messieurs de Saint Magloire ;

A messieurs les Cellestins;

A messieurs de Sainte Croix.

De par les prévost des marchans et eschevins de la ville de Paris :

Il est ordonné à deux des maistres et gardes de la marchandise de drapp d'eux trouver demain à une heure précise de rellevée en l'assemblé généralle se fera en la grande salle de l'hostel de la ville, pour choisir, nommer et eslire telles personnes qu'il plaira à la dite assemblée

plainctes et dolléances aux Estatz généraul   Fcau b

dite ville le mardi septiesme jour d'octobre   m :

Pareil envoyé aux maistres et gardes de la dite marchandise de drapperie.

Pareil aux maistres et gardes de la marchandise d'appoticarrie et espicerie.

Aultre aux maistres et gardes de la marchandise de mercerie.

Aultre aux maistres et gardes de la marchandise de pelleterie.

Aultre aux maistres et gardes de la marchandise de bonneterie.

Aultre aux maistres et gardes de la marchandise d'orphaverie, et ung aultre aux maistres et gardes de la marchandise de vins.

Du mercredy huictiesme jour d'octobre mil six cens quatorze.

En l'assemblée généralle, le dit jour faicte en la grande salle de l'hostel de la ville, de messieurs les prévost des marchans, eschevins, conseillers de la dite ville, corps, collèges, chappitres et communaultez esclésiasticques, quartiniers, dix bourgeois de chacun quartier mandez, assavoir cinq officiers tant des courtz souveraines que aultres, et cinq des plus notables marchans et bourgeois de ceste dite ville, et deux des maistres et gardes de chacun des corps de marchandises de ceste ville pour choisir, nommer et eslire telles personnes qu'il plaira à la dite assemblée pour estre porteurs du cahier des plainctes et dolléances aux Estatz généraulx de ce royaume, suivant les mandemens envoiez à ceste fin.

Sont comparuz :

Monsieur Myron, conseiller d'Estat, président aux enquestes de la cour de Parlement, prévost des marchans.

M.r Desveux; M.r Clapisson; M.r Huot; M.r Pasquier, eschevins;

Mᵉ Perrot, procureur du Roy de la ville;

Monsieur de Marle, sieur de Versigny;

Monsieur le président de Boullancourt;

Monsieur Sanguin, sieur de Livry, conseiller en la court, absent; Monsieur Palluau, conseiller en la court; Monsieur Boucher, conseiller en la court; Monsieur le prestre, conseiller en la court; Monsieur Ancellot, maistre des comptes; Monsieur Arnault, advocat; Monsieur Prévost, sieur de Cir, maistre des requestes; Monsieur le président de Marly; Monsieur Violle, sieur de Rocquemont; Monsieur le président Braguelongue; Monsieur Abelly; Monsieur le président Aubry; Monsieur Lamy, secrétaire; Monsieur Sanguin, secrétaire; Monsieur Leclerc, conseiller en la court; Monsieur de Saint Germain, sieur de Ravines; Monsieur Sainctes; Monsieur Potier, sieur de Guevilly; Monsieur Aubry, sieur d'Auvilliers; Monsieur Marescot, maistre des requestes; Monsieur Prévost, sieur d'Herbelay; Monsieur Barthélemy, maistre des comptes; Monsieur Perrot, sieur du Chesnau, conseillers de la dite ville selon l'ordre de leurs réceptions;

Communaultez esclesiastiques;

Monsieur de Pierrevive, grand viequaire de monsieur l'évesque de Paris et depputté du dit sieur évesque; Monsieur l'archediacre Dreux et monsieur Prévost depputtez du chappitre de Paris; Monsieur Bourgoing pour Sᵗᵉ Geneviefve; Messieurs Coullon et Faure, depputtez de Sᵗ Victor; Messieurs Le Juge et Le Gras, relligieux de Sᵗ Germain des Prez; le sieur Rousseau, depputté du prieur de Sᵗ Lazare; les frères Clocquet et Lenain, relligieux des Cellestins.

Sur la contestations des dits sieur L'archediacre de Dreux et le Prévost de ce que le dit sieur de Pierrevive prenoit place et séance au dessus d'eux et voullans se retirer a esté arresté que les régistres de la ville seroient veuz et cependant affin de ne retarder l'assemblée que le dit sieur de Pierrevive seroit assis dans une chaire a part au dessus des dits sieurs Dreux et le Prévost sans préjudicier aux droitz et prééminences des dites parties et donne acte aus dits sieurs Dreux et le Prévost de leurs protestations.

Quartiniers et dix bourgeois de chacun quartier mandez :

Sire François Bonnard [Quartinier]; Mᵉ de Beaumont, maistre des requestes; Mᵉ de Plems, conseiller en la court; Mᵉ Lescuier, maistre des comptes; Mᵉ de Serres, maistre de l'hostel chez le Roy et maistre des comptes; Monsieur Simon, receveur général des finances, absent; Mᵉ de Paris Lanoy; Mᵉ Lesaige; Mᵉ Goujon: Mᵉ de l'Aulnay; Mᵉ de Bréban.

Sire Nicolas Bourbon [Quartinier]; Monsieur du Four, conseiller; Monsieur Brellard, trésorier de France *absent*; Mr de Paris, procureur du roy au Chastelet, *absent*; Mr Boullanger, secrétaire du roy; Mr Prévost, grènetier; Mr Cornaille, advocat; Mr Martin; Mr Bellin; Mr Robbin; Mr de Launay.

Mr Guillaume du Tertre, *absent*; M^r le président des Arches; Mr de Chaulnes, maistre des requestes *absent*; Mr Sevin conseiller, *absent*; Mr Fleurettes, conseiller, *absent*; Monsieur Prévost, maistre des comptes, *absent*; M^r le Tonnellier, conseiller en la cour des Aydes; Mr Blancquet, *absent*; Mr Bergon; Mr Rolot, bourgeois; Mr Olin, bourgeois, *absent*; Mr Girault, bourgeois.

Sire Jacques Béroul; Mr de Here, sieur de Vaudois, conseiller en la court; Mr Chevallier, conseiller en la court, *absent*; Mr Lusson, président aux monnoies; Mr Boucherat, auditeur des comptes, *absent*; Mr Belin, conseiller au trésor; Mr Loisel, advocat; Mr Galland, advocat; Mr Coinctereau; Mr Frézon, *absent*; Mr Lempereur.

Sire Anthoine Londrenat; Mr Barentin, maistre des requestes; Mr de Brézé, advocat; Mr de Codicq, maistre des comptes; Mr de Launay, secrétaire du Roy; Mr du Pont, secrétaire; Mr Dubois, marchand, *absent*; Mr Robert, marchand; Mr Plastier, *absent*; Mr Leviel, marchand; M. Bailly, marchand.

Mr Robert Daus; Mr de la Bruneterie; Mr Faviers, secrétaire du roy; Mr du Marché, advocat; Mr Maillet, advocat; Mr Giraust, advocat; Mr Gendron; Mr Perrier, commissaire; Mr Feuillet; M^r La Macque; Mr Pagerie.

Sire Simon Marce; Monsieur de Torcy, conseiller en la court; Monsieur du Russeau, advocat du roy aux requestes de l'ostel; Mr de la Ponthoire, esleu de Paris; Mr Barbier; Mr Mallaguin; Mr Benoise; Mr Boucher; M^r le Court; Mr Héron; Mr de Laistre, marchans et bourgeois.

Sire Jacques de Creil, *absent*; Mr Regnard, maistre des requestes, *absent*; Mr Deslandes, conseiller en parlement; Mr Berthellemy, maistre des comptes; Mr Merault; Mr Abelly, bourgeois; Mr Henriot, bourgeois; Mr Lefebvre, bourgeois; Mr Hélain, bourgeois; Mr Pregues, bourgeois; Mr Doublet, bourgeois.

Sire Jacques de Monthers *absent*; Monsieur le président Crespin; Mr Foucault, conseiller en la cour des aydes, *absent*; Monsieur Yvert, auditeur des comptes, *absent*; Mr Moien; Mr Bergeon; secrétaire, *absent*; Mr Jolly, advocat; Mr Dubuisson, bourgeois; M^r Le Fébure, *absent*; Mr Aultray; Mr Pourfour.

Sire Jehan Leclerc; Mr de Grien, conseiller; Mr Thoelles, conseiller; Mr de Brézé, président aux monnoies; Mr de Graville, secrétaire; Mr Geillard, secrétaire; Mr Leschassier, advocat; Mr Prestre, advocat; Mr Somus, marchand; Mr Riche, marchand, *absent*; Mr Coquerel, bourgeois.

Sire Denis de St-Genis, *absent*; Mr Scaron, conseiller en la court, *absent*; Mr Damours, aussy conseiller; Mr Texier, maistre des comptes; Mr Viollo, sieur de Guerinante, (?) maistre des comptes; Mr Poussepin, conseiller au Chastelet; Mr de Belin; Mr Leblond; Mr Philippes; Mr Heuzard; Mr Duclos, *absent*.

Monsieur François de Fontoin; Mr Charlet, conseiller; Mr Fournier, conseiller, *absent*; Mr Roullier, maistre des comptes; Monsieur Barat, maistre de l'hostel, *absent*; Monsieur de Pipperoux, secrétaire du roy; Monsieur Tardif; Monsieur Lebien; Mr de Louvigny; Mr Morel; Mr de Corbie.

Sire Pierre Parfaict; Monsieur le président Duret, sieur de Chivry; Mr Durant, maistre des requestes, *absent*; Mr Duchenoise, grand maréchal des logis, *absent*; M^r le chevallier de Villegaignon, *absent*; Monsieur Larcher, maistre des comptes; Monsieur Legras, trésorier de France, *absent*; Monsieur du Buignon, bourgeois; Mr Lefebvre, bourgeois, *absent*; Monsieur Legros, bourgeois; Monsieur Caiguel, bourgeois.

Sire Ascanyus Guillemeau; Mr Lemaistre, conseiller en la court, *absent*; Mr de Machault, maistre des comptes; Mr Leroux, conseiller au chastellet; Monsieur Adée, secrétaire, *absent*; Monsieur Garnier, advocat; Mr Aubert, advocat; Mr Surault, advocat; Mr Cordier, procureur, *absent*; Mr Diry, marchand; Mr Chambette, marchand.

Sire Jehan Jhesu; Mr Hatte, conseiller en la court; Mr Chappelle, maistre des comptes; M^r Du Lys, advocat général en la court des Aydes; Mr Ferrand, lieutenant particulier, *absent*; Mr Guiger, secrétaire du roy; Mr Talon, advocat; Mr de Rochefort, advocat, *absent*; Mr de la Martillière, advocat; Mr Herssant, marchand; Mr Guérin, marchand.

Sire Claudes Passart, *absent*; Monsieur le Boullanger, conseiller en parlement; Monsieur Répérant, secrétaire du roy; Monsieur Croyer, conseiller au Chastelet; Monsieur Lebret, conseiller au Chastelet; Mr Lefebvre, substitut, *absent*; Mr de Languerue, *absent*; Monsieur Labbé; Monsieur Lambert; Mr Dordos; Mr Chappart, bourgeois.

Jehan Berthault, et Louis Drouin, maistres et gardes de la marchandise de draperie.

François Denison et Thomas Collichon, maistres et gardes de l'espicerie.

Jehan Héliot et Pierre Cadet, maistres et gardes de la marchandise de mercerie.

Estienne Ferrare et Jacques d'Arque, maistres et gardes de la marchandise de pelleterie.

Jacques Boileau et Pierre de la Mothe, maistres et gardes de la bonneterie.

Jehan Arrondelle et Charles Aveline, maistres et gardes de l'orphaverie.

En attendant que les dits mandez feussent venuz en la dite assemblée, messieurs les prévost des marchans et eschevins et messieurs les présidens de Boulbencourt, président de Marly, de Versigny, président Aubry, Marescot, Amelot, Berthellemy, Lamy, Prebstre Abelly, Sainctot, Perrot, et Quevilly tous conseillers de la dicte ville sont entrez au petit bureau où estans les dits sieurs conseillers ont faict plaincte aus dists sieurs prévost des marchans et eschevins de ce que contre les formes ilz auroient faict faire l'assemblée générale, sans au préalable

l'avoir arresté et déllibéré avec eux, joinct que l'on n'a poinct accoustumé de faire l'eslection des personnes pour porter les cahiers aux
Estatz généraux que au préallable les dits cahiers ne soient leuz, cloz
et arrestez par toute l'assemblée générale.

À quoy mon dict sieur le prévost des marchans a faict responce
qu'il avoit receu le commandement verbal, de la Royne mère du roy
de faire la dite assemblée générale pour la dite eslection, affin d'ac-
céllérer les cahiers promptement, l'ayant aussy adverty que dans peu
de jours ce feroit l'assemblée générale des Estatz du roiaulme, qu'il
estoit impossible quant à présent de faire la lecture en l'assemblée généralle des dits cahiers pour ce qu'ilz n'estoient pas encore faitz ny
tous les mémoires compillez, que ce qu'il avoit ordonné avec messieurs les eschevins [touchant] la dicte assemblée générale sembloit
estre pour le mieux, d'aultant que ceux qui seroient esleuz auroient
du temps pour instruire des affaires affin d'en pouvoir mieux parler
es dictz Estatz, que c'estoit l'intention du bureau que tout aussytost
que les dits mémoires, plainctes et dolléances seroient dressez, compillez et le cahier faict, de faire faire une autre assemblée générale
pour y estre le dit cahier leu entièrement arresté en la dicte assemblée,
que par le régistre de l'année MᵛᶜLXXVI en cas semblable sur l'assemblée générale qui se feust faite, il ne se trouve poinct au préallable
une assemblée du conseil de la dite ville pour résouldre la dite assemblée générale, et touttesfois sur le tout il se conformera tousjours
à l'advis des dits sieurs conseillers et de ce qui sera avec eux arresté.

Et sur ce a esté mys en dellibération sy l'on remectra la dicte assemblée générale à ung autre jour ou bien sy l'on passera outre en
la dite assemblée en ladite eslection et nomination.

Sur quoy et attendu la grand compagnie qui est à présent assemblée en la grand salle suivant les mandemens à eulx envoiez, a esté
arresté qu'il sera passé outre à l'exécution de la dite assemblée sans
la remectre ny différer, et en ce faisant que par toutte la dite assemblée seront nommez choisiz et esleuz certaines personnes pour estre
porteurs des plainctes et dolléances aux Estatz généraux.

Et à l'instant mes dits sieurs les prévost des marchans et eschevins
sont allez en la dite grande salle où estoict les dits mandez pour l'exécution des mandemens envoiez à cest effect. Et sur ce que le dit greffier de la ville a appellé les maistres et gardes des corps de marchandises de cette ville pour veoir s'ilz estoient venuz et après avoir appellé
les drappiers, espiciers, merciers, pelletiers, bonnetiers, orphèvres,
et appellans les marchans de vins les maistres et gardes des corps des
dits drappiers et autres susnommez ont dict qu'ilz s'opposeroient et
empescheroient que les dits marchans de vins feussent appellez en la
dite assemblée générale comme corps et en quallité de maistres et
gardes, comme n'y ayans en cette ville que les six corps ordinaires de
tout temps et entiennneté establiz et instituez, et que sy les dits marchans de vins voulloient faire ung corps de leurs marchandises, que
les marchands de bled et de bois en voudroient faire de mesme qui
seroit ung désordre, confusion et mespris à sa majesté, requérans acte
de leur dite opposition et empeschemens. Sur quoy ne s'estans présentez aulcuns des dits marchans de vins encores qu'ils feussent mandez avons donné acte aus dits maistres et gardes cy dessus nommez de
leurs dites oppositions et empeschemens pour leur servir et valloir ce
que de raison.

Tous les dits mandez estans arrivez et chacun ayant pris place et
séance, mon dit sieur le prévost des marchans a remonstré que suivant la vollonté du roy fut le xxvᵉ juing dernier faict assemblée généralle touchant la tenue des estatz où il fut commis certain nombre
de personnes de la dite assemblée pour recevoir et veoir les mémoires,
plainctes et dolléances du peuple et les veoir arrester compiller et en
faire et dresser le cahier depuis lequel temps les dits sieurs depputez
s'estoient assemblez trois jours la sepmaine où ilz auroient vacqué con-
tinuellement à veoir et arresté les dits mémoires, mais il n'a esté encore possible d'avoir compillé tous les dits mémoires ny dresser leur
cahier et d'aultant que la vollonté de sa Majesté a esté de changer le
lieu de la tenue des Estatz généraulx et au lieu de la ville de Sens
qu'ilz se tiendroient bientost en ceste ville, et en attendant que le dit
cahier feust dressé, il avoit suivant la vollonté de sa dite majesté faict
convocquer et assembler ceste compagnie affin de nommer, choisir et
eslire par icelle telle personne qu'il luy plaira pour estre porteurs du
dit cahier aux Estatz généraulx, affin par ceux qui seroient nommez,
de s'instruire des affaires des dits estatz et s'en rendre cappables et que
lorsque le dit cahier seroit faict et dresser il en seroit faict lecture en.

mesme assemblée généralle où il sera arresté et signé, requérant la
compagnie voulloir procédder à la dite eslection, et à ceste fin mon
dit sieur le prévost a faict faire le serment à tous les dits assistans et
ayant commencé à faire la dite eslection, a esté proposé par aulcuns
de la dite compagnie que la coustume estoit en cas semblable de faire
faire lire et arrester le dit cahier auparavant la dite eslection et sembloit qu'il estoit nécessaire de différer et remectre la dite assemblée
pour eslire jusques ad ce que le dit cahier feust dressé, leu et arresté
en plaine assemblée. Ce qu'ayant esté mis en délibération par toute
la dite compagnie, a esté par la pluralité des voix d'icelle conclud et
arresté de différer et remectre la dite assemblée généralle pour faire
la dite eslection jusque ad ce que le dit cahier des dictes plainctes et
dolléances et remonstrances feust faict, dresser et leu et arresté en
pareille assemblée généralle.

Du vendredy 1ᵐᵉ jour d'octobre au dit an mil six cens quatorze.

En l'assemblée généralle le dit jour faite en la chambre à ce destinée des dits sieurs prévost des marchans eschevins et depputez.

Sont comparuz messieurs les prévost des marchans et eschevins,
messieurs les présidens de Marly, des Arches, Deslandes, de Grien,
Du Lis, Perrot, procureur du roy et le Prestre.

A esté arresté de mectre ung article dans le cahier par lequel le roy
sera supplié d'ordonner que toutes exemptions de la jurisdiction ordinaire de l'évesques soient révocquées et que tous ecclésiasticques soit
séculiers ou réguliers soient subjectz à la jurisdiction de l'évesque.

Que toutes cures du plat païs seront doresnavant rentées jusques à
la somme de quatre cens livres tournois chacune et où elles ne se trouveront l'avoir seront tenuz qui possèderont les dixmes de la cure de
leur suppléer jusques à la dite somme de quatre cens livres. Que pendant la prédication ou grand messe paroissialle ne se célébrera aulcune petite messe ès hostelz particulliers dans tout l'enclez de l'église.

Du lundy XIIIᵐᵉ jour du dit mois d'octobre mil six cens quatorze.

En l'assemblée de messieurs les prévost des marchans et eschevins
et depputez le dit jour faite pour le subject des dits Estatz sont comparuz, messieurs le prévost des marchans et eschevins, président de
Marli, de Grien, du Lis, Perrot et procureur du roy.

En laquelle assemblée a esté leu le commencement du cahier touchant l'estat de l'esglise mesme icelluy congé et aulcuns articles.

Le dit jour ont esté apporté au bureau de la ville par Monsieur
Lamy, commis de monsieur de Lomenye secrétaire d'Estat, le mandement du roy et lettres missives de sa majesté dont la teneur ensuict :

DE PAR LE ROY :

On fait assavoir aux depputez des Trois Estatz que Sa Majesté veult et entend
faire l'ouverture des Estatz généraulx de son royaume convocquez en la présente
ville au dixième de ce mois le lundy vingtiesme d'icelluy en la grand salle de
Bourbon et cependant veult et ordonne sa dite majesté que dès demain les dits
depputez se trouvent et conviennent en la salle des Augustins pour conférer ensemble et là prendre résolution d'eux séparer et départir, scavoir est : ceulx de
l'esglise au dit lieu des Augustins, ceux de la noblesse en la salle et couvent des
Cordelliers, et ceulx du tiers estat en la salle de l'hostel de ceste dite ville, pour
chacun d'iceulx estatz estans es dits lieux conférer leurs cahiers et mémoires de
leurs remonstrances et les réduire en ung seul et icelle réduction faicte se rassem-
bleront au dit lieu des Augustins pour arrester et choisir celuy d'entre eulx qui
debvra porter la parolle pour tous affin de eux venir après présenter devant sa Majesté qui sera preste de les ouyr bénignement dedans tel et si brief temps qu'ilz
vouldront et leur pourveoir sur leurs dites remonstrances selon sa bonté et l'affection grande que les prédécesseurs de sa dite majesté et elle ont tousjours porté à
leurs peuple et subjectz. Faict à Paris le treiziesme jour d'octobre mil six cens quatorze. Signé Louis et au dessoubz de Loménye.

DE PAR LE ROY :

Très cher et bien amez nous avons faict ce jourd'huy publier par les carrefours
de ceste ville nostre vollonté et résolution pour l'ouverture de nos estatz généraulx
avec injonctions à tous les depputez de se rendre demain au couvent des Augustins pour entendre où chacun des estatz se doibt départir, et pour ce que nous
avons appris que vous n'avez encores procéddé à l'eslection de ceulx que entendez
depputez aus dits Estatz soubz prétexte que voz cahiers ne sont encores arrestez
pour estre leuz en l'assemblée en laquelle la dite eslection se doibt faire comme
prétender estre la coustume de nostre bonne ville de Paris quoy que nous ne en
eussions cy devant faict commandement, nous vous mandons que sans vous arrester à la résolution du huictiesme du présent mois prise en l'assemblée généralle
convocquée pour la dite députation, vous ayez à eslire les depputez de nostre dite
ville pour les dits estatz dans samedy prochain dix huictiesme du dit présent mois
pour ce que vous ne laisserez par après de faire pareille assemblée pour la lecture

des dits cahiers quand ilz seront rédigez et cependant ne faillez d'envoier le prévost des marchans et deux des plus antiens eschevins en la dite assemblée pour
entendre les propositions et faire tout ainsy qu'il avoit esté procedé à l'eslec-
ti n d'iceulx, si n'y faictes faute, car tel est nostre plaisir. Donné à Paris, le treiziesme jour d'octobre mil six cens quatorze. Signé Louis et au dessoubz de Loménye, et sur la prescription est escript :

A nos très chers et bien amez les prévost des marchans et eschevins de nostre
bonne ville de Paris.

Aussytost le dit mandement et lectres recues mes dits sieurs le prévost des marchans et eschevins ont ordonné le mandement qui ensuict :

Monsieur de Versigny conseiller de la dite ville plaise vous trouver demain
neuf heures précises du matin en l'hostel de la ville pour entendre la lecture des
mandemens et lectres du roy sur le subject des Estatz généraulx à adviser à ce qui
sera à faire, vous priant n'y voulloir faillir. Faict au bureau de la ville le lundy
xiii° jour d'octobre mil six cens quatorze.

Le prévost des marchans et eschevins de la ville de Paris tous vostres.

Pareil envoyé à chascun de messieurs les conseillers de la dite ville.

Du mardi xiiii° jour d'octobre au dit an mil six cens quatorze, du matin.

En l'assemblée de messieurs les prévost des marchans, eschevins et
conseillers de la dite ville le dit jour tenue au bureau d'icelle pour
entendre la lecture des mandemens et lectres du roy sur le subject
des Estatz généraulx et adviser à ce qui sera à faire.

Sont comparuz :

Monsieur le président Myron, prévost des marchans.

Monsieur Pasquier,

Monsieur Desveux,

Monsieur Huet, eschevins.

Monsieur le président de Marly.

Monsieur le président Aubry.

Monsieur Marescot, maistre des requestes.

Monsieur le Prestre, conseiller.

Monsieur Amelot, maistre des comptes.

Monsieur Berthellemy, maistre des comptes.

Monsieur Potier, sieur de Guevilly.

Monsieur Prévost, sieur d'Herbellay.

Monsieur Perrot, sieur du Chesnart, conseiller de la ville.

La compagnie estant assemblée, monsieur le prévost a remonstré
que le roy luy ayant envoyé coppie du mandement contenant sa volonté pour la tenue des Estatz généraulx et que tous les depputez se
debvoient trouver ce jourd'hui aux Augustins, fust aussitost avec messieurs les eschevins par devers monsieur le chancellier luy remonstrer
que les depputez de la ville n'avoient encore esté esleuz et que sur
l'assemblée généralle qu'il feit faire a esté fait en l'hostel de la ville le
viii° de ce mois il fut arresté de différer la dite eslection jusques ad ce
que les cahiers de la ville feussent arrestez et leuz en la dite assemblée
généralle; lesquelz cahiers n'estoient encore prestz et doubtoit comme
n'estant esleuz il debvoit ce trouver cejourd'hui en la dite assemblée.

A quoy mon dict sieur le chancellier luy feist responce qu'il falloit
que luy et deux eschevins allassent en la dite assemblée en attendant
que l'eslection feust faicte et qu'il en feroit expédier lectres du roy à
ceste fin et que au plus tard dans samedy il falloit la dite nomination
et eslection. C'est pourquoy il avoit fait assembler ceste compaignie
our sur le tout en délibérer. Sur quoy lecture faicte du dit mandement
et lectres de cachet du roy, dactées du jour d'hier et l'affaire mise en
délibération a esté arresté et conclud que à vendredy prochain sera
faict assemblée généralle au dit hostel de ville pour faire l'ellection
des personnes qu'il plaira à la dite assemblée pour estre porteurs du
cahier des plainctes et remonstrances de la dite ville aus dits estatz
généraulx en laquelle assemblée généralle sera faict lecture de ce qui
est faict du dit cahier en attendant qu'il soit parachevé pour estre leu
en autre assemblée généralle, et cependant que suivant les dites lectres
du roy, mon dit sieur le prévost des marchans et les dits sieurs Desveux
et Clapisson eschevins prendront la peine d'aller présentement aux
Augustins en l'assemblée généralle qui se fera de tous les tiers Estatz
de ce royaume pour entendre dire les propositions et faire tout ainsy
que s'ilz estoient esleuz.

Et aussytost les dits sieurs prévost des marchans Desveux et Clapisson se sont transportez au dict lieu des Augustins pour assister à
l'assemblée généralle et environ sur les deux à trois heures de rellevée
sont revenus au dit hostel de ville où mon dit sieur le prévost a dict et
rapporté que les trois estatz seront assemblez chacun séparement et à

Pareil aux maistres et gardes de la marchandise d'orphaverie.

Et ung autre pareil aux maistres et gardes de la marchandise de vin, de cette dite ville de Paris.

Du vendredy dix septiesme jour d'octobre mil six cens quatorze.

En l'assemblée généralle le dit jour tenue en la grande salle de l'hostel de la ville de messieurs les prévost des marchans, eschevins conseillers de la dite ville, corps, collèges, chappitres et communaultez esclésiasticques, quarteniers, dix bourgeois de chacun quartiers mandez assavoir cinq officiers tant des cours souveraines que autres et cinq des plus notables marchans et bourgeois de ceste dite ville et deux des maistres et gardes de chacun des corps des marchandises de ceste dite ville pour entendre la lecture du mandement et lectres du roy et du cahier des plainctes, dolléances et remonstrances de la dite ville, et choisir, nommer, eslire telles personnes qu'il plaira à la dite assemblée pour estre porteurs du dit cahier aux Estatz généraulx, suivant les mandements à cette fin envoyez.

Sont comparuz :

Messieurs Myron, conseiller d'estat, président aux requestes de la court de parlement, prévost des marchans.

MM. Desveux, Clapisson, Huot et Pasquier, eschevins.

Monsieur Perrrot, procureur du roy.

Messieurs les conseillers de la ville; Monsieur de Versigny; Monsieur le président de Boullencourt[1]; Monsieur Sanguin, sieur de Livry, *absent*; Monsieur Palluau, conseiller, *absent*; Monsieur Boucher, conseiller, *absent*; Monsieur le Prestre, conseiller[2]; Monsieur Amelot[3]; Monsieur Arnault, advocat, *absent*; Monsieur de Saint Cir, *absent*; Monsieur le président de Marly; Monsieur Violle, sieur de Roquemont, *absent*; Monsieur le président de Bragelongue; Monsieur Abelly, *absent*; Monsieur le président Aubry; Monsieur Lamy, *absent*[5]; Monsieur Sanguin, secrétaire, *absent*; Monsieur Leclere, *absent*[6]; Monsieur de Saint Germain, sieur de Ravines, *absent*; Monsieur Sainctot; Monsieur Pottier, sieur de Quevilly[7]; Monsieur Aubry, sieur d'Anvillier[8], *absent*; Monsieur Marescot[9]; Monsieur Prévost, advocat[10]; Monsieur Berthellemy, maistre des comptes; Monsieur Perrot, sieur du Chesnart.

Communaultez esclésiastiques; Monsieur de Pierrevive grand vicaire de monsieur l'évesque de Paris; Monsieur Bourguignon, depputé des relligieux de Ste Genefviève; Frère Pierre Faure, chambrier de Saint Victor; Frère Adrien Lebon, prieur de Saint Lazare; et frère Anthoine Rousseau relligieux du dit lieu; Frère Acharsine (?) le Juge et Jehan Escolan, relligieux de St Germain des Prez; Don Henry de la Couppelle depputté de St Martin des Champs.

Quartiniers et dix bourgeois de chacun quartier mandez.

Sire François Bonnard; Mr de Beaumont[1], maistre des requestes; Mr de Pleure conseiller; Mr Lescuier, maistre des comptes; Mr Dessarre, maistre d'hostel chez le roy et maistre des comptes, *absent*; Mr Simon, receveur; Mr de Paris; Mr Lesuige; Mr Genton; Mr de Laulnay, *absent*; Mr de Bréban.

Sire Nicolas Bourlon; Mr Dufour, conseiller; Mr Breffard, *absent*; Mr Bourlon; Mr Prévost; Mr Chauteau; Mr Cornuaille, *absent*; Mr Martin; Mr Belin; Mr Robbin; Mr de Laulnay.

Mr Guillaume Dutertre, *absent*; Mr le président des Arches; Mr de Chaulus, maistre des requestes; Mr Bersons, conseiller en parlement; Mr Prévost, maistre des comptes; Mr le Tonnelier, conseiller; Mr Bergeron; Mr Rolot; Mr Olin; Mr Garon; Mr Hebar.

Sire Jacques Becoul; Mr de Bermont, maistre des requeste; Mr de Brassolles, conseiller en la court; Mr Hesselin, maistre des comptes; Mr Lusson, président aux monnoies; Mr Loisel, advocat; Mr Galland, advocat, *absent*; Mr Dutour, commissaire; Mr Frezon, *absent*; Mr Lempereur; Mr Lagogne.

Sire Anthoine Andrenas; Mr Barentin, maistre des requestes; Mr de Rèze, conseiller eu la court; Mr de Hédicq, maistre des comptes; Mr Roussellet, secrétaire du roy; Mr de Baulx; Mr Dubois, *absent*; Mr Plastier; Mr Guerreau; Mr Legrand; Mr Ferras.

Sire Robert Dans; Mr de la Bonneterie; Mr du Marché, advocat; Mr Maillet, advocat; Mr Giroult, advocat; Mr Gendron; Mr Piorrier, commissaire; Mr Faviers; Mr Délénars; Mr Savetier; Mr Herne.

Sire Simon Marées; Mr d'Estorcy, conseiller en la court; Mr du Ruisseau, advocat du roy aux requestes de l'hostel; Mr Barbier; Mr Malagrain; Mr Boucher; Mr Benoise; Mr Glanit (?); Mr Héron; Mr Garnier; Mr de Laistre.

Sire Jacques de Creil; Mr Reguard, maistre des requestes; Mr Deslandes, conseiller, *absent*; Mr Berthellemy, maistre des comptes; Mr Abelly; Mr Henriot; Mr Lefebvre; Mr Hélain; Mr Picqué; Mr Doublet; Mr Bachelier.

Sire Jacques de Monhera, *absent*; Mr le président Crespin; Mr Foucquet, conseiller du roy; Mr Lallement, lieutenant criminel, *absent*; Mr Losergent, auditeur; Mr Dyvert, auditeur; Mr Bergeon, secrétaire; Mr Jolly; Mr Dubuisson, *absent*; Mr Pourfour; Mr Marsault, marchad, *absent*.

---

[1] Variantes de la liste de l'assemblée du 29 octobre : Boullencourt.
[2] *Ibid.* Leprebstre.
[3] *Ibid.* Amelot.
[4] *Ibid.* Maistre des requestes.
[5] *Ibid.* Secrétaire.

[4] *Ibid.* Conseiller.
[7] *Ibid.* Pottier, sieur de Guevilly.
[8] *Ibid.* Sieur d'Auviller.
[9] *Ibid.* Maistre des requestes.
[10] *Ibid.* Sieur d'Herbelay.

Sire Jehan Leclerc; Mʳ de Grien, sieur de Sᵗ Aubin, conseiller d'estat; Mʳ des Haies, maistre d'hostel chez le roy, *absent*; Mʳ Moreau, général des monnoies; Mʳ de Graville, secrétaire du roy; Mᵉ Desprez, advocat; Mᵉ Prêtre, advocat; Mᵉ Leschassier, advocat; Mʳ Sonyus, marchand; Mʳ Richer, marchant.

Sire Denis de Saint-Genis, *absent*; Mʳ Scaron, conseiller en la court, *absent*; Mʳ Damours, conseiller en la dite court; Mʳ de Champrond; Mʳ Texier, maistre des comptes; Mʳ Violle, sieur de Guermante, maistre des comptes; Mʳ Maillard; Mʳ de Belin; Mʳ Leblond; Mʳ Henzard; Mʳ de Champregnault.

Maistre François de Fontence; Mʳ Charlet, conseiller en la court; Mʳ Barat; Mʳ de Piperoux; Mʳ Faure; Mʳ Tardif; Mʳ Rouillié; Mʳ du Carnoy; Mʳ de Louvigny, *absent*; Mʳ Morel, *absent*; Mʳ de Corbie.

Sire Pierre Parfaict; Mᵉ le président de Chivry; Mʳ Durant, maistre des comptes; Mʳ Phelippeaulx, conseiller; Mʳ Legras, trésorier de France; Mʳ de la Mothe, conseiller au Chastellet; Mʳ du Bignon; Mʳ Legros; Mʳ Cagnet, *absent*; Mʳ Malle, *absent*; Mʳ Bone.

Sire Ascanius Guillemeau; Mʳ de Machault, maistre des comptes; Mʳ Surault, secrétaire du roy; Mʳ Guéron, conⁿⁱˢ; Mʳ Garnier, advocat; Mʳ Pontenin, advocat; Mʳ Aubert, advocat; Mʳ Remy, greffier; Mʳ Cordier, procureur; Mʳ d'Yvry, marchant; Mʳ Courard, marchant, *absent*.

Sire Jehan Gesu; Mʳ Hotte, conseiller; Mʳ Chappelle, maistre des comptes; Mʳ Dulis, advocat général; Mʳ Buyer, secrétaire du roy; Mʳ Talon, advocat; Mʳ de Rochefort, advocat, *absent*; Mʳ de la Martillière; Mʳ de Sens, sieur de Saint-Julien, *absent*; Mʳ Hersant, marchant; Mʳ Givry, marchant.

Sire Passart, *absent*; Mʳ Boullanger, conseiller en la court; Mʳ Heperaut, secrétaire; Mʳ Croier, conseiller au Chastelet; Mʳ Leburet, conseiller au Chastellet; Mʳ Lefebvre, substitut; Mʳ Languerard; Mʳ Labbé; Mʳ Lambert; Mʳ Camus; Mʳ Lemoyne; Mʳ Choppart.

Jehan Berthoult et Loys Drouin, maistres et gardes de la marchandise de drapperie.

Jehan Denison, et Thomas Collichon, maistres et gardes de l'espicerie.

Jehan Helot et Jehan Savary, maistre et gardes de la mercerie.

Francoys du Quesnoy et Jacques d'Arques, maistres et gardes de la pelleterie.

Anthoyne Legendre et Pierre de la Mothe, maistres et gardes de la bonneterie.

Jehan Erondelle et Charles Aveline, maistres et gardes de l'orphaverie.

La compaignie estant assemblée a esté faicte lecture des mandemens et lectres de cachet de sa majesté, du treiziesme du présent mois, comme aussy de partie du cahier des plainctes et dolléances et remonstrances de la dicte ville.

Ce faict a esté proceddé à l'eslection des personnes pour estre porteurs du dit cahier aux dictz estatz généraulx, où par la pluralité des voix ont esté nommez, choisiz et esleuz à scavoir messire Robert Myron, conseiller du roy en ses conseilz d'estat et privé, président ès requestes de sa court de parlement et prévost des marchans; nobles hommes messire Israël Desveux, grènetier au grenier à sel de Paris, Pierre Clapisson, conseiller du roy au Chastellet de ceste dite ville, eschevins de la dite ville, Pierre Sainctot, bourgeois et l'ung des conseillers de la dite ville, Jehan Perrot, sieur du Chesnart, aussy conseiller de la dite ville, Nicolas de Paris, bourgeois de ceste dite ville.

Le dimanche xxvⁱᵉ octobre fut faite grande et solempnelle procession génerale, dont y en a ung cahier particullier de la cérémonye qui est à la liace, que fault enregistrer en cest endroict.

Depuis laquelle assemblée cy dessus jusques au lundy xxvⁱⁱᵉ du dit mois mes dits sieurs les prévosts des marchans, eschevins, procureur du roy et aulcuns des dits depputez les ungs à l'absence des autres se sont de rechef assemblez par divers jours au dit hostel de ville pour la confection du cahier des dites plainctes et remonstrances, finallement a esté faict au dit jour xxvⁱⁱᵉ d'octobre et pour l'achever et eslire et l'arrester en l'assemblée générale, mes dits sieurs les prévost des marchans et eschevins ont arresté d'estre faict assemblée générale au jeudy suivant xxⁱᵉ du dit mois d'octobre une heure de relevée, et à ceste fin ont esté expédiez les mandemens qui ensuivent :

Monsieur de Versigny, plaise vous trouver demain une heure de rellevée en l'assemblée générale qui se fera en la grande salle de l'hostel de la ville pour entendre la lecture des restes du cahier des plainctes, dolléances et remonstrances de la dite ville et icellui clore et arrester pour le délivrer et mectre ès mains des depputez de la dite ville, vous priant n'y voulloir faillir. Faict au bureau de la dite ville le mercredy xxⁱxᵉ jour d'octobre ᴍ vⁱ xⁱⁱⁱⁱ.

Les prévost des marchans et eschevins de la ville de Paris tous vostres.

De par les prévost des marchans et eschevins de la ville de Paris.

Sire François Bonnard, quartinier, appellez les dix personnes notables de vostre quartier qui se trouvèrent en la dernière assemblé générale qui fut faicte le xvⁱⁱᵉ de ce mois, et vous trouvez tous demain une heure de rellevée en l'assemblée générale qui se fera en la grande salle de l'hostel de la dite ville pour entendre la lecture du reste du cahier des plainctes, dolléances et remonstrances de la dite ville, et icellui clorre et arrester pour le délivrer et mectre ès mains des depputez de la dite ville. Si ny faictes faulte. Faict au bureau de la dite ville le mercredy xxⁱxᵉ octobre ᴍ vⁱ xⁱⁱⁱⁱ.

De par les prévost des marchans et eschevins de la ville de Paris.

Monsieur l'évesque de Paris nous vous prions vous trouver demain une heure de rellevée en l'assemblée géneralle qui se fera en la grande salle de l'hostel de la ville pour entendre la lecture du reste du cahier des plainctes, dolléances et remonstrances de la dite ville et icellui clorre et arrester pour le délivrer et mectre ès mains des depputez de la dite ville. Faict au bureau de la dite ville le mercredy vingt neufviesme jour d'octobre mil six cens quatorze.

De par les prévost des marchans et eschevins de la ville de Paris.

Il est ordonné à deux des maistres et gardes de la maistrise de drapperie eulx trouver demain une heure précise de rellevée en l'assemblée géneralle qui se fera en la grande salle de l'hostel de ville pour entendre la lecture du reste du cahier des plainctes, dolléances, et remonstrances de la dite ville, et icellui clorre et arrester pour le délivrer ès mains des depputez de la dite ville. Faict au bureau de la dite ville le mercredy xxix° octobre m vi° xiii.

Pareil délivré pour les autres corps des marchandises de ceste dite ville.

En l'assemblée géneralle le dit jour tenue en la grande salle de l'hostel de la dite ville de messieurs les prévost des marchans, eschevins, conseillers de la dite ville, corps, collèges, chappitres et communaultez éclésiasticques, quartiniers, dix bourgeois de chacun quartier mandez, assavoir cinq officiers tant des courtz souveraines que autres et cinq des plus notables marchans et bourgeois de ceste dite ville et deux des maistres et gardes de chacun des corps des marchandises de ceste dite ville, pour entendre la lecture du reste du cahier des plainctes, dolléances et remonstrances de la dite ville et icellui clorre et aviser pour le mectre ès mains des depputez de la dite ville sont comparuz :

Monsieur le président Myron, prévost des marchans, M' Desveux, M' Clapisson, M' Huot, M' Pasquier, *absent,* eschevins; M' Perrot, procureur du roy de la ville.

Messieurs les conseillers de la ville selon l'ordre de leur réception. [Ici figurent les vingt-cinq noms déjà donnés dans le procès-verbal du   octobre, voir page   .]

Communaultez esclésiasticques.

Monsieur l'archevesque (*sic*) Dreux, depputé du chappitre Notre Dame.

Frère Anthoine Lamy, député de Sainte-Geneviefve, M' Coulon, prieur de Saint-Victor; Don Henry de la Coupelle, député de Saint-Martin-des-Champs; Frère Jhérosme le Juge, depputé de S'-Germain-des-Prez; Frère François Viart, depputé de Saint-Magloire; Frère Anthoine Rousseau, depputé des relligieux de Saint-Lazare; Dom Adam Ogier, depputté des chartreux.

Quartiniers et dix bourgeois de chacun quartier mandez.

Sire Françoys Bonnard; M' de Beaumont, maistre des requestes; M' de Pleurs, conseiller en la court; M' Lescuier, maistre des comptes; M' de Serres, maistre des comptes et maistre de l'hostel chez le roy; M' Simon, receveur général des finances; M' de Paris; M' Lesaige; M' Goujon; M' Brébant; M' de Laulnay, bourgeois.

Sire Nicolas Bourlon; M' Dufour, conseiller; M' Bourlon, greffier; M' Prévost, grenetier; M' Chanteau; M' Montrouge; M' Martin; M' le Bossu; M' Belin; M' de Launay.

Maistre Guillaume Dutertre; M' le président des Arches; M' de Chaulne, maistre des requestes; Monsieur Bersons, conseiller en la court; M' Leprévost, maistre des comptes; M' Le Tonnelier, conseiller; M' Bergeon; M' Rollot; M' Olin; M' Hébert; M' Carron.

Sire Jacques Béroul; M' de Bermont, maistre des requestes; M' Brusselles, conseiller; M' Lusson, président aux monnoies; M' Behit, conseiller au trésor; M' Coinctereau, commissaire; M' Lempereur, marchand; M' Lemaire, marchand; M' Lagogne, marchand; M' Miraulmont, bourgeois; M' Lhostel, maistre drappier.

Sire Anthoine Andrenas, *absent;* M' Barontin, maistre des requestes; M' de Rézé, conseiller; M' de Hédicq, maistre des comptes; M' Rousselet, secrétaire; M' Depont, secrétaire; M' Dubois, marchand; M' Plastrier; M' Généraux; M' Legrand; M' Ferrat.

Maistre Robert Dans; M' de la Brunetière; M' du Marché; M' Maillé; M' Girault; M' Perrier, commissaire; M' Lamacque; M' Thomas; M' Pigeart; M' Sainctier; M' Regnault.

Sire Simon Marcès; M' d'Estorcy, conseiller en la court; M' du Ruisseau, advocat; M' Barbier; M' Malagrin; M' Boucher; M' Benoise; M' Delacourt; M' Héron; M' Garnier; M' Delaistre.

Sire Jacques de Creil; M' Regnard, maistre des comptes; M' Deslandes, conseiller au parlement; M' Berthellemy, maistre des comptes; M' Abelly, bourgeois; M' Henryot, M' Lefebvre; M' Hélain; M' Pigue; M' Doublet; M' Bacheler.

Sire Jacques de Monthers, *absent;* M' le président Crespin; M' Foucquet, conseiller; M' Lallemant, lieutenant criminel; M' de la Courtelle, auditeur; M' Morin; M' Bergeon, secrétaire du roy; M' Jolly, advocat; M' Dubuisson; M' Bourbon; M' Lefebvre.

Sire Jehan Leclerc; M' de Grieu, conseiller; M' Deshayes, maistre d'hostel chez le roy; M' de Gravelle, secrétaire; M' Goislard, secrétaire; M' Moreau, général des monnoies; M' Desprez, advocat; M' Leschassier, advocat; M' Prêtre, advocat; M' Souyus, marchand; M' Richer, marchand.

Sire Denis de Saint Genis; M' Scarron, conseiller en la court; M' Damours, conseiller en la court; M' Tessier, maistre des comptes; M' de Violle Guermante, maistre des comptes; M' de Creil, conseiller aux aides; M' de Belin; M' Fontaine; M' Leblond; M' Maillard; M' Heuzard.

Maistre François de Fontaine; M' Charles, prieur des Garennes; M' Rouillié, maistre des comptes; M' Barat, maistre d'hostel chez le roy; M' Rouillié, l'aisné;

M' Piperon, secrétaire du roy; M' Faure, trésorier des gardes; M' Tardif, bourgeois; M' de Longuay, vallet de chambre du roy; M' du Cernez, orphèvre;
M' Morel.

Sire Pierre Parfaict; M' le président de Chivry; M' de Chateauforest, maistre
des requestes; M' Philippeaulx, conseiller en parlement; M' Legras, trésorier de
France; M' de la Mothe, conseiller au Chastelet; M' de Buignon; M' Legros;
M' Caignet; M' Boué; M' Mallé.

Sire Ascanyus Guillemeau; M' Le Rouy, conseiller au Chastelet; M' Guéron
M' Surault, advocat; M' Garnier, advocat; M' Aubier, advocat; M' Remy, greffier;
M' Cordier, procureur; M' Divry, marchand; M' Conrard, marchand.

Sire Jehan Gesu; M' Hatte, conseiller; M' du Lis, advocat général en la court
des aydes; M' Chappelle, maistre des comptes; M' Buyer, secrétaire; M' de Rochefort, advocat; M' de Sene, sieur de Saint Jullien; M' Talon, advocat; M' de la
Martillerie; M' Herssant, marchand; M' Guerin, marchand.

Sire Claude Passart; M' le Boulanger, conseiller en parlement; M' Reperant,
secrétaire du roy; M' Croier, conseiller au Chastelet; M' Lebrest, conseiller au Chastelet; M' Lefebvre, substitut de monsieur le procureur du roy au Chastelet;
M' Languerard; M' Labbé; M' Caunes; M' Lambert; M' Choppart.

Jehan Berthault et Louis Drouin, maistres et gardes de la drapperie.

François Denison et Thomas Collichon, maistres et gardes de l'espicerie.

Jehan Savary et Pierre Cadran, maistres et gardes de la mercerie.

Maistres et gardes de la pelleterie.

Maistres et gardes de la bonneterie.

Maistres et gardes de l'orphaverie.

La compaignie estant assemblée, a esté faict lecture tout hault par
le greffier de la dite ville du cahier des plainctes dolléances et remonstrances de la dite ville, lequel a esté arresté et trouvé bon par icelle
compaignie et ordonné au dit greffier de la ville de le signer pour estre
porté aux Estatz généraulx par les depputtez de la dite ville.

Ensuict la teneur du cayer des remonstrances, plainctes et dolléances de la dite ville arresté à la dite assemblée.

CAHIER DE LA VILLE ET FAUXBOURGS DE PARIS
POUR ESTRE PRESENTÉ AUX ESTATS GENERAUX DE CE ROYAUME.
QUE LE ROY A VOULLU ESTRE ASSEMBLEZ
EN SA VILLE DE PARIS
EN LA PRÉSENTE ANNÉE MIL SIX CENS QUATORZE.

SIRE :

Voz très humbles, très obeissantz et très fidelz serviteurs et subjects, les bourgeois et habitans de vostre bonne ville de Paris, première et cappitale de vostre Royaulme, vous presentent en toute
reverence et humilité le cayer de leurs très humbles supplications et remonstrances, dressé sur les plainctes et doléances qu'ilz ont proposées,
avec la liberté permise par le commandement de vostre Majesté, pour
l'assemblée des Estatz généraulx qu'elle a assignez en sa dicte ville de
Paris pour ceste année mil six cens quatorze.

Et après avoir très devotieusement et du plus profond de leur cœur
loué [1] Dieu d'avoir si heureusement conduict et conservé Vostre Majesté, pendant sa minorité, et supplié sa divine bonté de l'assister et
combler de ses sainctes grâces en sa majorité jusques aux plus longues
années,

Rendent aussi graces très humbles à vostre dicte Majesté de ce qu'il
luy a pleu, soubz la très heureuse conduicte et regence de la Royne
vostre très honnorée dame et mere, par son prudent advis et des
Princes et Officiers de la Couronne, ordonner et permettre ceste assemblée et convocation généralle des trois estatz de vostre Royaulme,
affin que, comme les tableaulx, effacez et sallis par ung long temps
doibvent d'autant plus soigneusement estre relavez et relevez de leurs
vives coulleurs qu'ilz sont exquis et precieulx, aussy les loix, les mœurs
et les plus belles fleurs de vostre très grand et florissant royaulme de
France se trouvant effacées, corrompues et ternies par l'espace de plus
de trente ans escoulez, depuis la dernière reformation des estatz, et
par la licence des grandz troubles et guerres civilles, qui ont introduict tant de désordres et nécessitez publicques, il soit pourveu d'autant plus exactement de remedes convenables à ung si grand ouvrage
et haulte entreprise de la reformation et restablissement de vostre dit
Royaulme en sa pristine splendeur et plus antienne grandeur et perfection, comme il est le premier, le plus grand et a tousjours esté le
plus puissant et florissant en tous biens et vertuz supereminantes, par
dessus tous les autres royaumes et empires de toutte la chrestienté,
voire de toutte la terre habitable.

Pour à quoy parvenir, supplierons très humblement Vostre Majesté
nous pardonner, sy en affaire si important, où la dissimulation en
seroit dangereuse et de perilleux succès à vostre estat, nous parlons [2],
soubz le respect et reverence deue à vostre Majesté, avec la liberté
qu'il luy a pleu nous donner, protestant devant Dieu que nous n'avons
autre intention que de soubzmectre et réduire noz très humbles remonstrances et advis à la gloire de Dieu, de sa saincte Eglise et Religion catholicque, apostolicque et romaine, à ce que, soubz la faveur
et conduicte de ses sainctes graces, Vostre Majesté soit honnorée, ser-
vic et obeye de tous voz subjectz, et vostre estat restably en l'antienne
grandeur et reputation qu'il a eue par toutte la terre, pendant les
resgnes de tous voz predecesseurs, et nouvellement du très clement et
victorieulx Henry le Grand vostre pere, de très heureuse mémoire [3],
et pendant la regence de la Royne vostre mère, à laquelle toutte la
France se tient obligée, et signamment vostre bonne ville de Paris,
d'une si juste administration et bons conseil et advis par elle donnez à
vostre Majesté, par lesquelz elle a si judicieusement conduict et gou-
verné ce Royaulme, y ayant entretenu le calme de la paix contre l'attente de tout le monde, après ce malheureux assassinat de la personne
de nostre bon Roy, repoussé avec telles moderations les orages, dont
la France estoit menassée, que chacun en demeure contant. Et pour
ce, sire, Vostre Majesté, nous permettra de l'en remercier, en suitte
du soing plus que maternel qu'elle a eu de vostre personne, pendant
vostre tendre jeunesse; et comme il a pleu à Vostre Majesté seant en
son lict de justice et recevant d'elle l'administration de son Royaulme,
le prier o en prendre le soing et gouvernement, nous supplierons aussy

¹ Variante : rendu mercy à Dieu (K. 675-211).   ³ Variante : le plus redoubtable qui ayt esté
³ Variante : avec la liberté que Vostre Majesté   (K. 675-211).
nous a promise (K. 675-211).

Vostre Majesté de luy en confier la conduicte, puisque, par la preuve et expérience du passé, nous recognoissons combien ses advis ont esté et sont encores utils et necessaires à la France, la supplians continuer ses bienveillances envers voz subjectz et intercedder envers Vostre Majesté pour vostre pauvre peuple tant de la ville et prevosté de Paris que de tout vostre Royaume.

A ceste occasion, ayant esté recognu que le principe et fondement de la manutention de cest estat consiste et deppend de la conservation des personnes sacrées de noz Roys, et des droictz et proeminances que Dieu leur a données, et ne tiennent d'ailleurs que de sa divine bonté, il a semblé estre préalable d'y pourveoir et faire en cela le commancement de ce présent cahier.

DES LOIS FONDAMENTALES DE L'ESNAT.

1. Que pour arrester le cours de la pernicieuse doctrine qui s'introduict depuis quelques années contre les roys et puissances souveraines establies de Dieu, par espritz séditieux qui ne tendent qu'à les troubler et subvertir, le Roy sera supplié de faire arrester en l'assemblée de ses estatz pour loy fondamentalle du royaulme que soit inviolable et notoire à tous que, comme il est recongneu souverain en son estat, ne tenant sa couronne que de Dieu seul, il n'y a puissance en terre, quelle qu'elle soit, spirituelle ou temporelle, qui ayt aulcun droict sur son royaume pour en priver les personnes sacrées de noz reys, ny dispenser leurs subjectz de la fidellité et obeissance qu'ilz luy doibvent pour quelque cause ou prétexte que ce soit; que tous ses subjectz de quelque quallité et condition qu'ilz soient tiendront ceste loy pour saincte et véritable, comme conforme à la parolle de Dieu, sans distinction equivocque ou limitation quelconcque; laquelle sera jugée et signée par tous les depputez des estatz, et doresnavant par tous les beneficiers et officiers du royaulme, avant que d'entrer en possession de leurs benefices et d'estre receuz, en leurs offices, tous percepteurs, regentz, docteurs et predicateurs de l'enseigner et publier; que l'opinion contraire, mesme qu'il soit loisible de tuer ou déposer noz roys, s'eslever ou rebeller contre eux, secouer le joug de leur obeissance pour quelque occasion que ce soit, est impie, détestable, contre verité et contre l'establissement de l'estat de la France, qui ne depend immediatement que de Dieu; que tous livres qui enseignent telle faulce et perversse opinion seront tenus pour seditieux et damnables, tous estrangers qui l'escripront ou publieront, pour ennemis jurez de la couronne, tous subjectz de Sa Majesté qui adherreront, de quelque quallité ou condition qu'ilz soient, pour rebelles, infracteurs des loix fondamentalles du royaulme et criminelz de leze majesté au premier chef. Et s'il se trouve aulcun livre ou discours escript par estranger, ecclesiastieque ou d'aultre quallité qui contienne proposition contraire à la dicte loy directement ou indirectement, seront les ecclesiastieques de mesme ordre establis en France, obligez d'y respondre, les impugner et contredire incessamment, sans respect, ambiguité ny equivocation, sur peine d'estre punis des mesmes peines que dessus, comme faulteurs des ennemis de cest estat.

2. Et sera le present article leu chacun an tant aux courtz souveraines que es bailliages et seneschaussées de ce royaume, à l'ouverture des audiances, pour estre gardé et observé avec toutte severité et rigueur.

3. Tous juifz, atheistes, anabatistes et autres faisans professions d'aultre relligion que de la catholicque, appostolicque et romaine, et de la relligion prétendue reformée, tollerée par les eedictz, seront punis de mort, et leurs biens acquis et confisquez, dont le tiers apartiendra au dénonciateur.

4. Que doresnavant de dix ans en dix ans il sera faict assemblée generalle des estatz de ce royaume.

5. Que sa dicte Majesté sera très humblement suppliée de respondre et resouldre les cahiers qui luy seront presentez pendant la tenue desdictz estatz, et avant que les depputez se separent.

DE L'ESTAT DE L'ÉGLISE.

6. Premierement tous archevesques, evesques, abbez et curez, feront residence actuelle es lieux de leurs beneficos, aultrement perdront leur revenu pour aultant de mois et jours qu'ilz auront esté absens, dont le tiers sera donné au denonciateur, ung tiers à l'hospital du lieu et l'autre tiers à l'hostel Dieu du parlement où ilz ressortissent.

7. Qu'aulcun ne pourra estre pourveu d'archevesché ou evesché qu'il n'ayt trente ans accomplis et n'ayt les quallitez requises par les sainctz decretz et ordonnances.

8. Que toutes annexes et unions d'abbayes, prieurez et doyennez aux sieges episcopaulx seront cassez et annullez, et les clouestres, dortouers et bastimens tombez en ruyne restabliz aux despens desdictz evesques, et les religieulx remis esdictes abbayes, prieurez et benefices et le service divin restably.

9. Que les abbayes et prieurez convantuelz ne seront doresnavant tenuz en commande par seculiers, ains seront accordez aulx religieulx proffects de l'ordre.

10. Que tous abbez seront tenuz faire faire leçon aux religieulx, par chascun jour, par ung precepteur à ce destiné, et à faulte de ce faire sera le revenu de leur temporel saisy.

11. Tous petitz benefices reguliers non curez ny conventuelz seront secularisez par le pape, affin qu'il y ayt plus grand nombre de prebstres sallairiez pour secourir les curez des parroisses, et en ce faisant les benefices mectionnels[1] (sic) qui ne servent qu'à desbaucher les religieulx seront affectez aux prestres seculliers qui assisteront et serviront les curez des paroisses plus proches desdictz benefices.

12. Que touttes personnes ecclesiasticques, tant reguliers que seculiers, religieulx·et religieuses, seront tenuz de vivre sans scandalle et avoir habits dessens et selon leur profession sans les pouvoir changer, soit en leurs maisons ou allans ès villes ou aux champs.

13. Qu'ès maisons des religieulx ne pourront estre admis aucuns enfans au dessoubz de l'aage de vingt cinq ans sans qu'auparavant leur pere, mere, tuteur n'en soient advertiz et que lesdictz mineurs n'ayent pris congé d'eulx avec consentement.

14. Que deux ans après qu'aulcuns auront pris l'habit des Jesuistes, ilz ne seront plus cappables de successions directes ou collateralles ny mesmes disposer des biens qu'ilz avoient auparavant, et après ledict temps ne pourront estre licentiez et mis hors de l'ordre sans leur estre par la maison, de laquelle ilz auront esté licentiez, donné moyen de vivre.

15. Que lesdictz Jesuistes seront obligez aux mesmes loix civiles et polliticques que les aultres religieulx de France et se recognoistront subjectz du Roy; qu'ilz ne pourront avoir aulcuns provinciaulx qu'ilz ne soient nez françois et qu'ilz n'ayent esté esleuz par les Jesuistes françois qui auront faict leur premier vœu.

16. Que nul ecclesiasticque ne pourra tenir plus d'ung benefice, et en ce faisant, que les impetrans des benefices en court de Romme, à condition qu'ilz seront tenuz laisser les aultres benefices dont ilz estoient pourveuz auparavant, seront tenuz, après la prise de possession, faire vuider le litige, sy aulcun y a, dans six mois, pendant lesquelz les fruictz du nouveau benefice seront sequestrez, affin que par supposition de litiige ne soit faicte fraulde à la pluralité des benefices deffendue.

17. Que nul evesque ne pourra recepvoir aulcun en l'ordre de prestrise, s'il n'a vingt cinq ans accompli et qu'il n'ayt estudié ès universitez jusques à pouvoir estre maistre ès artz et jugé cappable, mesme s'il n'a du moings cent livres de rentes par chascun an; et où lesdictz evesques en auroient receu aulcuns n'ayant le susdict revenu, seront tenuz les nourrir à leur despens.

18. Que nul ne pourra estre pourveu de cure qu'il ne soit prestre auparavant sa provision, et que tous prestres qui vouldront aspirer aux cures seront tenuz, au commancement de l'année, se presenter à l'evesque de leur diocese pour estre examinez par luy avec quatre docteurs qu'il sera tenu de prendre.

19. Que les cures ne pourront estre conferez qu'à l'ung de ceulx qui auront esté ainsy examinez et trouvez suffisans et cappables de la vie et·mœurs desquelz sera neantmoings informé suivant les ordonnances, le tout sans prejudicior aux graduez nommez.

20. Que touttes exemptions de la jurisdiction ordinaire de l'evesque seront revocquées et tous ecclesiasticques, soit seculiers ou reguliers,

---

[1] Ce chapitre *État de l'Église* est rempli de corrections, ratures, interversions, additions d'articles. *Des signes indiquant des transpositions d'ar-* ticles ne sont pas toujours faciles à comprendre.
[1] Mot qui a sans doute la signification de *mixtes*.

soient subjectz à la jurisdiction de l'evesque, soubz le diocese duquel ilz sont, fors et excepté les chappitres qui en ont tiltres et possession plus que centenaire.

21[1]. Que nul abbez commendataires n'auront aulcune jurisdiction ou puissance sur les religieulx, ains demeureront les dictz religieulx soubz la correction de leurs prieurs clostraux et aultres supérieurs de laurs ordres et jurisdiction des evesques ès dioceses desquelz ilz sont.

22. Que touttes cures du plat pays seront doresnavant rentées jusques à la somme de quatre cent livres tournois chascune, et où ilz ne se trouverront l'avoir, seront tenuz ceulx qui possedderont les dixmes de la cure de leur suppleer jusques à ladicte somme de quatre cens livres, sy mieulx n'ayment habandonner lesdictes dixmes ou y faire annexer ung benefice simple voisin de ladicte cure jusques à la dite valleur.

23. Que tous curez dont les cures excederont la valeur de quatre cens livres en tout revenu seront contraincts d'avoir avec eulx vicaire ou chappellain pour dire une messe et assister à l'administration des sacremens.

24. Et affin que lesdictz curez ne soient divertiz par aultre occupation de faire leurs charges, ou pretendre impunité en cas de malversation, ne pourront estre pourveuz de promoteur ou officiel, et ceulx qui en seront pourveuz seront tenuz quicter leurs dictes charges ou cures dans trois mois; aultrement, ledict temps passé, seront déclarées vaccantes et impetrables.

25. Que tous curez et aultres ecclesiasticques se contanteront pour l'administration des saincts sacrements de ce qu'il leur sera offert et donné, sans exiger aultre chose, soubz quelque pretexte que ce soit·

26. Que pendant la prédication et grande messe parochialle ne se celebrera aulcune petite messe ès autelz particuliers dans tout l'encloz de l'eglise.

27[1]. Seront accordez devoluz sur tous benefices constitoriaulx et qui sont à la nomination de Sa Majesté, dont la cognoissance en premiere instance appartiendra aux juges royaulx ordinaires, et par appel aux parlements, et sera permis d'agir et faire declarer la vacquance après le brevet obtenu de Sa Majesté, sauf, après la decision de la cause, de prendre les provisions en court de Rome, dans le temps porté par le concordat et article de l'ordonnance de Bloys.

28. Qu'en attendant qu'il plaise au Roy trouver bon que les eslections aux archeveschez, eveschez et abbayes soient remises suivant la pragmaticque sanction, Sa Majesté sera suppliée d'ordonner que doresnavant ceulx qui seront nommez aux benefices par Sa Majesté seront tenuz dedans neuf moys après la delivrance des lettres de nomination, de laquelle sera faict registre, obtenir les bulles et provisions ou faire apparoir à l'evesque diocezain et au Procureur du Roy du bailliage ou seneschaussée de diligence vallable et à faulte de ce faire demeureront descheuz de leur droict de nomination sans qu'il soit besoing obtenir aultre declaration que la nomination qu'il plaira à sa Majesté faire. Et pour le regard de ceulx qui sont jà nommez, leur sera enjoinct d'obtenir leurs dictes bulles dans six moys, et à faulte de ce rendront les fruictz desdicts benefices qui seront employez moictié aux reparations d'iceulx et l'autre moictié aux hospitaulx des lieux; et ne pourront les administrateurs desdicts hospitaulx composer des dicts fruictz, à peyne d'en respondre en leurs noms, et seront cependant les fruictz saisiz à la requeste du Procureur general ou ses substituetz sur les lieux.

29 Que touttes reserves et coadjutoreries de benefices qui sont de la nomination du Roy seront revocquez, et qu'il n'en soit à l'advenir octroyé aulcune par Sadicte Majesté.

30. Que l'on ne pourra plaider sur aucune appellation comme d'abus, que les abbuz ne soient inserez dans les lectres obtenues on par requeste signifiée trois jours auparavant la plaidoyerie.

31. Que tous curez seront tenuz porter par chascun an et dans le dernier jour de janvier au plus tard au greffe des jurisdictions royalles les Registres des baptesmes, mariages et mortuaires dont les Registres seront signez en chascune page et les fueilletz cottez, et auparavant faire signer les parrains et maraynes qui sçauront signer; et lorsqu'ilz seront portez ausdictz greffes sera par le greffier faict mention en sub-

stance du jour et de la quantité des pages dudict Registre; et à faulte
de ce faire par lesdictz curez, seront à la requeste du Procureur du
Roy les revenuz desdictes cures saisiz.

32. Les mariages ne pourront estre celebrez qu'ès paroisses ou
l'un des deulx conjoincts est demeurant depuis an et jour et après
trois proclamations faictes solempneflement es prosnes des paroisses ou
l'un et l'autre sont domicilliez, et ce par trois dimanches, sans les
pouvoir advancer ny obtenir dispances des dictes proclamations, qu'il
plaira à Sa Majesté déclarer abusives.

33. Que tous curez, vicaires et notaires qui ont receu et passé
testamens ou disposition portant les aulmosnes et biensfaicts aux
pauvres et lieux pitoyables, seront tenuz dans huictaine après le dé-
cedz desdictz testateurs et bienfaicteurs de le declarer aux administrateurs desdictz pauvres et lieux pitoyables et leur bailler l'extraict de
l'article concernant lesdictz legs et dons, à peine de payer en leurs
propres et privez noms l'interrest des sommes recelées.

34. Que tous archevesques, evesques, chefz d'ordres provinciaulx
et autres ecclesiastiques, seront tenuz de faire visitation en personne,
s'ilz ne sont excusez de maladye ou aultre legitime empeschement, au
moings une fois l'an par touttes les cures, religions et aultres lieulx de
leur jurydiction pour recognoistre diligemment les deportemens, vyes
et mœurs de tous et rangs chascuns les ecclesiastiques religieux et religieuses et en faire les corrections selon les srincts deérets et ordonnances royaulx, sans pouvoir prendre aulcun sallaire.

35. Que tous curez seront soigneulx d'administrer et de faire administrer les sainctz sacremens aux pauvres, et, iceulx decaddez, tenuz
les faire inhumer gratuitemenl, à peyne de privation de leur benefice.

96.[1] Qu'aulcuns predicaieurs, de quelque faculté, ordre et société
qu'ilz soient, ne pourront prescher sinon du consentement des archevesques et evesque diocesains, auxquels sera prohibé et deffendu de ne
preséher, enseigner ny escripre aulcune chose contraire à la doctrine
de la faculté de Théologie de Paris, sauf en leurs dictes prédications
parler nullement des affaires d'estat ny prescher seditieusement, ains
maintenir les subjectz du Roy en l'honneur de Dieu et l'obeissance à
Sa Majesté.

37. Que touttes permutations de benefices et resignations en faveur
seront deffendues.

38. Que les preuves par tesmoings seront receues tant pour les simonies que pour les confidens.

39. Que les dimanches et festes solempnelles instituées par l'eglise
seront avec toute reverence gardées et observées sans qu'il soit loysible aux juges, officiers, marchans et aultres de faire aulcun exercice
de leur marchandise, ny aux chartiers et voicturiers de charroyer ny
voicturer par eaue ny par terre, à peyne de confiscation des marchandises, basteaulx, chevaulx et harnois, et de cent livres d'amande, et
enjoindra aux juges des lieux faire garder ladicte ordonnance.

40. Que les ordonnances faictes contre les jureurs et blasphémateurs du nom de Dieu et de sa Saincte Mere et de lous les Sainctz
faictes tant par le Roy Sainct Louys que autres subsequens, mesmes
celles d'Orléans et de Bloys, et confirmez par le Roy depuis sa majorité seront gardées et observées, enjoinct aux juges d'y tenir la main
avec deffences à iceulx de moderer les peynes, à peyne de suspension
de leurs charges, que la moictié des amandes seront adjugées au denonciateur et l'aultre moictié aux pauvres; enjoinct à tous les juges et
aultres officiers et ministres de justice de faire emprisonner ceulx qu'ilz
trouverront, en quelque lieu que ce soit, regnians, jurans ou blasphémans le nom de Dieu et d'ouyr sur le champ les tesmoings et permis
à toutses aultres personnes, encores qu'ilz ne soient officiers, de se
saisir desdictz jureurs, et les mener par devant le plus prochain juge
ou commissaire, pour en estre informé. Et pour ce qui est des champs,
seront les dictz blasphemateurs menez par devant le premier juge des
lieux; et ou aulcuns ne denonceront les personnes qu'ilz auront entendu blasphemer, seront condamnez pour la première fois en dix livres,
et pour la seconde fois en cent livres.[2]

---

[1] Cet article n'est pas numéroté comme les autres; d'autre part, il est accompagné d'une ac- colade, ce qui ferait croire qu'on avait l'inten- tion de le supprimer, ou de le placer ailleurs.

[2] Cet article est biffé. Je le transcris cepen- dant, ne sachant pas si la suppression en fut définitive.

41. Que doresnavant les ecclesiastiques ne pourront obtenir lectres pour rentrer aulx biens qu'ils auront renduz, sy ce n'est qu'il y ait lezion ne plus de moictié de juste pris, laquelle lezion sera considerée eu esgard à la valleur de la chose au temps de la vente et allienation, et sy aulcunes lectres avaient été obtenues au contraire, les juges n'y auront aucun esgard.

42. Qu'il soit permis aux fabricques et communaultez des villages du plat pays de retirer dans cinq ans les terres, vignes ou aultres heritages qui ont esté venduz par les marguilliers ou communaultez depuis l'année mil v^e III^{xx} VIII, et où les dictes fabricques et communaultez n'auront le moien de les retirer, les pourront vendre pour rembourser les acquereurs, si mieulx n'aiment les dictz acquereurs en retenir une partie pour l'argent qu'ilz en auront baillé, et delaisser l'aultre partie ausdictes fabricques et communaultez, au dire d'arbitre et gens à ce congnoissant.

43. Qu'il ne sera cy-après receu ny estably aulcun nouvel ordre de relligieux ou relligieuses, societez ou communautez ecclesiastiques en ceste ville de Paris ny aultres villes de ce royaume et ne pourront avoir qu'une demeure aux villes et lieux où ils sont establis, et que l'administration des sacremens sera deffendue ausdictz monasteres pour aultres que pour les dictz relligieux et ceulx de leur maison, et tous bourgeois et aultres seculiers abstrainctz d'aller en leurs parroisses; et seront les nouveaulx ordres sortiz des mandians tenuz de se retirer dans leurs maisons antiennes.

44. Que doresnavant nulles communautez eclesiastiques et gens de main morte ne pourront acquerir aulcuns immeubles, si ce n'est pour leurs necessitez seullement et avec congnoissance de cause veriffiée en Parlement.

45. Que les monitions à fin de revelation ne seront desormais octroiées que pour crimes et scandalles publicqz.

46. Que doresnavant les comptes des decymes de mess^{rs} du clergé de France seront renduz à la Chambre des Comptes et par devant les dictz s^{rs} du clergé, comme il se faict à present, pour eviter la grande despence qui s'y faict et aultres inconveniens qui vont à la diminution des rentes constituées sur ledict clergé, et que les espices qu'ilz (sic) prendront Messrs des Comptes seront taxés moderement.

47. Que les assemblées du clergé ne se feront que de dix ans en dix ans, lorsque les contratz qu'ilz ont avec le roy se renouvelleront, sans qu'ilz puissent estre plus d'ung depputé de chascun archevesché.

48. Que les maisons-dieu, hospitaux et malladeries seront regies et gouvernées par administrateurs qui seront excluz et choisis tant par les prevost des marchans, maire et eschevins des lieux que par les juges royaulx avec deffences à tous les subjectz du roy de quelque quallité qu'ilz soient de retenir ny receler aulcuns biens appartenans ausdictes maisons, à peyne de cinq cens livres parisis d'amande, applicable moictié au denonciateur et l'aultre moictié ausdictz hospitaulx.

49. Que la commission de la chambre de la charité sera revocquée et que les malladeries qui sont dans la prevosté de Paris, où il n'y a mallades, le revenu sera joinct moictié à l'hostel-dieu de Paris et aux maisons des pauvres enfermez, et l'aultre moictié emploiée et distribuée aux pauvres gentilzhommes vielz et estroppiez par ordonnance de ceulx qui seront commis par le roy avec les prevost des marchans et eschevins de ladicte ville.

50. Que deffences seront faictes à tous conducteurs et gens de guerre, mareschaulx des logis et fourriers de ne loger aulcuns gens de guerre aux domicilles où sont demeurans les ecclesiastiques, comme au semblable Sa Majesté sera suppliée de prendre à sa protection toutes les maisons-dieu, hospitaulx et leurs deppendances, avec inhibition et deffences à tous gens de guerre et aultres de ne loger ny heberger aux fermes, mestairies et maisons susdictes, à peine de pugnition corporelle.

UNIVERSITÉ.

51. Qu'il sera depputé nombre de notables personnages pour dans six moys voir et visiter les previlleges octroyez aux Universitez par les Roys, notamment celle de Paris, ensemble les fondations des colleges et la reformation du feu cardinal Touteville pour restablir l'exercice et discipline desdictes universitez et colleges.

52. Qu'en touttes les villes où il n'y a poinct d'université, nè pourra estre estably qu'un college, et en icelluy deux classes; et en celles où y a université comme Orleans, Bourges et Angers, plus de quatre classes, d'humanité seullement.

53. Que la grande despence qui se faict aux receptions des theologiens, docteurs et medecins, tant en festins qu'en argent ou presens, sera reformée.

54. Que nulz marchans, libraires, imprimeurs et contreporteurs ne pourront mectre en vente aulcuns livres ni escriptz, sans que les noms de l'autheur et de l'imprimeur, le lieu de l'impression et le privillege et permission n'y soient escriptz au commancement, à peine du fouet et d'amande arbitraire pour la première fois, et des galleres et confiscations de biens pour la seconde, moictié au denonciateur et l'aultre moictié aux hospitaulx des lieux.

55. Que tous livres seront veuz et examinez, sçavoir ceulx qui traicteront de la theologie par deux docteurs ou bascheliers nommez et deputez par chascun evesque en son diocese et par le juge du lieu, et pour tous aultres livres par deux ou trois doctes personnes et de bonne reputation, nommez et deputtez par les parlemens, chascun en son ressort; lesquelz commis et depputez donneront certiffication signée de leurs mains.

56. Que nuls juges, secretaires ny aultres ne pourront signer previlleges de vendre aulcuns livres, sinon après ladicte approbation, à peine de privation de leurs offices.

57. Que tous marchans libraires faisant trafficq de livres ne pourront faire depacquecter ny desamballer aulcunes tonnes, balles ny quaisses de livres, sans que auparavant ilz ayent faict apparoir au juge royal du lieu, de la facture et inventaire desdicts livres, lesquelz seront confrontez ausdictz inventaires, qui demeureront aux greffes des justices, et seront iceulx livres veuz et examinez, comme dict est, sans pouvoir estre mis en vente qu'après le privillege et approbation, comme dessus.

58. Que tous devins, pronosticqueurs, faiseurs d'horoscopes, soit enseignans ou escrivans, seront punis corporellement; et que nuls ne puissent faire almanachz qu'ils ne soient approuvez par l'evesque du lieu; et lesquels ne pourront parler ny escripre que l'astrologie permise par les loix, à peyne du fouet avec pareilles peines contre ceulx qui seront trouvez exposans lesdicz almanacz en vente, sans estre approuvez, comme dict est, de l'evesque et du juge royal des lieux.

59. Que les suppostz et officiers des universitez serviront actuellement en icelles, autrement ne jouiront des droictz et privileges à eulx attribuez.

60. Ne pourront lesdictz escolliers et suppostz distraire aucuns de sa juridiction ordinaire pour quelque transport de debte que ce soit, ores qu'elle soit de pere à filz, ains seullement pour leurs propres debtes.

61. Es villes esquelles une seulle prebende ne suffit pour entretenir les percepteurs et regens du college, qu'il plaise au Roy en faire amortir une seconde à la mesme fin.

62. Tous juifz, atheistes et anabaptistes seront punis de mort et leurs biens acquis et confisquez au Roy, dont la tierce appartiendra aux denonciateurs.

DE LA NOBLESSE.

63. Parce que la protection et deffence du Royaume deppend principallement de l'estat de la noblesse, en la main de laquelle est la force et le maniement des armes, le Roy supplié de la vouloir maintenir et conserver en ses antiens honneurs, droictz, franchises et immunitez.

64. Mais ne sera loisible à aucun de prendre la qualité de noble et d'escuyer, et porter armoiries tymbrées, s'il n'est véritablement noble, et sera informé tant par les procureurs généraulx que leurs substitudz contre ceux qui usurpent ou ont usurpé ceste qualité, et seront condamnez en amandes applicables moictyé au denonciateur et moictié aux pauvres des lieux.

65. Et pour avoir plus ample cognoissance de ceux qui s'attribuent à faulx titre ceste qualité, sera enjoinct à tous asseieurs des tailles et greffiers des paroisses de mettre à la fin des roolles desdictes tailles les

noms des gentilzhommes et officiers exempts, qui sont demeurants en leurs paroisses, avec deffenses aux esleuz, à peyne de suspension de leurs charges, de signer aulcun roolle que lesdicts noms n'y soient escripts, ou certifficiation qu'il n'y aye aulcun de ladicte quallité esdictes parroisses et que dans les moys de janvier, febvrier et mars de chacune année, les substitudz des procureurs generaulx des courtz des Aydes, chascun en leur ressort, feront extraicts de leurs mains et au vray de noms desdictz gentilzhommes exempts estans sur lesdictz roolles, et les envoyeront dans ledict temps ausdictz procureurs generaulx, pour par eulx recognoistre les abbuz qui s'y commettront par la confrontation des estatz qui seront esdictes courtz, suivant les eedictz et ordonnances, pour par iceulx procureurs generaulx mander à leurs dicts substitudz ce qu'ils auront à faire, ou, selon la qualité de la matiere, envoyer commissions pour faire appeler ceux qu'il appartiendra esdictes courtz des Aydes, à peine d'en respondre par lesdicts Procureurs generaulx ou leursdictz substitudz en leurs propres et privez noms.

66. Deffences à tout gentilhomme de prendre qualité de chevalier, s'il n'est honnoré de l'ung des ordres du Roy, ou pourveu d'une charge qui luy attribue ladicte qualité, à peyne de mil livres parisis d'amande applicable les deux tiers à l'hostel-dieu du lieu et l'aultre tiers au denonciateur; et ne pourra aulcun pretendre l'ordre de Sainct Michel sans avoir prealablement faict preuve de noblesse, en la forme requise par les statutz et constitutions dudict ordre. Et ceulx qui seront trouvez n'estre de ladicte qualité ou l'avoir obtenu par argent et illégitimement en seront privez comme indignes et condamnez en pareilles amaudes, applicables comme dessus.

67. Nul ne sera admis aux charges de maistre d'hostel, gentilhomme ordinaire, gentilzhommes servans, escuyers d'escuries, en la compagnie des cens gentilzhommes et autres charges qui requierent la qualité de noble, s'il n'est tel d'estraction et naturel françois; et sy aultres s'en trouvent pourveuz par cy après, seront privez de leurs charges et declarez taillliables.

68. Les charges de cappitaines, lieutenans et enseignes des gardes du corps du Roy ne seront baillées qu'à gentilzhommes de merite de la qualité susdicte et qui ayent eu commandement des armées ou servy le Roy longtemps auparavant en aultre charge militaire.

69. Qu'esdictes compagnies des gardes du corps ne sera receu aulcun qu'il n'ayt porté les armes dix ans auparavant pour le service de Sa Majesté.

70. Que tous gouverneurs de provinces et cappitaines des villes et places frontieres, ensemble les soldatz y tenans garnison, seront changez de trois ans en trois ans et renvoyez en aultres villes et places; et pendant qu'ilz serviront esdictes garnisons, sera le nombre des compagnies remply sans fraulde, à peyne d'estre les dicts gouverneurs et cappitaines privez de leurs charges et condamnez en amande, dont le tiers appartiendra au denonciateur.

71. Que lesdictz gouverneurs, cappitaines et soldatz estans esdictes garnisons des places frontieres et aultres places fortes du royaulme, ne pourront s'habituer esdictes villes et places et s'y marier pendant qu'ilz seront esdictes charges.

72. Que les reiglemens pour la conduicte des gens de guerre seront renouvellez et observez, sans qu'il soit loysible à aucunes trouppes, soit de cheval ou de pied, d'aller par la campagne sans ung commissaire ou controlleur, lequel avec le chef qui commandera à la trouppe, empescheront les desordres qui se pourroient commettre tant des vivres que logemens, mettant taxes raisonnables ausdictz vivres, selon la commodité des lieux, et faisant payer, suivant ladicte taxe, ce qui sera baillé par les hostes ausdictes gens de guerre; et respondront lesdictz chefz, commissaires et controlleurs des desordres qui seront faictz par lesdictes trouppes, et pourront pour raison de ce estre poursuiviz par devant les juges royaulx du lieu où les excedz auront esté commis.

73. Que les compagnies des gens d'armes et chevaulx-legers seront remplies du nombre ordonné de gens nobles d'extraction ou antiens soldatz ayans faict service du moings dix ans es compagnies des gens de pied.

74. Que les compagnies des gens de pied seront aussy remplies de leurs nombres, sans qu'en icelles et lors des monstres y soit aulcun passevollant employé, à peyne de la vye contre lesdictz passevolans et de la perte des charges pour le regard des chefz et des commissaires et controlleurs.

75. Que lesdictz chefz desdictes compagnies de gens de pied seront nobles ou choisis de ceulx qui, par la longueur de leurs services, auront mérité de commander.

76. Que nul ne pourra tenir qu'une seulle charge, soit gouvernement, cappitainerie, lieutenance ou aultres; et où il en impetreroit ung aultre, la premiere sera vaccante et impetrable, et les gaiges et appoinctemens qu'il aura receuz de la premiere, escheuz depuis l'impetration de l'aultre, seront rayez et repetez sur luy.

77. Que tous gouverneurs et lieutenans du Roy es provinces resideront actuellement en icelles, pendant le temps de leurs charges, sans qu'il leur soit loisible de s'en absenter ou de venir en court, sinon lorsqu'ilz y seront mandez par le Roy pour rendre raison de leurs charges.

78. Deffences seront faictes à tous gouverneurs et cappitaines des places frontieres ou leurs lieutenans de laisser transporter hors le royaulme or et argent monnoyé et non monnoyé ou aulcunes marchandises prohibées d'estre transportées, par les ordonnances, sur peyne de privation de leurs charges et de condamnation du quadruple de ce qui aura été transporté, qui sera exécuté sur eulx, leurs veufves et heritiers, et dont le tiers appartiendra au denonciateur.

79. Sera Sa Majestétrès humblement suppliée que doresnavant les estatz et offices tant de la couronne que de sa maison, cappitaineries, lieutenances et places de soldatz de ses gardes tant du corps que aultres, gouvernemens de provinces, cappitaineries de villes et places, et generallement touttes ̀charges militaires et de sa maison, non venalles d'antienneté, ne soient vendues, ny qu'aucuns en puissent prendre argent, presens ou aultres choses directement ou indirectement, mesmes par forme de recompense ou autrement, et sans qu'aulcunes resignations, reserves, et survivances desdicts offices et charges soient admises, ains, vaccation advenant, qu'elles soient baillées gratuitement à personnes de qualité et de merite, françois de nation ou d'aultres qui s'en soient renduz dignes par signalez services, à peine contre touttes personnes de quelque qualité qu'elles soient, qui auront pris ou baillé argent ou rescompenses pour parvenir ausdictes charges d'estre declarez à jamais incapables de tenir icelles charges, et condamnez au quadruple de ce qu'ils auront baillé par eulx ou par aultres pour y parvenir, applicable moictié au denonciateur et l'autre moictié aux pauvres de l'hostel-dieu de Paris.

80. Que le regiment des gardes du Roy ne sera subject au collonnel de l'infanterie françoise, ains que Sa Majesté pourvoirra tant à la charge de mestre de camp que aux aultres charges de cappitaines dudict regiment de trois ans en trois ans.

81. Advenant vaccation des estats de mareschaulx de France, gentilzhommes de la chambre et aultres estatz et offices supernumeraires, n'y sera pourvu jusques à ce qu'ils soient reduictz au nombre antien, et demeureront lesdictz estatz et offices supprimez.

82. Deffences seront faictes à tous seigneurs et gentilzhommes de prendre et exiger courvées ou aultres choses indeuement sur les habitans de leurs terres, et seigneuries et aultres, s'ilz ne justifient par bons tiltres qu'ils ayent droit de ce faire, à peine de perte de leurs fiefz et seigneuries.

83. Les ordonnances sur le faict de la chasse, mesmes celle portant deffences d'avoir chiens couchans et de chasser sur les terres emblavées et terres d'autruy, seront estroictement observées, aux peynes portées par icelles.

84. Et d'autant que plusieurs n'osent se plaindre des violances et exactions faictes par les gouverneurs, seigneurs et gentilzhommes, sera permis à ceulx qui s'en vouldront plaindre d'envoyer leurs plaintes avec le nom de leurs tesmoings, cloz et scellez, aux juges ordinaires des lieux, lesquelz seront tenuz, à peine de privation de leurs offices, les envoyer secrettement au procureur general du parlement de leur ressort, affin d'estre pourveu et leur estre faict justice.

105. Les substitudz de Mons' le Procureur general seront tenuz tous les mois de luy donner advis par escript de touttes les contraventions qui seront faictes par les provinces et de la diligence qu'ilz auront faicte pour l'exécution de l'ordonnance.

106. Ledict Procureur general, le premier jour de chascun mois, ira à la grande chambre à l'heure de huict heures, pour declarer à la cour les contraventions qui ont esté faictes dans la ville et banlieue, les advis qu'il aura euz de ses substitudz et la diligence qu'il aura faicte pour l'execution de ladicte ordonnance.

107. Les honneurs et consciences des Presidens et Conseillers de la cour seront chargez de tenir la main à ladicte execution sans aulcune connivence ni dissimulation, et de faire remonstrances à Sa Majesté, tous les mois, des contraventions à l'eedit, si aulcunes sont faictes.

108. Sa Majesté sera très humblement suppliée de promettre solempnellement de garder et observer l'eedict, et ne bailler aulcune abolition ne dispence pour quelque cause et occasion que ce soit, et déclarer nulles touttes celles q'elles pourroit bailler cy-après.

JUSTICE.

109. Que le Roy sera très humblement supplié de donner audience deux fois la sepmaine à telz jours et heures qu'il luy plaira pour entendre les plainctes et doleances qui luy seront faictes par ses subjectz, à l'exemple du Roy St Louys et aultres ses predécesseurs.

110. Que sadicte Majesté assistera, s'il luy plaist, en son Conseil pour l'auctoriser, et que les pacquetz seront ouvertz en sa presence

111. Que Mons' le chancelier commettra luy mesme et de sa main les rapporteurs sur les requestes, et ne permette que les greffiers y commettent de leur auctorité.

112. Que touttes les affaires et proces qui sont à present pendant ès conseils d'Estat et privé, et qui ne sont diffinitivement jugez et decidez, et gisent en jurisdiction contantieuse, seront renvoyez par devant les juges, auxquelz la cognoissance en appartient naturellement, nonobstant touttes clauses apposée ez eedicts, partiz, fermes ou semblables contractz ou aultres evocations generalles ou particullieres, qui seront revocquées, et à ce que à l'advenir ledict desordre ne puisse recommancer, sera ordonné dès à present que, nonobstant les evocations ou interdictions que le Roy declarera estre obtenue par surprise, lesdictes cours souveraines ou aultr s juges procedderont à l'instruction et jugement desdicts differendz, et encores condamneront les contravenans en telles amandes qu'ilz jugeront raisonnable en leur conscience sans avoir aucun esgard aux contractz et partiz faictz par Sa Majesté.

113. Sera faict taxe moderée par Mons' le chancelier des sallaires des greffiers du Conseil, leurs commis et des huissiers, laquelle taxe sera mise en ung tableau, à ce que les parties en ayent cognoissance, et deffence à culx de prendre aulcuns deniers que ce qui sera escript dans ledict tableau, à peine de concussion et de la perte de leurs offices.

114. Que les Presidens, Conseillers des Courtz souveraines, tresoriers de l'espargne, et aultres qui ont des offices en tiltres formez, ne prendront plus la qualité de Conseiller d'estat.

115. Que vaccation advenant des offices de Presidens de l'une des Courtz souveraines, ensemble des Presidens des Enquestes et des gens du Roy, les officiers de ladicte cour s'assembleront pour procedder à la nomination de trois personnages de probité et cappacité requise, pris de leur compagnie pour le regard desdictz offices de President, desquelz Sa Majesté sera suppliée d'en cheoisir ung et luy donner gratuitement ledict office, laquelle eslection sera faicte par billetz secretz mis en ung tronc ou chappeau, comme il se faict pour l'eslection des prevost des marchans et eschevins.

116. Que vaccation advenant des offices de Lieutenans generaulx, sera commis par Sa Majesté ung des Conseillers de la Cour pour exercer ladicte charge deux ou trois ans au plus, apres lequel temps, en sera commis ung aultre, et ainsy consécutivement. Et pour le regard des offices de substitudz du Procureur general, vaccation advenant, les officiers du siege et de la ville s'assembleront pour cheoisir trois personnages d'integrité et capacité requise, l'ung desquelz Sa Majesté choisira et lui fera expédier lettres gratuitement.

117. Que le cent douziesme article de l'ordonnance de Bloys sera inviolablement observé et gardé, et qu'en l'interpretant et y adjoustant, deffences très expresses seront faictes à tous conseillers d'estat, presidens, maistres des requestes, conseillers, advocatz et procureurs generaulx et aultres officiers des courtz de Parlement, Chambre des Comptes, Grand-Conseil, court des Aydes, et generallement à tous aultres officiers de sadicte Majesté, de prendre charges directement ou indirectement, en quelque sorte et maniere que ce soit, des affaires et intendances des Princes, seigneurs, chappitres, communautez et aultres personnes quelzconques, ny estre leurs pensionnaires ou à leurs gaiges, ny pareillement de prendre aulcuns vicarias d'evesques ou prelatz pour le faict du temporel, spirituel et collation de benefices de leurs eveschez, abbayes et prieurez, et de s'entremettre et empescher aulcunement des affaires d'aultres que de Sa Majesté, des Roynes et enfans de France, pour le regard desquelles affaires des Roynes et enfans de France, le Roy pourra dispenser par lettres pattentes, qui seront veriffiées au Parlement, sans que pour les aultres on puisse donner aulcune dispence; et au cas que aulcunes fussent données, Sa Majesté dès à present les declarera nulles, quelques derogatoires de derogatoires qu'elles puissent contenir; le tout à peine de trois mil livres parisis d'amande contre celuy qui y contreviendra, applicable moictié au denonciateur et l'aultre moictié aux pauvres, et oultre, son office sera declaré vaccant et impetrable au proffit de celuy qui denoncera, s'il est trouvé cappable; et au cas qu'il ne soit tel, au proffit d'un autre de capacité requise qui le demandera. Et pour le jugement de la vaccance desdictz offices, en sera attribué la cognoissance au Parlement, excepté de la vaccance des offices de presidens et conseillers tant de la grand'chambre, enquestes et requestes, et gens du Roy dudict Parlement qui sera jugée au Grand Conseil. Et quand les procès des roynes ou enffans de France seront sur le bureau, leursdictz conseillers ne pourront entrer ausdictes cours sur les mesmes peynes de trois mil livres, applicables comme dessus.

118. Que pour la reception d'aucuns officiers, en quelque justice et endroict que ce soit, l'on ne prendra aucun argent ny present, à peine de concussion, quelque pretention ou coustume qu'il y ait au contraire.

119. Que les extraictz de tous les procès seront faictz par les rapporteurs d'iceulx et escripts de leurs mains et non de leurs clercs, que les espices seront taxées sur lesdictz extraict, et que lors du jugement des procès, les inventaires de production seront leues, et y aura tousjours deux evangelistes, dont l'ung tiendra l'inventaire et l'aultre verra les pièces, et ce à peyne de nullité.

120. Que doresnavant ès procès de commissaires, n'y aura qu'un president, soit à la grand'Chambre ou aux Enquestes, Grand Conseil ou court des Aydes.

121. Que deffences seront faictes à tous conseillers, ausquelz seront distribuez les procès, de les laisser es mains de leurs clercz, ains seront tenuz de les tenir soubz la clef, pour obvier aux communications et substractions de pieces.

122. Que deffences seront faictes de voir aucun procès par petitz commissaires; ains seront veuz en l'assemblée de dix pour le moings, à peyne de nullité des arrestz; comme aussy deffences à tous presidens et conseillers allans en commission de prendre plus grand sallaire que celuy qui est permis par les ordonnances et reiglemens de la Cour, ny permettre que les partyes payent leurs despences, à peyne du quadruple.

123. Que tous despens seront taxez en la presence des procureurs des parties par le commissaire à ce deputé, et que à l'instant lesdictes parties seront reiglées par luy sur les diminutions et soustenemens d'iceulx despens.

124. Que les appellations des taxes de despens ne seront jugées par grandz commissaires, s'il n'y a pour le moings six articles, ny les instances d'ordre et oppositions aux cryées, s'il n'y en a pour le moings trois opposans, ny pareillement les incidens qui peuvent intervenir sur redditions de comptes.

125. Les procès qui auront esté distribuez ne pourront estre redistribuez sinon par la mort, recusation ou absence du rapporteur, et esditz cas de redistribution, ne pourra le procès estre jugé, sinon après significasion faicte aux procureurs des parties de la dicte redistribution, à peine de nullité.

126. Deffences seront faictes à tous officiers tant des courtz souveraines que aultres de solliciter aulcun procès pendantz esdictes courtz, ny faire soliciter directement ou indirectement, soubz quelque pretexte que ce soit, à peine de privation de leurs offices.

127. Que tous presidents et conseillers des courtz souveraines et aultres officiers de judicature seront vestuz d'habitz decentz et ne se trouverront en lieux et compagnie qui ne soient convenables à leur qualité; sur peyne d'estre blasmez, pour la première fois, et suspenduz de leurs charges pour la seconde, et privez d'icelle pour la troiziesme; enjoinct au Procureur general du Roy de faire plaincte à la court des contraventions sans aulcune conivence ni dissimulation.

128. Que les mercurialles seront tenues toûs les moys au parlement à la maniere accoustumée, et tout ce qui y sera rosolu, gardé et observé; et au cas qu'il y ayt aulcune contravention, le procureur general sera tenu d'en advertir la court, pour y estre pourveu le lendemain, toutes choses cessantes.

129. Que les jugemens et arrestz seront couchez en termes les plus clairs et intelligiblaes que faire se pourra; affin que l'on ne face aulcun incident sur l'interpretation d'iceulx, et au cas qu'il se formast aulcun incident sur l'interpretation, n'y sera faict aulcune taxe d'espice.

130. Que pour l'execution des arrests, les partyes se pourvoiront en la mesme chambre où les arrestz auront esté donnez ou par devant les juges ordinaires, au choix et option des partyes, et neantmoings pour ce qui se pourra expedier sur simple requeste, lesdictes parties se pourront addresser à la grand'Chambre; et quand aux instructions incidentes aux procès pendans ès Chambres des enquestes, elles seront faictes esdictes Chambres.

131. Deffences seront faictes à tous officiers des courtz souveraines que aultres et aux substituda du Procureur general du Roy de prendre aulcunes espices ou sallaire pour l'eslargissement des prisonniers; et ne pourront lesdictz prisonniers estre retenuz faulte de payement d'espices ny de gistes et geolage.

132. Comme aussy deffences seront faictes à tous juges tant des courtz souverraines que aultres de prendre aulcuns sallaires pour respondre des requestes, encores qu'il convint d'y faire arrest ou jugement et minutte, à peine de concussion.

133. Que tous despens de folles assignations, folles inthimations et desertions seront taxées sur le champ.

134. Que les arrestz qui seront donnez sur l'interpretation de coustumes ou poinctz de droict contiendront les raisons pour servir de loy.

135. Que les causes qui seront plaidées ès audiances ne seront differées ny appoinctées, s'il n'y a plus du tiers des juges ou conseillers qui soient d'advis d'appoincter.

136. Toutte concussion sera pugnye de mort, et tous juges tenuz à la restitution du quadruple de tout ce qui aura esté pris par leurs femmes, clercs et domesticques, encores qu'ils allegassent n'en avoir rien sceu, et seront receuz les tesmoings singuliers jusques au nombre de dix pour faire preuve entiere.

137. Que tout procès par escript conclud, ensemble les procès criminels qui se jugent ès chambres des Enquestes, seront distribuez à l'ordinaire, sans que l'on en puisse distribuer par placet ou aultrement à peyne de nullité des arrestz, et d'amande contre ceulx qui auront poursuivy telles distributions extraordinaires.

138. Que les conseillers ausquelz les procès auront esté distribuez, estans poursuivis d'en faire leur rapport par l'une des parties, seront tenuz de les juger promptement et aussitost qu'ilz seront en estat.

139. Que trois jours après les arrestz diffinitifz prononcez, les rapporteurs seront tenuz mettre les procès au greffe, sans que les clercs puissent exiger aulcune chose des parties, ny prendre aultre sallaire que celuy qui est taxé par le reiglement de la court, que le procureur de la partye sera tenu leur advancer.

140. Que le reiglement faict pour la taxe des greffiers, commis et clercs des greffes et tous aultres clercz sera exactement suyvi et gardé ès courtz souveraines et aultres, et pour le regard des juridictions où la taxe n'a poinct encore esté faicte, il en sera faicte une modérée par

les juges des lieux, ung moys après la publication de la présente ordonnance, à peyne d'en respondre en leurs propres et privez noms,
touttes lesquelles taxes seront imprimées et affigiées aux greffes et
aultres lieux publiques, affin que chascun en ayt la cognoissance,
avec deffenses tres expresses ausdictz greffiers, commis et clercs de
prendre ny exiger des parties plus que ce qui leur sera taxé et ordonné,
lesquelles taxes ilz feront mettre au bas de touttes expeditions, et
mesmes cotter les espices au pied des arrestz, jugemens et sentences,
le tout à peine de douze cens livres parisis d'amande applicables moictié aux pauvres et moictié aux denonciateurs, et de punition corporelle.
Et seront lesdictz greffiers, commis et clercz jugez en premiere instance par tel juge royal et ordinaire de leur residence ou tel court
souveraine aussy en premiere instance que bon semblera au plactif ou
denonciateur; deffences ausditz clercz de porter aulcunes estoffes de
soye aux peynes que dessus.

141. Que tous lesdictz clercz seront domesticques residents et de-
mourans en la maison de leurs maistres, sans estre mariez ny faire
maison à part, aux mesmes peynes; et que les procureurs de communaulté s'assembleront tous les mois, prendront serment de tous les
aultres procureurs pour sçavoir s'il y aurait eu contravention audict
reiglement, pour en advertir le procureur general.

142. Que en la grand'Chambre du Parlement seront deputez deux
conseillers et ung de chascune chambre des Enquestes, qui s'assembleront tous les moys, appellez les gens du Roy, en presence desquelz lesdicts procureurs de communauté, après serment par eulx faict, feront
rapport de ce qu'ilz auront appris des contraventions desdictz reiglemens.

143. Deffences à tous procureurs de raisonner leurs inventaires,
quant y aura advertissement, de prendre ny exiger aulcune chose de
leurs partyes que ce qui vient à la taxe de despens, à peine de suspention de leurs charges et de deux cens livres parisis d'amande, dont
moictié au denonciateur, et l'aultre moictié aux pauvres enfermez.

144. Qu'il sera establi au Parlement une Chambre du Conseil,
composée d'ung president et quatorze conseillers de ladicte court, qui
seront pris de touttes les Chambres, pour juger les mesmes causes que
l'on faisoit à celle qui avoit esté cy devant establye.

145. Que vaccation advenant par mort, resignation ou forfaicture,
des places de clercz de Greffes de la Cour de Parlement, qui jusques
icy n'ont esté venalles, et des places de geolliers et greffiers des geolles,
eslection sera faicte en plaine compagnie de personnes de preud'hommye et cappacité suffisante, pour entrer ausdictes charges gratuitement
et sans qu'aulcune personne en puisse prendre argent, presens ou
rescompenses directement ou indirectement, à peyne du quadruple
contre celuy qui l'auroit receu et de privation desdictes charges contre
ceulx qui en auront esté pourveuz, sans aulcune repetition de ce qu'ilz
auront donné, et de deux mil livres parisis d'amande, applicable comme
dessus.

146. Que taxe sera faicte par les juges des sallaires desdictz geolliers et greffiers des geolles qui sera mise en ung tableau attaché à
l'entrée desdictes geolles, laquelle ilz ne pourront excedder, encores
que volontairement on leur en offrit davantage, à peyne de privation
de leurs charges et de punition corporelle; comme aussy deffences leur
seront faictes de laisser sortir et vaguer lesdictz prisonniers par la ville
à peine de la vye.

147. Que doresnavant les inventaires des procès seront paraphez
par les greffiers, en fin d'iceulx et près de la signature du Procureur,
sans pour ce prendre aulcun sallaire; et sy les partyes requierent que
tous les fueilletz desdictz inventaires soient aussy paraphez, lesdictz
greffiers seront tenuz ce faire aux despens desdictes parties soit devant
ou après lesdictz procès jugez, comme aussy seront touttes les pieces
produictes au procès par le rapporteur dudict procès, quant les partyes
le demanderont.

148. Que touttes personnes qui fabricqueront ou feront fabricquer
une piece faulce seront descheux de leur droict et condamnez aux galleres, et que tous juges, notaires, officiers, tresoriers, argentiers et recepveurs des princes et seigneurs qui feront des faulcetez en leurs
charges seront puniz de mort; et pour le regard de ceulx qui s'ayderont

de pieces faulces, après l'inscription, seront privez pareillement de leurs droictz, encore qu'ilz eussent aultres pieces *justificatifves* de leurs droictz, et oultre seront pugnis d'amande et de pugnition corporelle, s'il y eschet.

149. Que tous les substitudz des Procureur generaulx seront tenuz d'advertir lesdictz Procureurs generaulx de tous crimes publicqz et viollences qui se commettront dans leurs ressortz, soit de meurtres, assasinatz, coups d'espée ou bastons, duels, enlevemens, ravissemens et empeschemens à l'execution de la justice, mesmes de touttes commissions extraordinaires, que l'on auroit voullu mettre à execution dans leurs dictz ressortz, dont ledict Procureur general sera tenu en advertir la cour de trois moys en trois moys, et ce à peyne de suspention de leurs charges et amande arbitraire.

150. Que les corps des villes, en jugemens ou crimes publicqz, comme assassinatz, trahisons, duels, ravissemens, enlevemens de filles ou femmes, et aultres excès et viollances, soient receuz parties et intervenir avec les parties civiles, encores que le Procureur general ou ses substitudz se fussent renduz parties, sans que les dictes parties civiles se puissent accorder desdictz delictz, à peyne de cinq cens livres d'amande, moictié au denonciateur, et l'aultre moictié aux pauvres.

Que l'on ne pourra demander aucune dispense contre les ordonnances bien et deuement verifiées, et qu'il ne sera expedié aulcuns respitz ny lettres d'estat.

151. Qu'il ne sera executé aucun eedict, qu'au prealable il n'ayt esté verifié aux trois compagnies des courtz souveraines, qui sont le Parlement, Chambre des Comptes et Court des Aydes, sans que l'on en puisse faire aulcune addresse au grand Conseil, delarant dès à present **touttes** verifications qui y pourroient estre faictes, nulles; et que **deffences** seront faictes à tous Maistres des Requestes, conseillers et aultres officiers de justice de mettre à execution aucuns desdictz eedictz **et commission** non verifiées esdictes trois compagnies, à peine d'estre **declarez** incapables de jamais tenir aucuns offices royaulx; et que du jour qu'ilz auront executé aucuns desditz eedictz ou commissions, ilz **seront** privez de l'entrée en leurdicte compagnie, et à peyne de la vye contre les huissiers ou sergens, soit titulaires ou commis.

152. Que quiconque aura une action pour la faire signiffier à sa partie, parlant à sa personne [en son] domicille, qu'il offre de quicter sa pretention pour une somme certaine, et qu'à faulte de l'accepter, l'action pourra estre ceddée à aultre pour ledict pris, sans que l'on puisse après user de la loy *ab Anastasio* et la loy *per diversas*, et que les bastonniers des advocatz et procureurs des communaultez seront tenuz de bailler des advocatz et procureurs aux pauvres parties qui occuperont et plaideront pour eulx gratis; et sy la cause est bonne, en bailleront certifficat, en vertu duquel les greffiers, huissiers et sergens travailleront aussy gratis.

153. Qu'il sera faict et estably une chambre composée d'officiers du Parlement, de probité et integrité notoire, qui sera changée tous les ans d'aultres personnes de mesme qualité, pour estre ambulatoire par tout le ressort pour la recherche et pugnition des viollances commises par les gentilz hommes ou aultres, et malversations, exactions, concussions commises par les officiers de justice, et oultre informer des abuz et malversations commis au faict des finances, et partiz, pour lesdictes informations envoyées aux Procureurs generaulx de la Chambre des Comptes et court des aydes, pour en poursuivre par eulx la pugnition en la forme prescripte par les ordonnances. Et au cas qu'il pleust au Roy revocquer ladicte Chambre, seront les grandz jours tenuz de deux ans en deux ans.

154. Que les Maistres des Requestes feront leurs visites et chevaulchées par les provinces, suivant leurs institutions et faisant lesdictes visitations feront procès verbaulx des entreprises et abbuz qu'ilz auront trouvez tant en la justice que finance et domayne.

155. Que lesdictz Maistres des Requestes ne pourront juger souverainement aucuns procès civilz et criminelz, et ne leur en sera la cognoissance attribuée par aucunes lettres ou commissions qui seront dès à present declarées nulles, ensemble les jugements qu'ilz pourroient rendre; et oultre le plus antien Maistre des Requestes qui aura presidé audict jugement, le rapporteur et la partye impetrante seront condamnez chascun en trois mil livres parisis d'amande, applicables moictié au denonciateur et l'aultre moictié à l'hostel-dieu. Et contre

telz jugemens le Procureur général et les parties seront receus à se pourveoir par appel en la court de Parlement de Paris. Et sera la cause playdée en plaine audiance. Ne pourront aussy faire rapport d'aucuns procès au Conseil d'Estat, des finances, ou des parties, ny prendre aulcunes espices ny consignations pour aulcune expedition qu'ilz feront au Conseil, à peine de concussion.

156. Ceulx qui se pourveoirront par requeste civille contre les arrestz seront tenuz de communicquer aux gens du Roy la consultation qu'ilz en auront faicte, signée des advocatz, et en faire lecture quand la cause sera appellée, et en ce faisant les advocatz qui auront signé ladicte consultation deschargez d'assister à la plaidoirye.

157. Deffences à tous juges, à peine de concussion, de retenir les jugemens et arrestz par devers eulx, après qu'ilz auront esté signez, ains seront tenuz les mectre au greffe, pour estre mis à la liace et delivrez aux parties par le greffier, lorsque les espices seront paiées.

158. Que tous arrestz et sentences levées en forme porteront leur commission au bas, sans qu'il soit besoin de prendre commission à part, et sans qu'en la Chancellerye on puisse prendre aucun droict de sceau pour la clause de commission incerée ausdictz arrestz et sentences, et deffences au greffier de delivrer aucuns arrestz et sentences qui gisent en execution sans ladicte clause de commission, à peyne de repetition de cinquante livres parisis d'amande, moictié au denonciateur, et l'aultre moictié aux pauvres.

159. Que aulcunes lettres de remission, grace ou pardon ne seront expediées en chancellerie que les impetrans ne ce soient renduz actuellement prisonniers, et que l'escrou d'emprisonnement signe du geollier et greffier ne soit attaché soubz le contrescel.

160. Que nulles lettres de remission, grace, pardon, abolition ou commutation de peyne ne seront addressées au grand Prevost de l'Hostel, ny aux Maistres des Requestes et Grand Conseil, à peyne de nullité, et que ledict grand Prevost n'aura aulcune cognoissance d'aucuns crimes ou delictz commis en la ville et banlieue de Paris, mais seullement de ce qui sera commis à la suitte de la Court estant ailleurs qu'en ladicte ville; ne pourra aussy faire aulcune police en cestedicte ville, encores que le Roy ou son Conseil y soit, soit sur les cabarrestiers, taverniers, bouchers et aultres vivres, ains en appartiendra la cognoissance aux juges ordinaires. Comme aussy ne pourra bailler aulcunes lettres de maistrises ny permission de vendre et debiter qu'à des marchans françois suivant la court et non tenans bouticques ou estaulx en ceste ville.

161. Que touttes les taxes des chancelleries des Parlemens et présidiaulx demeurcront en l'estat qu'elles estoient lors de la reduction de la ville en l'obéissance du Roy, sans qu'il soit permis aux referendaires ny aultres de prendre plus grandes taxes qu'elles estoient lors, ny sur aultres lettres que celles ou lesdictz refferendaires avoient accoustumé de prendre taxe, le tout à peyne de trois cens livres parisis d'amande, applicable moictié au denonciateur et l'aultre moictyé aux pauvres, nonobstant tous eedictz ou lettres, s'ilz ne sont verifiiés aux courtz souveraines.

162. Que les Secrétaires du Roy ne pourront rien prendre pour dresser et faire expedier les lettres, et pour tous sallaires se contenteront de la taxe du sceau.

163. Deffences aussy d'intituler du nom du Roy les lettres des Chancelleries des Presidiaulx, et pour le regard de la grande Chancellerie, que les taxes faites en l'année mil cinq cens soixante et trois, et augmentées en l'année mil v⁰ soixante et dix seront observées, sans pouvoir estre augmentées, à peyne de mille livres parisis d'amande contre le grand audiancier et controleur, qui auront assisté à la taxe, applicable moictié au denonciateur, et l'aultre moictié aux pauvres, dont la cognoissance appartiendra au parlement; et que lesdictes taxes seront cottées sur chacune sorte de lectres particullieres, le tout nonobstant tous eedictz et lectres à ce contraires.

164. Que pour abreger les procès d'entre parens, les juges, à la requisition de l'une desdictes partyes, contraindront icelles parties de conpromettre, soubz certaines peynes, aux personnes d'aulcuns des parens ou amys communs, et sera l'action desniée à celuy qui en fera reffus.

165. Que aulcuns officiers des Courtz souveraines ou aultres juges royaulx ou subalternes ne pourront achepter ny accepter cession non seullement des droictz litigieux mais aussy de debtes, actions ou rentes, pour lesquelles il y ayt saisyes ou oppositions directement ou indirectement, par eulx ou par personnes interposées, à peyne de la perte desdictz droictz, dont la moictié sera attribuée au denonciateur et l'aultre moictié aux pauvres.

166. Ce qui sera aussy observé pour les advocatz, procureurs, greffiers et clercz de greffes, et seront lesdictes causes plaidées à l'audiance des parlemens, encores que l'appel fust d'une sentence donnée sur pieces veues et procès par escript.

167. Sera enjoinct à tous juges royaulx, haults justiciers d'informer promptement et diligemment des crimes et delictz, et decretter contre ceulx qui se trouveront chargez, sans attendre la plaincte des partyes civiles; enjoinct à tous baillifz, seneschaulx, prevost des mareschaulx et haults justiciers de tenir la main à l'execution des decretz, et sy besoing est, faire monter la noblesse à cheval, à ce que la force demeure au roy et à sa justice. Et oultre seront lesdictz baillifz et seneschaulx tenuz de recepvoir les plainctes qui leurs seront faictes contre les lieutenantz generaulx et aultres officiers dont ilz advertiront mons[r] le Chancellier et les Parlemens, et d'envoyer de trois moys en trois moys leurs procès verbaulx concernant la recherche des rebellions à la justice, assassinatz, duels, ravissemens et aultres grandz crimes, et la diligence qu'ilz y auront apportée. Et en cas qu'il n'y eust aulcun desdictz crimes commis, seront tenuz d'en envoyer certificatz de trois moys en trois moys, le tout sur les peynes portées par l'article soixante et trois de l'ordonnance d'Orléans, et de trois cens livres parisis d'amande, moictié au denonciateur et l'aultre aux pauvres.

168. Les Prevost des Mareschaulx, vibaillifz et visseneschaulx seront tenuz faire leurs chevaulchées par les champs, sans sejourner plus d'ung tiers de l'année dans les villes ou dans leurs maisons, à peyne de cinq cens livres parisis d'amande, moictié au denonciateur et l'aultre à l'hostel-Dieu de la ville où sera le Parlement.

169. Tous gentilzhommes demeurans hors les villes seront tenuz passer ung acte au Greffe de la plus prochaine ville, par lequel ilz esliront domicilles irrevocables en ladicte ville, pour tous exploictz qu'on leur vouldroit faire, et à faulte de ce faire, les exploits et significations faictes en parlant à leurs officiers ou procureurs ordinaires dans les villes prochaines vauldront comme s'ilz estoient faictz à leurs personnes ou domicilles, et à faulte d'officiers ou procureurs ordinaires, par proclamation à jour de marché de la prochaine ville, et affiche à la porte de l'auditoire de juridiction royalle.

170. Que touttes personnes seront tenuz prester main forte pour separer et apprehender ceulx qui se batteront ou qui se seront battuz à ce que la justice en soit faicte, à peyne de l'amande.

171. Que les procès criminelz qui se jugeront aux Chambres myparties ne passeront à l'oppinion la plus doulce, ains demeureront partiz tout ainsy qu'en matiere civile, et seront les prisonniers avec leurs procès amenez sur bonne et seure garde en la conciergerie du Pallais, pour estre le procès departy en la Chambre de l'Eedict, et seront tenuz les Prevost des Mareschaulx qui seront requis, chascun en son destroict d'accompagner ceulx qui meneront lesdictz prisonniers.

172. Que doresnavant les conseillers de ladicte Court iront tour à tour à la Chambre de l'eedict en la mesme forme et maniere qu'il se faict pour la Chambre de la Tournelle en quinzaines, à la rescoue des conseillers, que ceulx de la religion pretendue reformée declareront tenir pour suspectz.

173. Que nul officier sans aulcun excepter, soit de cour souveraine ou d'aultre, greffier ou clerc de greffe ne pourront avoir aulcun droict sur les amandes, ni aulcunes assignations sur icelles par eulx ou personnes interposées, à peyne de la perte des sommes et de cent livres parisis d'amande, moictié au denonciateur et l'aultre moictié aux pauvres; ce qui aura lieu pour les officiers, greffiers et récepveurs des seigneurs ausquelz seront faictes inhibitions et deffenses sur pareilles peynes de prendre aulcune chose sur le fondz desdictes amandes.

174. Que tous huissiers et sergens bailleront recepissé et recognoissance des pieces qui leurs seront mises en leurs mains et ne les

garderont ny l'argent par eulx receu des personnes qu'ilz auront executées, ou du meuble vendu, plus de huict jours, à peyne de prison et d'amande arbitraire.

175. Sera enjoinct aux Courtz souveraines et inferieures d'observer les ordonnances d'Orleans, Roussillon, Moullins, Bloys et aultres, ausquelz n'a esté expressement desrogé, à peyne de nullité des jugemens.

176. Que l'eedict des quatre moys pour la contraincte par corps aura lieu fors et excepté pour les sommes de trente livres et au dessoubz.

177. Que ceulx qui apporteront viollence contre les huissiers, sergens et aultres officiers de justice faisans leurs charges, seront puniz de mort avec confiscation de biens, sur lesquelz sera pris une amande de six cens livres, moictyé au denonciateur et l'aultre moictié aux pauvres enfermez; et seront tenuz les sergens qui auront esté battuz et exceddez d'en faire leurs plainctes à la justice, l'audience tenant, et ce à la premiere audiance après ledict excedz, et à faulte de ce faire ou qu'après ilz en accordassent, encourront la peyne de cent livres parisis d'amande. Et après ladicte plaincte faicte et leur procès-verbal delivré, ne seront tenuz d'en faire plus grandes poursuittes, si bon ne leur semble, mais fera le substitud de Monsr le Procureur general ladicte poursuitte, après que la plaincte aura esté faicte. Et où il ne le poursuivroit jusques à sentences diffinitives, encourra l'amande de trois cens livres parisis, dont moictié appartiendra au denonciateur et l'aultre moictié aux pauvres. Et sera le mesme observé pour toutte viollance, meurtres, vols et aultres crimes publicqz, sauf à la partye accusée son recours pour ses despens, dommaiges et interestz contre celuy qui se sera plainct, s'il est dict enfin de cause, mais ne sera ladicte partye plaintive tenue de fournir à aulcuns fraiz ny faire aultres diligences que de nommer les tesmoings. Et où audict cas le substitud du Procureur general n'aura faict ladicte poursuitte jusques à sentence diffinitive, encourra ladicte amande de trois cens livres, comme dessus. Et après trois pareilles amandes encourues, en la quatriesme fois sera privé de sa charge, laquelle sera donnée au denonciateur, s'il est trouvé cappable. Et oultre, seront ceulx qui troubleront les commissaires establiz par justice au faict de leur commission, condamnez en cinq cens livres d'amande, applicable comme dessus.

178. Seront faictes deffences aulx secretaires d'expedier aucunes lettres de respit ou attermoyment, si elles ne sont signées par l'ung des maistres des Requestes, et auxdictz Maistres des Requestes d'en signer aucunes, sy ce n'est sur la consideration de perte advenue par accident, volleryes et aultres grandz malheurs fortuitz dont la cognoissance sera renvoyée aux juges ordinaires, par devant lesquelz sera tenu le debiteur faire appeller tous ses creantiers, lesquelz seront tous desnommez dans lesdictes lectres, et les sommes qui leur sont deues et pour quelle cause, à peyne de nullité d'icelles lectres, et sans que par icelles l'on y puisse mettre aulcune clause qui empesche l'execution des contractz et les jugements obtenuz par les creanciers.

179. Et affin que tous ceulx qui demanderont justice la puissent obtenir et qu'il ne demeure aulcunes appellations verballes à juger, principallement aux cours souveraines, il sera faict tous les mois ung petit rolle où seront mises les causes que celluy qui les fera mettre soustiendra devoir estre jugées par expedient ou bien estre notoirement non soustenables; lesquelles causes estant trouvées telles, sy le procureur de la partye adverse les laisse appeller et ne les expedie auparavant, il sera condamné en douze livres parisis d'amande en son privé nom, sans recours contre les partyes. Et sy elles sont trouvées d'aultre nature, le Procureur qui les aura mises au roolle sera condamné en pareille amande, et sera ledict roolle appellé à l'entrée de touttes les audiances, lesquelles seront ouvertes precisement à sept heures au matin tant en hyver qu'en esté. Et entre les causes qui se doibvent vuider par expedient seront mises celles qui n'exederont la valleur de cent livres. Et qu'en touttes causes qui seront plaidées, les appellans ou inthimez qui soustiendront des causes sans apparance, et qui n'auront offert appointement raisonnable avant que de playder, seront condamnez en l'amande, à sçavoir les appellans en soixante livres parisis, et les inthimez en trante.

180. Que dans les sentences les Greffiers ne pourront inserer que le sommaire des principaulx moyens des parties, sans y transcrire les escritures; et ne pourra la plus grande sentence excedder plus de six

roolles; s'il n'est aultrement requis par l'une des partyes, qui offrira payer le surplus sans repetition. Et y aura trente lignes en chacune page, et à la ligne trente sillabes au moings, l'une portant l'aultre, le tout à peyne de cent livres d'amande pour chascune contravention, moictié à l'hostel-dieu, et l'aultre moyctié au denonciateur, et seront lesdictes sentences escriptes en parchemin non regratté, et en escriptures bien lysibles soubz pareilles peynes.

181. Que tous actes de justice s'expedieront en papier, fors les sentences diffinitifves.

182. Que taxe sera faicte par la court de Parlement de Paris du sallaire des advocatz, qui seront tenuz mettre au bas de leurs escriptures le receu; et deffences à eulx de prendre plus grand sallaire que ce qui leur sera taxé et ordonné, à peyne de cinq cens livres parisis d'amande, moictié au denonciateur et l'aultre moictié aux pauvres enfez.

183. Que deffenses seront faictes à tous notaires de prendre aulcuns deniers de ceulx ausquelz ilz font bailler de l'argent à rente, ny de celluy qui acquierra ladicte rente, oultre ce qu'ilz auront mis par escript tant en la minutte qu'aux deux grosses du contract, à peine d'estre responsables pendant cinq ans du principal et arreraiges de ladicte rente, avec deffenses ausdicts notaires de prendre plus de dix solz tournois pour chascun roolle en parchemyn, où ilz seront tenuz mettre vingt cinq lignes et vingt cinq sillabes en la ligne, oultre leurs vaccations, qu'ilz seront aussy tenuz d'escrire sur ladicte minutte et grosse, le tout à peyne de deulx cens livres parisis d'amande, moictié au denonciaeur et l'aultre moictyé aux pauvres enfermez.

184. Que le cent soixante-dix-septiesme article de l'ordonnance de Bloys, conformement à celle de Moulins, touchant le faict des gardes-gardiennes et commitimus soit gardé et observé, à peyne contre les contrevenans de trois cens livres parisis d'amande, et qu'il sera faict ung tableau de tous ceulx qui se pretendent previllegez et avoir commitimus, et reductz suivant les antiennes formes et ordonnances.

185. Que tous cappitaines de galleres, lieutenans et aultres ne pourront laisser aller les condamnez ausdictes galleres, auparavent qu'ilz ayent servy le temps ordonné, ny les retenir oultre ledict temps, à peyne de douze cens livres parisis d'amande, moictié au denonciateur.

186. Que les biens des delinquans seront declarez affectez et hypotecquez au payement de reparation civille et de touttes amandes dès le jour du delict commis.

187. Que pour chascun prest usuraire ou prest à perte de finances, l'amande sera de douze cens livres parisis, moictié au denonciateur et l'aultre moictyé aux pauvres de l'hostel-dieu de la ville du parlement où le procès sera jugé; mais d'autant que infinies personnes n'ont immeubles pour asseurer les constitutions de rentes, lesquelles pourroient souvent tomber en grande necessité et incommodité, et aussy pour la commodité du trafficq et commerce, sera advisé en l'assemblée des Estatz s'il scroit à propos de demander permission de stipuller cinq pour cent par promesse ou obligation, encores que le payement soit à la volonté et par corps pour le regard dudict principal, pourveu que deux mois auparavant que d'en pouvoir faire la contraincte fust faicte une sommation au debiteur; et seront tous ceulx qui presteront à plus haulte raison condamnez comme usuriers, horsmis ceulx qui estans de la qualité requise par l'ordonnance bailleront ou prendront de l'argent à change aux foires de Lyon, entre personnes frequentans lesdictes foires, et qui mettront leurs deniers à la grosse adventure de la mer, excepté aussy les habitans du pays de Normandye, auxquels on pourra bailler argent au denier seize, encore que le creancier fust demourant ailleurs.

188. Tous procureurs de la court seront tenuz substituer deux aultres procureurs, et à ceste fin mettre les substitutions au Greffe; et vauldront les significations faictes aux substitudz comme si elles estoient faictes à eulx mesmes.

189. Seront tenuz les procureurs se trouver au Pallais, aux jours et heures ordinaires, à peine de douze livres parisis d'amande, en leurs noms, qui doubleront par chascun mancquement.

190. Quand les juges decedderont, les veufves et heritiers seront tenuz de remettre au Greffe, dedans un moys au plus tard, tous les sacqz et pieces, dont le decedé sera trouvé chargé, et d'en prendre leur descharge, à peine de cinq cens livres parisis d'amende, applicable moictié au denonciateur et l'aultre moictié aux pauvres. Et aura ladicte peyne lieu contre le tuteur desdictz heritiers, s'ilz ne retirent ladicte descharge dans ung moys de son eslection; et au cas que les heritiers des juges fussent absens, ledict temps d'ung mois ne courra que du jour de leur retour.

191. Que les greffiers et clercs de greffe seront contraincts par corps à rendre touttes les pieces, dont les inventaires se trouverront chargées, sans qu'ilz soient receuz à alleguer que les conseillers ou leurs clercz n'ont rendu lesdictes productions complettes.

192. Que les filles ayant pere ou mere ne pourront contracter mariage au dessoubz de l'aage de vingt cinq ans, encore qu'elles feussent veufves, à peine de pouvoir estre exheredées par leurs dictz pere et mere.

193. Que les filz de famille jusques à trante ans ne pourront s'obliger pour prest ou constitution de rente sans le consentement de leurs peres ou par advis de quatre de leurs plus proches parens, et au cas qu'ilz feissent au contraire, l'obligation sera declarée nulle, sans qu'il soit besoing d'obtenir lettres pour la faire casser, et ne pourront les creantiers en faire aulcune poursuitte contre lesdictz fils de famille ou leurs cautions, mesmes après la mort de leurs peres.

194. Qu'il ne sera permis de vendre à credict aulcuns draps de soye, pierreryes, jouailleries ny orphavreries; et ne pourront ceulx qui en auront baillé à credict avoir aulcune action contre les achepteurs ou leurs cautions; et en cas que lesdictz vendeurs ayent d'eulx des promesses desguisées pour cause de prest ou aultrement, seront condapnez en trois cens livres d'amende ou plus grande, s'il y eschet, applicable moictié au denonciateur et l'aultre moictié aux pauvres.

195. Nul ne pourra estre receu à retirer par retraict lignager aulcuns heritaiges après dix ans accompliz du jour du contract, et que l'acquereur aura commancé à jouir actuellement, nonobstant tous deffaulx d'ensoisinemens et insinuations ou aultres solempnitez requises par les coustumes, pourveu qu'il n'y aye poinct de fraulde, auquel cas l'action durera vingt ans; et neantmoings ne pourra le seigneur feodal retirer par retraict feodal après dix ans, s'il n'y a fraulde, et après vingt ans en cas de fraulde.

196. Qu'aucun decret de terres, maisons ou aultres heritaiges ne pourra estre poursuivy ailleurs que par devant les juges ordinaires, sinon que lesdictz heritaiges feussent de valeur de plus de vingt mil livres et que le saisissant declare par l'exploict de saisie reelle qu'il entend encherir ou faire encherir jusques à ladicte somme de vingt mil livres et au dessus, et dont il sera responsable envers les creantiers, et ce pour quelque cause que ce soit, encores que la saisie feust faicte en vertu d'un arrest.

197. La prescription de quarante ans aura lieu nonobstant toutte minorité ou aultre cause de restitution, mesmes celles fondées sur la consideration des troubles, pourveu que dans les quarente ans il se trouve trois ans de majorité de la part du demandeur ou ses aultheurs. Et quand aux prescriptions de quarente ans jà commancez, elles ne pourront estre achevez plus tost que après dix ans passez depuis la publication de l'ordonnance qui en sera faicte; après lesquelz dix ans, s'il se trouve que le possesseur ou ses aultheurs ayent possedé quarente ans et qu'il ayt trois ans de majorité de la part du demandeur ou de ses aultheurs; depuis ladicte publication, le demandeur sera declaré non recepvable et aura lieu ladicte prescription de quarente ans au proffict des tiers possesseurs, nonobstant tous douaires et substitutions, s'il n'y a interruption judiciaire.

198. Que la continuation de communaulté, à faulte d'inventaire solempnel et le faire clorre, aura lieu en tous pays coustumiers au proffict des enfans mineurs.

199. Que touttes femmes ou heritiers par benefice d'inventaire qui recelleront les biens d'une communaulté ou succession, seront privez de la part qui leur pourroyent appartenir en la succession ou communaulté, et oultre seront lesdictes veufves et heritiers tenuz du payement

des debtes, sçavoir lesdictz heritiers pour le tout, et lesdictes veufves pour la moictié, encores que la succession ou communalté feust beaucoup de moindre valleur.

200. Que les benefices d'inventaires ne serviront que durant trois ans de majorité, pour le regard des creantiers qui auront apparu durant lesdictz trois ans et faict bailler copies des cedulles, obligations ou pretentions, ou faict appeler en reprise de procès, dans lesquelz trois ans les heritiers soront tenuz de rononcer et presenter leurs comptes et consigner le reliqua, aultrement, lesdictz trois ans passez, seront reputez heritiers simples, pour le regard desdictz creantiers qui auront apparu et esleu domicille; mais quand aux aultres creantiers qui n'auront poinct apparu dans lesdictz trois ans, ledict benefice d'inventaire durera contre eulx, trois aultres années après la siguiffication par eulx faicte, et à ceste fin seront tenus lesdictz creantiers de faire signiffier leurs debtes audict heritier. Et feront les heritiers eslection de domicille irrevocable en la ville où le benefice d'inventaire sera entheriné par la mesme sentence portant l'entherinement et aura lieu tout ce que dessus pour le regard des veufves qui ont accepté la communalté.

201. Que le remploy des propres tant du mary que de la femme aura lieu en tout païs coustumier, où y a communalté.

.Q u le retraict n'aura lieu des biens adjugez par decret, sinon pour les enfans de ceulx dont les heritages auront esté venduz, ou par son presomptif heritier au deffault d'enfant, et sans fraulde.

203. Tous ceulx qui contracteront soubz l'hypothecque de leurs biens seront tenuz de declarer l'ipotecque qu'il y a sur leurs dictz biens, fors et reservé celle du cens seullement à peine, oultre la contraincte de peier et rachepter par corps, d'estre pugnis comme stellionnataires, et sera le stellionnat pugny à l'advenir criminellement par amande et pugnition corporelle, s'il y eschet.

204. Les femmes mariées qui se seront obligées pour leurs maris ez villes ou y aura parlement ou siege presidial ne pourront estre restituées soubz pretexte de force.

205. Que nul ne pourra disposer par testament de ses meubles et acquestz, mesmes en païs de droict escript, sinon après vingt ans accomplis, et de ses propres après vingt cinq ans, nonobstant touttes coustumes au contraire.

206. Touttes personnes, cinq ans après leur majorité, seront tenuz ntenter leur action pour reddition du compte de tutelle, et dans les cinq ans après faire clorre ledict compte, sans qu'après ledict temps ilz puissent pretendre aulcun hipotecque sur les biens du tuteur, sinon du jour de la closture du compte.

207. Que touttes saisies et arrestz seront déclarées nulles après trois ans, sy elles ne sont poursuivies dedans ledict temps ou renouvellées; et quand aux saisies feodalles, sy elles ne sont poursuivies ou renouvellées, elles n'emporteront perte des fruictz que pour trois ans.

208. Que l'on ne se pourra pourvoir contre les decretz [tant] par appel qu'aultrement, après dix ans, entre majeurs, quelque nullité que l'on puisse alleguer; et pour le regard des decretz passez les dix ans ne courront que du jour de la publication de l'ordonnance.

209. Que l'on pourra se pourvoir à l'advenir contre les decretz pendant dix ans du jour de l'adjudication, pourveu qu'il y ayt deception d'oultre moictié de juste pris; et seront les deniers qui proviendront des adjudications distribuez aux créantiers, selon l'ordre des hypotecques ou baillez au saisy. Lesquelz dix ans courront contre majeurs, mineurs et tous aultres previllegez, et neantmoings au cas que l'adjudication feust faicte sur ung mineur, il aura deux ans après sa majorité pour se pourvoir, encores que les dix ans feussent expirez, et n'auront les creantiers ledict previllege de dix ans.

210. Que l'on ne sera recepvable à demander plus de dix ans de censives et rentes foncieres, et seront faictes inhibitions et deffenses à tous seigneurs de surcharger les habitans de leurs villages ou augmenter les cens, rentes et aultres droictz à peine de mil livres parisis d'amande applicable moictié au denonciateur et l'aultre moictié aux pauvres.

211. Que doresnavant l'indempnité et les proffitz de fiez se prescriront par dix ans, sinon en cas de fraulde.

212. Que touttes prescriptions seront reduictes à trente ans, necores que l'action personnelle concurre avec l'hipothecquaire fors contre l'eglise contre laquelle l'on ne pourra prescrire que par quarente ans.

213. Que tous bourgeois et habitans de la ville et faulxbourgs de Paris seront exemptz de la justice et jurisdiction du Prevost de Paris ou son Lieutenant criminel pour les differendz qui interviendront en execution des mandemens de la ville concernant le faict des armes, et que toutte court, jurisdiction et cognoissance en appartiendra au Gouverneur, Prevost des marchans et Eschevins.

214. Que tous huissiers et sergens seront tenuz faire registre de touttes les saisies qu'ilz feront pour causes exceddant la somme de cent livres, lesquelles ilz feront signer sur ledict registre par les parties, sy faire se peult, et au moings par les recordz, desquelz la qualité et demeurance sera declarée par ledit exploict et registre, le tout à peyne de nullité et de dommaiges et interestz de la partie. Et sera ledict registre relié, paraphé en tous les fueilletz au commencement de l'année par le Procureur du Roy de la justice, au ressort duquel seront lesdictz sergens, sans par eulx laisser du blanc dans lesdictz Registres.

215. Que tous Lieutenans generaulx civils et criminelz et aultres juges tenant le siege bailleront les audiances par roolle à certains jours, et par aultres jours pour les causes provisionnaires et pour les parties presentes, et ne pourront donner aulcune audiance en leurs maisons ny juger aucuns procès ou differendz dont ilz preignent espices, vaccation ny aultres droictz, à peyne de concussion et nullité, sy ce n'est en vertu des jugemens donnez en l'audiance et ne pourront aulcuns jugemens estre donnez sur procès par escript, sinon que celuy qui donnera le jugement soit assisté du moings de trois juges.

216. Deffences seront faictes à tous lieutenans criminelz, prevost des mareschaulx, lieutenans de robbes courtes et aultres juges d'eslargir aulcun prisonnier, sinon par sentence donnée au conseil avec quatre juges au moings, à peyne de privation de leurs offices et de respondre en leurs propres et privez noms des dommaiges et interestz des partyes.

217. Que doresnavant les juges royaulx et ordinaires jugeront par jugement dernier et sans appel jusques à la somme de vingt quatro livres parisis pour les instances des gaiges de serviteurs, sallaires de mercenaires, gens de bras et peines de corps, sans que l'on soit receu à en appeller; aussy qu'aucun renvoy ne pourra estre faict de telles causes aux requestes du pallais, sinon que l'assignation y eust esté donnée.

218. Que les sallaires des commissaires du Chastellet seront reglez par le Lieutenant civil et conseillers du Chastellet, tant pour informations, interrogatoires, ordres de distributions de deniers et comptes, et touttes aultres vaccations, et leurs dictz sallaires affichez en ung tableau qui sera mis ès lieux esminens des Greffes. Et deffences aus dictz commissaires de prendre aulcune chose aultre et par dessus les dictes taxes, à peyne de suspention de leurs charges et de trois cens livres parisis d'amande, moictié au denonciateur et l'aultre aux pauvres enfermez.

219. Que tous couppeurs de bourses, larrons, vagabonds sans domicilles, pour la premiere fois seront flestris et marquez de la fleur de lys et envoyez aux galleres pour cinq ans, et pour la seconde fois seront penduz et estranglez; et au regard des volleurs de nuict et ceulx qui seront surpris couppant des bourses aux eglises et aux lieux où se tie et exerce la justice, et qui vuident et desrobent l'argent des troncs, ensemble les cappitaines et instructeurs et subornateurs desdictz couppeurs de bourse seront aussy punis de mort, sans que la peine puisse estre moderée. Que les officiers ou archers des prevostz qui auront cognoissance ou intelligence avec lesdictz couppeurs de bource et qui ne les auront pris et amenez prisonniers, seront privez de leurs offices et condamnez en six cent livres parisis d'amande, applicable moictyé au denonciateur et l'aultre moictié aux pauvres enfermez.

220. L'article cent quatriesme de l'ordonnance d'Orléans concernant les bohemiens sera renouvellé et sera commun pour tous aultres vagabons et fayneans, à l'execution de quoy tiendront la main les subs-

titudz du procureur general du roy, à peine de deux cens livres parisis d'amende en leurs noms, en cas de negligence, dont moictié appartiendra au denonciateur et l'aultre moictié aux pauvres.

221. Que tous bancqueroutiers et qui feront faillite en fraulde seront punis extraordinairement et capitallement, et que tous ceulx qui feront cession et habandonnement de biens porteront le bonnet vert sur leurs testes et sans chappeau et aultre bonnet, et au cas que aucuns desdictz bancqueroutiers et cessionnaires eussent faict composition avec leurs creantiers, et que par dissimulation, connivence ou aultrement ilz eussent esvité la peyne ci-dessus, revenans en meilleure fortune de biens, pourront estre contrainctz au payement de leurs debtes entieres nonobstant lesdictes compositions.

222. Que le Prevost des bandes ne pourra prendre congnoissance ny jurisdiction des excedz, crimes et delictz commis aux villes par les soldatz des regimens des gardes ou aultres, soit que les soldatz feussent demandeurs et complaignans ou accusez, ains sera sa jurisdiction limitée de soldat à soldat.

223. Et d'autant qu'il y a plusieurs ordonnances veriffiées et qui ne sont observées, le Roy sera supplié d'ordonner que les estatz nommeront tel nombre de personnes cappables qu'ilz verront necessaires pour rediger dans ung an toutes les ordonnances veriffiées qui sont ou debvront estre en usage, et rejecter celles qui sont revocquées, superflues et non executées pour estre le cahier desdictes ordonnances redigé presenté à Sa Majesté, authorisé et veriffié ou besoing sera.

FINANCES ET DOMAINE.

224. Le Roy sera très humblement supplié voulloir ordonner que les eedictz et règlemens tant antiens que modernes concernant le maniement et distribution de ses finances, veriffiez ès cours souveraines, seront exactement gardez et observez tant par les officiers desdictes finances, generaulx et intendans d'icelle que par les gens de ses comptes et court des aydes, sans qu'ilz se puissent aucunement dispenser de l'observation d'iceulx à peine d'en respondre en leurs propres et privez noms, de repeter sur eulx ce qui se trouverra faict ou ordonné au contraire, et de nullité des jugemens et arrestz donnez contre la disposition desdictz eedictz.

225. L'institution de la Tresorerie de l'Espargne a esté faicte pour grandes considerations et affin de faire entrer en ung mesme lieu tous les deniers revenans bons au Roy de ses fermes et receptes, les gaiges rentes et aultres charges des lieux prealablement acquictées, pour après en estre faict la distribution pour l'entretenement de la personne du Roy, de sa maison et conservation de son estat et royaulme.

226. Les particularitez dudict establissement n'ont esté que peu observez et les Tresoriers dudict espargne ont souvent receu desdictz deniers, non ce qu'ilz debvoient et pourvoient, mais autant que bon leur a semblé; et laissé souvent entre les mains des comptables et fermiers de bonnes sommes, ausquelles on a par après donné tel nom que l'on a voulu pour en faire les divertissemens, et s'ilz n'ont faict la recepte telle qu'ils debvoient, ilz ont faict celle qu'ils ne debvoient faire.

227. Car ils ont de leur auctorité privée expedié des quictances et assignations sur les années et termes advenir, ilz ont au lieu d'acquitz de dons et de contans baillé des quictances tant pour prests simulez qui ont engaigé le royaulme au remboursement de grandes sommes et payement d'interestz, que pour engagements de terres et revenu du domaine de ceste couronne, ils ont expedié des quictances et assignations sur des deniers d'office de nouvelle creation et aultres deniers des parties casuelles et extraordinaires, dont sont advenuz infiniz maux et desordres par tout ce royaulme, oultre les charges des gaiges, taxations et droictz, et le remboursement de plusieurs quictances demeurées inutilles, dont il en reste encores beaucoup par devers les particuliers.

228. Et quand on a voulu divertir quelques deniers de leur destination comme ceulx qui, suivant les ordonnances, doibvent estre renduz au peuple pour avoir esté trop levez ou que la cause en feust cessée, lesdictz Tresoriers de l'Espargne en ont baillé leurs quictances à la descharge des comptables qui les avoient entre leurs mains, en vertu desquelles ilz en ont esté deschargez. Il s'en pourroit representer plusieurs aultres semblables.

229. Brief, on peut dire que la dicte Espargne est devenue le receptacle de touttes especes d'abbus, desordres et divertissemens, et ce pour la trop grande facilité d'aucuns de ceulx qui ont tenu les principalles charges aux affaires de ce royaulme, et de la Chambre des Comptes qui n'a faict aulcune difficulté ny mis aucunes charges sur lesdictz Tresoriers de l'Espargne en leurs comptes, lesquels avec ceste asseurance et voyant que tout leur estoit permis, ont faict telle recepte et despence que bon leur a semblé, au prejudice de cest estat; pour à quoy pourvoir.

230. Seroit besoing d'ordonner que lesdictz Tresoriers de l'Espargne seront tenuz recepvoir touttes les sommes de deniers revenans à Sa Majesté de ses receptes et fermes par les estatz des Tresoriers de France, et, suivant iceulx, faire recepte entiere en leurs comptes, sauf à reprendre les sommes qu'ilz n'auront peu recouvrir et en représenter les raisons et dilligences, pour estre jugées par ladicte chambre.

231. Qu'ilz ne pourront recepvoir ny assigner aucunes aultres natures de deniers quelzconques sans estatz ou desdictz Tresoriers de France ou du Conseil de Sa Majesté, arrest et ordonnance d'icelluy, le tont enregistré et contrerollé par le contrerolleur general des finances, ainsy que doibvent estre tous les acquictz de la despence dudict Espargne, suyvant lesquelz estatz, arrestz et ordonnances ilz feront recepte entiere, sauf la reprise comme dessus.

232. Et faisant recepte des deniers des fermes, en rapporteront les baux pour la veriffier sur iceulx, qu'ilz seront tenuz faire entière, à la charge de reprise.

233. Que deffences soient faictes ausdictz Tresoriers de l'Espargne d'expedier aulcunes assignations sur les deniers des parties casuelles et aultres natures de deniers quelzconques, deppondans d'icelles.

234. Que pareillement deffences soient faictes aux Tresoriers des parties casuelles d'expedier aulcunes quictances pour quelque subject que ce soit, s'ilz n'en reçoipvent les deniers comptans et actuellement sans deguisement, lesquelz ilz fourniront ausdictz Tresoriers de l'Espargne par leurs quictances et mesmes especes que les auront receuz des particuliers, et ce sur peine de respondre par lesdictz Tresoriers de l'Espargne et parties casuelles en leurs propres et privez noms des desguisemens abbuz et billonnemens qui s'y trouverront par eulx faictz, et des remboursemens qui seront pretenduz, despens, dommages et interrest des particuliers.

235. Déclarera Sa Majesté, s'il luy plaist, avoir tousjours entendu et entendre que lesdictz Tresoriers de l'Espargne soient subjectz à l'observation des reiglemens et ordonnances et à la rigueur des peines portées par icelles.

236. Qu'après qu'un bail aura esté faict en son Conseil avec les solempnitez requises et accoustumées, aucunes descharges ne se pourront par après faire du prix ny des cautions qu'avec cognoissance de cause et par lettres qui seront verifiées où il appartiendra.

237. Ceulx ausquelz les baulx auront esté ainsy faictz seront tenuz les faire verifier es courts souveraines, ausquelles la cognoissance des finances appartient, avant qu'entrer en la jouissance d'iceulx, affin que les officiers d'icelles ayent entiere cognoissance de la valleur des fermes et des charges à l'acquict desquelles le prix desdictes fermes sera destiné et employé.

238. Que tous comptables et comptes desquelz aura esté rayé des parties sur des particuliers, seront tenuz de les faire signiffier six moys après la closture de leurs comptes et estatz finaulx assiz sur iceulx, et en faire la poursuitte autrement, et à faulte de ce faire, ledict temps passé, n'y seront plus receuz, et en demeureront lesdictz particuliers deschargez, encores que lesdictes parties soient passées pour lesdictz comptables.

239. Plusieurs des subjectz de Sa Majesté ont esté travaillez pour des corrections des Comptes des Comptables qui se sont faictes longtemps après la reddition d'iceulx, mesmes après les deceds de ceulx qui en ont faict le manyement, et particuliers, de sorte que lesdictz heritiers desdictz comptables et partyes prenantes n'en peuvent rendre raison après unsi long tems. Plaira à Sa Majesté ordonner que dans vingt ans après ladicte closture desdictz comptes, la correction s'en fera, et à faulte de ce aire dedans ledict temps, et icelluy passé, se-

ront lesdictz comptables et p .... ri portées
par les ordonnances, à la reserve du simple; et sera enjoint aux
correcteurs des comptes de travailler incessamment à la correction
d'iceulx.

240. Que nul officier comptable ne pourra rentrer en l'exercice
de sa charge qu'il n'ayt compté du manyement d'icelle des années pre-
cedentes, et payé ce qu'il doibt de clair par la reddition de son
compte; ce qu'il sera tenu de faire dedans le délay qui luy sera ordonné, à peine de payer le double de   comme qu'il se trouverra
debvoir, laquelle doublera par chascun moys qu'il sera en demeure
d'en faire le payement.

241. Et pour esviter que touttes personnes indifferemment n'entrent
ès charges et administrations des deniers publicqz, ains seullement
ceulx qui seront jugez resseans et solvables, sera ordonné qu'en faisant
l'information de la vye et mœurs de chascun comptable, sera aussy
doresnavant informé de ses biens et facultez.

242. Comme aussy tous comptables seront tenuz bailler caution
sur les lieux, suivant l'ordonnance, auparavant que d'entrer en exercice de leurs charges, et ce nonobstant touttes dispences verifiées et à
verifier, lesquelles, s'il plaist à Sa Majesté, seront revocquées comme
prejudiciables à son service et au publicq.

243. Que les amandes, à faulte de venir compter dedans le temps
porté par les ordonnances seront augmentées à proportion de chascun
manyement, et l'honneur des juges chargé de les faire executer rigoureusement.

244. Que les recepveurs generaulx seront tenuz d'acquicter les
mandemens levez sur eulx au courant de leur année, sans que, pour
estre faict reprise de partie de leurs deniers ilz puissent les divertir par
après et employer ailleurs, ny en compter separement sur peine de
pareille amande que montera la partie, de laquelle le tiers dès à present est adjugé au denonciateur.

245. Que les sommes qui seront rayées sur les parties prenantes
demeureront pareillement rayées sur les comptables, sans qu'il soit
loisible à la chambre des comptes de les allouer ausdictz comptables
seullement, sauf à iceulx comptables leurs recours contre lesdictes
parties prenantes.

246. Que nul officier comptable ayant charge de deniers publicqz
ne se pourra mesler de bancque, change, trafficq, ny de ferme ou
party, soit par association ou autrement, directement ou indirectement
soubz son nom ou soubz le nom d'autruy; que les contractz, promesses
et obligations pour ce regard demoureront nulz, et eulz privez de leurs
charges et estatz, le tiers de la valleur d'iceulx adjugé au denonciateur,
nonobstant touttes dispences que l'on en pourroit obtenir, et sans
avoir esgard à icelles; et pour le regard de celles qui ont esté cy devant
accordées, elles seront revocquées.

247. Que nul officier, mesmement les comptables ne se pourront
entremettre des affaires et administration des deniers des princes et
seigneurs, nonobstant tous brevetz et dispences que Sa Majesté y
pourroit avoir accordé, qu'elle sera suppliée de voulloir revocquer.

248. Et d'autant que l'on a recognu qu'il s'est commis plusieurs
abbuz au dommage des finances du Roy et prejudice du bien de son
service, soubz coulleur et nom de deniers extraordinaires sur lesquelz
ont esté expediez plusieurs dons, lesquelz, lors de la reddition des
comptes de l'Espargne, se sont trouvez avoir esté paiez et acquictez
des deniers des fermes et aultres plus clairs et ordinaires, que par
exprès on a comprins dans les estatz tant generaulx que particulliers
des finances comme extraordinaires, encores qu'il en ayt esté faict
estat par chascune année, pour rendre l'obstantion et payement desdictz dons plus facile et favorable; sera Sa Majesté suppliée voulloir
du tout oster le nom de deniers extraordinaires, et déclarer que tous
les deniers tant des tailles, aydes, subcides, gabelles qu'aultres fermes
qui ne se lèvent sur ses subjectz que pour l'entretenement de sa
maison et conservation de son estat et personne, y seront, après les
charges des lieux acquictées, employez, sans qu'ilz puissent estre divertiz un employez ailleurs, à peine de repeter sur ceux qui se trouverront avoir ordonné ou faict l'employ desdictz deniers à aultres
effectz jusques à la quatriesme generation.

249. Et voullant Sa Majesté faire quelques dons à aucuns seigneurs et autres personnes e merite, la nature et qualité du fondz de l'assignation sera speciffiée, affin que tels dons et rescompences ne oient après la verification d'iceulx acquictez sur les deniers destinez pour l'entretenement de la Maison du Roy et aultres charges du royaulme esquelz dons rront estre entenduz [ne] comprins les domaines qui doibvent estre reuniz a Sa Majesté, ny les rentes, sommes de deniers et aultres choses par elle deues, qui seront entierement esteinctes et en demeurera sadicte Majesté deschargée.

250. Et pour ce que l'ung des grandz desordres, excedz et surcharge des finances de Sa Majesté procedde à present des grandes et excessives pensions, sera sadicte Majesté suppliée de voulloir revocquer toutes les pensions et augmentations accordées depuis le decedz du feu Roy Henri le grand, que Dieu absolve, que celles qui pour bonnes causes et grandes considerations ont esté par luy accordées seront continuées, lesquelles neantmoings ne pourront estre payées que les charges de l'estat et aultres ordinaires ne soient prealablement acquictées.

251. Que doresnavant la somme à laquelle se trouvera monter les pensions du temps du feu Roy ne pourra estre exceddée, sauf à sadicte Majesté de distribuer lesdictes pensions et en disposer selon les merites de ceux qui feront plus de service à sadicte Majesté et au publicq.

252. Sera Sa Majesté suppliée voulloir restraindre le nombre des officiers employez es estatz des Maison, Escurye, Artillerye, faulconnerye et aultres de sadicte Majesté au moindre que faire se pourra, et à ceulx qui servent actuellement, et oster le surplus, ne servans, sans le servir qu'à prendre gaiges et charger ses subjetz, sous coulleur des privilleges et exemptions qu'ilz pretendent pour estre comprins esdictz estatz, comme au semblable le nombre excessif des officiers domesticques des Princes et Princesses qui apportent pareilles surcharges aulx subjectz de sadicte Majesté contribuables aux tailles.

253. Que l'eedict de creation des cent secrétaires de la Chambre du Roy sera revocqué et le nombre de ceulx qui en prenoient auparavant la qualité et proffitz reduictz à plus petit nombre que faire se pourra.

254. Tous officiers comptables et aultres seront obligez de faire residence ès villes où ilz ont leur office, à peyne de privation de leur dict office.

255. Que tous comptables seront tenuz d'augmenter leurs cautions à proportion de leur manyement.

256. Ceux qui ont l'honneur d'estre appelez à l'administration des finances du Roy ne pourront, pendant qu'ilz sont en charges, obtenir aucun don de Sa Majesté soit soubz leur nom ou nom d'autruy, a peyne de repetition du quadruple sur eulx et leurs hericiers, ains se contanteront de leurs appoinctements qui seront reduictz aux termes qu'ilz estoient du vivant du feu Roy, suffisant pour leur entretenement.

257. Que nulz officiers comptables, mesmes les Tresoriers de l'Espargne, ne pourront estre conseillers d'estat.

258. Que, suivant les ordonnances, nulz comptables, soit Tresoriers de l'Espargne ou aultres ne pourront estre admis en aulcuns offices en la Chambre des Comptes, ny leurs enfans ou gendres, sinon en satisfaisant par eulx aulx charges portées par lesdictes ordonnances.

259. Qu'aulcun ne pourra faire entrer aulcune debte pretendue par les Roys qu'au prealable elle n'ayt esté veriffiée et diligemment examinée en la Chambre des Comptes.

260. Deffences à tous ceulx qui manyent les deniers et finances du Roy de jouer à quelque jeu que ce soit des deniers de Sa Majesté, sur peyne de perdition de leurs estatz et leurs biens confisquez, et ceulx qui joueront avec eulx condamnez rendre l'argent qu'ilz auront gaigné et le double d'icelluy.

261. Que deffences seront faictes à tous officiers tant de judicature que de finances de s'entremettre d'aucunes fermes, partiz, charges, commissions ou aultres affaires quelzconques où ilz puissent avoir interrestz directement ou indirectement, à peine de privation de leurs offices et de douze cens livres d'amande, moictié au denonciateur et l'autre moictié aux pauvres.

262. Que deffences seront faictes à tous recepveurs, sur pareilles peines et amandes, d'avoir aulcune part aux offices de contrerolle, de prester deniers pour avoir part ausdietz controrolles, et ne pourront lesdietz contrerolleurs estre parens ny alliez des recepveurs jusques au degré remué de germain inclusivement, sur pareilles peynes.

263. Qu'il ne sera permis à aulcun financier soit comptable ou aultre d'avoir deux offices soubz son nom ou nom interposé, et que, sy aulcun estoit pourveu de deux offices sera tenu en resigner l'un, comme aussi sera faict deffences à toutes personnes de s'assotier soit au nombre de deulx ou plus grand en l'achat d'aulcuns offices, jouissance des gaiges et proffictz y appartenans, le tout à peyne, trois mois après la publication de l'ordonnance de confiscation desdietz offices, le tiers au denonciateur.

264. Que deffences seront faictes à tous juges et gens du Roy de se rendre pensionnaires des fermiers ou partisans, ny prendre aulcun argent ny aultre chose d'eulx, directement ou indirectement, à peyne de concussion et de deux mil livres parisis d'amande moictié au denonciateur et l'aultre moictié aux pauvres.

265. Que deffences seront faictes à tous fermiers et aultres de prendre, lever ny exiger aulcuns deniers sur les vivres, denrées et marchandises que ce qui leur est permis par eedietz deuement verriffiez aux Courtz souveraines, à peyne de la vye.

266. Sera Sa Majesté suppliée voulloir revocquer tous partiz fors et excepté ceulx faictz pour le rachapt de son domaine, aydes, gabelles et rentes, dont les contractz sont verifiez es courtz souveraines, lesquelz ne pourront estre tenuz pour revocquez, ny les partisans et caultions deschargées qu'en cognoissance de cause et par lectres verriffiées esdietes courtz et que tous les partisans qui ont faict party avec sadicte Majesté depuis l'année mil cinq cens quatre-vingtz quatorze seront tenuz de rendre compte en la Chambre, pour recognoistre s'ilz ont entierement satisfaict à ce qu'ilz estoient tenuz, et s'ilz n'ont exigé aulcune chose.

267. Qu'en ensuivant le louable dessein du feu Roy Henry le Grand d'heureuse memoire pour la reunion de son domaine, tous les contratz et partiz faictz pour raison de ce seront soignensement executez, et à ceste fin, que les intendans des finances représenteront au Conseil l'estat d'iceulx, et ce qui en reste a executer pour y pourveoir, mesme à la reunion de ce qui reste du domaine alliéné, donné, engaigé, eschangé et usurpé, dont n'en a esté faict aulcun traicté.

268. Les forestz ont toujours esté estimées pour l'un des fleurons de la courronne de France, qui de temps en temps deperissent, et affin que l'on puisse cognoistre qui aura à respondre de ceste faulte, le Roy sera supplié d'ordonner aux grandz maistres de faire faire ung arpentage au vray de touttes les forestz de leur département et l'envoyer au Conseil pour y estre veu, et qu'à l'advenir ilz envoyront aussy par chascun an audict conseil et à la table de marbre l'estat des ventes qui auront esté faictes ausdictes forestz, pour eviter qu'il ne s'y commette aulcuns abbuz.

269. Deffences seront faictes à toutes personnes de quelque estat, qualité et condition qu'e[lles] soient de faire aulcune vente de bois de haulte fustaye, ny faire don d'aulcuns piedz d'arbres sans avoir lettres pattentes de Sa Majesté verriffiées ès courtz de Parlement, chascun en leur ressort, à peyne de confiscation desdictz bois et de mil livres d'amande, moictié au denonciateur et l'aultre aux pauvres.

270. Et d'autant que les bois de haulte fustaye sont la pluspart deperiz, sera ordonné en ensuivant l'ordonnance du moys d'octobre mil cinq cens soixante ung que la tierce partye des boys taillis de ce royaulme estant des appartenances tant du domayne de Sa Majesté qu'appartenant aux ecclesiasticques, Princes, seigneurs, chevalliers de Malte et communaultez, qui seront de la plus belle venue, sera délaissée à coupper pour croistre et se convertir en nature de haulte fustaye, et pour cest effect, enjoinct à tous les officiers desdites eaues et forestz de ne souffrir qu'aulcun bois taillis ne soient venduz ni couppez qu'à la reserve du tiers cy dessus. Et pour cognoistre ledict tiers, lesdietz Grandz Maistres, chascun en leur ressort seront tenuz faire mesurer et arpenter tous lesdietz bois taillys.

271. Que, suivant les antiennes ordonnances, deffences seront faictes à touttes personnes de ne faire ny faire faire aulcuns eschallatz de quartier de bois de chesne, soit ès bois de Sa Majesté que à tous aultres, à peyne de confiscation et d'amande.

272. Que tous chauffages et usages pretenduz par les officiers et aultres particulliers seront reiglez; et enjoindre aux Grandz maistres d'y tenir la main à peine d'en respondre.

273. Que tous ceulx qui ont droict de chauffage et usage ne le pourront prendre qu'en nature de bois et par les mains des marchans adjudicataires, auxquelz les adjudications s'en feront à ceste charge, à peyne d'estre privez de leur dict droict.

274. Que leedict faict du temps du feu Roy pour le plan (sic) d'arbres sur les grandz chemins et traversses sera renouvellé et executé, et neantmoings pour la commodité des particulliers et difference de la bonté de la terre, permis d'y faire planter telle nature de bois qui s'y trouverra propre, dont les proprietaires en retireront le proffict et commodité, et en auront aussy le soing et entretenement; deffences à touttes personnes de couper, rompre ny enlever lesdictz arbres, à peyne de punition corporelle.

275. Qu'il sera advisé de pourvoir à la suppression et remboursement de plusieurs officiers des forestz pour le peu d'exercice qu'ilz ont, attendu la couppe desdictes forestz.

276. Que les entreprises et marchez faictz tant à l'hostel de ladicte ville qu'ailleurs pour l'ouverture d'aulcunes rivieres pour les rendre navigables seront continuez et executez.

277. Seront les deniers destinez à l'entretenement des pontz et passages, employez à la reparation desdictz pontz et passages qui sont sur les grandz chemins, sans estre divertiz ailleurs, à peine d'estre les ordinateurs punis du quadruple pour le divertissement des deniers employez ailleurs qu'ausdictz grandz chemins publicqz, dont le tiers sera donné au denonciateur. Et seront tenuz les seigneurs qui jouissent des peages et droictz de passages d'entretenir les pontz et passages qui sont dedans l'estendue de leur seigneurye, et sur lesquelz ilz levent lesdictz droictz.

278. Que deffences seront faictes aux fermiers des cinq grosses fermes de faire aulcunes visitations ny recherches en aulcunes maisons des bourgeois, marchans et habitans de ceste ville et faulxbourgs de Paris, ains aux lieux destinez, sur les frontieres où leurs bureaulx sont establiz, sy ce n'est par permission des juges et avec cognoissance de cause; et ne pourront lesdictz fermiers lever leur droict d'entrée qu'une seulle fois, dont ilz bailleront acquit qui servira aux aultres villes frontiere où lesdictes marchandises pourront passer. Et seront tenuz de poser tableaux et pencartes pour la perception de leurs dictz droictz.

279. Que tous menuz droictz et fermes de treilliz, peages et barrages qui se levent sur les subjectz du Roy qui sont de peu de revenu et neantmoings de grandz fraiz pour la levée et incommodité au peuple seront supprimez.

280. Que sadicte Majesté sera suppliée de ne plus bailler les fermes des Aydes en party, et qu'après le bail general d'icelles expiré, elles seront bailliées judiciairement, comme l'on faisoit auparavant, suivant les ordonnances, separément pour un an seullement.

281. Que les juges, procureurs, greffiers et aultres officiers du Roy ne seront à l'advenir fermiers ou assotiez desdictes aydes et impositions ny leurs commis et proches parents, comme peres et filz, freres et oncles ou nepveuz, soit que ladicte parenté feust de leur chef ou de leurs femmes en ce qui est du ressort de l'eslection en laquelle ilz seront officiers, le tout à peyne de mil livres d'amande applicables moictié au denonciateur, et l'aultre moictié aux pauvres.

282. Que les clercs et commissaires pour le Roy en l'exercice de chacune ferme seront restabliz en toutes lesdictes fermes, et où il n'y en aura de pourveuz en tiltre, suivant les eedictz, les esleuz des lieux y en commettront d'office à la diligence et nomination du procureur general ou de ses substitudz sans que les fermiers y en puissent commettre ny nommer de leur part, sy ce n'est pour assister ceulx qui y seront pour le Roy, comme dict est, qui seuls pourront faire rapportz et procès verbaulx, pour estre creuz en justice, comme il estoit observé auparavant que lesdictes aydes feussent en party.

283. Que les affirmations et declarations des particulliers, assignez par les fermiers comme debiteurs à leurs fermes, se feront par devant les juges de leurs paroisses et demeurances, s'il y en a ou par devant ung notaire, ou à leur deffault par devant le curé ou son vicaire et tesmoings, suivant les antiennes ordonnances, sans qu'ilz soient tenuz sortir de leurs parroisses et demeurances pour venir faire lesdictes affirmations en personnes par devant les esleuz ny leurs greffiers, sy bon ne leur semble, et soit à leur commodité.

284. Que les fermiers seront tenus de demander ce qui leur est deub de leurs fermes dans six moys precisement, soit pendant leur bail, ou après icelluy expiré, aultrement seront declarez non recevables, s'ilz n'en ont obligation ou promesse par escript.

285. Que les esleuz jugeront les demandes des fermiers contre les particulliers pour le faict des Aydes et aultres impositions sommairement et sans appoincter les partyes ny prendre espices, à peine d'en respondre en leurs propres et privez noms, sy ce n'est qu'il feust question de noblesse ou previllege, ou de somme qui excédast vingt livres parisis.

286. Que les jaulgeurs establiz par les eeditz exerceront en persónne et sans qu'il leur soit permis bailler lesdictz offices à ferme ny d'y establir des commis, et que deffences leurs seront faictes de prendre leurs droictz, sinon de ce qu'ilz auront jaulgé et marqué actuellement, à peyne d'exaction, et d'estre puniz par la rigœur des ordonnances.

287. Sera Sa Majesté supplyée d'oster et supprimer les nouvelles impositions mises sur le vin depuis trente ans et pour certain temps seullement, après icelluy expiré, sans les plus continuer et revocquer tous les impostz mis sur ladicte marchandise de vin passant debout, et pour droict d'entrée, sinon ès lieux où il sera descendu pour y estre consommé.

288. Qu'il sera faict ung reiglement sommaire et pied certain pour arrester les comptes du droict du huictiesme du vin vendu en détail, en desduisant les dechetz et boissons, pour estre imprimé et registré par touttes les eslections avec injonctions aux greffiers deadictes eslections d'en delivrer des copies signées aux fermiers, taverniers et tous aultres qui en demanderont, pour y avoir recours, au soulagement du peuple.

289. Et attendu que la diminution des cinquante solz sur minot de sel ne tourne en rien, selon l'intention du Roy, à la descharge et soullagement des pauvres, qui n'acheptent le sel qu'à la petite mesure, en ce que les chandeliers et aultres regrattiers n'acheptent le sel que treize livres treize solz huict deniers le minot, et en detail ils en retirent dix huict livres douze solz trouvant en chacun minot de juste mesure soixante et douze litterons qu'ilz vendent et debitent à cinq solz deulx deniers chascun, qui est quatre livres dix huict solz qu'ilz gaignent ou exigent sur le pauvre peuple, au lieu de quinze solz qu'ilz soulloient cy-devant avoir pour minot. Et pour ce sadicte Majesté sera supplié de faire deffences à tous lesdictz regrattiers de plus faire telles exactions et ordonner qu'ilz ne pourront prendre et retirer de proffiet sur chacun minot de sel qu'ilz vendront en detail plus de quarante solz, compris tous fraiz de port et voicture; lesquelz regrattiers ne pourront vendre ledict sel que sur le pied du pris de l'achapt et desdictz quarante solz, à peyne de deux cens livres parisis d'amande.

290. Sera Sa Majesté très humblement suppliée de voulloir octroyer commission pour informer contre ceulx qui se trouverront avoir mal versé en l'administration et manyement de ses finances, sans qu'ilz se puissent faire aulcune composition à leur descharge et faveur, et seront les coulpables puniz et les innocens maintenuz et deschargez.

291. Comme semblablement Sa Majesté sera suppliée de descharger son peuple le plus qu'il sera possible des impositions, tailles, aydes, gabelles et subcides.

292. Que les officiers qui sont à present pourveuz seront conservez au benefice du droict annuel pour la dispense de quarante jours, sans que leurs resignataires et ceulx qui seront pourveuz à l'advenir puissent jouir du benefice dudict droict, et seront remis aux parties casuelles, comme auparavant.

293. Que Sa Majesté sera très humblement suppliée d'ordonner et faire fondz pour le payement entier des quatre quartiers des rentes

constituées par ladicte ville, et assignées tant sur le clergé et aydes que receptes generalles, ainsy qu'il luy a pleu de faire pour celle du sel.

294. Que les reiglements faictz par les Prevost des Marchans et Eschevins pour le payement desdictes rentes, et les arrestz de la Chambre des Comptes du sixiesme septembre mil six cens quatorze seront gardez et observez, et l'execution desquels arrestz, en ce qui reste à executer, poursuivye à la diligence desdictz Prevost des Marchans et Eschevins.

POLLICE EN MARCHADDISE.

295. Que le reiglement faict sur la nourriture et entretenement des pauvres enfermez sera entierement gardé et observé tant en la ville de Paris qu'ez aultres villes du royaulme.

296. Qu'il soit estably en ceste ville quatre bureaulx, en chacun desquelz seront commis quatre bons et notables bourgeois de ladicte ville non officiers, qui seront cheoisiz et esleuz par chacun an en l'hostel de ladicte ville, des seize quartiers d'icelle ung, lesquelz s'assembleront auxdictz bureaulx deux fois la sepmaine pour recevoir toutes les plainctes et pourveoir aux contraventions qui seront faictes aux reiglemens et ordonnances de la pollice en ceste dicte ville, mesmes visiter les lieux où ilz auront advis que se retirent aulcunes personnes mal vivans; et pourront entrer es maisons locquantes et aultres où ilz scauront que l'on s'i gouvernera mal, et jugeront sommairement lesdictes contraventions ayant pouvoir de condampner en amande les delincquans jusques à la somme de huict livres parisis à deliberer si par provision ou diffinitivement, et ne seront esdictes charges qu'un an.

297. Que deffences seront faictes à toutes personnes, nonobstant touttes lettres et permissions à ce contraires, de tenir berlans et recevoir en leurs maisons gens de quelque qualité et condition qu'ilz soient, pour jouer aux cartes, dez et aultres jeuz de hazard, et de leur fournir lesdictes cartes et dez, à peyne pour la premiere fois de confiscation des deniers qui se trouverront lors de la descouverte desdictz joueurs, et de mil livres parisis d'amande payables tant par eulx que par les joueurs solidairement, dont le tiers au Roy, un aultre tiers au denonciateur, et l'aultre à l'hospital du lieu, et pour la seconde fois de punition de gallere et de confiscation des biens de ceulx qui auront tenuz lesdictz brelans.

298. Deffences aux hostelliers, cabarestiers, taverniers et maistres des jeuz de paulmes, de permettre qu'il soit joué en leurs maisons ausdictz jeuz de cartes, dez et aultres jeux deffenduz, et de fournir ny leurs domestiques de cartes ny dez, aux peynes que dessus.

299. Que tous deniers et biens perduz ès jeuz de hazard pourront estre repetez par ceulx qui les auront perduz, leurs peres, meres, tuteurs et curateurs ou proches parens en justiffiant la perte desdictz deniers; et en consequence de ce, touttes promesses en blanc et aultres promesses que l'on veriffiera avoir esté faictes pour le jeu, directement ou indirectement seront declarées nulles, et les deniers payez en vertu d'icelles repetez par ceulx qui les auront payez.

300. Que tous contractz de constitution de rente ou promesses passées par enfans de familles au dessoubz de l'aage de trente ans, qui auront pere et mere, au logis desquelz ilz demeureront, ou qui auront esté passées par aultres, dont les deniers auront esté employez au jeu seront nulz et de nul effect et valleur; et seront ceulx au proffict desquelz ilz auront esté passez, deboutez de touttes actions qu'ilz pourroient pretendre en vertu d'iceulx. Et à ceste fin, deffences seront faictes à tous notaires de recevoir telz contractz et promesses, à peine de suspention de leurs charges. Et pour le regard de ceulx au proffict desquels telz contractz auront esté passez, oultre ce que dessus, seront condamnez en cinq cens livres parisis d'amande, applicable moictié au denonciateur et l'aultre moictié aux pauvres.

301. Que deffences seront faictes à tous marchans, jouailliers, merciers, orphevres et aultres de prester aulcunes bagues, draps de soye et aultres marchandises aux enffans de familles, à peine de la perte du prix d'icelles et d'amande arbitraire, et au cas qu'il soit justiffié que lesdictes marchandises ayent esté baillées à perte de finances

et à prix excessif pour estre par ceulx qui les preignent employez au jeu et aultres desbauches, seront lesdictz marchans puniz de peynes corporelles avec confiscation de biens dont moictié au denonciateur et l'aultre moictié aux pauvres.

302. Que deffences seront faictes à tous cuisiniers, patissiers, rostisseurs et cabarestiers de plus faire festins en leurs maisons à tant pour teste ny aultrement, à peyne de cinq cens livres parisis d'amande, applicable moictié au denonciateur et l'aultre moictié aux pauvres enfermez.

303. Que deffences seront faictes à tous marchans et artisans de faire aulcuns bancquetz pour leurs receptions ou pour leurs confrairies, à peyne de cent livres parisis d'amande, applicable comme dessus.

304. Que les ordonnances faictes par le Lieutenant civil les unzeiesme juillet mil six cens neuf et douziesme novembre mil vi° treize pour la deffense d'aller aux tavernes et cabaretz seront estroictement gardées, observées et executées selon leur forme et teneur et aux peynes y contenues.

305. Que les ordonnances de la ville pour la pollice du bois, charbon et aultres marchandises seront estroictement gardées et observées, les delinquans rigoureusement chastiez.

306. Que de six mois en six moys sera faict assemblée de la pollice, où assisteront les officiers dudict Chastellet, Prevost des Marchans et Eschevins, et les bourgeois qui auront charge de ladicte pollice pour faire ung taux general et pris raisonnable à touttes sortes de vivres qui se vendent en détail par les marchez et hostelleries, qui sera exactement speciffié par articles en placardz qui seront imprimez et affichez aux portes des eglises, auditoires des justices et carrefours publicqz.

307. Que pareilles taxes seront faictes de ce que les hostelliers pourront prendre de chacun hoste de pied ou de cheval pour disnée ou souppée.

308. Que lesdictz hostelliers et cabarestiers seront tenuz de prendre coppie desdites taxes et reiglemens signez du juge et du greffier et icelluy tenir en tableaux attachez aux portes de leurs hostelleries, et les garder inviolablement, à peyne de vingt livres parisis d'amande, et ou lesdictz hostelliers n'exiberont lesdictes pancartes signées, est permis aux hostes de ne rien payer et de les defferer à justice.

309. Que deffences seront faictes à tous bouchers d'avoir plus d'ung estail à boucher, soit de leur propre ou de loyer, et permis aux bouchers de dehors de venir vendre en ceste ville toute sorte de chair deux fois la sepmaine.

310. Que deffences seront faictes à tous seigneurs et aultres d'empescher la navigation pour les marchandises venans en ceste ville ny prendre aulcuns droictz d'imposition et peage sur les basteaulx et marchandises, s'ilz n'ont bons tiltres bien et deument veriffiez et qu'ilz n'ayent faict apparoir aux Prevost des Marchans et eschevins, comme aussy à tous musniers ou aultres personnes ayans moulins sur les rivieres de laisser librement passer les marchandises par les perthuis de leurs moulins sans prendre ny exiger des marchans ou voicturiers, aulcuns deniers ny marchandises, à peyne de punition corporelle; lesquelz perthuys ou portereaulx de moulins ily seront tenuz tenir ouvertz, fors la nuict seullement aux peynes que dessus.

311. Que deffences seront faictes à touttes personnes de louer leurs maisons ou chambres a aulcunes femmes ou filles desbauchées et gens de mauvaise vye qui soit à leur cognoissance, a peyne de, six moys après qu'elles auront demeuré en leurs maisons sans les faire sortir, de perte d'une année entiere de leur loyer, moictié au denonciateur et l'aultre moictié aux pauvres, et contre les hommes ou femmes de mauvais gouvernement d'estre puniz ou chastiez rigoureusement, assavoir les macquereaulx et macquerelles d'estre fustigez nudz de verges avec la fleur de lys et banniz, et les filles desbauchées à avoir le fouet.

312. Qu'il ne pourra cy après estre faict aulcun jeu de paulme en ceste ville et faulxbourgs, et que les fraiz et despences qui se font esdictz jeux de paulme seront retranchez et moderez, en sorte que les meilleures balles neufves ne seront vendues que douze solz la douzaine.

313. Que nul officier ou aultre demeurans dans les villes ne pourra avoir plus d'ung lacquais pour luy et pour sa femme et qui sera habillé de coulleur brune, comme aussy nul gentilhomme n'en pourra avoir

plus de deux, s'il n'est duc, pair de France, officier de la couronne óu
gouverneur de province, auquel cas il en pourra avoir jusques à quatre
et non plus. Lesquelz lacquais ne pourront estre aagez que de seize à
dix huict ans au plus, sans qu'ilz puissent porter soies, soyt en estoffes
ou passemens ny aussy porter aulcunes armes, fer ny baston; et en cas
de contravention en aulcuns des poincts cy dessus, le maistre sera
condamné en deux cens livres parisis d'amande, moictié au denonciateur et l'aultre moictié aux pauvres de l'hostel-dieu. Et ou lesdictz
lacquais seront trouvez portants espées, dagues, ferremens ou bastons,
seront condamnez au fouet dans la prison pour la premiere fois, et
pour la seconde aux galleres, oultre ladicte peyne de deulx cens livres
que le maistre encourra.

314. Que les serviteurs et servantes tant des villes que des champs
seront tenuz servir leur maistre et maistresses ung an entier au
moings, et leurs gaiges et sallaires seront taxez par les juges des lieux;
et où ilz vouldroient quicter leurdict maistre ou maistresse auparavant
que d'avoir servy ung an, seront privez de leurs gaiges pour le temps
qu'ilz y auront demeuré.

315. Que l'eedict des coches dont jouist la dame de Fontaines
n'aura lieu que pour les grandz chemins seullement; et nonobstant
icelluy soit permis à touttes personnes, tant charrons, scelliers, marchandz de chevaulx ou aultres de louer des carrosses et chevaulx pour
aller par les champs ou en ceste ville, et qu'il soit à la liberté des
bourgeois, habitans et aultres de louer lesdictz chevaulx et carrosses
de qui bon leur semblera et selon qu'ilz trouverront leur meilleur
marché, sans estre abstrainctz de passer par les mains soit des fermiers
de ladicte dame de Fontayne, partysans ou aultres, ce qui sera observé
aussy pour tous chevaulx de scelle avec deffences à touttes personnes
de lever ny exiger aulcune chose sur lesdicts loueurs de chevaulx et
carrosses, à peyne de punition exemplaire.

316. Que nul ne pourra avoir qu'un seul carrosse soit pour le mary
et la femme, et ne seront dorez ny doublez d'aucune soye tant en
broderie, passement que franges. Ne pourront tous nouveaulx mariez,
habitans des villes, avoir carrosse qu'ils n'ayent esté en mesnage au
moings trois ans. Nul officier ny aultre ne pourront aller eulx ne leurs
femmes et familles par la ville de jour en carrosses, soit pour aller
aux eglises, parroisses ou pardons dans ladicte ville et faulxbourgs, et
au pallais ou ailleurs en leurs charges, sinon les presidentz des courtz
souveraines ou personnes sexagenaires ou maladifz. Et neantmoings sera
permis à touttes personnes d'user de carrosses pour aller aux champs.

317. Que les reiglemens cy-devant faictz pour l'usage des perles,
pierreryes, habitz de soye seront estroictement gardez et observez, et
enjoinct aux juges et aultres ayans charge de la pollice d'y tenir la
main, comme aussy les deffences de dorer carrosses, chemynées et
aultres choses, sy ce n'est pour les ornemens d'eglise, seront gardez et
observez.

318. Que deffences seront faictes à tous marchans et aultres personnes de quelque estat, qualité et condition qu'ilz soient d'aller au
devant des marchandises chargées et destinées pour estre amenées en
ceste ville de Paris, soit par eaue ou par terre, pour les errer ou
achepter directement ou indirectement, ains les laisser venir librement
pour estre venduz en cestedicte ville, aux portz, marchez et aultres
places publicques à ce destinez, à peyne de confiscation desdictes
marchandises, tant contre l'achepteur que le vendeur, et de cent livres
parisis d'amande, moictié au denonciateur et l'aultre moictié aux
pauvres enfermez.

319. Comme aussi deffences seront faictes à tous bouchers et aultres
marchans de Paris d'achepter, trafficquer ny faire amast ou magazins
de bestial ny de bledz, foins ou aultres marchandises à six lieues près
de ladicte ville de Paris, ains yront faire leurs achaptz et trafficqz au
loing, sans empescher que le bestial ny les grains, foings et aultres
denrées et marchandises des environs desdictes villes soient amenez
par les bonnes gens des villages ès foires et marchez d'icelles villes,
quand ilz les y pourront amener ou faire voicturer soit par eaue ou
par terre, à peine de confiscation desdictes marchandises, soixante
livres parisis d'amande et de plus grande pugnition, s'il y eschet.

320. Que les arrestz et reiglemens faictz par la Court de Parlement,
tant en l'année mil v^e soixante et dix sept que aultres subsequens,
concernans les achaptz et vente des vins seront gardez et observez,
aux peynes y contenues.

321. Sa Majesté sera supplyée, comme par plusieurs fois il a esté proposé et deliberé en son conseil qu'à l'advenir par tout son royaulme il n'y aura qu'un poidz, une aulne et une mesure à l'instar de celle de Paris, et à ceste fin qu'il sera estably des commissaires pour faire les reductions, mesmes pour les arpentages des terres.

322. Qu'en cestedicte ville et faulxbourgs de Paris, comme en touttes les aultres villes du royaume, il n'y ayt que le voyer de Sa Majesté pour donner tous allignemens, excepté pour les portes, yssues et enceinctes desdictes villes, dont la garde appartient aux Prevost, maire et eschevins et sera faict taxe moderée pour lesdictz allignemens avec deffences audict voyer de prendre aulcuns deniers ny rien exiger pour permettre les enseignes, hautvents, fenestres, contrefenestres, sieges et aultres choses semblables, à peyne de concussion et d'exaction. Et neantmoings, où y auroit aulcune entreprise sur la voirie prejudiciable au publicq, le pourra faire reparer à sa dilligence par les juges ordinaires de la pollice.

323. Et d'autant qu'aucuns ont demandé reiglement sur la forme de l'eslection des Prevost des Marchans, eschevins et aultres officiers de ladicte ville, Sadicte Majesté sera supplíée de laisser à en deliberer et arrester par lesdictz Prevost des Marchans, Eschevins, Conseillers de ladicte ville avec tel aultre nombre de bourgeois qu'ilz adviseront, qui sera faicte audict hostel de ville pour cest effect; à laquelle ville il plaira à Sa Majesté confirmer les privilleges, franchises, libertez, usances et coustumes, qui sont et ont esté de tout temps observées, nonobstant tous eedictz, arrestz ou lectres à ce contraires qui ont peu ou pourroient avoir esté obtenues, lesquelles ne pourront vallider pour ladicte ville de Paris.

324. Et pour remectre la marchandise en honneur et donner courage à ceulx qui en font la profession ne la poinct quicter et habandonner, Sadicte Majesté sera supplíée d'ordonner que les marchans qui feront trafficq honnorable tant dedans que dehors le royaulme, ensemble ceulx qui sont des six corps et communaultez des marchandises de cestedicte ville, et qui ont passé par l'une des charges d'eschevins, juges, consulz, gardes des corps de leursdictes marchandises, et marguilliers de leurs parroisses, ensemble les enffans faisant le mesme trafficq de leur pere, seront appellez aux assemblées publicques et auront seance tant ausdictes assemblées que aux eglises, processions et enterremens, et precedderont les commissaires du Chastellet, tous Procureurs, Notaires, Clercz de Greffes, huissiers et sergens.

325. Que le Greffe des Juges et Consuls de ceste ville de Paris demeurera en propre à la communaulté desdictz juges et consulz, auquel ilz commettront tel que bon leur semblera, ainsy qu'il se praticque en la ville de Rouen et ailleurs, qui ne pourra prendre pour expeditions et signatures que ce qui a esté taxé et ordonné par l'eedict de creation, à peine de cent livres parisis d'amande.

326. L'usage du change en la façon qu'il se praticque aujourd'huy à Paris est la ruyne du commerce et du trafficq, mesmes il cause le surrehaulsement, transport et billonnement de noz especes, neantmoings il semble que pour la necessité du commerce il doit estre aulcunement tolleré et reduict au change reel seullement, qui est pour le commerce et marchandise et pour le secours de ceulx qui negotient en pays estrange, hors lesquelz cas tout change et trafficq d'argent sera prohibé et deffendu, sur peyne de punitión corporelle et de confiscation des sommes qui y seront employées avec deffences à tous couratiers, partisans ou aultres de plus s'entremettre dudict change ou trafficq et prest d'argent, ny de s'assembler pour cest effect en la Cour du Pallais eu ailleurs, soubz les mesmes peynes de punition corporelle. Que deffences aussy tres expresses leur seront faictes et à tous aultres de ne plus user de promesses en blanc, à peyne de confiscation du contenu en icelles, dont moictié au denonciateur et l'aultre moictié aux pauvres enfermez.

327. Et que pour donner plus grande facilité et commerce au trafficq, sera advisé sy l'article de cinq pour cent par an, dont est faict mention au chappitre de la justice sera trouvé nécessaire.

328. Que deffences seront faictes à tous marchans, de quelques conditions et qualitez qu'ilz soient, de prester leurs noms, marques, ny faire commissions pour aulcuns forains, ny estrangers, à peyne d'estre descheuz de leur franchise et de mil livres parisis d'amande, ung tiers au Roy, ung tiers à l'hostel-dieu et l'aultre tiers au denon-

ciateur, et que ceulx qui se vouldront mesler de commissions seront abstrainctz se declarer telz et s'inscrire sur les livres aux bureaulx des six corps de la marchandise, mesmes s'obliger, selon la nature des marchandises, les faire descharger aux bureaulx destinez pour y estre visitées et vendues à la manière accoustumée.

329. Sa Majesté sera suppliée de faire continuer la fabrication des especes d'or et d'argent aux poidz et loy accoustumez.

330. Que le reiglement faict pour le transport des monnoyes d'or et d'argent sera gardé et observé, et touttes pieces estrangeres descriées et mises au billon, fors les escus pistolletz d'Espagne, doubles pistolletz et quadruples.

331. Et d'autant que depuis quelques années le prix desdictes especes d'or est tellement augmenté qu'il est grandement necessaire d'y apporter quelque remede, qui fait que l'on tire l'or et l'argent de ce royaulme, pour y apporter de maulvaises especes, Sa dicte Majesté sera suppliée de reigler à pris certain les especes d'or de France et d'Espaigne, ainsy qu'il s'est cy-devant praticqué en l'année mil v^e soixante et dix sept, et les reduire de temps en temps en diminuant jusques à leur juste valleur, telle qu'elle soit arbitrée et reiglée suivant l'ordonnance de ladicte année м v^c LXXVII ou aultrement.

332. Et pour obvier à tels desordres, que les generaulx des monnoies seront tenuz faire leurs chevaulcées par les foires et marchez de ce royaulme en chacune année et de tenir la main à ce que lesdictes ordonnances soient gardées et observées tant pour le pris que pour le transport, à peyne de punition corporelle et confiscation des deniers.

333. Que deffences seront faictes à tous les officiers des monnoies de servir en aultres monnoies qu'en celles de ce royaulme ny de prendre à ferme et se rendre adjudicataires des fermes particullieres des monnoies des princes et seigneurs, qui ont pouvoir de faire battre monnoye hors le royaulme, et au tailleur general des monnoies de France et tailleurs particulliers d'icelle de faire matrices ny poinçons pour servir ailleurs qu'aux monnoies de France, suivant les ordonnances, à peine de privation de leurs offices qui seront, en cas de contravention, declairées vaecquantes et impetrables. Et sera enjoinct aux essayeur et tailleur general de faire leur residence en la ville de Paris, et ne partir d'icelle sans congé de la court des monnoyes, et aux tailleurs et essayeurs particulliers de faire leur residence dans les villes des monnoyes desquelles ilz sont tailleurs particulliers.

334. Que nulz princes et seigneurs demeurans en France se pretendans avoir droict de souveraineté proche ou dedans quelque lieu du royaulme ne feront faire, fabricquer ny battre monnoye d'or ny d'argent.

335. Que le denier pour livre qui se leve en ceste ville au Bureau des Marchans Merciers sur les marchandises appartenant aux forains estrangers sera esteinct et abolly, deffences ausdictz marchans et à tous aultres de lever ny exiger aulcun droict ny argent sur lesdictes marchandises, à peine de concussion.

336. Que doresnavant toutes marchandises emballées venans de dehors en ceste ville seront conduictes et menées en une halle ou lieu publicq dont les corps d'icy marchans conviendront en presence des prevost des marchans et eschevins, pour là estre veues et visitées par ceulx à qui la visitation en appartient, qui s'y trouverront, sy bon leur semble, pour, ce fait et sans delay estre rendues aux proprietaires sans aulcun fraiz.

337. Deffences à tous artisans de vendre en leurs bouticques d'aultres marchandises que celles qu'ilz auront faictes et fabricquées en leurs bouticques, et qui ne soient marquées de leurs marques, à peine de pugnition.

338. Deffences à tous Maistres et gardes des marchandises jurez des corps, communaultez et mestiers de prendre ny exiger aux receptions et pour les lettres de maistrise aultre droit que celluy qui leur est attribué par les statuz et ordonnances, à peyne de concussion, comme dessus.

339. Deffences à tous artisans, gens de mestier et tous aultres de se qualifier marchans, s'ilz ne sont compris dedans les six corps des marchandises ou s'ilz ne font trafficq de marchandise honnorable, comme bled, vin, bois, sallines, laines ou aultres, à peyne de deulx

cens livres parisis d'amande applicable moictié au denonciateur et l'aultre moictié aux pauvres.

340. Qu'il sera permis à tous marchans de faire trafficq tant dedans que dehors le royaulme de toutes sortes de denrées et marchandises, mesmes de tappisseries nonobstant les deffences et previlleges accordez à aucuns particulliers.

341. Seront toutes verreries deffendues ès villes et lieux proches d'icelles, ains seront remises et restablies dans les forestz et lieux proches d'icelles, deffences de faire desdictz verres esdictes villes, à peine de deux cens livres d'amande contre les contrevenans.

342. Que les antiens statuz et ordonnances pour les manefactures de drapperie, tainctures d'icelles et aultres sortes de marchandises seront gardées et observées.

343. Qu'il sera proposé aux estatz sy pour le bien de la France il sera expedient de deffendre l'entrée et usaige de touttes sortes de manefactures estrangeres, soit de soye, layne, fil ou aultre ouvrage, comme aussy qu'il ne soit transporté hors du royaulme aucunes estoffes et matieres pour manefacturer, soit layne, fil, chanvre, drappeaulx ou aultres semblables, et qu'à ceste fin deffences soient faictes de ne plus apporter ny faire entrer en cedict royaulme aulcunes marchandises manefacturées soit de layne, fil ou soye, mesmes des dentelles ny passements à peyne de confiscation et de douze cens livres parisis d'amande, n'y d'en vendre un an après la publication des deffences, avec pareilles deffences à tous officiers et aultres hommes de porter dantelles, passements ny empois, et à touttes damoiselles suyvantes et servantes d'en porter pareillement, à peyne de deux cens livres parisis d'amande applicable moictié au denonciateur et l'aultre moictié aux pauvres.

344. Que les gardes et esgardz qui sont annuellement esleuz par les marchans des lieux où se fabricque la marchandise de drapperie seront tenuz de faire leurs visites de moys en mois et gratuitement à ce que lesdictes marchandises ayent leur force, largeur et nombre de fils, portez par les antiennes ordonnances, et icelles rendues en leur premiere perfection, et s'il se trouve des delinquans, qu'ilz soient rigoureusement puniz et exemplairement par les juges des lieux.

345. Que les Corps et maistrises des mestiers creez et erigez depuis les Estatz de Bloys de l'an mil v° lxxvj seront revocquez et supprimez; et où il s'en trouverroit aulcunes des nouvelles introduictes utiles et necessaires, seront reduictz et destinés soubz aucuns des autres antiens corps et mestiers, selon qu'ilz seront trouvez convenables par les juges des lieux, et pour les aultres qui ne meritent corps ny maistrise, l'exercice en sera laissée à la liberté des pauvres pour leur ayder à gaigner leur vye, à la charge que leurs ouvrages et marchandises seront subjectes d'estre visitées par les expertz et preud hommes qui seront à ce commis par les juges ordinaires de la pollice.

346. Sera Sa Majesté suppliée de ne donner à l'advenir aulcunes lectres de maistrises desdictz mestiers tant en ceste ville de Paris et faulxbourgs que aultres villes de son royaulme, soit en faveur de mariages et naissance d'enfants de France, entrées de roys ou roynes ny pour quelque aultre solempnité ny resjouissance que ce soit,

347. Que la qualité de Roy des Merciers et aultres mestiers, soydisans à present visiteurs generaulx des prix et mesures de la France, sera supprimée par tout son royaulme, deffences à luy ou aultre, soubz ce pretexte de bailler aulcunes lectres ny exiger aulcuns droictz en consequence de ce, à peine de punition corporelle.

348. Que deffences seront faictes à tous gantiers, parfumeurs et aultres personnes d'employer en gans, peaulx ou aultres semblables ouvrages des ambres, œufz et aultres choses qui peuvent servir à la nourriture des hommes ou à la medecine, et à tous marchans d'en apporter de dehors, mesmes à touttes personnes d'en porter ny user, à peyne de confiscation et de trois cens livres parisis d'amande applicable, moictié au denonciateur et l'aultre moitié aux pauvres.

349. Que pour reigler les differentz qui sont entre les corps des marchandz, artz et mestiers de ceste ville, chirurgiens, barbiers et les maistres jurez escrivains de ladicte ville concernans tant leur particullier que le publicq. Sur les entreprises qu'ilz font les ungs sur les aultres au prejudice de leurs reiglemens, statuz et ordonnances, dont se sont trouvez plusieurs plainctes, remonstrances et memoires baillez par la plus grande partie desdictz marchandz, artz et mestiers, Sa Ma-

jesté sera supplyée de commettre jusques au nombre de douze personnes tant officiers que bourgeois pour, après la closture des Estatz et dans six moys après, juger, vuider et terminer en dernier ressort tous lesdictz differentz avec pouvoir d'evocquer à eulx tous les procès pendans entre lesditz corps marchans et mestiers de quelque justice souveraine ou aultre que ce soit, sans que lesditz commissaires puissent pour ce prendre aulcun salaire, espice ny vaccations, à peine de repetition sur eulx du quadruple et d'amande arbitraire, à la charge que les jugemens et arretz donnez par lesdictz commissaires seront executez, nonobstant toutes oppositions et empeschemens quelz conques et sans prejudice, esquelles oppositions ceulx qui se trouverront mal fondez seront condampnez en cinq cens livres d'amande sans deport ne remise.

350. Que pour eviter aux inconveniens de la vye des hommes et de la perte de leurs biens qui advient ordinairement quant le fer aigre appellé fer cassant est employé aux armes, navires, basteaulx, bastiments et aultres pareils ouvrages au lieu du fer doulx qui y doit estre employé, comme il estoit antiennement, deffences seront faictes à tous armuriers, taillandiers, serruriers, mareschaulx ferrans, esperonniers et aultres ouvriers de plus employer dudict fer aigre ny aultre que du fer doulx en leurs ouvrages soit pour les armes, quincquailleries, clousteries, basteaulx, bastimens, esquipages de chevaulx, charroys et aultres semblables, mais seulement pourront employer ledict fer aigre aux gros ouvraiges non subjetcz à rompre, comme enclumes, marteaulx, poids, barreaulx et aultres, dont la rupture ne peut causer perte de la vye ny des biens, à peine de confiscation desdictz ouvrages et de cent livres d'amande pour la premiere contravention, et de punition corporelle pour la seconde.

351. Et pour en cognoistre la difference, et à ce que les achepteurs ne soient trompez, chacune barre dudict fer doux sera marquée par chacun bout de la lectre D, et l'aigre de mesme façon de la lectre A, avec deffence à touttes personnes d'en vendre ny achepter, s'en servir ny exposer qu'il ne soit ainsy marqués et enjoindre à ceulx qui auront du fer en barre, soit en forges, magazins ou bouticques de les faire marquer dans quinzaine après la publication de l'eedict, avant que de les exposer en vente, à peine de confiscation et de cent livres parisis d'amande applicable moitié au denonciateur et l'aultre aux pauvres.

352. Que pour faire l'ouverture des mines descouvertes et à descouvrir au royaulme, le Roy sera supplié de ne prendre aulcuns droictz, et que les condamnez aux galleres au dessoubz de neuf ans et aultres personnes bannyes à temps, et tous faineantz, vagabondz, gens sans adveu, et tous couppeurs de bourses et blasphemateurs seront condamnez à travailler ausdictes mynes et delivrez pour cest effect aux maistres d'icelles, avec deffences ausdictz condamnez de laisser leurs ouvrages à peine d'estre penduz et estranglez sans forme ny figure de procès.

353. Que tous offices cy-devant creez pour la marque et visitation des cuirs, controrolle du plastre, et aultres de pareille qualité seront aboliz comme ne faisans aulcune fonction que de lever le droict qui leur est attribué, qui est une vraye imposition.

354. Que pour reformer les abbuz qui jusques à cejourd'huy se sont commis pour la despence des bastimens, thoisé et compte d'iceulx, il sera permis à touttes personnes de faire visiter, thoiser et compter les ouvrages et bastimens par telz personnes que bon leur semblera, expertz et à ce cognoissans sans estre abstrainctz de prendre ceulx qui se qualifient jurez maçons, charpentiers ou couvreurs, et que ceulx qui feront lesdictes visitations, soit bourgeois, maçons ou jurez ne pourront estre entrepreneurs d'aucuns ouvrages ni bastimens.

355. Avant on proceddera au thoisé, compte et evaluation desdictz ouvrages, ilz seront faicts pour le regard de la maçonnerie aux uz et coustumes de Paris fors et excepté qu'il ne sera rien compté, prisé, estimé ny evallué pour les saillies, pleinctes, mouslures, larmiers, entablemens, pour lesquelz en sera faict dessein et marché à part, ensemble pour l'ornement et enrichissement des cheminées desquelles ne sera thoisé que le corps, et quand à la charpenterie le compte n'en sera faict que de ce qui se trouverra mis en œuvre tant pour les longueurs que grosseurs, sans pouvoir user ny mettre en praticque ces mots au compte des marchans, pour faire lequel compte, chacune piece de bois sera reduicte à douze pieds de long et de six poulces en quarré, et que le thoisé des couvertures sera faict sans aulcun retour.

356. Que les devis qui seront faictz pour les ouvraiges de maçonnerie et charpenterie contiendront la qualité et nature des matieres qu'ilz debvront employer et les noms d'icelles, et que taxe moderée sera faicte par les juges des lieux pour le sallaire des visitations et thoisez qui seront faictz, mesmes pour les clercz de l'escritoire.

357. Qu'il plaise au Roy faire administrer bonne et briefve justice à ses subjectz par gens notables, esperimentez et de luy bien stipendiez ad ce qu'ilz ayent occasion se contanter de sallaires fort moderez, et sy faire se pouvoit par les gages des juges et officiers de justice fussent suffisans pour les entretenir decemment et honnestement, en sorte qu'ilz puissent rendre la justice gratis, lesquelz gaiges seroient pris et levez sur les trois ordres de ce royaulme.

358. Que à l'immortelle memoire du feu Roy Henry le Grand, il soit eslevé ung digne tombeau pour servir d'éternel object envers la posterité de la recongnoissance que toute la France aura voullu rendre à son unique restaurateur.

359. Le present cahier a esté leu et arresté en l'assemblée generalle cejourd'huy faicte en la grande salle de l'hostel de la ville, de messieurs les prevost des marchans, eschevins, conseillers de la ville, corps, colleges, chappitres et communaultez ecclesiasticques, quartiniers, dix bourgeois de chacun quartier, mandez, assavoir cinq officiers tant des cours souveraines que aultres et cinq des plus notables marchans et bourgeois de ceste dicte ville et deux des maistres et gardes de chacun des corps de marchandises de ceste dicte ville, le jeudy trentiesme jour d'octobre mil six cens quatorze.

(Signé.) R. Myron, prevost des marchans.

DOLÉANCES ANONYMES[1].

1° MÉMOIRES CONCERNANT LES TROIS ORDRES.

I.

MÉMOIRES ET ADUIS POUR ESTRE REPRÉSENTEZ AUX ESTATZ.

La convocation des estatz, jugée de tout temps la souveraine medecine des Rois et du peuple, a esté à ceste occasion pratiquée dès la naissance de ceste monarchie françoise, comme il se liet que les Rois de la première liguée faisoient souuent assembler les estats de leur royaume dans leur camp, laquelle forme fust continuée jusques à Pepin qui, voulant acheuer la guerre d'Aquitaine, alla à Bourges et là, au milieu de son camp, tint ses estatz. Estatz qui apportent des biens extraordinaires, car par eulx, le peuple a le bénéfice d'approcher de la personne de son Roy, de luy faire ses plaintes, luy présenter ses roquestes, et obtenir de luy les remèdes utiles et nécessaires à son mal.

N'estant doncq autre chose, ceste assemblée d'Estatz, que communiquer le Roy auecq ses subjectz de ses plus grandes affaires, prendre leur aduis et conseil, ouïr leurs plaintes et doléances, et leurs y pouruoir de remèdes, il a pleu à la majesté de nostre Roy, par le sage conseil de la reine régente, sa mère, et aduis des officiers de la couronne de faire conuoquer ceste assemblée d'Estatz, affin de remédier par ung aduis commun du peuple françois, aux désordres qui croissent de jour en jour parmy cest estat, et Sa Majesté se familiarisant à ses subjectz, veult demander aduis sur des affaires qui le touchent en particulier, et ung chacun de son peuple en général. De ceste résolution, la Ville de Paris, comme capitale de la France, première de l'Europe, et œil de l'Uniuers, a esté la première aduertie et a sceu la volonté de son Roy par ses lectres patentes envoyées en l'hostel de ville, là où, entre plusieurs bourgeois qui furent assemblés pour la lecture d'icelles fut résolu que chacun seroit reçeu en liberté de dire son opinion, de représenter le mal qui presse et oppresse les citoyens, et en remonstrer les remèdes.

Ce qui m'a meu comme affectionné à ma patrie de mectre par escript ces mémoires, advis et propositions que j'ay jugées raisonnables pour estre représentées à la tenüe des Estatz.

Premièrement. — De l'Église.

Puisque l'estat ecclésiastique est immédiatement et directement ordonné de Dieu et que les abus qui se peuuent couller en ses membres sont les plus dangereux, je commenceray par luy, et, ne parlant aucunement des personnes mais du vice, je représenteray simplement tout ce qu'en conscience il seroit à propos de corriger.

L'ignorance, l'avarice, le luxe, la superfluité d'aucuns gens d'église, leur non-résidence en leurs bénéfices, la multiplicité d'iceulx, et les sacrilèges que commettent plusieurs, n'estans ecclésiastiques, et toutefois jouissans du bien de l'Eglise sont les principales causes des désordres et des vices que l'on voit parmy les ecclésiastiques.

Pour l'ignorance, combien de prélats peu lectrez, combien de bénéficiers qui n'entendent le latin, et combien de prestres, qui, coureurs et vagabonds, sont bien empeschez à lire leur Évangile ; la pluspart desquelz viennent des quartiers de Normandie et de Bretaigne, gens qui scandalisent l'église catholique, et sur la vie desquels les hérétiques ont en apparance quelque juste argument de nous blasmer.

Pour y remédier, il seroit nécessaire que le Roy fit choix de pasteurs et d'Evesques de mérites, pour administrer leurs charges dignement, et que les Euesques, de leur costé, n'aduisent aucun à l'ordre de prestrise, qu'au préalable, il n'eust esté examiné en une assemblée de gens doctes et publiquement rendue raison de sa capacité. Laquelle, bien que recogneüe, ne seroit encore assez, mais luy fauldroit rapporter une enqueste faicte par les juges des lieux d'où il seroit natif, de sa bonne vie et probité de mœurs, et comme il auoit moyen de viure de son patrimoine, sans s'attendre de pouuoir gaigner sa vie aux despens des sacramens, et par une auarice deshonneste, enrichir ses parens au mespris de nostre religion.

Pour l'auarice, elle est tellement en règne entre les gens d'église, et nous les voyons si avides d'avoir, qu'ilz preignent des bénéfices à toutes mains. Les Euesques auront je ne sçay combien d'abbayes, et autant de prieurés soubz la charge de quelque « custodi nos » et le tout pour amasser de l'or et de l'argent à l'aduencement de leur famille, et aux despens du Crucifix. Ou bien, s'ilz ne sont portez à ceste ambition, ilz l'employent à leurs plaisirs et salles voluptez.

Les curez, aueeq leur cure, auront des prébandes qui empescheront la résidence requise auprès de leur trouppeau, et mesme encore ilz vendent plustost (s'il m'est permis de dire) qu'ilz n'administrent les sacremens ; les cérémonies du mariage

[1] Ces doléances ont été déposées par des particuliers dans le tronc placé à la porte de l'Hôtel de Ville ou remises aux commissaires chargés de dresser le cahier de la Ville de Paris. La série qui paraît complète a été conservée aux Archives nationales (K. 676). L'ordre des numéros ne présentant aucun intérêt, nous avons classé ces mémoires suivant le sujet qu'ils traitent : 1° Doléances concernant les trois ordres ; 2° Clergé ; 3° Noblesse ; 4° Justice ; 5° Finances ; 6° Police ; 7° Vénalité des charges ; 8° Ville de Paris ; 9° Commerce ; métiers ; 10° Plaintes diverses.

sont hors de raison pour les pauvres qui en appréhendent les frais, et les enterremens sont excessifs aux veufues pour les despenses qu'il y fault faire, leur faisant paier entre autres choses, ung teston pour l'assistance de chaque prestre,
qui en rend quelquefois plus que la moictié au curé. Il conuiendroit doncq sur ses
abus que les Euesques en conscience y missent la main, et par ung règlement, les
curez (soubz peine de censure ecclésiastique) ne prissent que ce qui leur seroit
taxé.

Quand est à la non résidance et pluralité des bénéfices, il seroit à propos que
les dévolus fuscent poursuiuis contre telz gens qui sont si aueuglez, que sans honte
ilz semblent se vanter et protester d'estre dispensez de bien faire, amassans des
biens et les conuertissans à leur particulier usage et volupté priuée, quand par je
ne sçay quelles couleurs, excuses et faulx donné à entendre, ilz sont dispensez,
non seulement « ad tria » (comme ilz disent), mais aussy « ad infinita », pour tenir
tout autant de bénéfices qu'ilz en peuvent attrapper.

Mais ce qui, au surplus empesche la poursuicte des dévolus, c'est que les gens
de bien n'estans supportez en leurs justes demandes demeurent quelquefois condamnez aux despens, au lieu d'auoir justice ; ce qui faict que les amateurs de la
vertu se taisent parce qu'ilz voyent à l'œil qu'ilz perdroient la peine et le temps à
poursuiure d'auantage, d'autant que les juges s'arrestent au stille et forme des
tiltres des bénéficez contendans, plustost qu'il ne font aux causes des tiltrés, et à
tout ce que l'on pourroit dire de leurs mœurs et de leur vie.

Qu'ainsi ne soit-il ! Il est tout véritable qu'ung prestre (passé le cas qu'il soit
Custodi nos ou gardien d'autruy) soit selon le stille, titulé, et soit entré en possession d'ung bénéfice par procureur, encore que jamais il ne l'ait veu, il y sera
néantmoings maintenu, bien que paillard, auaricieux, et ignorant, *custodi nos* ou
gardien d'un hérétique.

Pour à quoy remédier et empescher ses abus, les juges doibuent estre repri-
mandez, et oultre cela, il conuiendra faire que ceux qui presteront leur nom
pour la prouision des bénéfices, seront prinsez d'un autre qu'ilz auront lesquelz
séront   de leurs fraude et abus impetrables comme vaccans par mort ;
et ce, nonobstant qu'ilz se desistassent par après, d'aider à aucun de leur nom.
Et quand à ceux qui ne résident point à leurs bénéfices, sera deffendu aux fermiers desdicts bénéfices et redebvables de quelques droictz (sur peine de le répéter sur eulx) de paier aucune chose si les pourueus ausdictz bénéfices, ne font
le seruice auquel ilz sont tenus et ne s'acquitent suffisamment de leur debuoir.

Après ceci se trouue la prophanation du sacrement de mariage, digne d'estre
considérée, quand par quelque complaincte ou faulx donné entendre impuissance,
ung official ordonne le Congrès ce que la nature abborre d'elle-mesme pour estre
honteuse en ceste action de sa propre action, et l'on veult néantmoings la rendre
effrontée et faict voir au public, ce qui est de plus particulier en l'honneur qui
contrainct ne produict aucun effect. Ce n'est pas que j'improuue du tout les séparations, mais elles doibuent estre faictes auecq grandes cognoissances, preuues
suffisantes, et auec du temps, puisqu'il est dict « que ce que Dieu a conjoinct,
aucun ne le sépare. »

A tous lesquelz abus, maluersations, et faultes evidantes, sera pourueu par les
Estatz (confirmez par Sa Majesté) puisque ceux qui en debuoient entreprendre la
correction, en sont les plus entachez, et que les plus grands se trouuent les plus
coulpables.

De la noblesse.

Je viens à la noblesse, qui peult estre dicte à bon droict le bras droict de
l'Estat, les nerfs et les forces du Royaume, tant contre les séditions populaires
que contre les invasions des estrangers. A ceste occasion, aussy, n'est-elle pas
exempte seulement des tributz, mais jouist elle de beaux droictz et de redevbances
sur le peuple, desquelz elle ne doibt néantmoings abuser en traictant leurs subjectz d'inhumaniez et exactions trop grandes, ce qui sera que nous parlerons de
qui est en elle de mauvais, qui se peult corriger par la volonté du Roz, entremise
et remonstrance des Estatz assemblez.

L'espée que portent les nobles enfle leur courage du vent de l'ambition et de
vaine gloire, ce qui faict que pour paroistre en cour et près du Roy, il engage
leur patrimoine, pour avoir des gouuernemens et des charges pour sa Majesté.

A quoy il doibt estre judicieusement préveu et pourueu pour n'estre aucunement raisonnable de commettre la personne du Roy, qui nous est si chère, en la
garde de ceux que, non la vaillance, ny experiance de guerre, mais l'argent aura
faict monter à la dignité qu'ilz tiennent près du Roy. Joing qu'ung envieux de
l'Estat et de la France en fournissant de l'argent, pourroit mectre de ses pensionnaires aux charges et offices, que les plus fidelz ne sont trop capables d'auoir.
Que mesme considéracion doibt estre ballancée, pour les gouuernemens des prouinces qui doibuent estre donnez en récompense des services, et non auoir égard
à l'argent, mais pour servir de rémunération aux princes et vieulx capitaines, et
encore ne doibuent ilz estre donnez à des estrangers qui jouissent de la des naturelz Francois.

Ce sera par ce moyen que l'on verra le sang de tant de gentilzhommes s'espan-
cher pour le service de leur prince, asseurez qu'ilz seront que leurs exploicts seront
recogneuz, et leur valeur récompensée.

L'Eédict des duelz doibt estre renouuellé, et les peines agrauées contre ceux qui
y conteruiendront, d'autant que c'est chose plus que brutalle de voir la noblesse
françoise se tuer pour des chimères d'honneur et espandre son sang pour la vanité
du monde, au lieu qu'il deburoit estre conserué pour le service de son Roy, qui
sera supplié de ne donner aucune grâce à qui que ce soit pour se subject.

La violance d'aucuns seigneurs sur leurs pauvres subjectz doibt estre réprimée;
les exactions et servitudes, qu'ilz exigent et demandent aux laboureurs, seront
ostées, et règlement seuère leur sera faict sur leurs pages, laquais et gens domestiques qui, vrays pendards, courent toutes les nuictz la lame et, soubz la faueur

de leur maistre, dérobbent, querellent et outragent les habitans des villes et mesmement ceux de ceste ville de Paris. Et pour mieux y remèdier, les seigneurs et gentilzhommes respondront en leur propre et privé nom, des actions de leurs domestiques, et deffendront à leurs pages et laquais de porter des espées par la ville à peine d'en respondre, et ce, suivant les ordonnances qui en ont esté faictes.

Les hommes d'armes et chevaux-légers des compagnies d'ordonnance observeront ung ordre meilleur que cy-devant pour leur logement, ou ilz seront privéz de leurs places, et les chefz tenus d'en rendre compte. Ilz ne tourmenteront leurs hostes ny ne rançonneront les subjectz de Sa Majesté. Les soldatz des compagnies des gardes et autres gens de pied ne pilleront les villageois, et pour y prévoir, seroit à propos que les prévostz des bandes eussent quelqu'ung de leurs lieutenant en chaque compagnie, ou du moings, en chaque logemens, pour esplucher les emportemens des soldatz, ou bien en deburoit y encore auoir ung qui eust charge d'eulx, pour rapporter les délitz, et sur leur rapport, faire la punition selon la démérite.

Toutes lesquelles choses remonstrées en l'assemblée des Estatz, y sera donné remède soubz le bon plaisir de Sa Majesté.

Du Tiers Estat.

Le tiers estat, bien qu'il soit de moindre degré en rang que les deux autres, toutefois, à cause qu'il est nécessaire comme les mains et les bras au chef et au reste du corps, eu égard à son plus grand nombre, et qu'il est composé des officiers de justice, de finances, mareschaux, mecaniques et laboureurs, ses complaintes sont d'autant plus considérables, que son appuy despend totallement des remonstrances qu'il peust faire au Roy, sur la vexation des deux autres membres de l'Estat plus puissant que luy.

La justice, comme estant en la main droite des rois, doibt tenir le premier rang dans ce corps du tiers estat, puis les officiers de finances, après les mareschaux, et mécaniques, finallement les laboureurs, desquelz ayant parlé succinctement pour y auoir tant de belles ordonnances, lesquelles bien observées contiendroient ung chacun desdictz corps en leur debuoir, Nous viendrons à la police qu'il est nécessaire de faire observer exactement en ceste Ville de Paris.

L'abbreviation des procès estant la chose la plus requise en la justice, pour le repos d'un chacun, doibt estre le seul but à quoy Messieurs des Estatz doibvent auoir égard, pour faire en sorte que les taxes des procureurs, des aduocatz et vaccations de Messieurs de la Cour et autres justices, ne soient si immenses qu'elles sont, et que ce qui leur est accordé par les ordonnances, soit observé et soigneusement entretenu.

Que pour expédition plus grande, les causes soient vuidées en l'audience tant que faire se pourra, sans en appointer d'aucunes qui ne le mérite[nt] aucunement.

Sera remonstré la chicanerie de tant de juges subalternes ou autres magistrats, lesquelz arriuez d'auctorité et favorisez de la nécessité que chacun a de passer par leurs mains, pregnent aussy hardiment et injustement que ceux qui sont armez des armes matérielles. Il conuiendroit de rambourser et dédommager tous les haultz justiciers principallement de paier pour le tout annexé à la justice du Roy, ny auoir que le Prévost de Paris pour premier juge des habitans de ceste Ville, ou sinon chastier rigoureusement les prevostz et lieutenant de ses justices trouuez en maluersation et de la mesme façon que Cambise punit Pisannes, juge corrompu et pécuniaire; et je m'assure qu'ilz n'y retourneroient jamais, ny leurs successeurs.

Il est aussey à requérir, estans plus que raisonnable, que contre la pratique ordinaire de Messieurs du Parlement, ung procès estant une fois mis sur le bureau, soit veu examiné et enfin jugé, sans le laisser pour en prendre ung autre, et une heure encore après ung autre, ce qui faict perdre la mémoire du premier et oster la cognoissance aux juges d'en comprendre si tost la vérité. Poing qu'ung procès remis à ung autre jour, incite les parties (ayant pris le vent du bureau) d'employer leurs amis, et à toute risque de gaigner ceulx qui se sont monstrez contre eulx. Ce qui est au désanvatage de l'équité, et ce qui ne seroit pas si le procès estoit jugé sur le champ et s'il ne se pouuoit remettre au lendemain, sans en faire rapporter d'autres deuant qu'il fut acheué de juger.

Je ne veulx pas icy ni arrester de ce que les juges et magistratz pregnent en commun et par forme d'espices d'autant que cela est auctorisé par les compagnies, déclaré, comme l'on dict, de bonne prise. Et encore qu'on en abuse fort rudement et quil ne couste qu'à dire; si est-ce le moindre mal de présent, fondé sur la multitude des officiers qui est au grand du peuple, qui en achepte la justice plus chèrement, laquelle on luy doibt gratuitement. Mais ce qui se fait en arrière et d'homme à homme, est beaucoup préjudiciable et mauuais. Je laisse à part les auarices et regratteries de plusieurs qui pour attraper et gaigner dauantage se rendent subjectz à mille corvées pour lesquelles plusieurs d'entre eulx carossent indignement les procureurs et leur donne partie de leur vaccations, affin d'auoir plus de despens à taxer, chose vilaine et sordide.

Le pis de ce qui se faict est ès arrières-mains en présens de prix, par lesquelz la justice est grandement corrompue, et soubz cela l'on peut considérer combien des manqeries et larcins se font par des harpies de grossiers commissaires, huissiers, sergens et procureurs et autres sangsues du pauure peuple, duquel aucuns sont du tout ruinez auant la fin de leurs procès, et se repentent d'auoir jamais plaidé pour achepter la justice voire souuent une injustice si chèrement.

Ce seroit doncq chose très profitable de rechercher les moyens d'une bonne et briesue justice, et, approchant des formes que pratiquent les Suisses et Allemans, ressentir les biens et commoditez qui en réussissent, lesquelz commoditez sont proprement supporter par Simler en son histoire de la république des Suisses[1],

---

[1] De republica Helvetiorum, Jos. Simlero auctore, libri II. Tiguri, 1576, in-8°. — Traduction française, par Inn. Gentillet. Paris, 1577, in-8°.

là où il compare leurs formes de procedder, avecq la nostre longue, chère et plaine d'inconvéniens.

Mais pour pouvoir paruenir à ceste félicité, la vénalité trop grande des offices de judicature et autres doibt estre retranchee, et pour le faire insensiblement, le droict annuel (aduis pernicieux pour auoir faict monter les offices au prix excessif auquel elles sont) doibt estre rompu, comme du tout contraire à la police d'ung royaume, et ce d'autant que tous ceux qui acheptent leurs offices chèrement tas-chent par leurs moyens à s'en rembourser bien tost, soit à tort ou à droict. Poing à ceci qu'ung père de famille ayant plusieurs enfans ne sçauroit les aduancer, les offices étant hors de raison, et aussy les jeunes hommes. qui dans les affaires du monde se rendroient capables de quelque chose de bon pour seruir leur prince, et leur patrie, demeurent inutilz et cazanniers dedans l'oisiueté, pour ne pouuoir aux   offices que les vieillards retiennent opiniastrement pour estre assurez contre la mort par le bénéfice du droict annuel.

L'on objecte que c'est le bien du roy que ce party? Et je diray que c'est luy oster la liberté de pouuoir gratiffier ses seruiteurs par le don de quelque legère office, et que cela manquant, il luy couste dauantage d'ailleurs à luy, récompenser par dons et pensions assignées à l'espargne. Et puis le Roy n'a besoing de tant de mesnage que, sur l'apparance d'ung peu de proffict, il rende tant de jeunes espritz inhabilles de luy rendre des agréables seruices, alors que, parmy ses affaires, ilz auroient acquis la cognoissance et l'expérience dont les vieillards man-queront à la fin, par la faiblesse de leurs années. Ces considérations meurement ballancées, et vrayement politiques, doibuent inciter à casser le droict annuel et pousser Messieurs les depputtez aux Estatz de le requérir.

Après la correction des abus de la justice, et de la vénalité des offices empesches, on doibt redresser plusieurs choses de la Chancellerie qui chancelle quelquefois, tant pour la difficulté qu'on a quelquefois d'auoir ses expéditions, que pour les droictz de sermens que Monsieur le Chancellier prend, depuis quelques années, de chasque officier, qui est tenu de prester serment deuant luy. La taxe de sceaux sera obseruée religieusement, et l'ordre meilleure tenue par le moyen d'ung office de controlleur qu'on peult ériger, pour auoir plus de cognoissance de ce qu'il doibt reuenir de bon au Roy qui n'en touche rien.

Pour les comptables et financiers, les ordonnances sont si précises contre eulx qu'il ne faut que les entretenir pour en auoir la raison.

Seulement doibt estre requis (selon mon aduis) que les deniers du Taillon ne soient diuertis à d'autres assignations, ains employez à l'entretenement des cin-quante mil hommes de guerre à quoy ilz sont destinez. Que les gens de guerre soient paiez de leurs soldes et appointemens, affin qu'ils n'ayent plus d'occasion de molester le plat-pais et ruiner les lieux par où ilz passent, soubz prétexte qu'ilz ne sont paiez que d'une partie de leur entretenemens.

Que les pensions des princes et seigneurs soient moderées, affin qu'il demeure ung fond suffisant pour acquiter les charges ordinaires du Royaume qui demeu-rent le plus souuent bien que necessaires, les assignations y destinées estans ab-sorbées par les pensions, ce qui cause les emprunts et leuées extraordinaires sur les officiers et sur le peuple, et des grandes aduances que font les trésoriers de l'espargne et trésoriers de l'ordinaire des guerres, dont le Roy paie de grandz interets.

Que pour les Eaux et foretz, les officiers entretiendront les ordonnances qu'ilz négligent, et que réformant leurs maluersations, ils ne venderont les bois du Roy hors de saison; et pour les usagers qui ont droict de chauffage, Sa Majesté sera priée pour le publicq que doresnauant il soit apprécié en argent. attendu que, pour une corde de bois qui seroit deube à quelqu'ung, il s'abbat de beaux chesnes sains qui seruiroient à faire poultre et bois marrain au lieu de seruir à brusler.

L'Entreprise de Monsieur de Sully sera requise pour faire que les grands che-mins soient plantez d'arbres, d'ormes, de chesnes et autres par les propriétaires des terres qui abboutissent dessus lesquels propriétaires jouiront de la tondure desdictz arbres sans que les voyers y puissent rien prétendre, mais ne pourront les propriétaires abbattre desdictz arbres, si ce n'est par vieillesse ou autre, ac-cordant encore en y replantant ung jeune au lieu de celuy qui sera arrasché, et le tout pour préuenir la disette du bois qui pourroit arriuer dans peu s'il n'y estoit preneu par ce moyen.

Que pour le soulagement des rues et passages de Paris les petitz suborbes du barrage, cincture de la Royne et autres, seront mis autre part pour estre extrême-ment incommodes a Petit pont et aux lieux où un asne chargé et une charette arrestée pour ung double, empesche les passans plus que ne vault le reuenu du suborde.

Voilà ce qui m'a semblé aucunement considérable à remonstrer pour le gé-néral; maintenant je viens à la police particulière de la Ville de Paris, qui doibt estre premièrement cousidérée en la personne des Bourgeois, qui bien que priuilégiez en plusieurs choses, sont néantmoings tourmentez par Messieurs des Cours souueraines, qui sans droict aucun veullent (ayant procès principallement criminel contre quelques habitans) l'attirer en leur juridiction pour responre et là terminer leur différend, ne voulant aucunement recognoistre le Preuost de Paris juge des bourgeois, et hors la juridiction duquel ilz ne peuuent estre tirez. Il conuiendra doncq requérir aux Estatz, que conformément les priuilèges, les bourgeois de Paris ne puissent appellez par deuant autre juge que le Preuost de Paris, n'estant raisonnable qu'ayant procès contre ung officier de quelque Cour souueraine, ilz respondent deuant leurs juges et parties, et non deuant le Préuost de Paris, qui est juge commun de ceulx qui habitent en ladicte Ville.

Que la superfluité des habits sera réfrenée et tant ordonnances, règlemens et éédicts qui seront augmentez s'il y eschet, seront obseruez auecq séuérité pour con-tenir ung chacun selon sa vaccation en habit decent et honneste.

Que les Commissaires, Sergenz, Preuostz et archez, sur peine de priuation de

leurs offices, prendront garde aux rumeurs et tumultes, qui sont si fréquens à
Paris, et qui viennent en coustume par la négligence des officiers, et timidité
des habitans, ausquelz on faict mille poines par justice, quand voullant appaiser
quelque querelle, on les prend comme coulpables, s'il arriue quelque malheur,
tellement que pour n'estre tourmantez ilz sont contrainctz de se renfermer dans
leurs loges et boutiques sans vouloir sortir. Pour à quoy mettre ordre fault enjoindre de tenir des armes dans toutes les boutiques et déclarer absoubz ceux qui
voullant empescher ung tumulte, en la meslée quelque mutin aura esté blessé.

Que les lieux impudicqz et diffamez seront recherchez par les commissaires des
quartiers, et sans prendre pension aucune ameneront les femmes publicques en
justice, ou les propriétaires des maisons adjournez seront condamnez à l'amande
pour auoir loüé leur logis à tel garniment, et pour ne s'estre enquis de la vie de
ses hostes, ce qui a l'aduenir empeschera ceux qui trouuent le gaing bon des
choses salles et ordes, de regarder à deux fois ceulx ou celles qu'ilz mettront en
leurs maisons.

Que le règlement des prineaux ou fermez y tiendra comme il a commencé pour
le repos de la Ville, et qung ordre assuré et durable y sera mis affin de maintenir
le peuple en charité et employer les vallides à quelques mestiers mecaniques pour
leur occupation et proffit de la maison.

Que les gaiges sallaires des seruiteurs et seruantes tant de la Ville que plat
païs, seront reglez et taxez suiuant l'ordonnance cy-deuant faicte par feu Monsieur
le lieutenant ciuil Myron.

Que deffences seront faictes aux rotisseurs sur peines de confiscation et grosses
amandes de vendre aucune viande, fors de bœuf, mouton, veau et oye, suiuant
les anciennes ordonnances, et que les cabarettiers seront tenuz d'observer les règlement de Monsieur le lieutenant ciuil, nonobstant l'opposition des partisans des
aydes et arrest de mainleuée du Priué conseil.

Que les Académies publicques comme de dez et de courtes boulles seront déf-
fendues, sur peine de punition corporelle.

Que le prix excessif des fraiz de la Paume et autres jeux sera modéré, pour ne
causer tant de despence superflue à la jeunesse.

Que pour éuiter au monopole des bouchers qui causent la chereté de la viande,
il sera permis aux bouchers des villages et bourgs circonuoisins de venir vendre à
Paris suiuant le règlement que fut faict il y a quelques deux ans.

Que les rôtisseurs n'yront deuant unze heures à la Vallée de misère pour
achepter leur volatilles et gibiers à eulx nécessaires, affin que les bourgeois s'en
puissent fournir à l'aise et deuant eulx, et sous peine de confiscation, ne retiendront dès le matin, entre les mains des pouillaillers des paniers entiers, affin de
faire passer les bourgeois par leurs mains, qui faisans leurs complainctes, seront
les dictz rotisseurs condamnez sans aucune forme de procès à l'amande.

C'est tout ce que j'ay jugé debuoir estre principalement considéré et représenté
en l'assemblée des Estatz, (par la voix du peuple qui est celle de Dieu) lequel
donnera la Grâce de bien pouuoir remédier aux maladies de ceste monarchie,
que l'asge de félicité retrouuera aussy beau, qu'il fut jamais feint estre escheu à
la naissance du monde. Ce que je souhaite auecq autant d'affection que je voy
nostre France et ma patrie en auoir besoing.

                                        (Arch. Nat., K. 676, n° 64.)

                                    II.

Messieurs les Préuost des marchands, et Escheuins de la ville de Paris, et les
députez auec eulx, pour dresser le cayer des Estatz, sont suppliez de considérer
que, comme ladite ville est la capitale du Royaulme, et remplie d'un plus grand
nombre de personnages d'expérience et d'autorité que toutes les autres villes ensemble, aussy doibt elle proposer en son cayer d'autant plus hardiment les
articles qui seront plus importans à la réformation de l'Estat, et ne s'arrester à
ung nombre infiny de plus légers articles, qui se pourront aisément représenter
par les cayers des prouinces, comme sont pour exemple les poincts qui s'en-
suiuent:

Puisque Dieu a permis pour la nécessité du repos de l'Estat de souffrir en
France ceux de la religion prétendue réformée, par les éédictz de pacification vé-
rifliez aux parlements, que le Roy soit supplyé de les faire entretenir soigneusement, sans y rien innover, et en ce faisant reuocquer tout ce qui a esté faict et
accordé oultre et par dessus lesdictz éédictz, et de plus qu'il n'est contenu en
iceulx.

Qu'il ne soit permis audict de la religion prétendue réformée de s'assembler
par députez ny aultrement qu'en dix ans une foys, tout au plus, est (sic) ce au
temps et lieu qui leur sera accordé par le Roy après qu'il aura reçu aduis des
princes et officiers de la Couronne, en congnoissance de cause, et où ilz s'assem-
bleroient aultrement, ou plus souvent, qu'il sera permis de leur courir sus.

Que les villes qu'ils detiennent, soit par ostages, ou aultrement seront remises
en l'obéissance du Roy après les délais expirés, sans les plus continuer pour
quelque cause ou prètexte que ce soit, attendu l'entretenement des éédictz de
pacification, et, à faulte de ce faire, après les délais expirez, sera permis à tous
bons et fidèlz subjectz du Roy, soient catholiques, ou de ladicte religion prétendue
réformée, de s'emparer des dictes villes pour les remectre en la puissance et
obéissance du Roy, et de traicter ceulx qui resteront et les retiendront comme
rebelles et criminaux de leze-Majesté[1].

Que les Prélatz et ecclésiastiques ne feront pareillement aucunes assemblées du
Clergé général de France, par députez ni aultrement, sinon de dix ans en dix ans
au plutost, au temps et lieu qu'il plaira à sa Majesté leur permectre selon les
occurances, de leur nécessitez et en congnoissance de cause[2].

_____
[1] En marge de cet alinéa est écrit: Rayé.

Qu'il soit enjoinct à tous prélatz auec ecclésiastiques de résider sur leurs bénéfices, à peine de priuation de leurs dictz bénéfices, qui seront déclarez vaccans et impétrables pour cause de non résidence, comme par Simonie, dont la congnoissance apartiendra au Grand Conseil, priuatiuement aux Parlemens, à au reffus de la collation faicte à Rome, ou par les ordinaires, pour ladicte cause de non-résidences, sera commis, par ledict Grand-Conseil, le premier euesque sur ce requis, et icelluy contrainct ce faire par saisie et priuation de son temporel.

Que les euesques et tous autres ecclésiastiques ayant bénéfice de résidence, ne pourront séjourner à Paris ny en Cour ny ailleurs, hors leurs dictz bénéfices que qde par l'espace d'un moys par an tout au plus, sur pareilles peines et priuation de leurs offices, comme dict est, quelques dispenses ou permissions qu'ilz en puissent obtenir, et où le tiltre de leurs dictz bénéfices ne seroit requis, pourront y estre commis et désignez personnes capables par ledict Grand Conseil, à la nomination et diligence du procureur général en icelluy, et ce pendant, et jusques à ce qu'il y ait esté préveu les fruictz du bénéfice, saisiz et employez aux pouvres du diocèze ou autres, selon qu'il sera par ledict Grand Conseil, arbitré[1].

Qu'il ne sera permis ausdictz ecclésiastiques de quelque qualité qu'ilz soient, cardinaux, éuesques ou autres, de tenir d'eulx bénéfices de résidence, ensemble, soient éueschez, abbayes, prébendes, chanoineries, ou aultres, soubz quelque prétexte de dispense, ou de seruir ès Parlemens, ou autres que se soit, sur pareille peine que dessus[2].

Que deffenses seront faictes pareillement à tous ecclésiastiques de nourir et entretenir chiens, ny oiseaulx, ny chevaulx, qu'à leur nécessité, ny d'auoir aucuns pages ny lacquais à leur suite, de quelque qualité ou famille qu'ilz soient, pour oster la conséquence, et qu'il soit permis à toute personne de prendre, retenir ou tuer lesdictz chiens et oyseaulx, sans qu'ilz en puissent estre recherchez ny repris; et pour le regard des pages et lacquais qui auront seruy les ecclésiastiques, seront déclarez indignes d'entrer en charges militaires ny en métier juré quelconque, soit pour y seruyr ou commander, ny pour estre maistres ou aprentifz.

Que les dictz ecclésiastiques, ne feront plus d'assemblées par députez, ny aultrement pour ouïr et arrester les les comptes des décimes, et que l'examen et congnoissance d'iceulx en apartiendra à la Chambre des comptes de Paris, et la jurisdiction des différends, proceddans desdictz décimes sera remise à la Cour des aydes, suiuant les édictz qui leur ont attribué la congnoissance, de tout temps à la charge que lesdictz comptes seront examinez en [ladicte] Chambre, sans espèces, et les procès concernant lesdictz décimes, ne seront jugez en ladicte Cour des Aydes, par commissaires, ains, à l'ordinaire, à peine de nullité et cassation des arrestz, et d'euoucquer en aultres cours souueraineslesdictz comptes et procès en cas de contrauention.

ARRESTÉ BON. — *Et sera adjousté à ladicte article que le Roy sera supplié, que ledict Clergé ne s'assemble poinct en dix ans pour le renouuellement du contract, mais qu'en l'assemblée de l'année prochaine, qui sera pour ledict renouuellement puis estre, jusqu'à ce que le roy aict trouué bon de les faire assembler.*

Que tous priuilèges et exemptions octroyez depuis la mort du feu Roy Henry II, pendant la minorité ou trop grande jeunesse de noz Roys, et les guerres ciuilles et troubles du Royaume, soit deux villes, personnes et communaultez, pour quelque cause que se soit, seront réuocquez, et les subjectz du Roy remis en égalité de Contributions, pour ce que aultrement, les plus fortz et fauorisez opriment les faibles et leur font porter la surcharge de ce dont ilz sont deschargés.

Comme aussy sera supplyé que s'il y a aucun débat, pour l'exécution du contrat, que la congnoissance apartienne à la cour de Parlement, et non à d'aultres juges.

Que par ce moyen les aydes estans remises en plus grande valeur, il sera plus facile et raisonnable de diminuer les tailles, et pour ce faire oster du tout la grand (curc?) des garnisons establie seullement depuis les derniers troubles de la Ligue[3].

Supplier le Roy se contanter de la taille, et du taillon attendu que les dictes garnisons extraordinaires, ne sont plus nécessaires, ny en effect aucunement entretenues, depuis une sy longue paix qu'il a pleu à Dieu donner à la France, par la valeur et la prudence du deffunct Roy Henry-le-Grand, et sage conseil de la royne régente[4].

Que les deniers du taillon seront employez pour l'entretenement des dictes garnisons, qui restent entretenues, et nécessaires pour la France, à quoy ilz se trouueront suffire.

Qu'il n'y ait que six compagnies de gendarmes des ordonnances, entretenues pendant la paix, et toutes autres castées et reuocquées, pour ce que aussy bien elles ne seruent qu'à la ruine et diminution des finances[5].

Qu'esdictes six compagnies d'ordonnances, ne seront admis que des gentilzhommes de race ou d'extraction, ou ennoblis par lettres-patentes, deument vérifiées, et s'ilz sont autres sera permis, de les mectre aux tailles et faire payer les aydes, sans qu'ilz puissent s'ayder d'aucuns priuilèges, ny exemptions quelz conques, pour estre desdictes compagnies, mais seullement comme gentilzhommes d'extraction ou ennoblis, et sans qu'ilz puissent entrer esdictes compagnies, pour récompense de seruice, ny pour quelqu'autre prétexte, que ce soit[6].

Qu'en temps de paix, ne seront pareillement entretenus que quatre régimens de gens de pied, chacun de quatre compagnies de cent hommes, seullement, dont celluy des gardes du Roy sera près de sa personne, quand et aultant qu'il sera nécessité, et les aultres entretenus ès villes frontières, et autres places fortes de garnison[7].

Que le Roy sera supplié se contanter, pour la taille ordinaire, de quatre millions de liures, de tous temps accoustumez, jusques au Règne du Roy Henry second, et pour les nécessitez extraordinaires luy seront accordez deulx des dictz quatre millions, reuenant le tout à six millions de liures jusques à ce que par un meilleur règlement de ses affaires, il puisse soulager son peuple desdictz deulx Parisis, et remectre l'Estat de son royaume comme il estait au règne du Roy Loys XII qui en fut appellé le père du peuple.

A la charge que, s'il suruient subject de guerre soit au dedans ou dehors le royaume, où il faille leuer et employer plus grand nombre de gens de guerre que lesdictes six compagdies de gens d'ordonnances et quatre régimens de pied en ce cas seront augmentées les levées des tailles, par Parisis et demy Parisis, desdictz quatre milions du corps et pied au tiers de la taille, ou jusques à double parisis sy besoin est, qui seront remis et ostez après les guerres finies, et la première année de la paix restablie [1]

Et pour entretenir le susdict règlement, empescher qu'il n'y soit contre-venu, sera le Roy supplié que l'assemblée des Estatz se tienne de dix ans en dix ans, et que ceux qui auront manié les finances pendant les dix années précédentes, ou leurs héritiers, seront tenus d'en randre compte par devant les députez desdictz Estatz, qui seront esleuz et commis à les examiner pour représenter à sa Majesté les diuertissements ou larcins, ou mauuais mesnage qui y auroit esté faictz s'il s'y en trouue [2].

Les monstres et payement des gens de guerre se feront par ceux des ordonnances de trois en trois moys, et pour les régimens de pied de moys en moys, sans aucun retranchement ny changement de mois et plus ou moins de jours, à peine contre les ordinateurs et exécuteurs d'estre priuez ou degradez de leurs charges et d'estre reprochez en justice comme ignobles et infames, pour ce que c'est contraindre les gens de guerre de manquer à leurs charges, ou d'estre larrons pilleurs de peuple en nécessité.

Que toutes pantions seront revocquées, mesmes celles introduictes pour la direction des finances, et n'en seront accordées aulcunes que celles qui de tout temps accordées aux princes et princesses du sang et maison de France et officiers de la Couronne par forme d'apanage ou d'apoinctement, à peine de répétition et du quatruple contre les ordinateurs et partyes prenantes; leurs vefue, héritiers, ou biens tenans, dont la recherche sera facille par les députez des Estatz qui en auront pouuoir, et de les faire juger en l'Assemblée des nouueaux Estatz, dont ils requerront le Roy à cest effect, et pour faire juger pareillement, toutes les autres contrauentions qui se feront à ce qui sera ordonné en la première assemblée desdictz Estatz dont ilz auront la charge et le pouuoir.

Pour la justice.

Que Messieurs du Conseil priué du Roy ne seront plus employez qu'à donner conseil à sa Maiesté en des grandes affaires, concernans l'Estat, et l'uniuersel de son royaume, tant à l'esgard des reynicoles que des estrangers, comme aussy pour ce qui est de la Guerre et de la direction de ses finances [3].

Sans qu'ilz se puissent aucunement entremectre de ce qui est de la justice et jurisdiction contentieuse, dont ilz laisseront la congnoissance et jugement aux parlemens et compegnies souueraines ausquelles elle apartient et est atribuée par les ordonnances et résolutions faictes en l'assemblée des Trois-Estatz du royaume.

Que tous ceulx qui auront à se plaindre des Parlemens ou autres compagnies soit pour éuocations à cause de parentez, ou du faict des juges ou autrement, ou pour les contentions de jurisdiction ou aultres différends qui se formeront entre icelles, se pourvoiront au Grand-Conseil, pour, en congnoissance de cause, donner aduis au Roy, sur lequel seront expédiées lettres patentes du Roy conformément audict aduis, ausquelles ne sera loisible de contreuenir en façon quelconque, que par très humbles remonstrances à sa Majesté, s'il y eschet et en matière seulement qui seroient de grande conséquence, attandu que l'establissement dudict Grand-Conseil n'a esté premièrement et principallement faict que pour cela, et en descharger aultant les dictz seigneurs du Conseil, comme il se veoid par la Chartre de leur première institution [4].

Que les dictz seigneurs du Conseil priué ne feront ny donneront aucun jugement ny arrest en aulcunes affaires quelconques, quelques quelles soient [5], attandu qu'ilz n'y sont aucunement juges ny magistratz approuuez ny recongnuz, qui ayent corps ny rang en France, ny qui ayent tiltres ny mission pour juger, pour ce qu'ilz n'ont aulcunes lettres de promission du Roy, qui est le seul tiltre de judicature, muni seullement des breuetz ou commissions qui les rendent commissionnaires réuocables «ad nutum», sans examen, interrogatoires ny réception, qui sont les vrais caractères de juges, et sans aulcunes ordonnances de Roy en assemblée d'Estats, ny autrement, qui leur ayt jamais donné pouuoir ny autorité de juger, qui est la mission du prince, sans laquelle c'est crime d'entreprendre de juger, comme à un théologien de prescher, sans la mission de son éuesque ou cure, se trouuant un grand nombre d'ordonnances au contraire, qui leur deffendent la jurisdiction contentieuse, comme il est notoire que la plus part des seigneurs du Conseil ne sçauent ny loix ny ordonnances, ny latin ny pratique, pour la judicature, estans de courte robbe ou d'espée.

Qu'en toutes les affaires qui se présenteront au Conseil priué du Roy, les Seigneurs dudict Conseil donneront aduis à Sa Maiesté, sur lequel seront expédiées lettres patentes du Roy, addressantes aux Parlemens ou autres Cours souueraines ou aux Gouuerneurs des prouinces, baillifs, seneschaux ou aultres, selon la condition des matières, et seront exécutées selon leur forme et teneur, soubz l'autorité du Roy, sans qu'on y puisse résister ny contreuenir que par très humbles remonstrances, comme dict est, qui se feront de bouche, ou par escript, selon la congnoissance des matières, comme il se pratiquoit lors de l'establissement dudict Grand Conseil longtemps depuis.

---

[1] *Idem.*
[2] *Bon.* En marge est écrit *Bon.*
[3] En marge : *bon.*

[4] En marge : *Bon.*
[5] En marge : *Bon.*

Que toutes les délibérations du Conseil priué seront conçeûes et mises par escript en ces motz; «Les Seigneurs du priué conseil du Roy sont d'aduis», sans plus user de Ceste forme, de nouuelle et pernitieuse inuantion : «Le Roy en son Conseil a ordonné» qui sera supprimée et abolie comme préjudiciable à l'auctorité de sa Maiesté, en ce que le plus souuent on en abuse et n'y est obéy et qu'enfin lesdictz seigneurs du Conseil continuans leurs entreprises, comme ilz ont faict depuis peu de temps, il ne resteroit aucune auctorité au Roy, ny à ses Cours souueraines, et les dictz seigneurs du Conseil priué seuls, usurperoient toute l'octorité royalle, se rendroient maistres et souuerains absolus de l'Estat, et réduiroyent nos Roys à leurs plaisirs et tous autres exercices, que du soing et de la congnoissance particulière qu'ilz doibuent auoir de leurs subjects et de leur Estat[1].

Que sy lesdictz seigneurs du Conseil s'ingèrent de plus donner ung jugement ou arrest, il sera loisible d'en appeller par les procureurs généraux de Sa Maiesté, ou par les particulliers intéressez comme il se trouve, par les régistres du Parlement et ailleurs autres, esté faict en pareille entreprise, sinon où le Roy seroit en personne, tout ce qui sera délibéré en sa présence et arresté par Sa Maiesté, sera conceu et exécuté comme arrest du Roy, estant en son Conseil, par dessus tous autres arrests de Cours souueraines, nonobstant toutes sortes d'oppositions ny formes de droict, sinon de très humbles remonstrances à sa Maiesté, comme dict[2] est.

Que les présidens, ny conseillers des compagnies souueraines ne seront plus du Conseil priué à peine d'interdiction de leurs offices, ny autres que ceulx qui auront seruy le Roy aux ambassades, ou en autres grandes charges, soit des cours souueraines ou ailleurs, par l'espace de 20 ans pour le moins, tous autres réuocquez et retranchez.

Que les offices de maistre de requestes, qui sont les racines du désordre en la Justice, seront supprimés et réduictz au nombre antien de viii seulement, pour estre iiii à la suite du Roy, et les iiii autres au Parlement et Requestes de l'hostel; et remboursez comme les autres officiers inutilz et superflus, qui seront déclarez cy-après, sy mieux ne semble de les distribuer et incorporer dans les Compagnies souueraines ainsy qu'il s'ensuit, sçauoir : quatre au Parlement de Paris, et deulx en chacun des autres sept Parlemens de France, quatre au Grand Conseil, et deulx en la Chambre des comptes de Paris, qui font le nombre de xxiiii pour autre séance immédiatement après les présidens desdictes compagnies, et jouir de pareilz droictz de raporter et particier aux espices et tous autres, comme les autres conseillers, ou maistres, qui seront au dessoubz d'eulx ; et pour le regard des quatre Chambres des comptes de Bretagne, Provence, Montpellier et Rouen, et trois Cours des aydes de Paris, Montpellier et Rouen, y aura un desdictz maistres des requestes créé en tiltre [d'office de présidens en chacune d'icelles. A le charge de suppression de.....] de pareil nombre de présidens, conseillers, ou maistres qui viendront à vacquer cy-après en chacune desdictes compagnies, par mort, forfaiture, ou autrement, et ce faisant qu'il ne demoura que seize desdictz maistres des requestes en tiltre, iiii pour estre à la suite du Roy, iiii pour entrer au conseil, iiii pour entrer au Parlement, et iiii pour les Requestes de l'hostel, qui y seruiront tous seize alternativement et par quartier, à la charge de suppression, et réduction desdictz seize à viii, comme ilz viendront à vacquer, comme dict est, et pour les dix restans; qu'ilz seront dès à présent supprimez; et néantmoings exigez en tiltre d'office de présidens et garde des sceaulx ès chancelleries des huict Parlemens de France; assauoir, deulx en celluy de Paris, [et deux][2] en celle de Thoulouze, et d'un seul en chacun des six autres parlemens; et pour leur donner droictz et gages suffisans, seront supprimez tous les offices de seruiteurs du Roy, du derniers corps d'iceulx, appelez les supernuméraires, ne restant que quatre corps desdictz seruiteurs du Roy, assauoir celluy des vi, celluy des liii, celluy des xxvi des finances, et celluy de Nauarre ; les gages et droictz de tous les autres demoureront départis et attribuez egalement ausdictz dix présidens et garde des sceaux des chancelleries desdictz Parlemens, à la charge de rembourser actuellement lesdictz seruiteurs supprimez de la Finance qu'ilz auront véritablement payée pour acquérir et se maintenir ausdictz tiltres desdictz offices, fraiz et loyaux coustz; lequel remboursement se fera comme des autres offices retranchez et supprimez ainsi qu'il sera dict cy-après.

Que les offices de Greffiers dudit conseil priué, appelé des partyes, et les secrétaires du Roy du Conseil d'Estat appelé des Finances, et leurs Commis érigez en tiltre, depuis les misères des derniers troubles seullement, seront supprimez, et pourueu à leur remboursement, comme il sera dit cy-après des autres offices supernuméraires du Royaume, et permis à monseigneur le Chancellier de France de nommer et commectre, ung des antiens secreteres du Roy pour garder les régistres du Conseil, dresser et expédier les aduis et délibérations des Seigneurs d'icelluy : excepté, quand le Roy s'y trouvera en personne, dont les délibérations et résolutions seront expédiées et signées par une des secrétaires d'Estat, ainsy que se faisoit et pratiquoit, il n'y a pas cinquante ans.

Que tous les aduocatz et procureurs dudict conseil, se retireront et seront distribuez au Grand Conseil, et autres Cours souueraines, pour y estre reçeuz aduocatz, ou procureurs selon leur habitude et capacité, sy mieulx ils n'aymeny qu'il leur soit permis de répéter ce qu'ilz auront donné pour entier esdictes places, sy aucuns se trouvent y estre entrés par telle voye.

Que l'éédict du droict annuel sera réuocqué, comme abominable à l'Estat, honteux à la Justice de vendre les offices au plus offrant, et préjudiciable aux subjects du Roy, qui sont comme rançonnez pour auoir la Justice.

Que les deulx éédictz donnez, l'un à Fontainebleau, au mois de Juillet 1582, vérifflé en Parlement le xxiij dudict Juillet pour la réduction des offices de judicature, l'autre à Saint-Germain-en-Laye au moys de Nouembre 1584 pour la réuo-

[1] En marge : Bon.
[2] En marge : Bon.
[2] Ces deux mots sont ajoutés d'une main étrangère.

cation des [1] éédictz auec l'arrest du Parlement du xx° dudict Nouembre, seront
restablis et executéz, tant pour le regard desdictz mauuais éédictz, qui se trouueront continuez que d'autres, depuis faictz et inuentez.

Que les offices de Présidens' et gens du Roy [2] des compagnies souueraines,
seront donnez par le Roy, à l'un des trois de ceulx qui seront esleuz et nommez
par lesdictes compagnies souueraines du corps d'icelles, affin d'estre mieulx instruictz, et d'en estre plus capables, et que l'eslection s'en fera par billetz secretz
mis en un tronc ou chappeau, comme il se faict des Préuost des marchands et
Escheuins de Ceste ville de Paris.

Que ceulx qui donneront argent pour auoir lesdictz offices seront tenuz pour
infames, incapables de tester ny porter témoignage, et sera permis à toutes personnes de les récuser pour juges, et reprocher pour témoins en informations,
enquestes ou contractz pour ce seul faict seullement.

Que les baillifs, séneschaux de robbe courte seront pourueuz par le Roy, des
plus nobles et antieunes familles du ressort desdictz baillages et séneschaulcées,
[et où autres en seroient pourueuz par argent, faueur ou autres, sera permis de
les mespriser et de ne leur obéir, qui ne vouldra sans en pouuoir estre repris ny
recherché, comme estrangers et incongnuz en la Prouince [3]].

Que les baillifs et seneschaulx de robbe longue, lieutenant généraulx ciuilz de
tous les sièges principaulx des baillages et séneschaulcées, seront doresnauant
nommez et tirez par le Roy, des compagnies souueraines, pour exécuter les dictes
charges, par commission pour trois ans seullement, sans qu'ilz puissent prendre
espices, taxations présens, ny droictz quelconques des partyes, ny des communaultez, ny autres particuliers, à peine de concussion, et d'estre déclarez indignes
et incapables d'aucun office royal, ny de judicature ny autres, ains se contenteront de l'appointement, qui leur sera ordonné par le Roy pour chacune des trois
années, à leuer sur les paroisses du ressort dudict baillage et séneschaulcée, selon
les départemens qui en seront faictz par les Estats, sans en excepter [4] ecclésiastiques, nobles, ny aucuns aultres priuilégiéz.

Et ne pourront les dictz baillifs, sénéchaux et lieutenans de robbe longue, estre
continuez oultre les trois ans, pour quelque cause et occasion que ce soit en ung
mesme baillage ou sénéchaulcée, ains reuiendront exercer leurs charges, ou seront
ennoyez en autres baillages et séneschaulcées, ainsy qu'il plaira au Roy, selon
leurs capacitez, et parce moyen ne seront enuoyez aucuns surintendens de la Justice, esdictz baillages, et seneschaulcée, soubz quelque prétexte que ce soit [5].

Que les seiestres des chambres des comptes seront reuocquez, et les officiers
d'icelle, comme aussy les trésoriers de France, et Groffiers, ou secrétaires du Conseil priué, et leurs commis supprimez et reduictz au nombre qu'ilz étoient du
temps du Roy Loys 1 2, auec remboursement actuel des deniers receuz, par une
leuée qui sera faicte par tout le royaume en la manière que dict est, pour les
appointements des lieutenans Généraulx des baillages et seneschaulcées à la
charge que les plus antiens supprimez rentreront à la place de ceulx qui vacque-
ront, soit par mort, résignation, ou autrement, et y seront préférez.

Que tous procès de commissaires, seront deffendus, tant aux Parlemens, que
Cours des aydes, à peine de nullité des arrestz de concussion aux juges qui en
prandront aucunes vacations extraordinaires, et seront tenuz les juges desdictes
Cours, à vaquer à l'expédition des procès, toutes les après-dinées, tant de jours
ordinaires que extraordinaires, incessamment, excepté les après-dinées des veilles
des festes seullement, et pour ce auront augmentation de gages; les présidens des
Parlemens de six cens liures, et ceulx de la Cour des aydes de 400 liures, les
conseillers des Parlemens de 300 liures et ceulx des Cours des aydes 200 liures
seullement.

Que les esleuz seront réduictz au nombre de cinq ès villes, où il y a baillages
et sénéchaulcées, et de trois ès autres villes, dont les derniers receuz dès à
présent, supprimez, et remboursez, comme il est dict cy-dessus des autres officiers supprimez. La qualité de Président pareillement supprimée, et seront les
lieutenant desdictes eslections graduez et licentiez en droict suiuant les édictz.
Tous lieutenantz des eslections particulières supprimez et remboursez comme
dessus, et tous sièges desdictes eslections particulières non distans de six lieues
entières, des eslections en chef, reculez, en ladicte distance, s'il se peult, sinon
dès à présent supprimez et remboursez comme dessus, pour le soulagement des
subjectz du Roy suiuant les édictz.

Que le fournissement des greniers à sel soit remis à la liberté des marchans au
plus offrant, pour l'antien droict de gabelle de 45 liures pour muid, est au moins
pour le pris du marchand; comme auparauant les grandes partis faictz desdictes
gabelles, ou les dissipent tout par pautions, rabais, auances de présens, et autres
voyes cachées et illicites.

Que les greneliers seulz receuront les droictz du Roy et des particulliers, selon
les éédictz qui en ont esté vériffiez par le passé ès cours des aydes, sans en souffrir
aucune augmentation pour l'aduenir, sans nouueaux éédictz vérifiez tant audictz
Parlemens, qu'esdictes cours des aydes.

Que néantmoings la leuée desdictz droictz de gabelle tant pour le Roy, que
particulliers, soient officiers, commmis au liz ou aultres, pour ce qui est du passé,
sera réduicte et arrestée selon les éédictz qui s'en trouueront vallablement vériffiez.

Que tous officiers de Greffiers et collecteurs des tailles de regratiers et collecteurs de l'impôt du scel, seront supprimez et remboursez comme dessus est dict
par l'exercice desdictes charges, remise comme elle estoit auparauant.

Que l'on ayt à rayer et oster des estats de fondz des rentes de la Ville de Paris,
et autres du royaume, de chacune des quatre natures d'icelle, toutes les rentes
racheptées, et toutes autres non payées depuis 30 ou 40 ans au plus, comme

[1] Ici a été ajouté en marge le mot mauuais.
[2] Et gens du Roy a été rayé dans le ma-
nuscrit.
[3] Le passage entre crochets est rayé
dans l'original.
[4] En marge est écrit : Bon.
[5] En marge est écrit : Bon.

delai, et soient prescriptes, et perdues par les pertes et bruslemens de contractz, tiltres et pappiers, pendant les troubles, contagions et autres pertes et estinctions de familles, et a ceste fin que l'estat en soit réformé et arresté par les esleuz et députez des trois estatz qui seront à ceste fin commis.

Que l'éedict de 1581 de nouuel impost mis par pancarte, sur toutes sortes de grosses marchandises estrangères, entrant au royaume soit réuocqué, pour peu qu'il vault à la France, et le grand prejudice qu'il apporte en icelle, pour ce qu'auparauant l'entrée desdictes grosses marchandises estrangères estoit interdicte, à peine de confiscations, et par ledict éedict nouueau, l'entrée en a esté permise indirectement, et insensiblement, soubz prétexte dudict impost; et jamais auparauant l'entrée n'auait esté permise des marchandises estrangères, sinon des espiceries et drogueries de leur temps, et depuis le roy Loys XII, les soyes de Leuant et manufactures d'icelles, appellée la douane de Lyon; laquelle nouuelle introduction en toutes autres marchandises estrangères indifferemment en France a du tout ruyné le commerce, spécialement de la drapperye, introduit le luxe de toutes sortes de nouueaultez.

Soient suppliez les dictz sieurs, s'ils trouuent aucuns des dictz articles recueables après les auoir faict extraire, supprimer les autres et faire mectre le tout au feu, affin que la liberté demeure au peuple, de contribuer plus hardiment ce qu'il pensera du service du Roy et du bien public sans inconuénient.

(Arch. nat., K. 675, n° 69.)

III.

DONNEZ POUR JOINDRE AUX TRÈS HUMBLES REMONSTRANCES
QUI SERONT FAICTES EN L'ASSEMBLÉE DES ESTATS GÉNÉRAULX QUI SE PROPOSENT,
ET SONT CONVOQUEZ TENIR EN LA VILLE DE SENS
À LA FIN DU MOIS DE SEPTEMBRE DE LA PRÉSENTE ANNÉE 1614.

Puisque les lois diuines et humaines permettent aux hommes, mesme la Nature incite les animaux; eulx douloir, et chercher allègement à leurs maladies. Que l'establissement et ordre continué en ce florissant royaume est tel, que, nos Rois se dispensent et rabaissent de leurs auctoritez royales, ès mains, volontez, et dispositions de leurs subjectz, pour, par les assemblées quilz permettent des deputez de tous leurs peuples aduiser et remédier aux abus, plainctes et doléances d'un chacun, establir un ordre en leur monarchie, ad ce que soubz leur commandement et dominations Dieu y soit loué, serui et honoré, les peuples soulagez, et que chacun en sa vaccation, viue en son debuoir. Doncq, suiuant ceste permission commune, je m'enhardiray avecq toute la modestie et respect que peult auoir un des plus simples officiers du Roy, et Bourgeois, de sa bonne et obéissante Ville de Paris, de jetter parmy tant de gros volumes et cahiers qui se presenteront en ceste assemblée, tes petits mémoires, pour d'iceux en tirer ce qui se trouuera de mérite, et n'auoir esté proposé par autres; specialement de certaines particularitez concernant le faict et police de la Ville de Paris. Lesquelles seront icy employées selon l'ordre des trois Estatz, chacun séparément ainsi qu'il s'ensuit:

Premièrement, pour l'Église.

Messieurs les Cardinaux, Archeuesques, Euesques, Abbez, Prieurs, curez, et autres gens d'Eglise, tant séculiers que réguliers seront admonestez d'establir entre eulx un règlement, selon leur ordre et conditions. Que leur vie et depportement n'apportent plus de scandalle à nostre religion laquelle est mesprisée par les mauuaises vies et exemples de plusieurs et des plus grands prelatz d'icelle.

Que les anciens canons et ordonnances seront gardez plus exactement quilz n'ont esté, et ne sont à présent, pour la réception des prestres ès ordres, esquelz ils ne seront receuz qu'ilz n'ayent des lettres, jusques à estre parfaictement congruz, pour entendre ce qu'ilz disent, et empescher l'ignorance que l'on recognoist en la plupart; et pour ce ilz seront interrogez auant leurs reception, par gens capables, desquelz ils rapporteront certification de leurs cappacitez et scauoir pour estre recogneuz louer, et blasmez s'il y eschet.

Qu'aucun prestre ne sera receu esdictes ordres qu'il n'ayt vaillant cent livres de reuenu pour luy ayder à viure, outre ses messes et assistances, et euiter la mandicité que l'on voit trop commune, au mespris et scandalle de la religion et ministres d'icelle. Pour éviter auquel scandalle, et inciter les dictz sieurs Euesques, doyens, curez et aultres à y tenir la main, qu'il sera permis à toutes personnes tant ecclésiastiques que civiles, trouuans des dictz prestres mandians par les rues, de les faire mener paisiblement et sans scandalle en la plus proche maison des dictz sieurs, pour s'informer d'eulx d'où ilz seront, les retenir ou enuoyer, en sorte quilz ne soient plus vagabonds, sans résidence, comme l'on en voit ordinairement contre leur condition et qualité.

Que les dictz sieurs Euesques, en chargeront à leurs doyens, résidans tant ès villes qu'ès bourgades de la campagne, de tenir la main plus seuère à leurs visites des curez et gens d'Église de leur diocèse, à ce qu'ilz résident et facent leur debuoir principalement ès lieux où il y a diuersité de religion. Sinon si par la négligence et faulte de visites des dictz doyens, archediacres ou autres supérieurs, il ne se trouue réformation en la vie et dépportement des dictz prestres, curez ou aultres, après de bons et véritables procès-verbaux des juges et officiers des lieux contenant les exhortations qui leurs auront esté faictes, et le mespris d'icelles, sera permis aux seigneurs des bourgs et villages, aux magistrats, marguilliers et supérieurs des villes, demander des dévolus, sur les bénéfices des accusez, et ce pendant en commettre d'autres de meilleure vye en leur lieu pour administrer les sacremens, et tenir le peuple en la crainte de Dieu, lequel est plus desuoyé aux villages par la mauvaise vie de leurs curez que mauvaise habitude qui soit en eulx.

Est nécessaire, et sans long retardement, que l'on remédie, ès grandes villes, particulièrement à Paris, où le monde croist à veüe d'œil, voire presque au double depuis la paix, que les paroisses soient separées, et que l'on y fasse des annexes en la pluspart, pour l'incommodité et irrévérence qui s'y faict ès grandes festes, n'estans les temples assez suffisantz pour contenir le peuple qui s'y doibt ranger; sans auoir égard aux oppositions et par trop grande auarice des curez qui, la plus-part, ont autant — et plus — de renenu que les Euesques. Ce ne sera rien de nouueau, car il se voit par les registres et marques de beaucoup de paroisses de Paris, qu'à mesure que la Ville a creu de circuict et de peuple, l'on a augmanté et faict bastir des Eglises ou paroisses, et estably des curèz en aucunes, et en d'aultres l'on a faict des annexes régies et administrées par des vicaires perpétuels. Contester le contraire est une erreur trop aduantageuse pour les dictz curez, les-quels se contentant d'honneste occupation en l'une des deppendances de leurs cures, le surplus seruiroit à entretenir plusieurs beaux esprits, qui travailleroient aux estudes auecq plus d'espérance pour coltiuer un jour la vigne de Dieu.

Cela est fort aisé à régler, tant en la ville et faulxbourgs de Paris, n'y ayant point ou peu de paroisses qu'il n'ayt sur son terrouer, quelque Eglise pour seruir d'allège, de paroisse ou d'annexe. Car de proposer ou demander récompense pour les curez, il ne se peult faire sans honte, leur restant plus qu'il ne faut pour leur vivre et entretien, s'ilz veullent viure pieusement et régler leurs despences à leur debuoir.

Est très nécessaire, bien que chose presque honteuse, de régler les sallaires ou assistances desdictz curez, vicaires et aultres prestres, qui administrent les saincts sacrements des baptesmes et mariages, comme aussy les assistances des prestres aux enterremens, choses pieuses et autres dévotions de la religion. Sans forcer et marchander comme font des ouvriers mécaniques, tant envers les riches que les pauures, lesquels demeurent souuent sans assistance en leur mort et enterrement, faulte d'argent : ce qui tourne au scandalle de nostre religion et ruine de la répu-tation des ecclésiastiques.

Que les curez seront tenuz de résider en leurs cures, sans auoir aucunes pré-bandes ny aultres charges quelles qu'elle soient, affin qu'ilz n'abandonnent leur trouppeau ny paroissiens ès festes solemnelles et jours de cérémonies, ainsi que la plus part font, et y laissent des vicaires qui, comme fermiers, leurs en rendent le reuenu, pendant qu'ilz jouissent d'aultres plus grands bénéfices. Le tout contre les saincts canons et debuoir de leur conscience, n'estant les dictz prestres plus dis-pensez d'avoir deux bénéfices (le moindre desquels est capable de nourrir un homme) qu'à ung homme de tenir deux femmes avecq soy.

Que les propositions cy-devant faictes du uivant du feu Roy, et desquelles mon-seigneur le Cardinal du Perron se rendoit exécuteur, seront effectuées pour règler tous les reuenus des collèges, la plus part desquelz estans sans exercices, le reuenu d'iceux est mal employé, contre l'intention des fondateurs, et au désauan-tage du bien publicq. Et pour ce suiuant les dietes propositions, choisir une cer-taine quantité desdictz collèges, les plus commodes, et y départir tous les reuenus pour y entretenir tel nombre de maistres, regens et gens doctes qu'il sera néces-saire, ne permettant qu'aultres que ceux qui resideront ausdictz collèges reseruez, jouissent d'aucunes bourses ny reuenu d'iceux. Et, le tout pour donner plus de moyens d'entretenir et faire de scauans hommes, tant pour prescher, instruire la jeunesse, lire en publicq, que toutes autres exercices louables et vertueuses.

Entre lesquelz collèges seroit à propos d'en reseruer ung, auecq du reuenu suf-fisant pour retirer les prestres et personnes estrangères qui se reduisent à la reli-gion catholique, apostolique et romaine, lesquelz pourroient estre assistez des aulmosnes, tant de messieurs du Clergé, que d'autres qui en auroient la volonté; pour l'espérance qu'il y a que quand ung tel ordre sera institué l'on retirera beau-coup d'ames desuoyées du vray sentier de leur salut.

Auecq ceste réunion de Collèges, seroit fort à propos de réunir aussy au corps de l'Uniuersité et docteurs de la Sorbonne, les pères Jesuites, et qu'eulx ensemble ilz se réglassent et gouuernassent d'un commun accord selon les loix et coustumes de la France, pour mettre fin aux différends et diuisions qui se présentent journel-lement au préjudice de nostre religion, et au proffict de nos aduersaires qui pensent tirer ung graud aduancement de peu de chose.

Que tous ceulx du corps de ladicte Université de Paris, jouiront, seront tenus et confirmez en tous leurs anciens preuilèges, lesquelz ont esté abastardis par la malice du temps et la rigeur des troubles.

Que remonstrances seront faictes au Roy de ne plus permettre que l'on reçoiue en France tant de diuersité de religieux d'ordres estrangers, qui cause la ruine et nécessité des anciennes. Et pour celles qui s'y sont glissées, seront, par la per-mission de nostre Saint Père, réduictes et incorporées dans les maisons et mo-nastères des antiennes de leur mesme ordre, pour viure ensemblement d'une mesme règle, laquelle sera jugée et establie par nostre S¹ Père ou son nonce, auecq les pasteurs et prélats des prouinces, sur la commodité ou incommodité des lieux. Le tout pour éviter aux désordres et necessitez qui peuuent arriuer en une si grande quantité de maisons religieuses qui se font et s'accroissent tous les jours en France, spécialement dans Paris et ès environs.

Quil ne sera permis à aucuns libraires de vendre en publicq et particulier, ny mesme donner aucuns liures soit imprimés de viel ou de nouueau en France, ou ailleurs, en quelque lieu, ou pour quelque subject que ce soit, sans auoir la permission du lieutenant ciuil, comme aussy n'en sera exposé aucun en vente, venans des foires ou villes du dehors, que le marchant ou libraire n'ay premiè-rement communiqué son inuentaire, audict lieutenant ciuil, et si n'en sera reçeu aucun qui ne porte le nom de son autheur, et de l'imprimeur, pour euiter par ce moyen aux abus et malueillances qui se commettent et que l'on a par trop esprouuez. Lequel lieutenant ciuil usera de prudence pour voir ce qui méritera estre mis en vente ou non, à peine d'amande, et punition corporelle aux libraires et imprimeurs ou autres qui se trouueront chargez, ou posesseurs desdicts liures, qui ne seront permis estre mis en vente.

Que ceulx de la religion prétendue réformée, seront admonestez, mesmes leurs sera enjoinct d'être sobres en leurs escritz, et ne mectre plus en lumière ny vente, chose contre l'auctorité de l'Église Catholique, Apostolique et Romaine, particulièrement contre le pape, le nommant Antéchrist.

Pour ce que cela offence par trop les oreilles des gens de bien; n'estant là le principal point du différend entre eulx et nous. Qu'ilz usent de la modestie en cest endroict comme nous faisons en d'autres choses qu'ilz ne feroient s'ilz auoient le dessus pareil à celuy qu'on pourroit prendre sur eulx, sans le désir que chacun a de garder la paix qu'il a pleu à Dieu et au feu Roy nous auoir donnée.

Pour la Noblesse.

Noblesse est une qualité et tiltre donné à diuerses personnes; les unes à cause de leur extraction, encores que vitieuse et incapables pour leurs mauuaises vies. D'autres pour leurs charges et dignitez.

Mais la principalle est celle acquise par la vertu et les armes. C'est ce qui a faict de tout temps, et mesme auant le Christianisme, que les gens d'armes, et soldatz Gaulois (maintenant François) couroient et se faisoient craindre par tout le monde. Ceste renommée commence à s'esteindre, et se perdra du tout, en nostre Gendarmerie, si l'on ne change d'ordre ad la nourriture et instruction d'icelle. Car au lieu qu'ung jeune Gentilhomme, sortant de page, entre aussi tôst, sans barbe, n'y expérience ès compaignies d'ordounnances, il le fauldroit mectre aux exercices conuenables à telle vacation.

Premièrement:

Un gentilhomme aura peu de moyens s'il ne faict aprendre les loctres à son filz; pour ce que c'est le fondement de toutes vertueuses occupations. Comme les mathématiques, et autres semblables, pour les armes offensives et déffensives, tant dedans que dehors les villes.

Passablement capable, il doibt aller à l'infanterie aprandre la fatigue, les ruzes et exercices ordinaires et extraordinaires, dresser bataillons, blanches, pelotons, et autres formes nécessaires pour assaillir et deffendre, tant à aduencer qu'à faire la retraicte. Et y doibt estre sept ou huict années.

Estant à l'infanterie, il seroit besoing auant que d'en sortir, il se mist à monter à cheual pour carabiner et seruir de coureur aux gens de pied, ce qui sera monter tuujiours d'ung degré.

Delà il pourra entrer aux chevaux-légers et sçaura mit attaquer et deffendre que ceux qui n'auront esté fantassins.

Dans toutes ces classes passées et degrez montez de suite, le gentilhomme sera docteur en ses armes. et bon conseiller pour les effetz à l'honneur et gloire de sa patrie.

Seroit à propos de renouueller les anciennes ordonnances, pour l'institution des compagnies d'ordonnances. Ne plus receuoir de gendarmes qu'ilz n'eussent l'expérience requise, et couuertz des casaques de liurée et marque particulière à leur compagnie, affin de remarquer dans les trouppes ceux qui feroient le mieux, lesquelz ne peuuent estre recogneuz que par leur liurée ou autres signalz.

De mesme on pourra faire aux archers des compagnées d'ordonnances, qu'entre eux il y en ayt une partie qui porte des lances, et les autres des pistoletz, encore que cela ne sente son gendarme, ains pistollier et reistre françois, ce qui faisoit anciennement redoubter la cauallerie françoise, lors quelle usoit des lances et montée sur de fors roussains bardez, contre lesquelz rien ne résistoit.

Des Gouuerneurs, gens de guerre et soldatz.

Le Roy et la Royne seront suppliés d'ordonner et deffendre de ne plus vendre et achapter aucunes charges et offices de personnes qui appprochent de leurs majestez, pour euiter les inconueniens qui peuuent arriuer d'attenter à leurs vies, par les pratiques qui se peuuent faire par argent d'estrangers ou ennemis, de personnes pour effectuer leurs mauuaises intentions, ains donner lesdictes charges à personnes de mérites et dont les fidelitez seront bien recogneües par les épreuves et non par les parolles.

Que tous les gouuerneurs de villes et prouinces seront changez de cinq ans en cinq ans[1], pour estre enuoyez d'une prouince en une autre, pour empescher qu'ilz puissent faire des pratiques dans les pays, et espérer ou prétendre, leurs gouuernemens estre héréditaires, ainsi que le plus part l'ont pratiqué par importunité jusques à présent. Et que pour cest effect il ne sera plus permis à aucuns d'en vendre ny permutter, ains seront donnez selon les mérites et seruices faictz au Roy et à l'Estat.

Que les chefs et soldatz des régimens et garnisons ordinaires des villes frontières, et places fortes de ce Royaume, ne se rendront habitant des villes comme ilz font, eulx y mariant; qui diminue d'autant les forces des frontières, car les soldatz changent souuent de garnison; et ne s'y mariant, il y auroit habitans et soldatz, au lieu que, maintenant, il n'y a que des habitans qui sont soldatz. Quoi faisant, il fauldroit bien paier et leur donner moyen de viure pour les retenir en leur debuoir, sans prendre autre vaccation que celle des armes.

Que tous fortz et citadelles estans dans le cœur du royaume, et non frontières, seront desmolies pour euiter les foule et tyrannie dont aucun gouuerneurs ont vsé sur le peuple.

Que celle de Bourg-en-Bresse, soit mise en délibération pour voir s'il seroit pas plus à propos de la restablir que de l'auoir desmolie et la donner à ung seigneur qui ayt de quoy en respondre en France, pour tenir le pais en asseurance contre ceux qui auroient enuie d'y entreprendre.

[1] On a raturé ce mot pour mettre trois à sa place.

Que celle d'Amiens soit ruinée pour le dangèr et conséquence de son assiette fort bien recogneüe par le feu Roy qui l'auoit résolu, et en faire faire une petite du costé de France, au bastion de Longueuille, qui pourroit estre secourue de la France, et celle qui est à present non, pour estre du costé de Bourgouyne et Arthois d'ou l'on peult venir comme l'on feit, à la prise de la ville, sans qu'il ayt ruisseau ny riuière qui puisse l'empescher.

Quand aux autres citadelles frontières, tant du costé de la terre, que de la mer, il seroit très nécessaires y auoir deux personnes entendu es fortifications, qui seroient comme intendans pour aller voir et visiter lesdictes fortifications, curement des ports, et haures nécessaires, tant pour la seureté des villes que commodité des trafficq, attendu qu'il y a une infinité de villes frontières en très mauuais estat, et quantité de ports et haures qui sont du tout remplis et ruinéz; lesquelz intendans ne seroient que commis et non officiers pour les oster quand l'on voudra, et lors qu'ilz ne feront leur debuoir, faisant leurs cheuauchées toutes les années, par toutes les places frontières, et portz du Royaume, de l'estat desquelz, ilz rapporteront la vérité au Roy et à Messieurs de son conseil, affin que par ses deux seulz intendans l'on puisse cognoistre ce qui pourra y estre de besoing, sans s'attendre aux Gouuerneurs, la plus part desquelz se font bastir des chasteaux aux despens du Roy, au lieu de faire faire les fortifications des places de leurs gouuernemens.

Que pour éviter aux désordres que font la plus part des gens de guerre, tant de cheual que de pied, et qui causent le plus souuent l'abandonnement des villages, hameaux et maisons des champs, sa Majesté sera suppliée de faire renouueller les anciens réglemens pour la conduite des dictes gens de guerre, et que nulles trouppes soit de cheual ou de pied, ne pourront aller par la campagne sans un commissaire ou officier du Roy, lequel auecq le chef qui commandera à la trouppe, tiendront la main forte pour empescher les désordres, tant des viures que des logemens, mectant taux raisonnables aux viures selon la commodité des lieux, pour faire paier (selon iceluy taux) ce qui sera baillé par les hostes auxdictes gens de guerre, lesquelz hostes prendront lesdictz viures de gré à gré des tauerniers et hostelliers, et les payeront au prix courant et accoustumé entre eulx. Sy mieulx n'est trouvé à propos faire faire une forme d'estappes, selon le nombre des trouppes, et séjour quilz pourront faire sur les lieux. A quoy les officiers du Roy et chefz desdictes trouppes deburont user de prudence et preuoyance, aucuns d'eulx allant deuant ou ennoyant gens capables pour ce faire, à peine de respondre en leurs propres et priuez noms, des plaintes et désordres qui en pourroient arriuer.

A d'autant que soubz ceste qualité gens de guerre ou officiers du Roy et princes du sang, plusieurs abus se commettent à l'assiette des tailles, desquelles les plus apparans et aisez des paroisses se font deschargez soubz prétextes des qualitez qu'ilz s'attribuent le plus souuent faulces. Il seroit besoing de reuoir et confirmer les anciennes et dernières ordonnances faictes concernant lesdictes tailles affin d'exempter ceux qui la mériteroient, et non autres, pour le soulagement des pauures, et pour cest effet qu'aucuns desdictz gens de guerre, non faisant trafficq de marchandises ou labour, soit pour eulx, ou pour autruy, ne seront exemptz des tailles et impositions, s'ilz ne rapportent par chacune année les certificatz des chefz de leur compagnée d'ordonnance, cheuaux léjers, harquebuziers à cheual, ou gens de pied, du service qu'ilz auront fait et font ordinairement, comme les autres desdictes compagnées, et des commissaires controlleurs et payeurs des monstres et reueües où ilz auront assisté, et dont ilz auront touché leurs soldes et payement durant chacune année.

Comme aussy tous officiers, ou eulx disant tels, du Roy, des Reynes, enfans de France, et prince du sang, ne pourront aussy estre exemptz, s'ilz n'ont pareilz certificatz du seruice assidu faict sans intermission du quartier entier, à quoy ilz doibuent estre tenuz, et que leurs charges les y appelle, et ce des superieurs desdictes charges, trésoriers et payeurs d'icelles [1].

Et affin de recognoistre les abus que telles personnes pourroient commettre, soubz telles qualitez, qu'il sera permis aux autres habitans des paroisses faire perquisition, voire information, si lesditz prétenduz exemptz, auront serui, et faict les fonctions des charges dont ils s'aident, et preignent qualitez, pour en ce cas de contrauention estre mis et taxez à la taille, selon leurs moyens et facultez [2].

Pour à quoy aider, Sadicte Majesté, sera suppliée de commander que tant en sa maison, qu'en celles des princes qui apporteront telles exemptions, il n'y sera tenu dores en auant que les officiers nécessaires, ce qui apportera allègement de despence auxdictz princes et soulagement aux pauures, pour aider à paier la taille, et autres impositions, de quoy ilz sont surchargez accause desdictz exemptz, au lieu desquelz ilz sont contrainctz de paier lesdictes tailles et charges nécessaires pour le seruice du Roy, comme leuée de pionniers, cheuaux d'artillerie, contributions, viures, munitions et autres qni se mettent sus quand l'occasion se présente.

Tiers-Estat, ou sont compris: les officiers de justice, finances et autres. Marchans, mécaniques et laboureurs.

De la Justice.

Entre tous les officiers d'ung estat, ceulx de la justice doibuent estre les premiers honnorez. Aussy doibuent ilz estre les plus parfaictz, et leur vie sans reproche, ne prenant pension, don, ny gratification de qui que ce soyt, non pas mesmes [des Rois] et princes, pour n'estre engaigez de faire chose contre leur debuoir, raison et justice.

Le moien de donner ceste candeur seroit, (s'il plaisoit au roi ou à ses ministres) d'entendre les raisons que le sieur de St-Martin luy a proposées par ses mémoires ou autres qui se pourront présenter, de ne plus vendre les offices de.

---

[1] En marge est écrit : Bon.   [2] En marge est écrit : Bon.

judicature, comme font tous les autres Roys et princes de la terre, n'y ayant que la seulle France qui ayt la réputation de vendre la justice. Cela faict (et est comme naturel selon le monde) qu'ung ayant engaigé non seulement le sien, mais celuy de ses amis, pour auoir ung grand office plain de fast et de despence, fault, de nécessité, qu'il vende le bon droict de la veufue et de l'orphelin, à prix d'argent, pour l'entretien d'ung grand équipage, et paier les interestz des deniers qu'il a empruntez pour auoir ledict estat. Les gaiges et légitimes esmoluments duquel ne sont capables de satisfaire à ses simples et menuz plaisirs.

Aduiser quelque bonne résolution pour assoupir ce blasme à la France, de rendre la justice vénale; entre autres s'il seroit à propos de permettre la jouissance des offices de judicature, à ceulx qui les posseddent, lesquelz chacun d'eulx les pourront résigner à ung autre pour l'exercer sa vie durant seulement. Et aduenant la mort ou depposition du résignataire, ledict office demeurera comme supprimé, pour lequel le Roy remboursera la veufue ou héritiers, de la somme qui se trouuera auoir entrée aux coffres du Roy pour ledict office, sans estre subject à l'edict ou rigeur des quarante jours, pour par après estre donné, et en pourvoir une autre personne capable, sans paier aucune finance à qui que ce soit. Ceste proposition causera de la plainte à aucuns. Mais l'effect seroit enuers Dieu ung grand acte de vertu et piété et un bien innestimable à tous les hommes; s'asseurant que quand les ministres de la justice, manqueroient leur depposition, seroit bien plus facile, que quand ilz ont achepté leurs estatz bien chèrement, d'autant que sans ung grand crime l'on ne les peult oster qu'auecq restitution. Oultre que cela donneroit occasion a beaucoup de jeunesse de plus trauailler aux estudes, et d'estre gens de bien, pour estans coyneux telz espérer quelque estat. Ce que maintenant ilz ne peuuent faire sans auoir une grande somme de deniers; qui est chose odieuse à penser seulement, spécialement en la justice.

Règler et retrancher tant de longueurs de procès, à la foulle et oppression du peuple, par la multiplicité des procédures et renuois des ungs aux autres. Que tous petits appoinctementz ou jugemens non deffinitz, tant en la cour que présidiaux, et justices subalternes, ne se feront qu'en papier et seront serrez en forme de minutte pour euiter la despence qui si faict ordinairement.

Faire qu'à Paris il n'y ayt d'autre seigneur censier que le Roy, ny juge que le Preuost de Paris et ses lieutenans; payer ou rembourser par eschange, sur le domaine de Sa Majesté, les communaultez et seigneurs qui auront interest à chacun de lieux qui se trouueront les plus commodes pour eux.

Que les juges commissaires ou autres de compaignée souueraine ne pourront faire venir ni demander le renuoy en leur dicte compaignée, nonobstant les prétenduz priuilèges, dont aucuns n'ont encores faict apparoir. Ains seront contrainctz, subir en première instance, par deuant les juges ordinaires des lieux, où le différend sera meu, ou demander règlement de juges sans plus abuser de leurs prétendus priuilèges.

Qu'aucun bourgeois de Paris, soit pour ciuil ou criminel, ne pourra estre appellé, ny contrainct respondre par deuant autre juge en première instance, que par deuant son juge ordinaire, qui est le prévost de Paris, encores qu'il se trouuast résidant, ou tombé es mains d'autres officiers, auxquelz à ceste fin, tout pouuoir et jurisdiction leur sera deffendue, suiuant les anciennes ordonnances et priuilèges de ladicte ville, lesquelz à ceste fin l'on requerra estre confirmez, tant pour le faict de ladicte justice, que tous autres droictz et priuilèges, dont ilz ont par deuant jouy, comme la capitalle ville du Royaume.

Qu'il est de nécessité faire rebastir le grand Chastellet, tant pour la vielesse et caducité des lieux où l'on plaide, qu'en ce qu'il est par trop petit; estant une vergongne qu'en une telle ville que Paris, son présidial soit si resserré et incommode pour l'affluence du peuple qui y a journellement à faire, a quy les mémoires et aduis cy deuant donnez à Monsieur le président Le Jay, lorsqu'il estoit lieutenant ciuil, mériteroient bien estre veuz et considérez.

Des Finances.

Que le Roy sera supplié voulloir entendre au soulagement de son peuple, et pour cest effect, deschargé d'une partie des impositions, mises sus.

Et pour y parvenir il seroit à propos, *que le grand nombre des pensions fut diminué*, voire osté, à une bonne partie des personnes qui en ont, lesquelz ont eu jusques icy assez de moyen d'ailleurs. A commencer par Messieurs les Princes, suiuant les offres qui en ont esté faictes par le traicté de ce dernier mouuement, affin d'euiter tout subject de jalousie ou mescontentement des autres de moindre condition qu'eulx. Et pour cest effect sera faict un roolle de tous ceux qui deburont auoir des pensions, lequel seul sera passé à la chambre, et non autres. Renuoyant les autres pensions secrettes et estrangères sur les comptans qui entrent ès coffres du Roy; lesquelz comptanz, sa Majesté, sera aussy suppliée faire règler à ce que l'on ne puisse en abuser.

Que le rachapt du Domaine sera continué comme il a commencé du temps du feu Roy. Que les partisans qui l'ont entrepris, et escresmé le plus beau d'iceluy achueront le reste comme ilz y sont obligez par leurs contractz, et à ce faire eulx et leurs cautions seront contraincts sans aucune grâce ny faueur, comme aussy d'aucunes rentes, tant sur les aides plat-païs, qu'autres dont a esté aussy faict parti.

Que les cautions de Goudy seront contrainctz paier et acquitter le manquemens du paiement des arreraiges de rentes deubes par la mauuaise foy de Goudy, qui a acquis et basti aux despends de la veufue et de l'orphelin. Et ce nonobstant les arrestz et deffences quilz ont du Conseil obtenues par surprise, et faulx donné à entendre.

Attendu que ceste forme n'a jamais esté obseruée sans appeller les parties interessées, et feroit une planche à l'aduenir pour toutes autres choses semblables contre toute equité et foy publique, laquelle doibt estre gardée inuiolablement pour l'honneur et la gloire de Sa Majesté.

Que la leuée du Faillon ne sera employée à aultre effect qu'au paiement de la gendarmerie et officiers d'icelle, selon qu'il a esté destiné dès lors de l'institution d'icelluy faillon.

De mesme la leuée des cinquante mil hommes de pied, à ce que les dictes gens de guerre soient bien paiez des deniers à eux affectez, sans estre l'ordre peruerti de quelque façon que se soit pour le soulagement du pauure peuple, lequel paye au quadruple lesdictes leuées, et si ne laisse de nourir lesdictes gens de guerre allant par la campegne.

Que la proposition que l'on faict de rompre le droict annuel soit bien considérée, sur la commodité ou incommodité des affaires du Roy et des familles. La commodité paroist en ce que auparauant ceste inuention de faire venir plus d'un million de liures dans la moitié du premier quartier de chacune année, l'on estoit contrainct prendre grande somme d'argent à interest pour faire les aduances et premier paiement des affaires les plus pressées, pour le manquement des recettes générales et particulières, qui coustoit beaucoup au roy et à l'Estat. Cecy soulage doncq de beaucoup les affaires et oultre arreste les importunitez de demander les offices vaccantes pour y pouruoir toutes sortes de personnes incapables ou peu affectionnées au service du Roy et bien publicq.

L'incommodité est, au prix excessif auquel montent journellement les offices, ce qui est l'anneantissement des familles, en ce que les meilleures ayant plusieurs enfans, ont peine, et à la plus part est impossible de pouruoir d'estatz ou marier leurs filles. De façon que ballançant la commodité du Roy auecq les incommoditez des officiers et du peuple qui en patit en acceptant, et la justice, et les expéditions de finances plus chèrement par ce moyen. Il semble qu'il seroit que trop raisonnable de rompre ledict droict annuel, mais faire en sorte que l'ordonnance des quarante jours soit inuiolablement gardée aux résignans du jour de la présentation de leur procuration, sans user des remises. Pour euiter auxquelles seroit permis à ung résignant présentant sa dicte procuration, en prendre ung acte de celluy ès mains duquel il l'a donnée; et à faulte de luy par ung secrétaire du Roy ou deux *notaires*.

Faisant laquelle supression, il seroit à propos de donner les parties casuelles en parti, pour euiter les importunitez ordinaires, et la contrainte d'en faire pouruoir personnes incognües et incapables, ains ceux seulement qui les auroit impetrez pour eulx; comme il peut arriuer ès villes éloignées du Soleil de la Cour, esquelles la plus part des seigneurs et gouuerneurs ne désirent qu'il y ayt autres officiers que ceux qui leur seront agréables et du tout à leur deuotion.

De la Police.

D'aultant que tout estat sans police ne peult longuement subsister sans tomber en décadence, les espreuues que nous enuoyons journellement est cause suffisante d'apprehender la ruine du Nostre. C'est pourquoy, il n'est hors de raison, que chacuns selon sa petite capacité en die ou apporte en ceste assemblée d'Estatz son opinion.

Ung des règlemens très nécessaires est de trouuer moien d'oster la Grande et Somptueuse despence des viures, qui se font en France et particulièrement à Paris, où il se mange journellement une quantité incroyable de si petite volatile, que c'est plustost meurtre que friandise, et auidité que contentement.

Et pour ce seroit à propos faire, comme en la plus part, voir en tous les autres païs. Deffendre à toutes personnes de ne vendre ny achepter aucune des volatilles, gibier et bestial, comme : poullets commungs, poullets d'Inde, canes, oysons, vanneaulx ou ayneaux? anneaulx, chenreaux et cochons qu'ils n'ayent un an. Les perdreaux, pigonneaux, bécasses, et autres semblables, qu'ilz n'ayent de quatre à cinq mois, et de grosseur competante, pour, l'une d'icelles estre raisonnable nourir et rassasier une personne; au lieu que plusieurs que l'on présente maintenant n'y peuuent suffire pour le trop de petitesse d'icelles.

Deffendre, à tous rôtisseurs, pâtisiers et cuisiniers, de faire cuire soit rôty ou bouilly, aucuns desdictz gibier et volatilles, auis seulement du bœuf, veau et mouton pour rassasier, plus le menu peuple que lesdictz autres viandes.

En pourront néanmoings vendre et debitter de la qualité cy dessus, mortes, creües et lardées, pour subuenir ceux qui en auront besoing pour les faire cuire chez eulx. A quoy les commissaires des quartiers auront soing s'il y est contreuenu, à peine de s'en prendre à eulx en leur propre et priué nom.

Renouueller et faire garder les ordonnances contre les tauerniers et cabaretiers, attendu que là se peult manger et dissipper, la plus part du bien des artisans de Paris, qui cause que leurs femmes et enfans meurent de faim, nonobstant les remonstrances et interestz prétenduz par les partisans, qui n'ont deu ny peu faire leurs offres et marchez pour faire rompre les ordonnances, et contre le bien publicq, comme il a esté esprouué depuis peu par arrest du Conseil contre l'ordonnance du lieutenant ciuil et bien publicq.

Que deffenses seront faictes à tous marchans bouchers et autres de ladicte Ville de Paris, d'aller au deuant des marchandises, hors ladicte ville, soyt de vins, bleds, bestial, volailles, toutes sortes de bois et autres marchandises, ains les laisser amener et conduire, par les marchands forains ès portz places et lieux accoustumez.

Que les priuilèges des Bourgeois de ladicte ville seront confirmez pour la préférance d'achepter toutes sortes de marchandises, qui se vendent et debittent ès lieux et places publiques, auant aucuns reuendeurs et rograttiers, suiuant les anciennes ordonnances.

Que doresnauant le magistrat de ladicte ville, Prévost des Mrchands et eschevins, sera composé, assauoir, le Prévost d'un bon et notable Bourgeois, officier de justice ou autres, né en ladicte ville, ayant vescu sans reproches, et non toujours d'une mesme qualité, et mesme robbe, pour donner l'honneur à personnes de diuerses conditions, qui leur est deub. Et pour les quatre escheuins, ils seront composez; assauoir : De deux officiers du Roy, et deux bourgeois marchans, ou qui l'ayent esté, et mesme vescu en bonne réputation; à ce que lesdictz marchans portant ordinairement les despences des entrées et autres, dont ils sont chargez, ayent aussy part aux honneurs de ladicte ville.

Et pour oster partie du subject de briguer les charges, par ceux qui préfèrent plustost un peu de proffict casuel, à l'honneur et seruice de leur patrie, l'espace seulement de deux années;

Seroit nécessaire et très utile que, les vénalitez de toutes les offices de ladicte ville qui tombent au proffict desdictz prévost des Marchans et escheuins, allassent au domaine et proffict de ladicte ville, pour subuenir aux affaires, décorations, et autres choses nécessaires, qui se presentement journellement, pour estre compté desdictz deniers par le Receueur du Domaine.

Sans toutefois toucher, ni oster leurs droicts de nomination et prouision desdictz offices, pour lesquelz ilz pourront prendre le huictiesme denier, comme par forme de recongnoissance supérieure, qui sera parti entre eulx en l'ordre accoustumé.

Que les rigeurs, voire cruaultez, plus qu'infidelles, ne seront plus obseruées, en ce qu'ung homme estant à l'article de la mort, et lors que l'on ne luy deburoit parler que de Dieu et de son salut, soit porté à l'hostel de ville pour résigner son office; où allant et retournant, le plus souuent il meurt sans assistance, que de ceux qui poursuiuant la despouille de son Estat. Ains pourront toutes personnes résigner, et la résignation admise dans le temps et en la forme que l'on faict pour les offices royales.

Que la proposition et demande faicte par les partisans du Pont à faire près le port St Paul, de faire payer péage aux personnes et à tout ce qui passera sur ledict pont quand il sera faict, n'aura lieu comme estant tirannicque, ains sera ledict pont libre, et comme tous les autres exempt de seruitude publicque, odieuse à ceux qui seulement y pensent.

A ce mesme subject Sa Majesté sera suppliée d'entendre à descharger le seruage et péage, qui se prend sur le pont faict de neuf au port de Neuilly; pour euiter aux désordres qui interuiennent, tant quand Sa Majesté va et vient à Saint-Germain-en-Laye, que autres occasions qui se présentent journellement; Ne touchant à ce que les basteaux et marchandises paye, passant par dessoubz, suiuant l'ancienne coustume, ains seulement ce qui passe sur icelluy et dont les partisans tirent ung grand proffict par chacun an. Lequel peut estre modéré honnestement après l'appréciation que l'on feroit de la despence d'icelluy, leur faire rente de leurs deniers en attendant le remboursement total, sur ce qui se trouueroit le plus à propos s'ilz n'ont ung temps limité pour le rendre quicte au Roy, et sans tirer ledict' péage, à quoy il seroit pris garde.

Que pour la décoration de la Ville de Paris, capitale du Royaulme, et pour imiter les desseings du feu Roy en l'embellissement d'icelle, Le pont à faire près le Port St Paul soit tout de pierres de taille, à l'égal de celuy du Pont-Neuf. Que sur icelluy ne soit faict aucunes maisons, non plus qu'audict Pont-Neuf, ains seulement en l'isle, en laquelle ilz feront les portz nécessaires, pour les marchandises haultes, enfestées dans les basteaux, et qui peuuent difficilement passer en toute saison soubz les arches des pontz.

Ne feront aussy aucuns moulins, soubz et proche les arches d'icelluy Pont, mesmes doibuent estre ostez ceux qui sont dessoubz et proches des autres de ladicte ville, d'autant que l'eau des baij (?) y estans plus rapides, cause les déracinements des plattes formes, et foulement desdictz ponts, ainsi que l'espreuve du Pont-Neuf le demonstre. Les pilles duquel il a esté de nécessité, reuestir de bastardeaux autrement il seroit jà ruiné.

Que pour remédier à la nécessité du bois tant pour bastimens que chauffaige, que chacun juge assez augmenter de jour en jour en la dicte ville, tant pour le séjour ordinaire du Roy et de sa cour, que pour l'accroissement du peuple et despence, qui s'y faict incroyable, seroit très utile, et nécessaire reprendre, et faire obseruer les anciennes ordonnances de Bois, henry 2, Charles IX et henry le Grand; De faire planter d'arbres et bois d'ormes, chesnes et autres, selon la commodité des lieux, tous les grands chemins esloignez des forêts; Mesmes suiuant le dernier règlemens et ordonnance dudict Roy henry le Grand, que le Sieur de Suilly auoit bien commancé, mais peu duré, faulte d'y auoir tenu la main, et faict punir les délinquans. L'Espreuue de cette obseruation se recognoist en une grande partie de l'Italie, de Flandre, et autres païs, ausquelz il n'y a autres foretz que les bois des grands chemins, fossez et sepparations de leurs terres. Néantmoings se chauffent autant que nous, batissent de brique où il se dissipe quantité de bois, et s'il lout à meilleur marché que nous. Lesquelz arbres estans plantes et entretenus par des maistres et propriétaires des terres adjacentes ausdictz grands chemins, leur appartiendront pour les faire elayuer ou coupper en teste de saules, comme ilz aduiseront, sans que les voyers, seigneurs ou autres officiers, y puissent prétendre aucune chose. A la charge aussy que les propriétaires seront teuns les entretenir, en sorte que quand il y en aura de mortz, d'y en remettre d'autres en leur place, de manière que lesdictz chemins seront tousiours garnis. Quoi faisant les bois augmenteront de beaucoup à la commodité d'un chacun.

Mais il y a une autre recherche ou réformation à faire, c'est qu'il faut oster à toutes personnes, soit officiers des eaux et foretz, viguiers ou autres de quelque qualité qu'ilz soient, leurs chauffages en nature de bois qu'ilz preignent ès foretz de ce royaume, pour les dégatz et désordres qui s'y commettent, car soubz l'ombre de huict ou dix chesnes que l'on marque pour eulx. Ce sont ordinairement les plus beaux, et si ceux là en font abbattre le double, de façon que les plus beaux et les plus grands s'y en allant en peu d'années, il ne se trouuera plus de poultres, pour bastir, et fauldra venir à faire des voultes à tous les étages de nos maisons qui seront bien plus incommodes et grands frais. C'est pourquoy il est très nécessaire y aduiser, et le résouldre sans le consentement des officiers, attendu que cela les touche. Mais pourront lesdictz chauffages estre appreciées à argent, et les deniers assignez sur les ventes qui se font en l'estandue de leurs charges, ou autres plus proches à leur commodité, de quoy ilz ne se doibuent plaindre ayant de l'argent au lieu de bois.

Les recherches qui ont esté commancées des riuières, qui peuvent tomber dans celles qui apportent de la commodité à Paris, seroient bien nécessaire d'estre continuées et effectuées diligemment, speciallement pour les bois qui est la nécessité qui pressera le plus et le plustost.

Auant que ce faire, et ramasser plus d'eau, pour tomber dedans Seine qu'il n'y en a eu par le passé. Il seroit besoing faire résolution sur les mémoires qui ont esté donnez pour faire ung canal et descharge de ladicte riuière de Seine vers Charenton pour donner vindange aux grandes eaux qui remfleront de beaucoup au dessus des Ponts de Paris, à l'occasion, tant des quaix qui s'y font, que des ponts que l'on propose faire de neuf : plus haut l'on commencera ledict canal et plus bas il descendra; moins la riuière surmontera son ordinaire, puis de l'Arsenac et ès enuirons de la ville, faulxbourgs; car ne faisant lodict canal et n'acheuant de curer les fossez vers les portes St Martin et St Denis, sans doubte faisant ledict pont et reuestissant l'ysle Nostre-Dame, l'eau se renfleroit au dessus même dudict canal.

Une autre police fort nécessaire est d'essaier à remettre le labour en la Campagne et trafficq des villes. Et pour ce rechercher les ordonnances et aduis donnez depuis peu, pour les sallaires des serviteurs, servantes, artisans, ouuriers, manœuures à journées, lesquelz tirannisent et forcent le monde, pour les grands sallaires qu'ilz demandent.

Que toutes manefactures de bas, d'estame, de rubans, passement, tant de soye, de laine, que de fil, sera ostée des bourgs et villages de la campagne, particulièrement des mains des hommes, lesquelz au lieu de trauailler à labourer la terre et faire d'aultres œuures viriles, s'amusent à filler ou à tricotter au soleil, pendant que les pauures laboureurs, leurs femmes et enfantz, suent et trauaillent auecq beaucoup de peine.

Du temps du roy Henry 3 telle plaincte luy fust faicte, et la résolution prise d'y remédier, comme il eust fait sans les troubles de la ligue.

Telles ouurages se doibuent rejeter es villes et faulxbourgs, remplis de personnes qui ne sont robustes pour trauailler la terre.

La Continuation et obseruation de l'ordre estably à Paris, pour retirer les pauures en des lieux à part et hors du monde, pour ne mandier comme ilz faisoient cy deuant, est plus que nécessaire, pour ce de là l'on peult tirer plusieurs valides, pour trauailler tant oux manufactures qu'aultres ouurages selon les aages, forces, et capacitez.

Seroit à propos en employer une bonne partie à la cureure et vuidange des fossez de la ville de Paris du costé de la porte St Anthoine jusques à la porte Catherine derrière les thuilleries, tant pour fermer la maison du Roy dans la Ville que pour faire tourner et descharger la surabondance d'eau, quand la riuière est grandes.

Voir si par les marchers des maçons qui ont entrepris faire ledict pont, et quaix faitz de neuf tant dans la ville que vers Chaillot, leurs est permis laisser dedans la riuière, les terres, moillons, et grauois, restans des bastimens et bastardeaux. Ad ce que s'ilz sont tenuz les oster, il y soient contraictz, sinon le faire faire aux despends de la Ville, d'aultant que telle incommodité de retailleurs de pierres, et grauois remplissent tellement le canal de la riuière, qu'oultre qu'il la rendent quelquefois innauigable, l'eau s'en enfle tellement, et remonte beaucoup plus qu'il ne deburoit, les lieux en sont assez apparens deuant les Augustins près la Poutneuf, et autres lieux.

Donner ordre que les vuidanges des terres et grauois de la ville soient menez et portez ès lieux propres et commodes, soit pour les chaussées et aduenües, que rempartz, bastions, ou fortifications de ladicte ville, sans les mectre confusément, sans ordre, jusques mesmes dans les fossez de la nouuelle fortification, comme l'on faict. A quoy ceux qui sont ordonnez ci gaigez, doibuent estre blasmez et casser pour en mettre d'autres en leurs places.

Que refformation soit faicte de la coustume ou usage des thoises de massonsonnerie, suiuant les figures et mémoires du sieur de Chastillon topographe du Roy, par lesquelz entre autres abus, il fut cognoistre qués endroictz des plaintes, corniches, et enrichissement, l'on fait thoiser, et compter deux fois une mesme chose, en ce qu'à la première l'on prend tout le gros mur en sa hauteur et largeur, dont l'on fait le nombre des thoises qui se trouuent esdictes hauteur largeur et espoisseur. Et puis ilz thoisent à part, les plaintes et moulures qui sont appliquées sur le gros mur; pour autant que si elles auoient pareille espoisseur, qui est compter deux fois une mesme chose. Bien est vray qu'il doibt appartenir quelque chose desdictes plaintes et saillies, quand les marchez ne portent à thoise bout auant, mais n'est raisonnable de les compter autant que le Gros mur entier, des planchers lesquelz les maçons comptent ordinairement pour maçonnerie entière, et néantmoings a è deduire les entreuouls, et autres difficultez qui se trouueront nécessaires estre vuidées et cogneües d'un chacun pour ne se laisser tromper aux maistres jurez, maçons, qui font toujious les ungs pour les autres au préjudice du seigneur ou bourgeois.

Que suiuant les mémoires dudict sieur de Chastillon et pratique du sieur Passart bourgeois de Paris, l'on pourra réformer et cognoistre clairement les thoisez du bois de charpenterie, tant en ouurages, que non employé, selon le prix qu'ilz doibuent estre comptez, sans passer par la miséricorde des maistres jurez et autres du mestier, qui ne manquent jamais à se rendre gratification, l'ung à l'autre.

L'Espreuue de ceste conséquence se pourra faire toutes et quantes fois que l'on voudra faire reuoir et vérifier les thoisez des bastimens, et grands eddiffices qui ont esté faictes tant pour le Roy, la ville de Paris, que pour autres.

Qu'il soit aduisé et résolu de faire changer de place pour vendre les veaux, en ung autre lieu que celuy qui est au bout du Pont Nostre-Dame, qui est le lieu le plus passant et marchant de la Ville. Juger qu'il seroit à propos de le mettre près la croix saincte Caterine, en la Rue St Anthoine, ou sur la Chaussée de l'Arsenar.

De mesme à changer de place au marché aux Cheuaux lequel est fort incommode, tant pour estre en ung lieu hors de la Ville propre à dérober des cheuaulx, n'ayant de porte à sortir, fort petit pour voir et essayer les cheuaux, et nullement digne de Paris, joing que le jour du marché se rencontre au mesme jour que celluy aux pourceaux, ce qui incommode pour la lanteur. C'est pourquoy les cheuaux seroient commodément sur le grand bastion de la porte St Anthoine, où il a esté autrefois, en y faisant quelque forme de hallerie le long de la Courtine, qui seruiroient durant le marché à mettre les cheuaux à couuert, et hors icelluy en temps de trouble, les canons et soldats à l'abry de la pluye.

Pour conclusion, puisque de tout temps les assemblées des Estatz ont esté usitées comme nécessaires, pour réprimer les abus et apporter une meilleure ordre ès royaumes, il nous fault prier Dieu que son sainct Esprit réside ès cœurs de ceste assembléo, à ce qu'il en réusisse des effectz à son honneur et gloire, et bien général de tout ce Reyaume.

(Arch. Nat., K. 675, n° 99.)

IV.

Le Prouerbe est bien vray qui dict que Dieu aurcit plus tost faict un aultre monde, que reformer celluy qui est car la principalle réformation des abbuz qui se commettent ne prouient pas tant de faulte de bonnes loix, que de la malice des hommes qui les mesprisent, et, ce qui est pis, c'est que ceulx qui sont commis pour auoir l'œil sur les maluiuans sont ceulx qui les premiers passent par dessus tout, et se laissent aueugler par leurs appétis désordonnez, conuient au mal pour leur proffict, où le laissent prandre pied quant ils voyent qu'il n'y a rien à gaingner. Toutesfois, il y a beaucoup de choses ausquelles jusqu'à ceste heure, l'on n'a pris garde, ou si quelques uns les ont vues, l'on n'y a apporté aulcun remède, qui estans remises en meilleur ordre, pourront apporter du bien à l'Estat, lequel estant de trois corps, à scauoir; de l'ecclésiastic, de la noblesse, et du peuple, il sera bon d'espulcher, les principaulx défaultz qui se commettent en chascun d'eux.

Premièrement : Quand à ce qui est de l'Eglise, il est notoire qu'Elle est misérablement deschirée, de diuerses opinions, par l'Ignorance, et mauuaise vye des prélatz, et par les superstitions, et nouuelles doctrines des aultres ministrer.

Les Prélatz qui portent le nom d'Euesques et Sentinelles, ne font aulcune résidence, tant s'en fault qu'ilz puissent veiller sur leur trouppeau et la plus grande partye passent toutte l'année en cette ville de Paris, où ilz viuent en toutte dissolution et n'ont d'aultre marque d'Euesque, qu'un cordon pendu à leur col. Ce mal eu cause plusieurs, et entr'aultres, que les ecclésiastiques qui sont par les prouinces ayans toutte liberté, viuent scandaleusement, ont chascun une ou plusieurs garses, donnent mauuais exemple, débauchent les femmes mariées, et le peuple languist en l'Ignorance, ne cognoissant aultre chose en la relligion, sinon qu'il va à la messe, à laquelle il n'entend rien, et s'abstient de certaines viandes en certains jours, et quant au reste ne sçait que c'est d'estre chrétien.

Le remède à ce mal, est premièrement de ne donner plus les prélatures, aux enfans de bonne maison qui ne se soucient que de prendre le reuenu temporel pour viure en délices ; mais d'y venir par ellection, et que l'ellection se face d'hommes preux et doctes, lesquels résidans sur leurs bénéfices puissent seruir d'exemple et enseigner le peuple.

De ce moyen en depend un aultre, qui est, qu'il ne soit plus permis de posséder deux bénéfices, car ceste pluralité de bénéfices ne peult seruir qu'à saouller la volupté du bénéficié, lequel monstre par là que, ce qu'il est d'Eglise n'est pas pour désir de proficter au public, mais pour viure à son aise et sans rien faire. Oultre le proffict qu'un chascun tirera de là, estant les esprits stimulez, à se rendre cappables, pour l'espérance de la récompense ; et l'ignorance que les ignorans en receuront. Le Roy y aura un prouffict apparent, car les grands prélatz, ne venant plus que rarement à Paris les denicrs qu'ilz tirent tous les ans de leurs bénéfices demeureront aux prouinces dont le peuple viura, et les tailles du Roy seront mieulx payées.

Une autre réformation qui seroit à désirer en l'Église, c'est que l'on restitue aux pasteurs de l'administration des sacremens, que l'on deffende aux relligieux de s'en entremettre ; cela n'étant de leur office ; et de faict l'on veoyt à l'œil, que les anciens moines ne s'ingèrent point parmy ces choses, et que les seulz nouueaux, qui sont venus depuis le temps de Luther, s'attribuent telle administration contre l'ordre hiérarchique de l'Eglise, veu que les relligieux du temps passé estoient si esloignez de ceste entreprise qu'ilz habitoient les déserts et n'estoient pas presbtres.

Aultre réformation est, qu'il est du tout nécessaire d'establir en France la loy de ces saiges Venitiens, qui porte défense aux ecclésiastiques, de plus acquérir aulcuns immeubles, et à toutes personnes de leur en plus donner, soit par donation entre vifs ou par testament. Car il n'est pas raisonnable que les seulz ecclésiastiques viuent, et eulx qui ne vendent point, si l'on continue encores à leur donner, ou, si on leur permet encore d'acquérir, ilz auront enfin tout le bien de la France duquel ilz possèdent la meilleure partye, et les aultres subiecta du Roy, qui payont les charges du Royaume, rendent le seruice deub à sa Maiesté se trouueront tellement desnuez de biens qu'ilz ne pourront plus subuenir aux nécessitez du Royaume, joinct que l'expérience nous apprend que les maulx qui sont dans l'Eglise, prouint principallement des richesses qu'elle possèdde, de sorte que au lieu de luy donner, ou luy permettre d'acquérir, il fauldroit trouuer le moien de ly oster, ou du moings tellement affoiblir, que chasque bénéfice, ne fust que pour [faire] viure honnestement son bénéficié, et chasque maison conuentuelle ne possédast qu'aultant de biens qu'il luy en fault pour viure honnestement, et sans nécessité, car le surplus ne sert qu'à tout perdre et ceulx qui n'ont point d'enfans, n'ont à faire de biens qu'aultant qu'il en fault pour viure.

Il est aussy nécessaire de donner ordre au nombre effréné de nouueaulx moines, qui naissent par chascun jour. Puisque nous voyons que chaque particulier se faict un ordre à part, et qu'il semble qu'approuuant les uns on improuue les aultres, comme si tous ne faisoient pas profession du Christianisme, et que la religion concistast, ou en l'habit, ou en l'obseruation de certaines règles prescriptes par les hommes, chose qui tourne grandement au mespris de la religion, laquelle ne concistant qu'en l'Esprit rejecte tout ce qui est grossier.

Mais qui pis est ces gens chargent infiniement le penple, n'estant pas possible de subuenir à tant de diverses sortes de mendians, lesquelz hardiment entrent jusques dedans les maisons, demandant tout ce dont ils ont besoing, et par ce moyen forçant plusieurs personnes, à donner ce qui leur faict besoing, et à leur famille, ostent l'aumosne des vrays pauures lesquels languissent de faim pendant que ces gens cy qui la plus part ont quieté leurs biens et leurs parens riches, abondent de toutes choses et n'ont que l'escorce de la pauureté.

Or si ce mal est grand à Paris, il est extresme aux petittes villes et bourgades, où ces personnes se jettent indiscrèttement, n'y ayant tautost plus de Villette en France, où il n'y ayt ou des capuchins, ou des recollez, ou des minimes ou d'aultres telz mendians, lesquelz commeuant par les bastimentz qu'ilz font superbes, sans se soucier qui les payera, se font quester, forcent les pauures subjectz du Roy à leur donner plus qu'ilz ne peuluent, leur faisant croire que cela est le seul chemin du Paradis, encores que les plus aduisez sçachent que l'on y alloit auparauant que ces gens là feussent au monde.

Ce n'est pas tout; car estans establiz, ils se font nourrir, et si la queste n'est pas bonne ilz ennuoyent aux maisons tant soit peu relleuées, et demandent tout ce qui leur défault, Plusieurs personnes qui refusent aux vrays pauures auxquelz il ne fault qu'un peu de pain et de potaige, n'osent réfuter ces Messieurs cy qui hardiment demandent, pain, vin, viade, bois, liures, ornemens, bref, tout cedont ilz ont besoing, et ne considèrent point qu'ilz foullent leurs hostes, auxquelz pour récompence des bons offices qu'ils recoiuent d'eux, ilz preschent qu'il est impossible de faire son salut au monde si, qu'il semble, que pour se sauuer il faille faire profession en quelque relligion.

Le remède à ce mal est d'empescher qu'il se fasse plus aulcun nouuel ordre de relligieux, et que ceulx qui vouldront se réformer entre dedans les monastères déjà reformez. Et qui plus est qu'il ne se bastisse plus aucun monastère, soit pour hommes, soit pour femmes, puisqu'il n'y en a desja que trop, et que le nombre qui est, est plus que suffisant pour actirer ceulx qui vouldront suivre ceste profession, ou si l'on veult faire plus grand nombre de relligieux reformez, chasser les malviuans et mectre ces reformez en leur place.

— Quant à ce qui concerne la Noblesse, la première et principalle réformation est de leur oster les gouuernemens qu'ilz ont à vye, et ordonner qu'ilz ne seront plus que pour trois ans, sans espérance de pouuoir estre continuez, quelque bon seruice qu'ilz rendent, les trois ans passez; mais d'en auoir un aultre s'ilz s'en sont renduz dignes; car estans à perpétuicté, ou dedans les prouinces, ou dedans les places, ilz en font quasy comme leur propre, ont des intelligens dedans les prouinces, se font suiure et seruir, par telles personnes qui seruiroient le Roy, s'ilz croioient qu'au bout de trois ans, ilz ne deussent plus auoir d'auctorité dedans la Prouince; mais sachans qu'ilz y sont toute leur vye, voire mesme, qu'ilz auront suruiuance pour un de leurs enfans, ilz sont quant et quant asseurez, que s'ilz ne se rengent de leur costé leur ruine est inéuitable.

Il est aussy nécessaire que le Roy seul et non les gouuerneurs des prouinces pouruoeoient au gouuernement de chascune place, pour ce que quant les gouuerneurs y pouruoeoient, ilz y mettent personnes à leur déuotion, et quant ilz n'y seroient pas, ilz se les obligent par ce bon office en telle sorte, qu'ilz sont du tout et la place en laquelle ilz sont, pour les dictz gouuerneurs et non pour le Roy, tellement que le Roy n'est roy qu'en tant qu'il plaist aux gouuerneurs des prouinces. L'exemple s'en est veue ces jours derniers. Là où le Roy pourroit aux places, il s'oblige des hommes et se faict des seruiteurs, et à cet aduantage, il n'y met que ceulx qu'il sçait estre affectionnez à son seruice. Mais s'il veult faire beaucoup pour le bien de son Estat, il ne mectra jamais gouuerneur dedans sa prouince, mais celluy de Gascongne sera envoyé en Picardye, et celluy de Picardye en Languedocq.

Il fault aussy donner ordre aux pensions que les princes et toute la noblesse tire du Roy, lesquelles le rendent tellement necessiteuse, qu'il luy est nécessaire de surcharger le peuple de tailles pour le bailler à ces Messieurs, qui l'employent en piaffes inutiles, et à luy faire la guerre aussy tost qu'il s'en présente quelqu' occasion ; Et qui est à considérer c'est que le Roy se pense acquérir des seruiteurs par ces pentions, et il ne se les acquiert, mais aux seigneurs, par la faueur desquelz, telles pentions sont données, et de faict, il s'est veu les jours derniers, que ceulx des seigneurs qui ont abandonné le Roy en sa nécessité sont ceulx qui tirent pensions ordinaires.

Il seroit aussy fort à propos d'oster toutes les justices des seigneurs, et que dedans les seulles villes royalles, il y aist des juges, d'aultant que les seigneurs ont dans leurs justices, des prouinces de seigneuryes qui sont de vrais volleurs, pillent impunément le peuple, saisissent tous les ans à tort ou à droict, estans asseurez de n'estre jamais condampnez aux despens, là : ou si il falloit que le seigneur allast par devant le juge royal pour la recherche de ses droitz, il seroit plus circonspect, et prendroit garde de ne point saisir sans subiect, crainte des despens qu'il fauldroit faire, et d'estre condempné en ceulx de la partye saisye, là ou n'en faisant poinct en sa justice, n'y estant jamais condampné et d'ailleurs tous jours porté par son juge, il ne crainct point de tourmenter les subjectz du Roy et les consommer en fraiz.

Il y a plus, car toutes ces juridictions estans subalternes, voire se trouuant quelquefois cinq ou six degréz de jurisdiction auparauant que venir au parlement se sont aultant d'indeües vexations, là ou n'y ayant qu'un juge royal, quant il aura donné sa sentence, si l'on veult appeler, il faulдra directement aller, ou au Présidial, pour y estre jugé souverainement au cas de l'Edict, ou si l'affaire surpasse au Parlement et par le moyen l'on sauuera beaucoup de peyne et de fraiz inutilz.

Or, s'il y a a reprendre en l'Eglise, et en la Noblesse, il n'y en a pas moings, en ce qui est du tiers-Estat, et notamment en ce qui concerne la justice en laquelle il se commet mille abuz et pilleries.

Premièrement, pour ce qui concerne la Justice du Conseil; il fauldroit que Monsieur le Chancellier prit luy mesme la peyne, de commettre partout ou donner ceste charge par mois ou par quartier à l'un de Messieurs les Conseillers d'Estat, d'aultant que soubz les régistres de Committitur, les greffiers ou leurs commis font une infinité de concussions, vollent impunément les partyes, et qui pis est, font tomber les affaires entre les mains de personnes affectées au détriment des particuliers, et de l'honneur du Conseil, auquel la Iustice seroit esgallement rendue si cest abus estoit corrigé.

Si ce mal est au Conseil, il n'y en a pas moings au Parlement, où l'on reçoit tous les jours des enfans pour juger, contre l'ordonnance qui veult que ceulx qui sont receuz ayent au moings vingt cinq ans, là où il s'en trouvera qui n'auoient point vingt un ans au jour de leur réception; et bien plus, l'on vérifiera que de tout ceulx qui y ont esté receuz depuis quinze ans, il n'y en a pas une douzaine, qui eussent l'âge, et l'on se contente d'un pappier baptistère falsifié et que l'on sçait notoirement estre faulx. Il y a plus, car ces messieurs, auparauant, se faire recepuoir tiennent à deshonneur d'estre veuz au Palais, porter la robbe en qualité d'aduocat, tellement qu'ilz entrent en ces charges, du tout neufs, au faict de Judicature, et il suffist qu'ilz seachent trois motz de latin, et qu'ilz ayent, l'espace de six mois beu du laict d'ânesse. Cependant nos honneurs nos vyes et nos biens sont en leurs mains, et leurs voix sont aussy bien coptées que des plus cappables hommes du monde.

Le rémède à ce mal est non seullement de n'en plus recepuoir auparauant vingtcinq ans, mais attendre qu'ilz ayent trente ans accomplis et que personne n'y soit admis, s'il n'a actuellement aduocacé l'espace de sept ou huict ans, comme Messieurs Robert, Roy et quelques autres, et de rejecter ceulx que l'on sçait notoirement estre entachez d'un vice odieux, comme les putaciers, les joueurs, les meurtriers, quelque priuillège qu'ilz puissent auoir pour la vertu de leurs; puisque le vertu, aussy bien que le vice, est personnelle et que c'est une honte que telles gens tiennent la Iustice, laquelle ilz rendront plus tost à une putain, à un joueur ou à fondeur de nazeaulx qu'à un honnest homme; joinct que ces messieurs sont tant occuppez à leurs diuertissemens, qu'un procès est immortel entre leurs mains.

Or ce mal n'est pas seullement en la réception des officiers, mais il l'est encores en la distribution de la Justice, et notamment en la grande chambre, en laquelle les procès ne sont poinct veuz pour la grande affluence d'affaires qui s'y trouve, en sorte que le jugement d'un procès dépend entièrement du rapporteur, lequel, la plus part du temps, ne veoit ny les pièces, ny les escriptures, mais se contente de lire la préface de l'inuentaire, ou rapporte sur l'extrait de son clerc, corrompu quelquefois, par l'une des parties.

Pour remédier à ce mal, il fauldroit tirer de chascune chambre des enquestes trois juges, et faire une chambre du conseil en laquelle l'on distribueroit partye des procès, qui se jugent en la grande chambre. En ce faisant l'on pourroit en l'une et en l'autre, desdictes chambres, veoir exactement les procès, et ainsy qu'aux enquestes, donner des Euangélistes aux rapporteurs, et lez procès ne seroient ainsy qu'ils sont en ladicte chambre, immortelz. En ladicte chambre du Conseil, on pourroit, le vendredy matin et quelques jours l'apresdinée, donner audiance qui seroit un grand soullagement aux parties.

Il est du tout nécessaire d'apporter quelque ordre aux pilleries qui se commettent par les clercs des Conseillers, et notamment ceulx de la Grand Chambre dont chascun se plaint et personne ne se soucye d'y remédier.

A la vérité, elle despend principallement des maistres, mais s'ilz ne veullent faire justice, de ses coquins, il leur fault faire le procès à eulx-mesmes. Il en est décédé un, il n'y a pas longtemps, lequel ne bailloit procès, par communicquation, que il n'eust un teston de chacun sacq, de sorte qu'il s'est trouvé que pour une communicquation, il a eu quarante testons et dauantage, dont il ne luy appertenoit qu'un ou deux testons au plus; aussy ilz viennent au seruice de leurs maistres, pauures larridons, et en sortent ou meurent riches aultant qu'un homme de famille honnest, s'estimeroit tout heureux de pouuoir en toutte sa vye en trauaillant beaucoup, faire de pareilles fortunes.

Le larrecin des Greffiers est aussy tout notoire, et c'est un grand cas que l'on donne forces arrestz comminatoires, et néantmoings l'on laisse à la veüe de tout le monde viure un volleur publicq, gueux de son origine, et aujourd'huy plus opullent qu'une infinité des meilleures familles de-Paris. Et non seullement il vit comme de coustume, mais il est soutenu par des plus grands et plus genz de bien aueugles en ce point, en leur propre faict, eulx qui au détail rendent la justice à un chascun, empeschent qu'elle soit faicte au publicq, qui la demande contre ce grand brigand.

Quant à la Cour des aydes, ce n'est pas de ce temps qu'elle est en très mauvaise réputation, et à dire vray, c'est une honte d'y veoir ce qui s'y commet.

Premièrement. Ilz appointent presque toutes causes qui se plaident, ne donnent quasy jamais d'arrestz définitifs, qu'ilz n'en ayent donné quatre ou cinq interlocutoires, et en quelques causes plus d'une douzaine qu'ilz espient tant qu'ilz peuluent; le plus souuent si embrouillés, qu'il coust plus à les faire interpreter, et s'y trouue plus de difficulté qu'à décidder le premier différend des parties, il y a plus: il si traicte des procès de sy petite consequence que le plus souuent, il y a plus d'espèces sur l'arrest qu'il ne s'agissoit au fondz; font tous les procès de commissaires, et les jugent aux heures destinées à cet effect et à celles qui ne le sont pas. Il y a plus, car quand les parties veutlent passer d'un procès, par un appoinctement, comme l'on obuerse tous les jours au Parlement, le Greffier ne les peult recepuoir, mais il fault présenter requeste à la Cour, et demander que l'appoinctement soit reçeu, et pour cella, prengnent deux escuz d'espices. Au Parlement, l'appoinctement est reçeu au Greffe, et tel n'est que pour auoir ces deux escuz. Ilz font pis. Quant ilz recoipuent les officiers, il fault qu'ilz leur porte des pains de succre, des confitures ou du gibbier, jusques là qu'auparauant de deliurer l'arrest le greffier demande à l'officier s'il a veu Messieurs

Le remède à ce mal est de leur oster du tout les procès de Commissaires, puisqu'ilz en abuzent; leur défendre de plus prendre de telz présens, et pour ce qu'il n'est pas raisonnable de venir plaider de la Rochelle de Lyon ou d'aultres lieux, ainsy eslcoignez, pour peu de chose, il fauldroit attribuer aux esleuz des Généralitez (sans pour ce leur faire payer aucune finance), puissance de juger en dernier ressort jusqu'à deux cens cinquante ou trois cens liures en principal, par prouision, et la moittyé définitivement.

Il se commet encores un grand abuz par Messieurs les aduocatz du Roy en ladicte Cour, ausquelz bien que par l'ordonnance et par les arrests d'Icelle Cour donnez depuis peu d'années, il soit défendu de consulter, si est ce que soit au Pallais, soit en leurs logis, ilz tiennent porte ouuerte aux consultans et font un trafic sordide de leurs opinions. Cella faict que quand un homme leur a consulté sa cause, ilz sont obligez, euz ayans conseillé de plaider, de conclurre pour eux mesmes au préjudice du Roy et de ses droictz qui se perdent par ce moyen. Et ne sont plus tant aduocatz du Roy que de celluy qui leur a consulté sa cause.

Le Chastellet n'est pas, aussy, exempt de désordres; et le premier et plus grand est que la police de la Ville de Paris est entre les mains de Monseigneur le lieutenant ciuil, lequel ne pouuant vacquer à tout, a pour se soullager, les commissaires, lesquelz au lieu d'apporter de l'ordre, causent tout le désordre qui est à Paris, permettent tout pour de l'argent, et s'abonnent auec les garses et ceulx qui sont subjects à leur visitation, de sorte que quelqu'ordonnance qui se fasse, elle n'est point obseruée, et sert seulement à emplir la bource desdictz commissaires.

Pour à quoy remeddier, il fauldroit oster la police ausdictz commissaires et eslire tous les trois mois un habitant de Paris, en chascun quartier, preudhomme lequel auroit fonction desdictz commissaires.

Il fauldroit aussy donner ordre au salaire, tant desdictz commissaires, que des notaires, car quant aux commissaires, ilz se font payer excessiuement en tout ce qu'ilz font et notamment aux comptes où il est besoing de les reigler, et leur donner tant par article. Et quant aux notaires, tant par le feuillet, et que le feuillet ayo tant de lignes, et la ligne tant de sillabes, car ilz ne peuuent plus estre contentz.

Au surplus chascun crie, et auec subject, de la cherté des offices, dont il y a trois raisons principalles. La première est le droict annuel; la seconde que l'on admenct aux offices des enfans et lorsqu'il en fault aux vieux et aux jeunes la cherté si met. La troisiesme est que toutes sortes de personnes sont indifféremment admises aux charges, pourueu qu'elles ayent moien de les achepter.

Pour y remédier, il y a trois moyens. Le premier, de reuocquer le droict annuel, puisque l'on voeit qu'il apporte un tel désordre en l'Estat. Le second, de n'admettre plus aux charges que personnes qui ayent plus de vingt cinq ans accomplis. Le troisiesme que chascun soit tenu de suiure la condition de son père; c'est à dire que le Gentilhomme pourra suiure telle condition qu'il vouldra, d'aultant que la condition estant la plus noble, elle enueloppe les aultres, et par conséquent, il est raisonnable de luy donner le choix et laisser en sa volonté, ou d'estre d'espée, ou de robbe, ou de finance; Le pere de l'officier pourra estre d'office et faire les fonctions appartenantes aux offices, comme d'aduocasser : mais quant aux enfans de marchans, partisans et aultres, telles personnes ne pourront jamais paruenir aux offices. Cela n'est point sans raison, car il est à propos, en un Estat de pouruaeoir à tout le monde; or les enfans d'un marchant peuuent (*sic*) viure faisant la marchandise; les enfans d'un officier ne peuuent estre marchans; or dès qu'un marchant est un père riche, ses enfans quictent la boutique pour se jecter aux offices, et y mectent l'enchère. Les enfans des officiers n'y peuuent paruenir et sont contrainctz de languir toutte leur vye, inutilz à tout bien. Un grand mal résulte de là. Car les enfans des marchans qui ne sont pas nourris de la Iudicature, jugent les procès par faueur croiant qu'il soit permis d'ainsy le faire, pour ce qu'ilz ont ouy dire à leurs pères que l'on faict ainsy. Là où le filz d'un officier nourry plus ciuilement, seroit beaucoup mieulx, rendre la Iustice, y estant mesmes stimullé par l'exemple des siens. Il y a plus, l'on recongnoistra par ce moyen les familles. Il ne se fera plus tant de damoiselles, et, ce qui sera l'extresme bien, chascun sera employé. Et touttesfois il ne seroit pas raisonnable de fermer entièrement la porte de la noblesse aux marchans, puisque toutte chose a ses commencements, mais il leur fault donner deux entrées : la première sera l'entrée de l'espée par le moyen de laquelle ayans rendu des services au Roy, leurs enfans pourront trouuer rang parmy la noblesse et entrer aux offices. Le second sera la vacquation d'aduocat en laquelle le pere d'un marchant ayant passé toutte sa vye, son filz pourra estre admis aux offices.

Au reste il se glisse un grand mal parmy nous, à quoy peu de gens prengnent guarde; c'est la multiplicité des collèges de Jésuistes, lesquelz estans respanduz par toutte la France, la science est à vil prix, de sorte que les artisans et labroureurs, la trouuant à leur porte, y jectent leurs enfans. De là prouiendra que ces enfans qui debuoient estre nourriz, ou aux artz mechaniques, ou à la marchandise, qui éteut la vacquation de leurs pères, nécessaire pour la manutention de l'Estat, et en ce faisant l'on verra dans peu d'années, grande faulte d'artisans, et au contraire, tous ces jeunes gens seront un jour, ou prebstres, ou aduocatz. Le nombre effréné des prebstres, nous apportera des superstitions, dont il n'y a que trop. Celluy d'aduocat, nous fera naistre infiniz procès, et sera cause, que les uns à cause des aultres y mourront de faim.

Pour remédier à ce mal, qui est plus grand que l'on ne pense, et qui se fera mieulx sentir un jour qu'à présent, il fauldroit supprimer tous les collèges des jésuistes, et restablir l'Uniuersité de Paris, là où les enfans de bonne et médiocre maison, estudians, il y aura assez de monde pour tenir les places de judicature pour aduocacer et prescher, et les pauures seront contrainctz de s'addonner aux arts et à cultiuer la terre.

Il fauldroit aussy prendre guarde, au débord des monnoies, notamment à l'or, lequel a le prix, tel qu'il plaist aux marchans, et hausse de telle sorte, petit-à-petit, qu'il doublera ou triplera enfin son juste prix; et quant à l'argent, il est du tout tiré aux païs estrangers, où il est fondu et altéré, et rapporté par deçà à un prix excessif. Et de faict il est certain que les pièces qui se battent de présent à Arches, soubz l'auctorité de Monsieur de Vuers, que l'on mect en France pour trente solz, ne vallent que vingt deux sols, ou peu plus. Cependant l'on nous infeste de ceste monnoye, et si l'on n'y donne ordre l'on ne verra plus de monnoye de France.

Le remède est de remectre l'or à son prix, tel qu'il est par le dernier édict des monnoyes, et de fondre touttes espèces d'or et d'argent estranger, excepté celluy d'Espagne, lequel exposé au prix de l'Edict est bon et vault loyaulment son prix.

Mais le plus grand mal qu'il y ayt en l'Estat prouient de ce que l'on preste l'oreille à une infinité de personnes, qui tous les jours donnent de nouueaulx auis, pour molester tout le monde, soubz umbre de prouffict du Roy, et non seullement l'on leur preste l'oreille, mais l'on les reçoit à bras ouuerts. Cependant ces volleurs brigandent impunément tout le monde, commettans un million d'extorsions, troublent touttes les familles, affligent les plus gens de bien, et ruinent le Roy et son peuple pour s'enrichir.

Le remède est de faire une loy à l'aduenir, que tout homme qui vouldra donner un aduis nonueau pour establir, supprimer, faire payer quelque somme ou telle aultre chose, sera tenu de le proposer, en plain parlement, la corde au col; que si son aduis est trouué bon, il sera receu sans espérance de récompense, pour ce qu'il fault faire le bien de son païs, pour le seul amour du pays. Sy aussy il est trouué mauuais, tel donneur d'aduis sera pendu et estranglé, pour auoir esté si téméraire et si meschant de donner un meschant aduis.

V

[SANS TITRE.]

En l'assemblée libre et généralle des Estatz généraus de ce Royaume, publiée pour les mois de Septembre et Octobre, an présent, mil six cens quatorze, et qui se tiendront, auec l'aide de Dieu, et sous l'authaurité de nostre Roy très chrétien Louis treiziesme du nom à présent régnant.

Sa Maiesté est très humblement suppliée, de la part de ses très humbles et très obéissans subiectz bons et vraiment catholicques, loyaux, fidelle, légitimes, originaires et naturels François de tous les trois ordres de ce royaume, de receuoir ouïr et entendre, leurs très huumbles remonstrances justes et pitoiables plaintes et doléances : Et sur icelles leur accorder ce dont ils supplient sadite maiesté, en toute humilité et réuérence, pour l'asseurance de Sa Maiesté, bien de son Estat, repos et soulagement de ses subiectz.

Premièrement : Sera remonstré, que les fondations des Églises, en quelqu'Église que ce soit, ne sont point entretenues, mais au contraire infiniment changées en aucuns lieux, et du tout abolies, en d'autres, et semblent plus les biens estre destinés pour entretenir la grandeur, orgueil, voire mauuaise vie des ecclésiastiecques, que pour y faire célébrer le seruice diuin, au grand mespris de l'honneur de Dieu, et intention des fondateurs, qui en sont frustrés, et de mauuaise exemple au publicq, dont les consciences des collateurs sont chargées deuant Dieu, et luy en rendront compte.

A ceste cause sa maiesté est et sera très humblement suppliée, de faire casser et annuler, toutes annexes de quelques bénéfices que ce soit, mesmes celles faittes aux Jésuittes et restablir en chacun lieu les abés, prieurs, religieux et autres ecclésiastiques pour y restablir les antiennes fondations et formes d'y célébrer le seruice diuin, sans s'arrester aux nouuelles dont on use ausdittes églises annexées et autres, et ausquelles formes ou n'aura aucun esgard, estans certain que l'antienne obseruance de l'Église et seruice fait en icelle doiuent estre meilleurs que les nouueaux pour auoir esté institués en temps plus proches des apostres, et plus gens de bien qu'on n'est pas à présent : quelques réformations que on y veille apporter.

Pour faire ceste réformation selon l'antiquité est nécessaire pour l'honneur de Dieu, pour le bien de sa Maiesté et de son royaume, faire remettre et obseruer les décrets des conciles de Constance et de Basle, comme ayans esté faitz et ordonnez en conciles libres et deffenduz par prélatz et docteurs de l'Église, qualifiez de bonne vie, science, mœurs et doctrine, et notamment par les fléaux des antians et modernes hérétiques, les vénérables docteurs régens en la Faculté de Théologie en l'Université de Paris, à présent déprimée et désestuuée par la nouueauté, et artifice de ceux qui sous le voile de simplicité, veulent changer tout l'ordre antien et se rendre monarques de tout le monde uniuersel, praticquans sous l'ombre de piété, les grandes maisons et bonnes familles, au moyen desquelles, ilz allument les estincelles de diuision et de désordre.

A ceste fin seront establies, les élections des primaties, archeueschés, eueschés, abaies, et prieurés, lesquelz primatz, archeuesques, éuesques et prieurs, seront prins et choisis et esleus, cinq au nombre des chanoines et religieux de la Communauté vacante, qui seront portés par scrutin à Sa Maiesté pour choisir et nommer des cinq celuy qui luy plera pour estre pourueu du bénéfice vacant. Cela fera que on verra comme antiennement, il se faisoit les chapitres des Églises cathédrales, et monachales remplis d'enfans de noblesse et autres bonnes maisons et familles qui remettront en honneur les communautés quant on se verra remplies de telles personnes faisant leur restablissement de réformation, et coupper chemin à tant de nouuelles ordres qui pullulent et augmentent de iour en iour.

Pareil ordre d'élection sera aussy obserué aux prouisions des abesses et prieures des religions des filles.

Que les Primatz, archeuesques, éuesques et abbés résident en leurs éueschés, sans vaquer à la Cour, à Paris ny ailleurs, sy ilz n'y sont mandés par sa Maiesté, pour afferes d'importance. Et ne pourront estre hors de leurs diocèses plus de trois mois l'année au plus, à peyne de suspention, de leur reuenu, d'une année de leurs bénéfices, applicables aux pauures de leurs diocèses, et les ordres eux-mesmes et touttes autres choses dépendentes de leurs charges ainsy qu'ilz y sont tenus et obligés.

Que lesditz prélatz, soient seigneurs, que leurs vicaires et commis facent bien leurs visitations ausquelles ilz sont tenus, qu'ilz donnent les prébendes à personnes capables, de bonne vie et sans répréhension, et non à leurs seruiteurs, varlets et domestiques; et les curez à gens de bonne vie, science, doctrine, et mœurs, qui par eux et sans mandier l'aide d'autruy, et par leur bonne vie et exemple, et saintes prédications, et exhortations, puissent instruire leur peuple en l'amour de Dieu, fidélité et obéissance du Roy, et aux magistratz, et au salut de leurs âmes.

Que les religieux et religieuses, gardent, et demeurent eu leurs cloistres, sans vaquer aux villes, ny aux champs, comme on les y veoit ordinairement; que les cloistres et murs des Églises des quatre ordres antiennement mandians, et de toutes religions, soyent fermées aux femmes et filles. Et combien que quelques ordres de nouueaux religieux se soient attribués, le titre de réformés, sy est ce qu'on ne veoit par les villes aller çà et là que jésuistes, capucins, récollez et autres, qui preignent ce titre de réformés, hanter et entrer aux bonnes maisons en tous temps et toutes heures, de sorte que pour leur bien et honneur, et euiter le scandalle, il est besoin et nécessaire qu'ilz gardent leurs maisons et cloistres, sans plus vaquer de telle sorte, estant chose asseurée, que pour bien garder leurs règles, ilz seroient mieux dans les désertz, comme les antiens pères ont esté, que d'estre perpétuellement auec les plus belles dames et demoiselles.

Et pour oster ce titre de réformez qui deshonore les anciens de mesme ordre, sa maiesté est très humblement suppliée de les faire unir et joindre tellement les uns auec les autres, que ce mot de réformez qui porte scandalle et tient de la religion nouuelle, soit osté d'entr'eux, et ce grant nombre de maisons et couuentz retranchés (qui sont à grande charge au publicq) et qui à leur venue ne demandent que six pieds eu carte pour leur héberge, et autant pour leur chapelle, et au bout de deux ou trois ans, ou leur veoit bastir des maisons, chasteaux, et des grans comme des villes.

Est très nécessaire que les curez soient doctes et sçauans pour instruire les peuples qui sont sous leurs charges, d'autant que le propre pasteur doit estre, et de faict est plus soigneux, de son troupeau, que le mercenaire, [comme sont auiourd'huy les prédicateurs; car si on prie quelcun pour prescher en une paroisse, il faut sçauoir s'il y a lieu, pour le loger, le traiter et le nourrir, et en fin quelle récompense. La despence de ces prédicateurs est de dix ou douze liures par jour, demande qui ce fait auec des cuisiniers pour en faire le traittement. Saint Paul, Saint Eustache, Saint Nicolas des Champs, Saint Médéric (Saint-Merry), et autres paroisses en sçauent bien que dire. On ne parle point de Nostre-Dame, monsieur l'Éuesque à bien moien de ce faire tout seul; le chapitre pourtant contribue à moitié: le reuenu qu'ilz en tirent vault bien le seruice qu'ilz y font, et au bout du caresme ou de l'aduent, les trois, quatre, cinq, six, sept, et huit cens liures, tesmoin Saint Germain de l'Auxerrois, au caresme dernier, mil six cens quatorze, (qui n'a pas logé son prédicateur, mais autres sy) (hipocrisie!) on ne veut point d'argent pour l'interprétation ou prédication de la parolle de Dieu, elle est gratuitement donnée, il la faut rendre gratis. Il faut donc inuenter d'autres moyens ce sont gens de bien qui vous donnent ceste somme : à qui donez-vous de l'argent? aux libraires, aux marchans de bois, ou autres on vous acquittera; (derechef grande hipocrisie!) choses non seulement honteuses, mais monstrueuses, et abominables à la Chrétienté!

Et autre honte aux Jésuistes, capuchins, récolletz et autres, de souffrir leurs religieux descoucher, leurs maisons et couuentz dant à grande peine, deuroient-ilz regarder la porte pour en sortir.

Ceste coustume a tellement prins, que les docteurs en théologie, religieux mandians et autres veulent que il leur en soit fait de même et marchandent sur ce suiet (ilz ont raison). Mais où estes uous grand Jerson, grand docteur, chancelier de l'Université de Paris, qui aues combattu les hérésies, deffendu les libertés de l'Église Galicane, et apaisé les schismes de vostre temps? Où estes-vous de Rety chanoine en l'Église Nostre-Dame de Paris, et docteur en théologie, député pour les trois ordres du Royaume en l'assemblée générale des Estatz tenus à Tours du temps du Roy Charles huitiesme?... Où estes-vous Piccart, Pelletier, Seneschal, Vigor, Hugonis, de Xaintes, et tant d'autres bons théologiens?... que diriez-vous aujourd'huy, sy vous entendiez les euesques et marguillers des paroisses, dire à leurs chapitres et cures. «Sy nous auons cet aduent, ou, ce caresme en nostre Église un docteur en théologie ou un des antiens mandians, nous n'aurons personne à la prédication. Il faut un jésuiste, un feillant, un hermite du tiers ordre de Saint-François, le bien loger, chaufer, nourir et paier.» (Ô abomination!!)

Sire faittes sy il vous plaist donner ordre à ces abominations; la théologie de Paris est mère de touttes les théologies de Chrestienté. L'ambition et les nouueautés la ruine. Enquérez-vous, s'il vous plaist, quelz sont esté les docteurs cy dessus nommés, et infinis autres. Ilz ont esté pleins de doctrine, sçauoir, érudition, charité, et bonne vie (hors l'Église, et leurs prédications tendentes seulement à enseigner vos subiectz, à bien vuire, craindre et aimer Dieu, obéir à vostre Maiesté, et respecter les magistratz sous vostre authorité) leur court estoyent les collèges de Sorbonne, Nauarre, Montaigu et autres; ilz ne vagoyent (sic) à heures deues et indeues par les maisons particulières, à suborner les uns, et liguer les autres; ilz n'entroient es chambres des dames estans dans le bain: ilz ne disputtoient et mettoient en doute la puissance des princes souuerains; ilz ne semoyent de meschans liures, pour inciter à tuer et assassiner les rois, sous le nom de tirans, quant ilz ne veulent accorder ce que les lois diuines et humaines défendent; les prédications de ces nouueaux réformés, sont suiuies de leurs escolières, qui aduertissent les unes les outres du lieu ou un tel père presche; et par ceux qui aiment les crimes[t] les diuisions, et désordres. Telz prédicateurs ont subuerti le peuple françois de l'obéissance du Roy Henry troisiesme, le mesme a pensé estre fait en la personne du feu grand Roy, vostre Père, tous deux ont esté tués à ce suiet. A quoy a bien seruy en l'assassinat et paricide, dudit feu grand Roy vostre père, les prédications faittes en l'Église Saint-Geruais, en l'aduent et festes de Noël, mil six cens neuf, et autres, ont esté suffisantz pour asseurer un hardy meurdrier, comme ont esté Clément, Barier, Chastel et Rauaillac.

Ce qui donne le plus d'audience à ces prédicateurs, sont les exortations tendentes à séditions contre les Huguenotz. Mais d'autant, (comme on dit), que pour euiter un plus grand mal (quoy que contre les commendemans de Dieu) on souffre, les bordelz en plusieurs villes de la France et les juifs : aussy peut-on dire que pour éuiter un plus grand mal on souffre deux religions en France, sans lesquelles deux, pour le présent, on ne peut auoir la paix; c'est pourquoy sa maiesté, est très humblement suppliée faire faire déffences à tous prédicateurs, et ministres de l'une et de l'autre religion, de dire, escrire, prescher, ou enseigner, aucune chose tendente à sédition, esmotion populaire, à la guerre sur peine de la vie, et d'estre punis comme criminelz de Lèze-Maiesté, auec mandemans exprès aux éuesques, gouuerneurs et magistratz des villes, y tenir la main à peine de s'en prendre à eux en leur propre et priué nom.

Comme il sera semblablement deffendu à toutes personnes de quelque religion, ordre et société que ce soit, et non-obstant quelsconques priuilèges et exceptions, qu'ilz puissent prétendre e alléguer, de prescher, enseigner, ny escrire, aucun liure faisant mention de tuer, assassiner, ne meurdrir, les princes souuerains (quoy que sous le nom de tirans), telz que Mariana, Belheruiny et autres, sur

---

[t] crines dans le texte.

peyne de la vie, et d'estre punis comme criminels de lèze-Maiesté, enjoignant très expressément à ces procureurs généraux en chacun parlement, leurs substitutz en chacune jurisdiction, de faire procéder promptement et criminellement contre les auteurs desdictz liures, et prédications et contre lesdictz liures, imprimeurs, et autres, qui en tiendront et auront par deuers eux sur peine déclarés fauteurs et complices desdittes disputes, prédications, impressions, et enseignemans, à peyne de priuation de leurs offices et charges et d'estre punis de mort comme criminelz de léze-maiesté au premier chef.

Et pour faire contenir chacune en son debuoir et en l'obéissance deüe à la maiesté roïalle, sadite maiesté est très humblent (sic) suppliée, déclarer qu'elle est seule souueraine en toutes ses terres, sans moyen d'autre créature quelle quelle soit, par les loix fondamentalles et légitime succession de ce royaume, par la Grâce de Dieu, et force de son espée, qu'il prend de sa main sur l'hostel à son sacre, sans ayde ne moyen d'autruy; afin que ceste déclaration puisse estre tellement burinée et grauée aux cœurs de ses subiectz, que iamais ilz ne puissent estre charmés des funestes et cruelles poisons, de diuision infidélité, rebellion, assassinat, et parricide, enseignés esdictz libelles de Suares Emmanuel Sa, Henry Sponde Martin [vec]anus et autres ennemis de la royauté.

Et à cet effet, et qu'à l'aduenir, il 'ne ce veoie de ces meschans liures dessus mentionnés, ou semblables, mesmes certaines généalogies tendentes à faire entrer en la lignée royalle, aucuns qui n'y peuuent rien prétendre, ordonner et enjoindre à ses officiers, procureurs généraux et à ses cours souueraines que tous lesdictz luires soyent bruslés, et censurés comme dict est cy dessus, et outre au cas que cy après il s'en trouuast aucun (ce que Dieu ne veille) que les, prieur, gardien, prouincial, recteur, ministre, ou chef de la société (sic) congrégation ou religion de celuy qui aura fait, composé ou presché, et enseigné lesdittes fauces maximes, sera tenu faire assembler, au chapitre de chacune maison dudit ordre, sinode ou autre compagnie et congrégation desdictz ordre, religion, société ou autre assemblée de communauté, pour désaduouer détester, aborer et abiurer lesdictz libelles, sans aucunes collusions, interprétation, équiuocque double intelligence, ou autremant. Et icelle abiuration désadueu et détestation de libelle faire mettre en lumière, et voir en publicq, à peine d'estre, lesdittes compaignées, chassées, et bannies à perpétuité de France, et pour cet 'effet seront tenus, tous les dictz ordres, et sociétés sur les mesmes peines, faire serment de fidélité et obéissance à samaiesté, entre les mains des iuges ordinaires des lieux, et dont sera fait régistre; et ce non obstant quelz conques priuilèges exemptions, ny autres choses qu'ilz puissent alléguer au contraire.

Les Facultés de Théologie de Paris et autres de ce royaume, et les ministres de la religion prétendue réformée, seront tenus déclarer lesdictz liures, et la doctrine contenue en iceux, estre hérétique, contre l'honneur de Dieu et la religion catholicque, qui deffend toutte espèce de meurdre et homicide, et encore plus fort[1] aux rois et princes, dont les tueurs sont en la main de Dieu et sans lequel ilz ne peuuent règner.

Que les priuilèges accordés aux gradués simples, et nommés des Universités de Paris, et autres, leur soyent conseruès, et que les régens qui auront régenté sept ans en ladite Université, puissent auoir priuilège deux mois l'année, autres que ceux desditz gradués, pour estre pourueuz de bénéfices, caccans par mort.

Que tous les collèges soyent réduitz, en six ou huit où seront logés et accommodés les principaux présidens, prouiseurs, procureurs et boursiers des autres collèges, pour jouir des droitz, dont ilz jouissent ausdictz autres collèges, et le surplus employé en gages honnorables, pour l'entretenement et gages des régens qui régenteront ausdictz collèges, règles et statutz pour l'instruction de la jeunesse.

Et d'autant que entre les théologiens, médecins, et autres gens de lettre, l'honnesteté, modestie, et sobriété, semble auoir plus de place, qu'entre les artisans, et gens mechanicques, et qu'il se fait de grandes plaintes, pour les grandes despenses, qui se font auant de paruenir au degrés de docteurs. Sa Maiesté est suppliée de deffendre sur grandes peines, toutes sortes de festins et banquetz qui se font aux actes que l'on fait pour paruenir aux degrés de docteurs.

Sa ditte maiesté, est très humblement suppliée receuoir toutes les plaintes qui luy seront faictes, sur la mort des deffuncts rois Henry trois, et le Grand père de sa Maiesté, et en faire punir les autheurs adhérens, et consentans, sy la vérité en peut estre cogneüe; pour donner crainte à tous meschans d'entreprendre iamais le semblable, et aussy pour faire et rendre la justice.

Est aussy nécessaire de réformer beaucoup de superstitions qui courent et se glissent parmy le peuple, et en plusieurs lieux, qui causent et engendrent plusieurs et sinistres mauuaises opinions. Notamment sous les noms de grains et médailles bénistes, portant certaines espèces de pardons ou les peuples peuuent estre facilement trompés et deçeus faute d'intelligence, mesmes la noblesse gardant sa vengeance, les usuriers, les adultères et autres personnes viticuses, y prennent et s'y preuent tromper d'elles mesmes. Partant semble que la suppression desdites choses est nécessaire. Et est sa ditte maiesté suppliée en faire décréter par la Faculté de théologie (vuide et dépouillée de toute passion) d'autant que aucuns qui en recognoissent le mal disent que sy ilz viennent de Rome il le faut tolérer, sous l'espérance qu'ilz ont de chapeaux de Cardinaux ou de prouision de bénéfices consistoriaux.

Que non seulement les prélatz et ecclésiastiques soyent réglés en leurs habitz, et vestemens, mais qu'il plaise à sa Maiesté régler tous ses subjectz et réformer le désordre auquel ilz se sont gettés par la superfluïté d'habitz qui court isuques aux paisans, gens de mestier, mechanicques, seruiteurs et seruantes, auec trop de dissolution.

Sa ditte maiesté sera aussy très humblement suppliée de ne donner les Gouuernemens des prouinces, villes, places, offices de la couronne, et autres, arche-

---

[1] Est ici pour *euers.*

ueschés, eueschés, et abayes, à autres qu'à vrais, naturelz, et originaires françois
qui les ayant mérités par bons et agréables seruices faitz à sa Maiesté et à l'Estat,
et changer lesdictz gouuerneurs quant il plaira à sa maiesté sans aucune récompense, à peyne de la vie à ceux qui en prétendront et demanderont.

Que sa ditte Maiesté tienne près de sa personne un conseil composé de personnes choisies par les députez des prouinces, auquel présidera en l'absence de sa
maiesté et de la Royne sa mère, un des princes du sang sy il y en a au Consel, et
a priuatæment à tous autres conseillers de sa maiesté. Lequel Conseil sera recogneu de bonne vie, non passionné, sinon à l'honneur de Dieu et seruice de sa
Maiesté, de son estat et au bien publicq. Sans aucun soubçon de cognoissance ou
faueur auec quelque prince ecclésiastique ny autre potentat estranger, et ou il y
en auroit à présent près de sa personne recogneuz pour autres qu'affectionnés au
seruice de sa Maiesté et de son Estat; qu'il plaise à sa ditte Maiesté le déposer de
sa charge et luy faire faire son procès.

Et à ce que l'ire de Dieu puisse être appaisée sur ce royaume de si long temps
affligé par guerres intestines, factions, ligues, et rebellions prouenans des fautes et
offenses commises par tous les ordres du Royaume contre l'honneur de Dieu respect
et obéissance deue à sa Maiesté.

Sa ditte Maiesté est très humblement suppliée à l'imitation de Monsieur Saint-
Louis faire renouueler et obseruer les ordonnances, contre les blasphémateurs du
Saint nom de Dieu, de la Vierge Marie, et des Saints, estant chose effroyable
d'ouïr et entendre lesdictz blasphèmes et iuremans, sans raison ne subiet, sans
profit ny plésir, et que Dieu deffend expressément disant : «Tu ne jureras point, et
que vos parolles soyent ouy ouy et non, non : Vous ne jurerez point par le ciel,
car c'est le throsne de Dieu.»

Comme aussy les bordels où il se commet une infinité d'ordures et vilainies
contre l'honneur et commandemant de Dieu, tirant, outre le vice, plusieurs
grandes et excessiues despences superflues, contre l'honneur de Dieu et au grand
scandalle du publicq, à la ruine de plusieurs enfans de famille, et autres qui les
hantent et fréquentent; outre plusieurs meurdres et assassinatz qui s'y commettent
comme il s'est veu plusieurs fois, et depuis peu trois personnages en une mesme
maison, (sans y espargner le sang innocent) y en a eu trois inhumainement meur-
dris à une seule fois', et en d'autres des enfans et des femmes grosses. Et néantmoins la Ville de Paris, et autres sont tellement remplies de ses ordures qu'il n'y
a rue ny ruelle qui s'en puisse dire exempte. A ceste cause, Sa Maiesté est très
humblement suppliée de donner ordre à telles ordures, et ordonner plus tost
(quoy que mal à cause du commandement de Dieu) des lieux publicqs pour retirer
les femmes et les filles dissolues, qui y seront menées publicquemant, et renfer-
mées auec règles et ordonnances, et gardes, telles que Sa Maiesté aduisera bon
estre, pour éuiter aux maladies et meurdres qui y pourroyent aduenir; et contre
les adultères qu'il y soit pourueu criminellement, tant de l'un que de l'autre
sexe.

Comme aussy la fénéantise et accoustumance au ieu a tellement peruerty les
bonnes mœurs, qu'on a veu des officiers de Roy contraincts abandonner leurs
offices et le Royaume, pour s'estre rendus plus aspres et assidus aux pertes excessiues des ieux, qu'à l'exercice de leurs charges; et plusieurs autres hazarder et
perdre leur bien et celuy d'autruy en ces affreux ors et détestables brelans (qu'in-
iustement et deshonnestemant on décore du nom d'académie) et qui pis est on a
donné des permissions publicques, memes loys expresse à la foire Saint-Germain.
Sa Maiesté est très humblemant priée de deffendre lesdictz berlans, sur peyne de
confiscations de biens de ceux qui les tiendront en leurs maisons, et de ceux qui
iront iouer.

D'auantage les maisons des cuisiniers et pâtisiers qui traittent à quarante,
cinquante soiz, trois, quatre, cinq et iusques à seize et dix-huit et vingt liures
pour teste. Et les cabarets publicqs apportent une telle charté et disette de bois,
charbons, viures, fruitz et autres choses nécessaires à la vie, pour les profusions
et dégatz qui s'y font que le pauure peuple est infiniment langoureux et les pauures
malades ne peuuent auoir secours en leurs nécessités, et languissent misérables,
auprès des portes et voisinages de ceux, qui ne plaindront pas à despendre deux
et trois cens liures pour traitter cinq ou six personnes, et perdre mil, et douze cens
doublons au ieu et autres dissolutions, et ne voudroyent pas auoir donné un
double à un pauure. Partant Sa ditte Maiesté est aussy très humblement priée de
deffendre telles ordures et crapulations sur peyne de la vie.

En quinze jours du mois d'octobre mil six cens treze, que on renouuela les
ordonnances de police sur le fait des cabaretz, le publicq en ressentit une grande
commodité et soulagemant; mais l'arrêt du conseil priué qui interuint incontinent
après, fondé spécialement sur les deniers des fermes de Sa Maiesté feit remonter
toutes choses au premier pris, et beaucoup plus excessif.

Les subiectz de Sa Maiesté, sont fort asseurez, qu'elle n'a eu aucune cognoissance dudit arrest, et que quant elle cognoistra les excès, désordres et confusions qu'apportent les dittes despenses, blasphèmes, jeux et bordelz. Elle désad-
uouera tous editz, pouuoirs et permissions qui en ont esté données; estoit chose
honteuse à son conseil de dire que Sa Maiesté se voulust enrichir de la perte de
ses subiects au moyen de ses fermes.

Plus Sa Maiesté est très humblement suppliée de faire exécuter les ordonnances
contre ceux qui se battront en duel; et que ceux qui importuneront Sa ditte
Maiesté pour obtenir des remissions pour ceux qui se seront battus et appellé les
autres, ou faitz appeler soyent punis de pareille peine que les combatans, sans
exception de degré, office, dignité, seruice, ne récompense.

Que toutes les pensions des princes, seigneurs officiers, tant de la couronne,
maison du Roy, de judicature et de finances, gouuerneurs, colonnelz, capitaines,
gens de guerre et autres, soyent réduittes aux sommes qu'elles estoyent du temps
du deffunct Grand Roy père de Sa Maiesté, et tous dons extraordinaires (à
quelques personnes que ce soyent) retranchés, afin que Sa Maiesté puisse rem-

plasser les trésors dudit deffunct Grand Roy, rachepter et désengager son domaine et soulager son peuple. Or, à cet effet, le sieur de Sully rappelle :

Que la noblesse ne trauaille point, leurs subiectz par charges ne conjées extra-ordinaires et insuportables comme ils font, faisant moins de cas, de leurs subiectz, qu'ils ne font de leurs chiens et cheuaus, chose estrange et cruelle entre les chrétiens! Qu'ils n'ayent plus de laquais qui passent l'aage de quinze ans; d'autant que ce grans et vieux lacquais sont plus propres et semblent plus suiure les gentilz hommes pour l'assassiner que pour leur rendre autre service.

Que la noblesse ce comporte de telle sorte et mesnage en telle fasson, qu'elle ne s'engage par mauuais mesnage, jeus, desbauches et despenses superflues, mais se règle en telle sorte, chacun selon son reuenu, qu'ilz puissent faire quelque fonds annuel, outre leur despense ordinaire. Qu'ils en puissent seruir et secourir Sa Maiesté, quant il en sera besoin, soit en paix ou en guerre.

— Ce dont la noblesse et le peuple ont grande occasion de eux plaindre, et avec (*sic*) juste cause, est de la justice et de la police pour plusieurs raisons, et principallement le peuple du nombre des marchans, artisans, gens de mestier et paisans.

Premièrement. — Pour la multitude des jurisdictions; car outre les jurisdictions subalternes, dont y a grand nombre à Paris, il y a la Préuosté de Paris, le thrésor, la préuosté de l'hostel, le baillage du palais et autres, sans les souueraines ausquelles les bourgeois sont vexés et trauaillés, appellés par des priuilèges ou éuocations, de sorte que bien souuent ilz agissent pour un mesme fait en diuerses justices.

Ils sont, outre, plus tourmentés en la longueur des jugemans des procès, pour la multitude des chicanneries et meugeries, des sergens, huissiers, greffiers, pro-cureurs et aduocatz, par subterfuges, fuittes, requestes, incidens, et mille autres inuentions pour tirer l'argent de la bourse du peuple, et quant un procès est en estat, monsieur le rapporteur ne se peut aprester, quelque bonne que soit une cause, s'il n'a promesse d'une tanture de tapisserie, garniture de litz de damas velous ou autres promesses que on conuertit en argent, outre et par dessus les espisses du procès, qui au par auant a esté fait procès de commissaire, que on a fait croire à la partie, estre pour son profit, et pour ce faire consigner plusieurs vacations.

Les dix et douze escus ne coustent rien à un greffier pour faire une subtilité, à la distribution d'un procès, changeant l'ethicquette d'un sac, suiure l'ordre du tableau des conseillers ou autrement. Les deux et trois cens escus à diuerses fois à un clerc pour présenter le procès à Monsieur pour le veoyr, puis le remettre au greffe sans juger. Les deux, trois, quatre, cinq, six escus au clerc d'un président, qu'on nomme secrétaire pour mettre une cause au roolle, pour l'aduancer ou reculer. Les trente et quarante solz pour roole d'escriture à un aduocat; les dix escus au clerc d'un rapporteur, pour remettre les sacs au greffe quant un procès est iugé; les deux, trois, quatre, cinq et six escus pour arres d'une sentence ou arrest à un clerc de greffe, qui n'entre point en taxe, non plus que ce qu'on baille aux clercs, et mille autres moyens pour escorcher et manger le peuple, sans qu'il ose crier ni se plaindre.

Sy il se trouve quelque querelle en rue ou un bourgeois se mette pour l'appaiser, ce n'est au gentil homme, page, laquais, cocher ou crocheteur, ny chartier qui font les querelles, que le lieutenant criminel s'adresse, mais au bourgeois qui a voulu le b.en et séparer le mal; c'est cestuy là à qui on en veut, et que on veut plumer, on sait combien de fois la Cour l'a sauué par faueur, et autres aussy.

Si un héritage est en criée pour deltes d'un propriétaire, et il est agréable, à un de Messieurs de la justice, on le dit à voix basse, personne n'ose enchérir de crainte d'auoir un puissant ennemy sur les bras, et ainsy l'héritage est adjugé à vil pris, dont le pauure deteur n'est pas acquitté, et les derniers créanciers perdent leur dette.

Le mesme de tout ce que dessus, ce fait aux conseilz de Sa Maiesté, grand conseil, requestes de l'hostel, et parfait ailleurs dont ceux qui ont à debatre leurs droitz sont infiniment vexés et trauaillés sans s'oser plaindre.

Aussy n'y a il aucune apparence de croire, que personne, de quelque qualité que ce soit ce voulust voire, osast se plaindre de telles concussions et vexations, car auant que on en peust auoir raison ne justice celuy qui l'entreprendroit, mou-roit à la poursuitte, ou s'y ruineroit de fonds en comble, de sorte que chacun, qui que ce soit, est contraint de tomber sous le fois.

Les Présidens, conseillers, lieutenans, voire jusque aux aduocatz, vendent les places à leurs clercs, aux charges de fournir leurs tables, de chandelles, entrées, yssües, confitures, payer les gages, des cuisiniers, seruantes, de chambre et de cuisine, entretenir les pages et lacquais, et infinies autres clauses, par lesquelles les clercs ou secrétaires sont contraintz de prendre hardiment, au veu et seu des maistres, tant pour satisfaire à leurs charges, entretenir leurs desbauches, que pour eux enrichir, et monter à pareil degré que leurs maistres, et dont les maistres v ı les oseroyent ne prendre, estans eux mesmes les premiers concussioné.

Aussy sait-on que tel clerc en trois ou quatre ans, a acquis un estat de commis-sère, un autre un estat de preuost des mareschaus; bref, tel en sept ou huit ans emporte de chès un conseiller des enquestes vint et quatre à vint cinq mille liures; un autre meurt deuant l'an de sa réception de procureur, et tousjours faisant la charge de clerc à la grande chambre, riche de quatre vint mille liures et plus, le tout venant des bourses des pauures plaideurs.

Sa Maiesté est très humblement supplifiée de croire que ces plaintes ne sont que contre les auaritieux concussionnaires, qui tirent tout le sang et la moelle du pauure peuple et de la noblesse, et non contre les gens de bien. Mais il est sans doute que la plus grande part surmonte la meilleure, et que tout le bien est auiourd'huy entre les mains des gens de justices et finantiers.

On adapte tous ces maux et chartes d'offices à l'exemption de la règle des qua-rante jours que les offices ont monté à un prix excessif.

C'est pourquoy Sa Maiesté est très humblement suppliée de supprimer ladite exemption, et par mort les offices de judicature, afin d'y pouruoir par commission reuocable, personnes de bonne vie, auec deffenses de procès de commissaires, et ne permetre ny receuoir aucune chose, que les sallères qui seront attribuées à chacun selon sa vacation, et selon la taxe qui en sera faitte par personnes choisies, non corruptibles, et ayans le bien de Sa Maiesté et du publicq en recommandation.

Et outre faire dresser mémoires et ordonnances, pour l'abréuiation des procès, qui soyent exactement suiuis et gardez pour tirer les personnes hors de peine de longueur et despense, et auoir justice sans rendre les procès immortels.

Retrancher le grand nombre superflu de juges en chacun siège et jurisdiction, qui ne sèment que despence superflue, pour le paiment de leurs gages et que le peu de nombre que Sa Maiesté commettra ausdittes charges, iugent sommairement ce qui ce poura iuger, et sur les procès par escrit; apporter la diligence portées par les antiennes abreuiations des procès et celles qui seront faittes en vertu des présentes remonstrances, les juges s'estudians à l'intelligence du fait et non aux formalités.

Que les seigneurs hauts justiciers ne puissent vendre les places de juges, greffiers, ny autres offices de leurs justices, à peine de perdre lesdittes justices, et que les bourgeois des villes ne puissent être tirés, principalement ceux de la Ville de Paris, deuant autres juges que les ordinaires royaux, pour les procès ordinaires, deuant les consuls pour fait de marchandise entre marchans suiuant l'éedit de la création de ladite jurisdiction.

Et néanmoins à raison de la souueraineté que Sa Maiesté a en son royaume, qu'il luy plaise ordonner qu'en toute cause et instance, où il y aura préuention de jurisdiction par ces juges ordinaires sur les subalternes et hauts justiciers, la préuention en demeurera ausdits juges royaux ordinaires, non obstant quelz conques priuilèges et exemptions que puissent prétendre, lesdictz hauts justiciers; seront toutesfois tenus lesditz juges ordinaires renuoyer promptement par deuant lesdictz juges consuls, toutes causes et differens pendans entre marchans pour fait de marchandise et de change suiuant l'éedit.

Sa ditte Maiesté, sera très humblement suppliée, tant pour le bien de ses subiectz que pour l'honneur des ecclésiastiques, de leur oster la cognoissance des causes criminelles, dont aucuns ecclésiastiques pouroient estre accusez; et les dissolutions des mariages par impuissance, pour les raisons criminelles qui s'y traittent et autres rapportz deshonnestes qui se font aux impuissances à la charge toutes fois de renuoyer lesdictz et impuissans pour estre dégradés, ou enioindre pénitence aux criminels pour délier et disjoindre les impuissans selon les aduis et sentences rendues par lesdictz juges ordinaires.

Et d'autant que Leurs Maiestés, ont donné de grans priuilèges, aux maires, mayoux, preuostz des marchans et escheuins des villes, et que à présent l'ambition et auarice dominent tellement les subietz de Sa Maiesté, et que la pauureté ferme la porte à l'ambition, c'est à l'auarice première où seadits subjetz, quelque grans qu'ils soyent, et qualité qu'ilz tiegnent dressent leur visée, cause certaine, des ordes et salles brigues qui se font pour paruenir ausdittes charges, nonémment en la Ville de Paris, ou depuis que ces charges sont tombées ès mains des officiers et gens de justice, le pauure peuple, dont lesdits preuostz des marchans et escheuins deuroient auoir soin et les deuroyent soulager, est plus vexé et tourmenté par eux, que ne sont les forsatz, aux galères par leurs capitaines et comittes.

Les deniers du roeuenu et fonds du dommaine de ladite ville, office vénaus et autres deniers d'icelle qui deuroyent estre employés, à l'ornement, édification et bastimens d'icelle, réparations des quais et dessentes de l'eau, acquisitions d'héritages pour faire greniers et magasins d'armes, bois et bled, pour secourir le peuple en la nécessité, décorer et embellir la ville et en autres choses nécessaires, sont employés en collations, festins, et banquetz dissolus et superflus, et à remplir les bourses de ceux qui les briguent auec tant de violence; tesmoins que durant ces deux dernières années, six cens treze, et quatorze, au lieu de desieunés qu'on faisoit audit hostel de ville, on y a estably des disners tous entiers, orde et salle crapulation à gens de telle qualité.

Outre plus il y a un grand nombre d'officiers establis sans raison et à la charge au publicq, comme les cinquanteniers chargeurs de bois en charrette, porteurs de grains et de charbon, ausquels on permet prendre tout ce qu'ilz veullent pour leurs salères : tesmoins les porteurs de charbon, qui sans partir de leur place preignent cinq sols pour voie de charbon, et les font porter par autres qu'ilz surnomment plumetz ausquels ils en baillent deux solz ou deux sols six deniers de la voye; et ainsi y en a deux sols six deniers ou trois solz au proffilt desditz porteurs, qui demeurreroyent en la bourse des pauures bourgeois et ouuriers, qui ont bien de la nécessité.

Les ditz preuostz et escheuins mettent taux sur le bois (fort nécessaire au public) qu'ilz ne font point obseruer, sinon sur le meilleur qu'ilz perignent pour leur usage, et font distribuer par leurs ordonnances à leurs parens et amis et autres personnes de qualité restant le pauure peuple foulé en toutes sortes de façons.

Les offices de vendeurs de vin, mouleurs de bois et autres, sont infiniment augmentés de pris pour les monopolles et concussions que commettent ceux qui les possèdent, au veu et seu desditz preuostz des marchans et escheuins, afin de les vendre bien chèrement à leur profilt (comme ils font) vacation aduenante, et en tirer bonne sorte pour le droit de résination. A quoy fauorisent de telle sorte lesditz preuostz des marchans et escheuins, qu'ilz n'ont pas esté honteux de se joindre auec les mesureurs de grain, contre les marchans (ausquels est attribué de taxe seize deniers Parisis par muid) pour leur en faire bailler douze solds tournois; la cause en a esté plédée au Parlement au présent mil six cens quatorze, appointée au conseil, et par prouision ordonné qu'ilz auroient dix solz tournois pour mesurage du muid.

La raison de ce renchérissement ne peut estre et n'est fondée (et de tous autres) que sur la charté desditz offices, car on remoustre qu'ilz ne sont point plus grand nombre qu'ilz estoyent à la création et lorsqu'il fut taxé seize deniers Parisis pour muid. Et qu'il se mesure à présent plus de grain en un mois en ceste ville, qu'il ne ce faisoit lors de la ditte création, en deux et trois ans entiers de ceste adjonction de procès et pris de mesurage. Se peuuent juger toutes les autres offices et danrées, comme vin, bois, charbon, et toutes autres choses à quoy Sa Maiesté aura sy il luy plaist esgard.

Les officiers de justice, compte, aduocatz et autres, ont tellement brigué ces charges de préuost des marchans et escheuins, qu'à présent les marchans en sont du tout exclus, et néantmoins sy Leurs Maiestés font entrée solennelle, et qu'il faille faire leuée et nombre d'enfans de la ville et bourgeois pour aller au deuant de Leurs Maiestés, ilz sont prins et choisis enfans de marchans et bourgeois eyans esté marchans en la ville, qui leur tourne à grands frais et despens, et ce pendant lesditz marchans, sont reiettés de l'honneur d'escheuin, et preuost des marchans, seulle charge honorable qui leur restoit pour récompense des charges onéreuses ausquelles ilz sont ordinairement emploiés.

Et de fait il ne se sauroit remarquer, qu'à l'entrée de Sa Maiesté, faitte en sa ville de Paris, le seiziesme jour de septembre, an présent, mil six cens quatorze, il y ait eu un seul procureur, aduocat, ny autre homme de justice, qui ait prins les armes pour aller au deuant de Sa Maiesté, comme ont fait les autres marchans et artisans en personne.

On espère beaucoup de Monsieur le préuost des marchans à présent en charge, et qu'il acheuera ce que feu Monsieur son frère, auoit commancé, et plus pour le publicq.

C'est pourquoy Sa Maiesté est très humblement suppliée, ordonner, que les collations, festins et banquetz dudit hostel de ville seront supprimés, deffendus, les maistres d'hostel et cuisiniers congédiés, les cinquanteniers, chargeurs de bois en charette, porteurs de charbon, et autres officiers qui sont à charge au publicq supprimés; et les autres nécessaires, comme le greffier, receueur, vandeurs de vin, pour faire l'argent bon aux marchans, mesureurs de grain, pour rendre la justice et autres, seront réunis et incorporés au dommaine du Roy, sans qu'ilz puissent prendre ni receuoir pour leurs sallères, plus grande somme que celles qui leurs sont attribuées par la création desditz offices; et quant aux deniers reuenant bons du dommaine de la Ville et autres, les ditz preuostz des marchans et escheuins, en rendront compte, pour le reliqua estre employé au rachapt des rentes assignés sur ledit dommaine, réparations, décoration et ornement d'icelle, achatz d'héritage et magasins, pour faire fonds d'armes, blés, bois, pour subuenir à la nécessité de la Ville, et que les offices de conseillers de ville soyent reduites au nombre antien, et qualité des ordonnances, et celles des quarteiniers et dizainiers électiues par les dizaines et quartiers de trois ans en trois ans, afin que chacun puisse participer à l'honneur et à la peine : Plus, que nul ne puisse estre nommé escheuin qu'il n'ait este receueur général des pauures au Consul.

Et d'autant que la pauureté est extrememant grande, entre les pauures, ouuriers et artisans de la Ville de Paris, qui preignent grande peine à guengnier leur vie et de leur famille, et que d'autre costé ladite Ville est extrememant chargée de tant de sortes de nouuelles ordres mandiantes, sous le prétexte de réformation (ausquelz on donne gros) qui diminuent la charité d'ailleurs.

Plaise à Sa Maiesté ordonner, qu'il ne sera plus receu aucun ordre de nouuelle religion, sous quelque prétexte que ce soit; que chacun ordre n'aura qu'un couuent en ceste ville, et faux-bourgs, et qu'ilz se réuniront les uns auec les autres pour y viure en une mesme forme; que les cœurs des Eglises monachales, tant mandians qu'autres seront fermés aux femmes; que tous religieux allant par la ville iront auec leur habit et non en habit séculier, à peyne de punition corporelle, et qu'il sera fait description en chacune paroisse, tous les mois des pauures ouuriers honteus, pour leur estre pouruen en leurs nécessités, par ceux qui y seront commis en chacune paroisse, qui seront quatre en nombre, dont en sera changé deux de six mois en six mois.

Que les éditz et ordonnances faittes sur le fait des banqueroutiers seront obserués, et que ceux qui auront fait banqueroutte, depuis vint ans en çà, et se trouueront auoir du bien à présent, et autres à l'aduenir, puissent [être] contraints et recherchés vint ans après leur faillitte de rendre et restituer à leurs créantiés ou à leurs héritiers, ce qu'ilz leur auront fait perdre, en accordant auec eux et ou aucuns accorderont ou auroyent accordés cy après auec leurs ditz créantiés, et faisans leurs paymans par aduance, ils ne puissent déduire, et de fait ne déduisent aucune chose à leurs ditz créantiers pour ladite aduance, sans umbre de ces mots (faire les conte).

Que les ditz banqueroutiers et ceux qui se seront faitz, et feront atermoier, ne puissent jamais estre admis ny receus en aucun office royal, mandés aux assemblées de leurs cors, pour y donner aduis ny auoir charge de Gardes, en leurs cors de marchans, consuls, jurez de mestier, ny autres charges publicque honorables; car il n'y a pas apparence que celuy qui ne peut gouuerner ses affères domestiques, et négoce, puisse gouuerner celles de la Republicque, et que ceux qui feront lesdittes banqueroutes en fraude soyent punis par cors.

Que sa maiesté fasse incontinent, sy il luy plaist donner ordre au cours des espèces d'or et d'argent qui entrent en une grande confusion et désordre, supprimant une infinité de sortes de pièces d'or et d'argent, estrangères, ausquelles ses pauures subjetz estrangers sont souuent trompés pour n'en sauoir la valleur, conseruant celles des marques de Sa Maiesté, aux pois et loy antienne, tant antiennes que modernes, et les mettre à quelque pris plus haut que les estrangers ausquelles elle donnera cours : Afin que ces dittes espèces ne soyent transportées hors le Royaume.

Que Sa Maiesté, face s'il luy plaist faire recherche des finantiers, qui ont mis les paymans à plus haut pris que le cours, contreignant les personnes les receuoir à pris excessif, soit pour gages d'officiers, soit pour pensions, dons, dettes, arré-

Plus est suppliée sa ditte Maiesté, de faire réduire toutes les rentes par Elle

Qu'il soit enjoint aux marchans, artisans et gens de mestier, de faire chacun son estat et vacation, sans entreprendre les uns sur les autres, faisans deffences très expresses ausditz gens de mestier, et artisans de vendre ne débiter autres marchandises qu   >ert faittes et fabricquées, en leurs maisons, par eux, leurs gens et seruiteurs, à peine pour chacune fois de confiscation de leurs marchandises, auec deffence de, eux dire ny nommer marchans, ny leurs uires gardes, à peine de cent liures d'amande pour chacune fois applicables aux pauures enfermés.

Laquelle qualité de marchans, et gardes, à ceux qui ont visitation sur ceux de leurs cors, demeurera aux six cors de la marchandise, qui portent le dais ou ciel sur les maiestés, des roys ou des reynes, faisans leurs entrées en ceste Ville de Paris, scauoir : Les marchans drappiers, les marchans espitiers, et apothicquaires, les marchans merciers, grossiers, et ioiallers, les marchans pelletiers, les marchans bonnetiers, et les marchans orphèures, leur enioignant très expressemant, et ausditz artisans et gens de mestier de eux comporter fidèlemant au pois, et à l'aune, longueur et largeur des marchandises, et estoffes aux manufactures et taintures sans contrefaire les marchandises, par nous interposés ny changemans de plis, à peine de cent liures d'amande pour la première fois, et de punition corporelle pour la seconde [1].

Seront aussy faittes deffences à touttes personnes, de quelque estat, qualité et condition qu'ilz soyent, de bailler ne faire bailler argent à change notamment aux receueurs, paieurs, trésoriers, financiers, ny autres officiers quelz conques, à peine de perdre leurs offices au profit de Sa Maiesté, et ce pour esuiter au deshonneur et scandale, qui procède à cause du retardement des deniers que les ditz finantiers, font pendant que ledit argent court à change pour satisfaire à leur orde et salle auarice; restant néantmoins la permission aux marchans, négotians, et trafficquans, banquers, (et uon à autres) de faire lesditz changes pour remise de place en place, tant dedans que dehors le Royaume, comme ilz ont accoustumé, sauf les promesses en blanc qu'il plera aussy à Sa Maiesté, deffendre sur peine de confiscation des sommes contenues es dittes promesses. — Messieurs c'est à vous que ces mémoires sont présentés, pour les faire entendre et rapporter au Roy, en l'assemblée générale de ces estatz; il y a plusieurs autres plaintes, à faire, plus particulièremant spécifiées par les mémoires particuliers qui vous ont esté et seront représentés par diuerses personnes et diuerses manières, ausquelles il est certain que chacun y représente son intérêt particulier. Et il est vray qu'il s'en trouuera peu, et par aduanture nul, qui pense au salut, seureté et conseruation de nostre Roy, image vive de ce grand [2], mais, très grand Henry; Ceux-cy vous y portent d'une affection toute catholicque, sans hipocrisie, royalle, françoise, juste et publicque; c'est pourquoy les trois ordres, ausquelz ilz ont esté communicqués, tous catholicques, croyant certainemant, que si vous aués le cueur au bien, et n'estes poussé d'autre passion particulière, que de seruir Dieu, le Roy, et le publicq, vous receurés de bon cueur, ses remonstrances, et en ferez estat, comme des principalles pièces nécessaires à la restauration de cet Estat, vous disant en un mot que la religion catholicque estant réduitte en sa simplicité antienne, sans y adiouster tant de noueautés, asseurant la vie de nostre Roy et de ces successeurs, par la suppression des meschans liures, punitions des autheurs, séductions du peuple aux confessions particulières, et retenue des langues et passions des prédicateurs, de l'une et l'autre religion; les ecclésiastiques, et justiciers estans bien réformés et réglés, tout le reste sera aisé à regler d'autant que se sont eux qui règlent les autres.

Et néantmoins ne sera hors de propos de dire qu'il y a beaucoup de choses à réformer à la police comme à la justice, mais d'autant qu'elles sont conjointes, et qu'elles tiennent un tel rang et authorité sur le peuple, voire sur la noblesse et l'Eglise, que personne de quelque qualité qu'il soit ne s'en oseroit plaindre. Aussy les ministres d'icelle, et iusques aux moindres sergens (qui sont tirés de la lie du peuple et preignent ses offices, quant ils ne scauent plus de quel bois faire flèche) sont plus honorés et respectés des chefs de la justice, que ne sont les plus honorables marchans, ouuriers et artisans qui soyent dans touttes les villes; et pour preuue de ce, Monsieur le lieutenant ciuil, en l'assemblée par luy faite en la salle de l'éuesché le vint et deuxiesme du présent mois de septembre mil six cens quatorze, pour la nomination des députez pour aller aux estatz, a fait appeller, les nottaires, procureurs, et sergens, avec les cors et communautés des marchans ouuriers et mestiers honorables de la Ville; les premiers ne seruant qu'à la ruine de la noblesse et du peuple et les derniers à seruir le publicq. C'est pourquoy Sa Maiesté, est très humblement suppliée d'y donner ordre, et vous, Messieurs, d'y donner ordre pour le soulagement des trois ordres, supplier Sa Maiesté les vouloir enthériner et faire exécuter, et Dieu vous en donnera la récompense au ciel.

Plusieurs ont grande défiance qu'il ne réussisse pas beaucoup de bien et profit des assemblées et plaintes, à cause des brigues, que ont faittes les lieutenans généraux des prouinces, pour estre nommés, qui ne voudront pas parler contre eux-mesmes. Mais la mémoire de feu Monsieur Miron, en la charge de préuost des marchans (où est à présent, monsieur son frère) fait qu'on espère beaucoup, en luy, et de Messieurs les députez qui l'assistent en la visitation des plaintes.

Au dos se trouue cet enuoi :

Messieurs, lisés, sy il vous plaist les articles de ces mémoires, tous entiers, car

---

[1] Ceci semble être rajouté après coup.   [2] A ici le sens de *magis*.

il y en a qui contiennent plusieurs chefs, tous à l'honneur de Dieu, seureté du Roy et utilité publique, et ausquels n'y a rien à reietter ne négliger.

(Arch. Nat. K. 675, n° 138.)

VI

TRÈS HUMBLES REMONSTRANCES, PLAINCTES ET DOLLÉANCES
FAICTES AU ROY ET À NOSSEIGNEURS DES ESTATZ.

Le suppliant déclare deuant Dieu, qu'il y a moings de son intérest particullier, que le désir qu'il a, au scrvice de Dieu, du Roy, et bien du publicq.

Deux choses principalles sont causes de la perte de la Religion catolique et ruyne des trois-Estatz.

Pour le premier à cause que les dignitez et bénéfices de l'Eglise sont baillées et occupées par gens incapables d'enseigner, et non de la qualité requise pour servir Dieu, mesmes, de distribuer le tiers du reuenu de leurs bénéffices aux pauures, comme ilz y sont tenuz et obligez, par les S^{ts} décretz, et qui tiennent pluralité de bénéfices et non résidans.

Pour le second, que la justice est peruertie et corrompue, d'aultant qu'il n'entre aux charges, la plus part que ceulx qui ont des grands biens; ce qui cause l'ignorance et les concussions si grandes, qui consomme toutes les fammilles du Royaulme, tant par lesdictes concussions que font ceux, qui pour ung jugement en rendent six inutilz.

Pour retrancher ces deux principalles causes, il seroit très bon, très juste et équitable, que toutes les premières dignitez de l'Eglise fussent occupées par des gens doctes d'enseigner et prescher, résidans, chascun en son seul bénéfice; et fussent choisis et esleus par les magistratz de chascune prouince agréez par le peuple à cause de leurs capacité et bonne vye, dont ilz donneroient aduis au Roy.

Semblablement, que toutes les abbayes, et prieurés de l'ung et de l'autre sexe, ne soient plus tenus ny baillés par œconomatz, seigneurs, gentilhommes et dames, mariéz, de quelque qualité qu'ilz soient, auis par presbtres et relligieux de bonne vyes, chascuns de l'ordre qu'ilz doibuent estre esleuz par les religieux capitulairement.

Que toutes les cures et bénéffices à charge d'âmes ne seront plus tenues, que par gens doctes, pour prescher, et qui ayent au moings ataint l'aage de plus de xxxv à xl ans.

Et quant aux offices de Iudicature et autres et principallement, ceux de judicature qui sont montées à un prix prodigieux par le moyen du droict annuel que l'on appelle Sollette, ilz sont faictz comme héréditaires aux familles, et tenuz et occupez la plus part par gens ignorans ou meschans, désireux seullement de biens et d'honneur qui les ont achetées dix fois plus qu'ilz ne valent, et qui bien souuent pour entrer esdictes charges et offices ont emprunté la moytié ou les deux tiers du pris de leurs offices, dont ilz font rentes, comme le suppliant sait bien particulièrement, et lesquelz pour se saluer et rembourser d'ung si grand pris et intérest font deux concussions, et rendent pour un jugement, dix inutilz. Et font pis; comme l'on sayt très bien ce qui en arriue par des juges qui sont partisans aux finances du Roy, et en ses fermes, de telle sorte que s'il en estoit informé, il s'y trouueroit des juges, qui sont parties et juges en leurs propres causes.

Comme aussy il y a ung très grand abus qui se commet à la fasse de la Cour tout les jours, et qui est enduré et tolléré par des receueurs des consignations qui gardent les deniers du pauure peuple, qu'ilz font proffiter plus de dix, et vingt ans en leurs mains, auant que l'on les puisse tirer, et jusque là, qu'ilz immortalizent les ordres par leurs corruptions aueq les juges, ce que j'espère qui sera mieux, et plus particulièrement remonstré par gens d'autorité.

Pour remédier à tel désordre et abuz et remettre la justice en sa première équité et droicture, seroit très nécessaire dès à présent d'oster ce droict annuel ou Sollette, afin que les estas qui ont pris leur immense valleur par ce droict d'annuel puissent se remettre en leur antien pris, au moings s'il n'est trouué bon (quoy que équitable) qu'au lieu de vendre les dictz offices de judicature, les donner et en pouruoir les gens doctes, sauans et de bonne conscience, lesquelz rendront la justice au peuple gratis au lieu de la vendre, ausquelz l'on peult donner quelques gaiges honnestes selon leurs charges et dignitez affin de destruire ce grand nombre d'officiers et ceste pépinière de malheureux plaideurs, qui augmentent tout les jours. Ce qui aduient à cause que les juges, le plus souuent ne condempnent pas ceux qui plaident à tort, aux dépens, et en des grandes amendes, qui seroit le moyen de retrancher les chicanneries et procès, qui seront à la fin en sy grand nombres que toute la substance du peuple ira à plaider à entretenir des juges, et espuiseront les finances du Roy pour leur payer des gaiges.

Et aussy que ceste inuention de Sollette qui a faict monter les offices sy hauts, estant osté lesdictz offices, se pourront exercer par gens de bien qui n'y peuuent pas ataindre, au pris qu'ilz sont montéz, et auront moings de subiect de faire des concussions en leurs charges, lorsqu'elles seront taxées, et modérées à ung pris médiocre et raisonnable.

Oultre les choses que le suppliant espère qui seront mieux et plus particulièrement remonstrées ausdictz estatz, par gens de bien et d'authorité. Il y en a d'autres, comme le soulagement du pauure peuple surchargé de tailles; Chose cruelle! que l'on impose la taille sur les pauures gens des champs qui ne possèdent aulcun biens meubles ou immeubles, et n'ont que leurs bras, à la journée, prenant sur la penne(?) des bras des hommes; et encore pis : les impotz du sel que l'on faict prendre par force à ung homme qui a six enfans, et qui ne possède que ses bras; il est contrainct prendre du sel, pour ses six enfans, par testes, et non par la considération de leurs moyens, et qu'ilz en peuuent user, ce qui aduient par les monopolles des partisans, aueq les pauures pour débiter leur sel; Et seroit plus raisonnable et équitable, de ne contraindre personne à prendre du sel, sinon ce qu'il en pourrait user pour sa famille; Qui est cause que les pauures des champs sont plus molestés dudit impôst de sel que de la taille, et quitent le plus souuent le pays.

Il seroit aussy fort à propos pour le bien et soulagement du Roy et du peuple de réunir et remettre tous les nouueaux présidiaux, sièges, bureaux eslections de nouueau creées par la faueur, de quelques grands, en leurs antiens ressort, par comparaison d'ung seul présidial et eslection qu'il y auoit à Laon-en-Laonnois, il en a été depuis peu creé cinq présidiaux, plusieurs eslections et bureaux, qui est une charges d'officiers et gaiges, et foulle du peuple, et ainsy ailleurs.

Sera aussy très humblement suplié, Messieurs les Commissaires et députez représenter au Roy et ausdictz Estatz, qu'il est très nécessaire d'aporter ung règlement au payement des rentes de la ville de Paris, dès que les en est deub tant d'arrérages au peuple spécialement de celles de la récepte généralle, dont en est deub treize années et demye, n'en estant payé que deux quartiers en quinze moys, et qu'il n'est non plus juste et raisonnable de rendre misérable ceux qui ont tout leur bien sur ceste nature de rente qui doibuent estre payées et acquises aussy bien que les autres, et encore une plus grande pitié et commisération, de ce que, par les monopolles des recepueurs et payeurs ou le peu de soing et charité que Messieurs de la Ville ont au soulagement du peuple, l'on veult faire perdre ceste présente année MVI° XIII au peuple le quartier de Décembre mil VI°, ung sur ladicte nature de recepte généralle qui seroit n'en payer pour toute l'année que ung quartier, qui cause la ruyne et désespoir d'une infinité de personnes qui s'en pleignent auecq juste occasion, d'aultant que ledit recepueur, qui est un Italien, autres fois courratier de rentes, veult retenir au peuple ledict quartier, pour rendre ses comptes et payement de ses gaiges, comme sy le peuple doibt estre le payeur de ses gaiges, espices des comptes; mais quelques plainctes que l'on en fasse, il n'y est pas pourueu; dont il s'ensuict, et s'ensuyuera de grands malheurs.

Voylà doncques, ce que cause les monopolles des estrangers qui viennent en France, prendre des offices, sur le peuple, qu'ilz acheptent des cent, et deux cent mil liures, et puis s'en sauent bien rescompenser, et à la ruyne du peuple, donnant mille inuentions, pour surcharger et ruyner tout le monde, et puis bien souuent font banqueroutte. Se seroit ung très grand bien et soulagement du peuple que les dictz recepueurs et payeurs de rentes fussent remboursées, et que les dictz charges fussent exercéees par bourgeois capables et soluables de la Ville, qui seroient esleus et nommés de deux ans, en deux ans, par les eslecteurs de Messieurs les Préuosts des marchans et escheuins, de ladite Ville, qui prendroient les gaiges ordinaires desdictz recepueurs, et qui seroient beaucoup plus soigneux à payer le peuple que non pas lesdis recepueurs et partisans qui font courir à change et à rente les deniers des pauures rentiers.

(Arch. Nat. K. 675, n° 105).

VII

[SANS TITRE].

Soubz l'estendart et la bannière de Nostre-seigneur Jésus-Christ, qui est la mesme vérité; le suppliant après très humbles salutations en toute humilité, qu'il faict au Roy et à Nosseigneurs conuocquez et assemblez pour ses estatz-généraulx, proteste, que, il est très vray qu'en ces petites requestes et remonstrances par aduis, il n'a point d'autre intention, sinon l'honneur de Dieu, du Roy, de ses couronnes, de son estat, et le bien de ses subjectz, et particulièrement du bien public de la France.

Comme ainsy soit que «Radix omnium malorum est cupiditas» laquelle estant ostée du lieu, par le moyen duquel tout le monde est infecté, le suppliant vous remonstre, Sire, et vous supplie très humblement de ce faire, (si faire se peult).

Pour quoy faire, Sire, il seroit très-bon (sauf correction) de faire un édict et ordonnance perpétuelle, que les offices ecclésiasticques, ne fussent plus baillées que à gens capables, ausquelz encores il soit deffendu de prendre aucune chose de toutes leurs fonctions, de leur offices ecclésiastiques, et aussy deffendu de faire rien que de bon à peine de priuation, et punis exemplairement.

Et que a quiconques en aura loué y résiders, comme doibt faire un bon pasteur, et n'en aura jamais d'autre.

Qu'il ne sera jamais permis de vendre, trocquer, eschanger, permutter, ny eulx d'affaire desdictes offices, à la réseruation d'une pension, mais auant que d'y entrer feront foy et serment d'y viure et mourir, ou remettre leurs offices, entre les mains du Roy, pour en pouruoir d'autres.

Toutes lesquelles choses à la vérité, cesseront si lesdictes offices sont baillées à gens capables.

Que nul n'aura deux desdictes charges.

Ce que estant, sire, l'on n'entendra plus le bruict en voz Parlemens, que font deux hommes qui se mangent pour auoir desdites offices, et le scandale qu'ilz font en l'Église, sera osté, les occasions des hérésies aussy, lesquelles en apparence ne viennent que de la déprauation, qu'il y a en ceulx qui n'aspirent aux charges ecclésiastiques, que pour prendre le reuenu, et ne se soucient nullement de la charge, laquelle est aussy mise dehors, car l'on ne dict plus, une charge ecclésiasticque, mais un prieuré, une abbayé, un éuesché, une cure, qui vault dix, vingt, trente, cinquante mil liures de rentes, c'est grande pitié.

Que les offices de Iudicature aussy ne soient doresnauant plus vénales, mais baillées aussy à gens suffisantz et esprouues capables de les exercer.

Et que, pour rembourser ceux qui maintenant les exercent et les ont acheptées, comme il est raisonnable de ne pas ruiner les familles.

Il soit faict une leuée de deniers sur les riches seulement et chacun cottizé selon ses moyens, comme aussy sur des abbayes, couuents et priorez, lesquels, tous ne se sentiront nullement d'icelles leuées, comme estans trop riches, lesquelles leuées seront employées au remboursement des susdictz officiers.

Ce que estant, sire, Vostre Maiesté, verra cent mille, et cent millions de bénédictions que Dieu versera sur voz fleurs de lys, en telle sorte que elles croistront jusques au Ciel. Chascun s'estudira en la vertu, chascun enseignera la vérité et sans fard; la Justice s'administrera auec plus de candeur, le trafficq et négoce s'augmentera, la jeunesse s'esuertuera, le pauure peuple sera soulagé et plusieurs autres biens aduiendront en voz royaulmes, les quelz, le suppliant prie, la diuine Majesté faire veoir en vostre maison.

Desquelles deux choses, sire, prouiendra sans doubte le desracinement de tous les maulx de voz royaulmes, c'est ce que le suppliant, au nom de Dieu, auec la voix de tous vos peuples remonstre à Vostre Maiesté, la suppliant en l'Assemblée de ses Estatz Généraux, en 1614, considérer la présente requeste et remonstrances, et entérimer icelle auec l'effect, sauf à y augmenter ou diminuer, par Vostre Maiesté, à laquelle le suppliant, auec tous ses alliez, désirent félicité éternelle.

(Arch. Nat. 675, n° 118).

VIII

REQUESTES ET SOUHAICT DU PEUPLE FRANÇOIS AUX ESTATS-GÉNÉRAUX DE FRANCE POUR MAINTENIR JUSTICE ET PIETÉ.

In nomine Domini nostry, Jesu-Christy.

En marge est écrit :

L'homme est cupide d'auoir plusieurs seigneurerie et ne veult auoir la peine de rendre justice qu'il doibt. — Qu'en France ung homme ne peult auoir deux justices, et fut, nécessairement obligé en personne d'ouïr ou siège ordinaire les subjectz du moings une fois le mois pour rendre justice.

Sy manquoit ung mois, satisferoit l'autre, cy deux ou deux autres.

Qu'en son absence son siège judiciaire fut garny d'un suffisant et bon lieutenant.

Que tous fussent tenuz d'apeler leurs parties aduerses deuant leur propre seigneur en premier instance, pour auoir la sentence sur leurs diferans.

Sur les contentions qui surviennent entre les juges :

Que deux personnes demeurant soubz diuers seigneurs, ayant contention, appelleront leurs parties aduerses et deuant un thiers juge le plus prochain et comode, ou par deuant le juge ou l'apel se doibt juger de leurs seigneurs.

Que le Roy en personne, tant que faire se pourroit, ou ung de ses princes, ou mareschaux gouuerneurs de prouinces, tint le siège en chacun de ses parlementz, douze fois l'an, pour tenir son peuple en paix et concorde, entendant ses plaintces et doléances, pour punir les mauvais et récompenser les bons.

Que les parjures fussent pugnis, par corps en public et à l'amende en leurs biens d'aultant qu'il est impossible à l'homme, rendre justices, ou se trouue ung parjure citant la vérité du faict, pour ce que la simple administration de la justice peut empescher les duelz, estant bonne et briefve et paternelle, entretient la paix par tout, et en tous.

Pour amender les fraiz de justice. — Que tous droictz des oficiers de la Justice soyent réduictz comme ils estoyent en l'an mil v° quatre vingts auec défences de financer, pour les officiers royaulx à quoi que ce soit à peine d'estre puny comme sacrilèges et parjures.

Cures. — Que les petites cures soyent augmentées de l'abondance des aultres, comme celles de St Innocent et St Eustache pour l'utilité chrestienne, et nécessité publique et particulières comodité des paroissiens esloignez des paroisses et pressez dans icelles, il y soit pourueu d'alesges, ainsy qu'il s'est practiqué autrefois en pareilles nécessitez en la paroisse de St Germain de l'Auxerrois, et fut reiglé, que les plus grandes cures n'eussent au plus, que deux mile feux.

Qu'en toutes paroisses et esglises cathédralles, collégialles, priorez, couuentz, hospitaux, chappelles publicques de France ou se dict la messe à présent, il y ayent catechisme une fois la sepmaine aux despens desdictes choses, chacun en droit, soit aux jours députez par l'euesque des lieux, et par personnes de luy approuées, pour l'augmentation de l'esglise catholicque, apostolicque et romaine, et de la paix en ce royaume.

Que tous curez, abez, prieurs, fussent tenuz de résider sur leurs troupeaux, sans qu'ilz se puissent absenter plus de six sepmaines par an, pour quelque chose que ce soit à peine de perdre le fruictz et reuenu du plus long séjour prorata au profict des pauures enfermez du diocesse.

Qu'en tous diocesses il y eust une maison suffisante pour recepuoir les pauures, ainsy qu'il sont à Paris aux pauures enfermez, à tout le moings pour ceux de leurs diocesses, pour oster toute gueusserie et fetnéants de la France en confortant les pauures affligez doulcement.

Que les arrérages des rentes que doibt le Roy soyent payées si le fonds le permet, sinon que l'on paye deux cartiers par chacun cartier, jusqu'à fin de payements de tous les arrérages deubz par le Roy à son peuple, acquictant les promesses de ces prédécesseurs, par raison, ses créanciers, n'estant pas plus obligez de luy subuenir que ses aultres subjectz, le fort portant le foible, aussy affin de remettre le commerce de France, en son lustre, le Roy doibt par droit payer ses créanciers, le premier, pour donner exemple à tous débiteurs de payer aussy leurs créanciers, d'aultant que tous débiteurs sont contraincts de par luy de payer leurs créantiers, ainsy que de raison.

Hé comment les pauures créantiers du Roy payeront-ilz leurs créantiers sy le Roy ne les payent; les créanciers du Roy ne peuuent estre bonnement contraincts

de par le Roy de payer que premier le Roy ne soit quite à eulx, c'est commode de
fournir à ung autre, une chose, que l'on possède et retient, c'est ce quy ce praticque tous les jours, contre les pauvres créantiers du Roy par saisie de leurs biens
et dè leurs personnes, tout de par le Roy, qui n'entend les longues clameurs de
ses créantiers, pauures subjectz et seruiteurs ainsy maltraitez, par la plusspart de
ces officiers quy y profite grandement, au domage du Roy et de sesditctz pauures
subjectz et créantiers, c'est chose notoire à tous, et pour ce y doibt estre justement
pourueu, par voz prudences à ces présens Estats.
   Dieu vous y assiste par sa s^te grâce. Amen.

                                        (Arch. Nat. 675. n° 137.)

                        IX

                  [SANS TITRE].

   Je ne pense poinct que les conseillers, qui sont aux gages et appoinctemens des
Roys et monarques, puissent donner un meilleur et plus sain conseil à leur
maistre, sur les occurrances, qui se présentent journellement en leurs Estatz, en
ce qui est notoire à tout le monde, que le moindre de leurs sujectz expérimenté
qu'il est seullement par de vielz ans, ès choses qui se sont passées de son temps,
et desquelles il se soit enrégistré la mémoire ; c'est pourquoy le peuple désirant
fonder un cahier de justes et sainctes remonstrances, lors mesmes qu'il est appellé
de son prince en toute liberté, pour luy faire ses doléances, ses magistratz ont
raison de tirer particulièrement d'un chacun mémoire de son aduis, car tel sera
touché d'un si sainct désir au seruice de Dieu, de Sa Maiesté et du public, que
librement et bien souuent, il desduira des moyens infiniment profitables suggerez
mesmes d'en hault ; car celluy qui ne respire rien tant que le bien et aduancement
de ces trois choses, il fault croire qu'il fera mieulx que beaulcoup d'autres plus
suffisantz et moins affectionnez.
   Suis, doncques, que ceste belle liberté est baillée à chaque personne, d'en
donner son opinion par escript, je commanceray par le fondement de l'honneur
de Dieu, que je voy et recognois grandement esbranlé ; j'en ay veu le commancement, il y a plus de cinquante ans, et de temps en autre, s'est augmenté tellement,
qu'il ne fauldroit bien grande bourrasque pour le faire tomber du tout.
   On dict ordinairement qu'il ne fault qu'une pomme pourrye, pour en gaster un
grand tas, jamais chose ne fut plus véritable, car la liberté de Conscience permise
depuis ce temps là, si elle n'a faict beaulcoup dauantage d'hérétiecques, qu'il n'y
auoit, elle a rendu une bonne partie de ce peuple athéistes, une autre bonne
partie schismatiques et libertins, de manière que, de la plus part de ceulx, qui se
disent mesmes chatoliques et en font profession, peu se rapportent au jugement
de l'Eglise, en ce qui est de la foy, mais en croyant ce que bon leur semble,
mesmes de ceulx du Clergé (chose prodigieuse!) qu'il y ayt tant de faux frères, car
l'un appreuue l'authorité de Sa Saincteté, l'autre soubz ombre des libertez de
l'Église gallicanne, n'appreuue le Concile de Trente ; ung autre admettra une
cérémonye ecclésiastique et n'en aduertira une autre ; et des laïcz l'un n'appreu-
uera le sacrement de Confirmation, l'autre ne sait que c'est de contrition, une (sic)
autre ne veult ouyr parler de confession, et encore moins de satisfaction. Celluy
appreuue la prière des sainctz, et ne se souciera d'honorer les images ; une autre
fera quelque abstinence de chair, mais il ne luy fault parler de jeusne, de grand-
messe, de paroisse, jamais, et pensera s'estre bien acquité s'il entend une
petite, sur un genoulx, depuis le «per omnia» jusques au «Pater noster» qu'il
s'en va, et encores sera-ce bien peu souuent. Du Purgatoire ce luy est tout ung ;
et une autre n'appreuue les pelirinages.
   Ceste mesme liberté faict que Dieu est beaucoup plus blasphémé de juremens,
qu'il ne fut jamais, et qu'on le dispense à cens mil meschancetez, sans appréhension que telz délictz soient chastiez et punis à cause mesmes de la tollérance
d'icellœ par les magistratz, comme il se recognoist pour le bordelage et pour les
jeux trop commungs ; peste à présent trop nottoire de la jeunesse.
   Or, il ne fault point douter que ceste corruption ainsy coulée parmy tous ces
peuples n'ayt premièrement infecté les principaulx membres de l'Estat, comme
ayans plus de moyens, pour se communiquer toutes sortes de délices, et par
celluy des flatteurs dont aulcuns d'eulx sont possédez. Ilz se laissent persuader des
grandeurs esquelles il ne leur serait point seullement, licite de penser, sans
encourir le crime de Lèze-Maiesté ; voilà où les desbordemenz, les tire, et de s'estre
souleuez ces moys derniers, qui n'a presque rien esté, et ce pendant, la pauure
Champagne en est toute ruinée, et y a peu de personnes audit Royaulme, qui n'en
ayt senty du dommage, et de la perte, s'ilz auoient congnoissance des premiers,
seconds, troiziesmes, et autres troubles aduenuz en cest Estat, pour cause de la
religion, depuis le temps cy-dessus de cinquante ans ; ilz jugeroient aisément que
c'estoit bien la cause apparente, mais non la motiué et efficiente, et que la seulle
ambition de ceulx qui s'opiniâtroient à ce prétexte de religion prétendue, estoit la
vraye occasion de les y entretenir, mais auec quel dommage, tel qu'il n'en fut
jamais en monarque du monde, de semblable, pour le spirituel et le temporel ;
ces maulx sont encores bien receuz pour y retourner sitost ; il faudroit que voir
les marques qui en ont esté laissées par l'abbattement de tant de beaux édifices
d'Eglises et autres lieux sainctz qui sont demeurez par la France, vestiges d'im-
piété.
   Voilà l'Estat en gros auquel est à présent ce pauure royaulme ; pour auquel
remédier très humbles remonstrances seront faictes à sa Maiesté, non poinct
nouuelles, mais celles qui presques de tousiours ont esté faictes aux Roys et
monarques de cest estat, c'est assauoir en recommandant la piété et justice, qui
sont les deux collonnes de toutes principautez, et desquelles, le Roy Charles IXe
presque en mesme aage que sa Maiesté, prins pour deuise en ung reigne si désolé,
qu'à grand peine le bon prince le pouuoit-il executter. Mais à présent il semble

que qui ne le pourroit en tout au moins en partie se pourroit faire, d'autant que la nécessité, n'est telle maintenant (Dieu mercy!) qu'alors. C'est pourquoy pour commancer au reiglement du Clergé, il seroit fort aisé de plustost donner les bénéfices et grades de l'Eglise à ceulx qui s'en scauroient acquitter, que par faueur et récompenses à personnes qui ne pourroient et ne vouldroient faire leur debuoir; cer encores qu'à Paris et par tout, il n'y ayt poinct faulte de gens sçauans, et qui auroient bien le zèle de profiter en l'Eglise de Dieu, faulte de moiens pour estre entretenuz par les parroisses des pays plus infectéz de l'hérésie et des mauuaises meurs, ne peuuent satisfaire à leur bonne intention, ce que les reuenuz et despandances des éueschez pourroient et auroient le moyen de faire, si ces charges estoient remplies de gens de bien.

Et pour le regard de l'autre colonne qui est la justice, comme il a esté souuent remonstré que la vénalité des offices de judicature est la corruption de la République pour estre si mal administrée, que tout le désordre susdict en proiuent, il seroit de besoing de reprandre les ordonnances de ce bon Roy Louis XII.e, qui tant s'en fault permist que l'on tirast un sol desdicts offices à son proffict, qu'au contraire il déclaroit indignes, d'iceulx, et de tous aultres offices royaulx celluy qui, en faueur de sa promotion auroit faict quelque présent et celluy mesmes qui l'auroit prins et reçeu.

Il y a beaucoup de particularitez deppendans de ces deux poincts qui pourront estre au long articulez, pour faire les cahiers de remonstrances.

Mais en ce qui concerne le soulagement du peuple, est fort considérable la leuée des deniers, qui se continue tousiours pour les garnisons, montant autant que le principal de la taille, ores qu'il n'y aille une dixiesme partie à l'entretenement d'icelles, et outre cela se font ordinairement des criées qui surchargent grandement; le pauure peuple ou la noblesse et les bourgeois des villes ont grand interest, car comme c'est à eulx la plus part des terres qui sont ès enuirons des villes, villages, et bourgades, lesquelles ils baillent à ferme aux paysans, lesquels en sont d'aultant plus chargéz de tailles, qu'ilz ont de terres en main, à quoy ilz scauent si bien prendre garde, qu'ilz mectent cela en ligne de rabaiz, quand ilz font leur marché et à ce moyen, et ne sont pas eulx qui payent la taille, mais ceulx, qui leur baillent leurs terres à louage.

L'on est aussy grandement tourmenté pour raison de l'entrée des vins ès villes et bourgades, dont on faict un reuenu ordinaire qui n'estoit qu'à temps mesmes vin.e et gros, ou l'on est aussy bien contrainct pour le vin de son creu, que le marchant qui en faict traffic et profict, chose qui reuient à une grande oppression et c'est souuent trouué que le pauure bourgeois ayant acquicté ces charges auec les fraiz, il ne tiroit dix solz de son muid de vin.

Il n'y a pas moings de dommage sur les rentes assignées, sur les quatre natures de deniers de la maison de Ville de Paris, d'autant que, par l'ordre qu'ilz tiennent, elles sont touttes recullées mesme depuis la réduction, assauoir celle du scel de cinq années, celle du Clergé de six années, celle des aydes de sept années, et celle des recepettes générales de treize années, de sorte que l'on recognoistra, que pour le seruice de Sa Maiesté, elles sont recullées d'une année; il y aura pour le moins deux mois pour les recoeurs, sans la peine qu'il y a pour la réception de ces deniers, ou il faut aller ou enuoyer vingt fois chaque quartier, pour le faict de la police; il s'en recognoist beaucoup de deffault. J'en remarqueray seullement au plat pays, qui est la licence des tanneries qui apporte à ce peuple plus d'incommodité que quatre tailles, car à ce moyen la pluspart si desbauche de telle façon que laissans, leurs femmes et enfans mourrir de faim en leur maison, ilz despendent tout ce qui peuuent gaigner, à grenouiller et à jouer, occasion que la journée des hommes est si chère, qu'il fauldra enfin quicter tout labeur.

Toutes ces choses, ensemble plusieurs autres, qui seront articulées, estant insupportables mesmement depuis le decès du feu Roy que l'on pensoit estre soulagé, attendu qu'en la minorité du Roy son fils, il n'y deuoit auoir si grande despence, et que c'est le temps de bon mesnage et relache du peuple; néantmoings, toutes ont tousiours continué à la grande foulle et oppression d'icelluy et luy sera cy-après impossible de continuer, quand il sera mesme besoing que Sa Majesté entre en plus grande despence.

(Arch. Nat., 675, n° 79.)

X

[SANS TITRE.]

A propozer aux Estats-Generaux pour le bien du Roy et de ses subiectz.

Que nul officier ou pensionnaire du Roy ne sera député à faire remonstrance pour aulcun des trois Estatz.

Que les officiers telz qu'ils puissent estre, seront remys au nombre qu'ils estoient du temps du Roy Louis XII.e.

Que les Parlemens soient déambulatoires et triannaires, de deux conseillers de chasque Parlement de France, au nombre de quatorze qui ne seront parens ny aliés aux trois présidents, lesquels parlements auront pouuoir de juger et reuoir les arrests donnez depuis vingt ans qui se trouueront auoir esté donnez par faueur ou aultrement, indûement, deffendu aux parties de sollicicter, et aux juges de les recepuoir sur peyne ausdictes parties de la perte de leurs procès, et aux juges de grosses amendes.

Que tous officiers seront pourueus gratuitement, et les gentilzhommes qui s'en rendront dignes, choisis pour exercer lesdicta estats, et n'y seront pourueuz, que des originaires de la France.

Que les officiers de la Chancellerie ne prendront rien pour sceller.

Que le Priué et grand Conseil.....

Que les arrests qui auront esté donnez contre les eedictz du feu Roy Henry second touchant la désobéissance des enffans, enuers leurs père et mère, en faueur

des mariages clandestins seront retraictz, et tout ce qui aura esté faict en conséquence, nul, et de nul effect, et lesdictz édictz et ordonnances obseruez pour
l'aduenir.

Collèges et académies seront dressées aux fraiz de Sa Maiesté pour l'instruction
de la noblesse qui aura peu de moyens.

Greffiers notaires clercs, obserueront les anciens règlementz touchant ce qu'ils
doiuent emploier par ligne et par feuillet et auront lesdictz règlemens escriptz
contre leurs estudes.

Que ceux qui feront leuées de gens de guerre, ou de deniers sans commission
du Roy, seront déclarez criminelz de lèze Maiesté, et comme telz on leur fera leur
procès de quelque qualité ou condition que soient.

L'establissement des gentilzhommes de la Chambre du Roy, auront mesmes
apointements qu'ils auoient du temps de Henry 3, au lieu des ordinaires qui ne
sont de la qualité des autres desquelz la suspension est demandée.

Qu'aux charges proches de la personne du Roy ne seront pourueu que de naturelz Francois, comme en tous autres estatz de judicature, et seront pour l'aduenir
les lettres de naturalité abattues.

Que par les Parlements qui seront comme dict est, déambulatoires, sera pro-
cédé à la recherche de ceux qui ont manyé les finances, et seront les biens
confisqués au Roy, à ceux qui se trouueront auoir maluersé et de judicature aussy.

Que nul ne sera pourueu de l'ordre St-Michel, sans auoir faict ses preuues
de noblesse, et ceux qui les auront eües par argent, faueur ou aultrement, qui ne
sont gentilzhommes leur sera leué pour estre indignes.

Que les tailles soient diminuées et nouueaux subsides abattues.

Que le nombre supernuméraire des conseillers d'Estat, et autres soit recherché,
et remis le premier nombre qu'ilz ont esté du temps de leur création.

Que la confiscation des biens de la Noblesse condamnée, retourné à leurs héritiers, sy ce n'est de crime de Lèze Majesté.

(Arch. Nat., 675, n° 115.)

XI

Messieurs les Gouuerneurs de ceste grande ville tant renommée par toutes les
nations de la terre, ville capitale de la France, seul obiect des Francoys, retraicte
de nos Roys, et des plus beaux esprits du monde, exemplaire de l'Uniuers, et
uniuersité de tous exemples, vous debuez paroistre, d'autant plus admirables en
ceste grande assemblée que toute l'espérance de la Réformation est attendue de
vous qui estes les chefs de l'Empire, et dont la dignité vous attribue le premier
rang, par dessus les aultres, l'Estat est sy endommagé de toutes sortes de corruptions en l'Eglise, la Justice, les Armes, les Finances, et libertez populaires, qu'il
n'y a plus que la seule espérance du fruict de ceste grande Assemblée, qui retiene
les espritz des subiectz du Roy en leur debuoir, et ceste espérance est principalement nourrye de l'attente de vos bonnes propositions, assiduité de vos poursuictes,
et constante volonté des résolutions bonnes et certaines; mais comme il n'y a rien
de parfaict en la Nature humayne, ceste espérance prouenant de la capacité de
vos bons esprits, et fermeté de vos courages, est combatue d'une iuste crainte
engendrée de la recognoissance du mauuais ordre et confusion de Police qui est
comme establie dedans vostre gouuernement.

Il fault donc pour réformer autruy se réformer soy-mesme, et se lauer bien net
pour accuser le vice des aultres. Vous le pouuez faire en peu de temps, capables
comme vous estes, recognoissez le mal, vous y porterez le remède que vous auez
en vostre puissance.

Le Premier mal et plus éminant en vostre face, sont les parricides des deux
derniers Roys, dont on a faict si peu de recherche et dont la tache demeure à
jamais sur vostre front, pour auoir esté, le premier commis par vous-mesmes, et
le parricide enuoyé exprès hors de Paris pour tuer son Roy, hostages pris des trois
ou quatre vingtz des principaux habitans de la ville pour   et seureté
de ce meurtrier

Et ne vous peuuent seruir les excuses de n'auoir pas esté tous de ceste conspiration, et au contraire la plus grande partie de vos habitans du party du Roy, ou
nouuellement habituez en la ville, et que les crimes de la Guerre ont esté aboliz,
puisque les éedictz de pacification portent une expresse réseruation de la recherche
de ce parricide, et que le creuecœur des gens de bien et bons Francoys est incessamment ralumé par la présence des conseillers et principaux chefs de ceste
conspiration, employez aux grandes affaires ou se prommenans par voz rues de
Paris, la teste leuée, comme tous prests à en perpéter encore aultant, assurez
qu'ilz sont par vostre longue conniuence.

Et quand au second parricide, bien qu'il ne soit venu de vous, le malheur du
lieu, vous en rend participans, auec les circonstances de ceux qui en ont souffert
la mort en voz prisons, pour estouffer dedans eulx, ce qu'ilz en pouuoient bien
dire, et le peu de plaintes, recherches, et poursuittes que vous en auez faictes.

Voicy néantmoings la dernière occasion de vous faire paroistre ce que vous estes;
bons françoys et fidèles seruiteurs, de vos roys, ou vous pouuez estre entièrement
lauez de telles tasches, par les affectionnées propositions, et courageuses poursuictes que vous en debuez faire, chacun vous secondra.

Prenez garde puis après aux débauches de vos ecclésiasticques, dont plusieurs
par contraires fortunes, sont conductz à mesme perdition; les grands biens des
ungs, leur ferment les yeux à la considération de leurs mauuais et infâmes dépor-
temens, et la pauureté des aultres les rend ridicules, et comtemptibles, les grands
viuent licentieusement, en font luxe et vanité, et les moindres en toute sordidesse,
brutalité.

Et n'est pas jusques aux communaultez quasy de tous les anciens moines que l'ambition, le fast, la vanité n'aueugle, et l'auarice insatiable ne retire de toutes bonnes œuures.

Il ne se voit quasi plus rien de si orgueilleux que les moines, de si voluptueux que les chanoines, ny de si infidelles et mal affectionné à son Roy et à son pais, que semblablement tous les ecclésiastiques dont l'excuse est si petite qu'elle ne peult guère paroistre dedans une telle multitude, de mauuais Francois qui soubz prétexte de religion chrestienne (mère de toute humilité) veulent assubiecter la vye de nos Roys, et le repos de leurs peuples à l'insuportable vanité de leur empire.

L'auarice puis après, les porte à la simmonye de vendre et mettre à prix toutes sortes de prières et seruices, jusques au Sainct Sacrifice de la Messe, pour amasser des richesses, pour s'habandonner à tous délices et volupté charnelles de bancquetz et de femmes.

Et pour en oster tous moyens de réformation apportent des priuilèges de cléricature, des dispences de recognoistre les justices séculières et les plus libertins et moings francois, adioustent des dispences entières de recognoistre, les Roys et les Euesques.

Vostre justice, Messieurs, est accusée d'orgueil trop insolent, d'auarice trop insatiable, de paresse trop pesante, d'enuye trop affectée, de liberté trop effrénée et de volupté trop dissolue.

Nous pouuez empescher, Messieurs, les juges de se comporter si licentieusement et [1] ..... enuers les clyentz, de se rendre enuers eulx de si difficile accez, et sur tout de les offenser de mespris et de parolles; les exhorter à se contenter de moindre salaire, à voir mieulx les procès, et plus exactement, et surtout de ne rien prendre des partyes, à ne poinct commectre la vye et l'honneur, et les biens des hommes de toutes conditions, à leurs clercz et leurs valletz qui sont aujourd'huy plus les rapporteurs que les maistres, qui font les extraictz, les informations, et les interrogatoires en matières ciuiles, et criminelles, et pillent tellement les parties, que leurs places de clercs, se vendent trois et quatre mil escuz, preinent pour les communicquations ordinaires, six fois, huict fois, dix fois plus qu'il ne leur appartient, et tel a pris jusques à cent escuz pour remettre ung procès au Greffe, et en a baillé quitance, aussi y en a il de pourueux d'offices de quarante et cinquante mil liures de valeur, qui ne sont qu'enfans de paysans, ou manouuriers.

C'est aussy une chose bien indigne, et *ung bon courage* (sic), que l'enuye, laquelle néantmoings glissée dedans vos arts de Justice; vous leur pouuez oster par la représentation de sa propre figure sy laide et sy hideuse.

Les faueurs, leur peuuent estre reprochées, en les priant de s'en abstenir, de ne se poinct courroucer contre les accusez, et de ne se poinct explorer aux prières de ceux qui font les piteux, et misérables, et encores plus de ne se rendre poinct trop indulgent pour les injures et offenses faictes à aultruy dont bien souuent ilz ne font que rire.

Vous leur pouuez aussy donner aduys que leur trop grande liberté, leur tourne à blasme, et ne peult qu'elle n'intéresse grandement la justice, soit pour ne se rendre assez subiectz à l'exercice de leurs charges, pour ne rendre pas assez de respect à leurs supérieurs, et antiens, ou respectueusement les ungs aux aultres, ou pour paroistre en habitz indéscentz à leurs quallitez, deuant le peuple, qui les voit en mespris, et dont ceste liberté les porte en plusieurs compaignies, assemblées, non conuenables à leurs dignitez, et trop souuent auec des femmes de mauuaise réputation, et bancquetz, en lieux deshonnestes.

Et à ces mauuais exemples, sont attachées, les mœurs et façons de viure de leurs enflans, de leurs scruiteurs, des aduocatz, huissiers, notaires, solliciteurs et clercz, qui ne sont plus aujourd'huy que fast, que luxe, et rapine, qui engendrez de la liberté des juges, dont ilz ont toute impunité, ilz n'en peuuent redoubter aulcun retranchement.

Les financiers ont insensiblement glissé cette corruption dedans vostre ville et voz familles, se voyant les portes ouuertes à toutes licences de s'enrichir aux despends du Roy, et par conséquent de son pauure peuple, sans aulcune crainte de punition ou seulement de répréhension, les ayans introduictz parmy les corps de justice, et les juges mesmes, en ayant curieusement recherché les alliances.

De là sont venues les grandes et sumptueuses despences de viures et d'habillemens des hommes et des femmes, jusques au degré de toute superfluité, d'or, d'argent, et de pierreries, quantité de meubles excellens, desguisement de conditions; les haultz gaiges, et redoublement de scruiteurs, les mariages immenses, et superbes bastimens, non seulement à l'imitation des princes, mais du Roy mesmes, et à la veue de tout le monde.

Ces choses sont d'aultant plus prodigieuses qu'elles sont productes de gens qui pour la plus grande partye, ont esté valletz paysans, ou gens de si petite estoffe, que le plus originairement riche d'entreux n'a poinct amende, de la succession de ses père et mère, plus de dix mil liures, et sont riches, qui de quatre milions de liures, qui de trois, qui de deux, de quinze cens, d'ung milion, demy-milion, et s'en trouuera plus de quarente en Paris, de telle richesse, qui n'ont pas succédé six mil liures.

Mais qui pis est, quand le Roy en vouldroit faire la recherche, et commander la punition, il luy seroit du tout, impossible, s'il ne constituoit une nouuelle cour de Justice, à quoy sy ne mettez ordre, il sera enfin nécessité.

Vous direz pour excuse que les choses sont réduittes à tel poinct, et que l'autorité de ces désordres, est de telle puissance que vous n'y pouuez plus rien. Mais ceste excuse sera abattue de la croyance de vostre peu de volonté, par les mauuais exemples, que l'on a encore, de ce qui est du tout en vostre puissance, l'empeschement des meurtres, volleries, enleuemens, et rauissemens qui se font ordinairement en vostre ville de Paris, et dont le sang crye incessamment deuant Dieu,

---

[1] Une lacune.

vostre ruyne. La langueur des pauures, courans par vos rues qui accuse, envers Dieu, voz consciences, vostre honneur enuers les hommes.

Que faites vous mieulx pour empescher les monopoles et désobéissances des Marchans de boys et de charbon et aultres denrées, sur les port des jurez débardeurs, gaingne-deniers, crocheteurs et chartiers qui se font leurs taux à discrétion, des boullangers, bouchers, tanneurs, drappiers, toilliers, merciers, chandeliers, regrattiers, qui vendent à faulx poids, et faulces mesures, sans taux, et sans pris à leur volonté asseurez qu'ilz sont tous de leurs protecteurs, et d'une impunité certaine.

Ha! Messieurs. Vous négligez jusques à l'usage commun et tant nécessaire de voz rues, et auec un tel mespris que les passages plus fréquentz et plus utiles, sont les plus incommodez des fruictières, herbières, tripières, boucquetières, sauatiers, rauauldeurs, espinglières, espissiers, grossiers, ferroniers, tonneliers, vinaigriers, charrons, selliers, mareschaulx, fourbisseurs, tanneurs, quincailleurs, sièges de pierre et de boys, quasi par toutes les boutiques, et des establys, dont deux ou trois exemples doibuent suffire pour preuue de tout le reste.

Depuis le bout de Petit-Pont du Chastellet, jusques au carrefour de Sainct Seuerin (passage le plus nécessaire de toute la ville) il est quasi impossible d'y passer à la fois deux charettes, et se peult dire miracle de n'y veoir tous les jours arriuer quelque meurtre tant par l'incommodité susdicte que par l'insolence et indiscrétion du peuple, que impuniment abusé de l'usage publicq.

La Rue de la Ferronnerye cause seconde du malheureux parricide du Roy deffunct, on a depuis peu de jours ouvert la rue des bourdonnois dans la Rue St-Honoré et incontinant, elle est empaschée, de deux ou trois rauaudeurs et sauatiers; il n'y a ung seul grossier qui n'ayt des sièges ou tonnes deuant sa porte; ung seul drappier qui n'ayt des piles de draps, ung seul tonnelier ou vinaigrier des cuuiers et tonneaulx, ung seul sellier, des carosses, ung seul charron, des roues ou chàssis, ung seul statuaire des pierres, ung seul fourbisseur des [1].....ung seul vannier, des palles, sabotz, fourches, hottes, et panniers; et quasi une seulle boutique, où il n'y ayt des ays establiz, bancs, selles, et sièges de pierres, qui entreprennent au moings ung pied sur les rues; ny ung seul coing de Rue qui ne soit empesché des tripiers, parmy tous ces désordres, sont receuz et à la veûe et honte, de tout ung chacun. Les vagabonds et brelandiers, qui jouent tout le jour et courent la nuict les rues, les garces et putains qui tiennent banque, sans contredict, soubz umbre, qu'elles sont entièrement entretenues par Monsieur l'Euesque, monsieur l'abbé, monsieur le chanoyne, monsieur le président, monsieur le Conseiller, et monsieur le Financier, ou Messieurs leurs clercz, et commis; perte géneralle de toute la jeunesse de France, d'où viennent les grandes volleryes en toutes les conditions des hommes, les débausches des femmes, et les banquerouttes.

Considérez outre combien, il y a de familles, intéressées aux reculemens des rentes constituées sur l'hostel de vostre ville.

Combien de pauures gens meurent de faim et leurs enfans par la malice, et trop fréquentes remises des recepueurs pour faire proffiter les deniers à ung quartier en le recullant sur l'aultre; combien de richesses lesdictz receueurs ont amassez en peu de temps, eux qui estoient saffranniers et gens de peu.

Considérez combien de rentes ont esté racheptées dont l'intérest debueroit estre employé au paiement des vieux arrérages recullez; et il s'en pert et consomme trente et huict mil liures tous les ans, en la maison de ville, et en le chambre des Comptes, impunément, au veu et sceu d'ung chacun.

Il y en a encore plus de cinquante mil liures de racheptées qui ne sont en éuidance, et que les gens de bien n'y veullent mettre, pour estre aussi mal employez que les susdictz trente huict mil liures.

Est-il raisonnable aussy que huict ou dix ecclésiastiques, et le recepueur des décimes disposent à leur volonté d'ung sy grand fonds, sans en rendre compte à Personne, et qu'ilz amassent des richesses prodigieuses de la despouille, de tant pauures familles.

C'est chose pitoyable à réciter.

Nettoyez vous donc, Messieurs de Paris, de toutes ces tasches, au moings, à ces Estatz, afin que chacun à vostre exemple change de façon de viure, car il n'y a poinct d'ordure dans auleune ville ou royaulme qui ne soit plus grande à Paris, ny de désordre tel que celuy que il vous représente en voz entrailles.

Esprouuez-vous, et vous considérez bien, vous-mesmes, vous recognoistrez l'affection qui porte mon cœur à vous en donner l'aduertissement que d'aultres vous diroient par reproches.

(Arch. Nat., K 675, n° 142.)

XII

[SANS TITRE.]

Au nom de nostre Seigneur Jesus-Crist, que je prye vouloir donner à Messcigneurs qui tienne les Estatz de vouloir remedier aultant qu'ilz pourront aux offances de Dieu, qui se commette contre la bonté de Dieu et ruyne de la plus grande partye du peuple, dont la Providence de Dieu m'a faict congnoistre, et je croy estre obligée, pour la descharge de ma consience de vous en aduertir suyuant le mémoire qui s'ensuyt.

Premièrement. — De deffendre et punir les blasfémateurs du nom de Dieu, qui nous peult anéantir et qui nous debuoit continuer l'adoration tant grands que petits.

Secondement. — Pour pourueoir de moyens à une infinité de très bons prestres,

[1] Lacune d'un mot.

qui n'ayant poinct de bénéfices et n'en doibuent auoir que par don et recongnoissances de leurs mérittes, et qu'ilz souffrent très grande nécessité, qu'il fault prier Dieu que ceulx qui en ont sy grande quantité qui en pourroitz (*sic*) norrir et entretenir ung grand nombre, et qui ne fauldroyt à chascun donner que ung beneffice de cent escus pour les loger, norrir et abiller, et suruenir aux maladies qui leurs peuuent ariuer, et considérer la grande qualitté et dignitté, à quoy Dieu les a apelez et fault craindre que le bon Dieu ne nous punisse sy l'on n'y remedye.

Troysiesmes artycles. — Pour régler et donner ordre à la vandition de toutes sortes d'estatz, ceulx qui les possedentz les vende à ung sy grandz excessif et desreiglé pryx, que les gens de bien n'y peuuent aborder pour en auoir, et que cela est cause de beaucoub d'offences enuers Dieu, et y remédier selon l'inspiration du Sainct Esperit, car cella est de très grande conséquence, et aussy que plusieurs personnes et principallement la jeunesse sont sans exercice, qu'ilz se deshauche et perde leurs temps en offensant Dieu grandement.

Quatriesme artycles. — Est de considérer les commandementz de Dieu qui est d'aimer et exercer la charitté à nos prochains, comme à nous mesmes, qui est pour les loyers des maisons de ceulx qui en ont, qu'ilz les louent, sans aulcune ayson et selon leur volonté qui est insaciable, dont les prisons sont touttes playnes, et la ruyne générale et mendicité des mesnages, car on est astrainct de desroger pour payer les ditz loyers, il se commet ung nombre innumérable et exécrables péchez et infidellitez en tous Estatz dont il fault craindre une très grande punition de Dieu, et fault remédier en tout ce que pourrez à une sy grande souffrance et rygueur enuers le pauure prochain, et fauldroyt, sy trouvez bon, les louer et achetter à la toyse, et ce qui est loué et vandu ung escu il les fauldroyt louer et achetter xx solz, moyennant que ce ne soyt poinctz trob.

Cinquiesme artycles. — C'est que suyuant les commandementz de Dieu qui est de rendre à son prochain ce qu'on luy doit, et pour ce faire, supplier les Estatz très humblement au nom de Dieu de faire payer les debtes des feus Roys Henry troysiesme et Henry quatriesme que Dieu absolue par sa bonté, et qu'à faulte de ce faire, les personnes à qui les Roys doibue sont ruynez pour auoir fourny de bonnes marchandises et loyalles auec peu de gaing, et dont ceux à qui il est deu, en ont des certificatz valables, et bien recongneuz, et qu'ilz ont esté estrainctz de vandre leurs propres, et tout ce qu'ilz auoytz gaigné par leurs labeurs de touttes leurs vies, pour payer les intérestz aux marchands de qui ilz ont emprunté les marchandises, pour fournir aux Roys, et ne peuuant satisfaire leurdictz créansiers ny à ce que la loy de Dieu les oblige, qui est de payer entièrement ses debtes, et de pouruoir leurs enffans.

Messeigneurs considérez bien cella, et pensez que c'est d'estre ainsy ruynez, lesquelz sont venus de gens de bien, et qu'ilz ont fourny en la bonne foy, il ne leur reste que des larmes, et ilz pryent contynuellement Dieu, pour ceulx qui y apporteront la justice et secours; ilz espèrent grandement en la bonté de Dieu, lequel ne manquera poinctz à vous en donner les moyens, par ce que c'est pour obéyr à ces commandementz, vous les pouuez faire payer à plusieurs foys, et en aurez une assurée rescompance de Dieu qui commancera dès [1] . . . . . car il a promys à ceulx qui pleure pour la Justice, et pancez que je parle que pour des vrayes dettes, et non poinctz pour des dons, ny pour des récompances, car les dettes doiuent aller deuant.

Sixiesme artycles. — C'est pour vous remonstrer que les rantes de la ville de Paris, qui ont esté achettées au denier douze, et que les feus Roys auoytz vendues des offices, lesquelles offices ilz ont cassées et ont esté contrainctz de prendre des rentes au denier douze, sur les receptes générales dont les deniers sont entrez aux coffres du Roy, desquelles rentes l'on n'en recoyt par an qu'un cartier et demy, et parce que l'on leur deuoyt randre leur argent au lieu des dictes rantes, on leur en doibt les arrérages selon la foi publicque et prie Dieu vous donner la Grâce de faire Sa Saincte Volonté.

(Arch. nat., K 675, n° 189.)

XIII

[SANS TITRE.]

Officiers. — Ils deuroient estre tous supprimez, par mort, ou bien le remboursement de leur première finance, où ilz jouissent de leur office, leur vie durant ne deuroient auoir aucun gages.

Rentes sur la Ville. — Il semble qu'elles deuroient estre racheptées, des gages des officiers qu'on deuroient supprimer; quelle quantité d'argent s'en va-il au payement des arrérages d'icelles? Combien de volleries et faussetés se commet-il à cause de ce!

Domaine du Royaume et de la Couronne. — Le domaine de la couronne du Roy deuroit estre retiré, et les deniers mal employez en pensions, et dons mal à propos faictz, deuroient estre employez à ce faire.

(Arch. Nat., K 675, n° 73.)

[1] Effacé peut-être ce jour.

2° MÉMOIRES CONCERNANT LE CLERGÉ.

XIV

POUR LE CLERGÉ.

Il n'est besoin pour ce qui est des affaires de cest ordre qui précedde les autres, en biens, honneur, et dignité, de faire de nouuelles ordonnances, mais seulement faire exécuter soigneusement celles d'Orléans et de Blois et y apporter de si bonnes et rigoureuses peines qu'aucun ne s'en puisse dispenser.

Sera bon toutefois y adjouter un article.

Qu'aucun ecclésiastique de quelque condition qu'il soit ne pourra tenir plus d'un bénéfice; que ceux qui en ont plusieurs seront tenus ung mois après, la publication de l'ordonnance d'en disposer; à faute de ce faire, seront de faict déclarez vaccans. S'en pourront toutes personnes capables faire pouruoir, soit par l'ordinaire, en cour de Rome ou ailleurs, selon que la nature du bénéfice le requiera, et en cas de refus, par celluy à qui le poursuiuant se sera adressé; luy seront les prouisions baillées par le premier prélat qui en sera requis ou son grand vicaire, à peine de priuation de son bénéfice, ou de sa charge s'il n'a bénéfice. En ce faisant, les prélaz n'aians qu'un bénéfice, quitteront le luxe, les pauures prebstres pourront auoir de quoy s'entretenir honnestement, au lieu que la misère auilit à présent, la dignité de leur estat, et l'espérance donnera courage aux escoliers de bien faire.

Il est encore bien nécessaire de remédier à l'abus des coadjutories qui s'introduit. Il y a double inconuénient; l'un, que, soubz ce nom on fait reuiure l'usage des Grâces expectatiues, tant condamné; l'autre, qu'on admet, en ces coadjutoreries, que personnes attachées aux nouueaux articles de foy introduits à la ruine des roys chrestiens, et de leurs royaumes, mais qui tournent enfin à l'entière désolation de la chrestienté, et du S'-Siège mesme;

Pour à quoy obuier, les faut défendre pour l'aduenir et reuoquer celles qui ont esté baillées.

(Arch. Nat., K. 675, n° 65.)

XV

POUR LA RELIGION.

Il serait à souhaitter qu'en ce roiaume, ni eust exercice que d'une religion. Mais puisque l'opiniastreté des espritz de ce siècle nous dénie la puissance d'un tel bien, il est à propos de suplier le Roi maintenir ses subjetz au repos auquel ils ont vescu sous l'obseruation des éditz de pacification.

Que tous subjects du Roi soient contraincts faire profession et exercer, l'une des deux religions dont l'exercice est reçeu en France pour éuiter aux nouuelles sectes et à l'atéisme.

Toutes nouueautés en faict de religion, soit pour la doctrine, soit pour les céré-monies, ou pour la   seront rejettées, et seront gardées et obseruées comme sainctes et inuioliables (sic) les resolutions de l'Escole de Paris, conformes aux conciles de Basles et de Constance, et à la Pragmatique Sanction.

Qu'aucun nouuel ordre de religieux ou religieuses ne soit désormais receu, qui ne recoiue, aduoue, approue et confirme ladicte doctrine.

Que tous ordres de religieux ou religieuses, communaultez ou sociétés ecclésias-tiques nouuelles ou antiennes, professent cette doctrine, la preschent et l'enseignent, à faulte de ce faire soient licentiez, et soient inscré dans les catéchismes.

Que les jours de festes et de jeusne soient indifféremment obseruez par ceux de l'une et l'autre religion ensemble l'usaige des viandes selon les jours, pour éuiter scandalle et pour la police.

Que les maisons qui ont esté ostées aux religieux d'antienne institution pour y establir les nouueaux ordres leur soient rendus s'ils le requièrent, et qu'à l'aduenir telles spoliations soient défendues comme sacrilège.

(Arch. Nat., K 675., n° 52.)

XIV

[SANS TITRE.]

Cest aduis regarde conioinctement l'honneur de Dieu, et le seruice du Roy, car c'est pour refformer un des principaux désordres qui soit auiourd'huy en ce royaume, en quant et quant ouurir un moien à Sa Majesté, de recompenses des biens de l'Eglise, sans charge, néantmoins, de conscience, beaucoup de ses serui-teurs, à la diminution des pentions qu'il est contrainct de donner, et par consé-quant descharge du peuple.

Nul ne peut nier qu'un des grandz scandalles qui soit en l'Eglise, et dont ceux qui s'en sont séparez, triumphent autant, à nostre honte, procède principallement de la desbauche, et mauuaise vie, de beaucoup de noz ecclésiastiques, nommé-ment de ceux qui, s'esloignant du tout, de leur première institution, au lieu de vacqué à la sollicitude, à l'estude à l'oraison et aux macérations de la chair, comme ont fait leurs premiers patrons, ne se réduisent auiourd'huy dedans les cloistres, que pour ne rien faire, et pour mieux dire, pour auoir loy de tout faire, et pour seruir à leurs charnalitez et à leur ventre, au grand mépris de leur pro-fession.

Il est doncq plus que nécessaire de rémédier à ce mal, mais comme, il ne se peut, si ce n'est en restablissant la discipline, ancienne, et principallement en redonnant un chef aux abbayes quy par ses bonnes mœurs serue d'exemple, à ses relligieux, et par son auctorité puisse reformer les leur. Il fault par force reuocquer les commandes, comme celles qui ont esté la principalle source de tous ces désordres, et restablir les eslections.

Or comme en cela il y a deux intérestz, ou il est besoing de pouruoir du pape le premier, et l'autre du Roy, par ce qu'en restablissant les eslections sur le mesme pied, qu'elles estoient anciennement, l'on priueroit Sa Sainteté des annattes, et Sa Maiesté, des nominations. Il fauldroit qu'il y eust doresnauant, eslection, et nomination, c'est à dire que de trois qui seroient esleuz et présentez à Sa Maiesté, par les relligieux, il en choisist un, lequel soubz sa nomination, seroit tenu de prendre, ses bulles et prouisions de sa sainteté, sans que celles des ordinaires peussent suffire, comme il se praticquoit durant (?) les concordatz.

Par ce moien, et par ce qui sera dit cy après, et aussi par la très-humble supplication, que l'on pourroit faire à Sa Sainteté, de s'accomoder, à cest aduis, comme uniquement nécessaire au restablissement de la vie ecclésiastique et monastique, son intérest seroit saué, et si celuy de Sa Maiesté ne l'estoit suffisamment, d'autant qu'elle n'auroit lors la disposition si entiere desdictes abbayes, qui se trouueroit comme partagée, entre elle, et les relligieux, ne par conséquent le moien d'en recompenser ses seruiteurs et sa noblesse, si puissamment, comme elle a maintenant. Le présent aduis voudroit que de toutes icelles abbayes, qui ainsy remises en tiltre, ne seroient aussy bien que trop riches pour la nourriture desditz relligieux, il se prist un tiers, duquel se formassent des commanderies à la mode d'Espaigne, desquelles puis après sa ditte Maiesté, deposeroit, comme il lui plairoit, mais à condition néantmoins que ceux qui en seroient pourueuz seroient tenuz de prendre leurs bulles et prouisions de Sa Maiesté, tout ainsy comme des abbayes, le tout pour ne préiudicier à son intérest et par conséquent le rendre d'autant plus fauorable à cest aduis.

Et encore que lesdites commanderies restassent touiours de beaucoup moindre reuenu que ne seroient les abbayes dont elles auroient esté esclipsées, ou qu'il y en auroient beaucoup moins en nombre, si de plusieurs tiers, on n'en composoit qu'une, la diminution quy receuroit Sa Maiesté, se trouueroit aucunement recompencée, en ce que lesdittes commanderies, n'estans qu'à vie, et sans pouuoir estre résignées, comme sont les abbayes, les vaccances en seroient plus fréquentes, et par ainsy elle auroit moien d'en récompencer plus de personnes et plus souvent.

Cet aduis par aduenture semblera rude à beaucoup de Messieurs du Clergé, mais outre que le consentement ne deppend point d'eux en général, ains seullement des chefs d'ordre qui pour le plus part sont en ce royaume, ceux qui seront autant touchez de l'honneur de Dieu et de la réputation de l'ordre monastique, comme il conuient, et qui considèreront d'ailleurs le mauuais mesnage de beaucoup de commandataires, qui ne se soucient, sinon du proffit présent, laissent aller la pluspart des édifices, mesmement des Eglises en ruyne, laissent par leur nonchalance perdre les droitz de leurs bénéfices, et sont cause que le reuenu s'en dissipe de jour en jour, s'y accomoderont facilement. Quand aux autres, ilz ne méritent pas qu'on y aye esgard, au contraire la sordidité de leur intérest sera ce qui deura dauantage persuader le corps des Estatz de passer outre.

Il est certain que les abbayes ainsy remises en tiltre, par le reuenu d'icelles se mesnagent doresnauant par un abbé et par des relligieux, que tous y estimeront y auoir part, s'augmentera autant en peu de temps comme ce tiers qu'on en pourra tirer la diminuera ne plus ny moins que la mesme œconomie a esté celle qui a porté le reuenu des dictes abayes, ou il est maintenant, autant ou plus que les donations qui y ont esté faictes.

Quant à ce que pourront dire ceux desdictz ecclésiastiques qui ne trouueront cet aduis bon que ces donations n'ont esté pour former des commanderies, et que partant, ce sera de frauder l'intention des fondateurs; je leur diray en ung mot que l'exemple nous en est tracé par ce qui se fait tous les jours en faueur des pères Jesuittes, aux collèges desquels l'on annexe autant presque de bénéfices, comme il s'en trouue en leur bienséance, encore que les fondateurs, n'ayent jamais pensé à eux. Mais outre cela en quoy peut estre cette intention plus deffraudée qu'en la vie que deuient les moynes, et en la forme qui se pratique auiourd'huy en la distribution et gouuernement desdites abbayes.

Qui croira jamais que les Roys et Princes qui par abondance de pieté en ont esté les fondateurs, ayant estimé qu'elles deussent seruir à la desbauche et dissolution des uns, et à l'auarice des autres, sans que l'hospitalité, la Charité, l'Estude et l'aumosne ne s'y fissent, ny praticquassent, comme nous les voions maintenant.

De dire qu'on les réforme, qui est la responce ordinaire de ceux qu'il le [font le] moins, et de quelle meilleure et plus séante refformation y peut-on user, qu'en y restablissant la première reigle, soubz laquelle, elles ont esté fondées, qu'en les remettant en tiltre, supprimant les Commandes, et donnant un chef à chascune, qui viue claustralement, et soit comme caution de la vie et mœurs de ses relligieux.

Il faut donc croire que ceux du Clergé qui auront plus de soing du bien général de l'Eglise, non seullement au spirituel, mais au temporel, aussy que de leur intérest particulier, ne feront difficulté de consentir à cet aduis, et de fait il est certain que ceux de l'ordre de Citeaux résoluront en chapitre général. Il y a plus de dix ans de le proposer, et d'en faire offre à Sa Maiesté, et rien ne les retint sinon la crainte qu'ilz eurent qu'après auoir ceddé le tiers de leurs abbayes pour remettre le reste en tiltre, on ne laissast de retourner aux commandes, ou pour le moins à la donation et eslection, sans auoir esgard à leur eslection.

Mais il est aisé de remédier à ceste crainte car tel aduis ayant esté pris et résolu par l'ouuerture et approbation de tous les Estatz, et par ce moyen estant passé en forme de loy, quelle apparence que les roys voulussent jamais aller au contraire, ny violer la foy publicque, à laquelle ilz seroient astraincts et obligez en le recuant.

Pour néantmoins en oster toute doutte, l'on pourroit faire que le Roy le promettroit et jureroit à sa Sainteté.

La plus grande difficulté qui s'y rencontre, c'est en la promptitude de l'exécution. Car de faire que des ceste heure l'on vint à la praticque de ces aduis, il seroit trop difficille, voire impossible. Messieurs les Prélatz et beaucoup de Gentilz hommes qui tiennent plusieurs abbayes, n'en voudroient pas une de moins, ny rien diminuer de ce qu'ilz possèdent, il fauldroit donc par nécessité en restreindre l'effect, au decedz de ceux qui en ont le don, ou qui en sont bien et légitimement pourueux, et sans soupçon de Simonie; sans que doresnauant, il feust loisible de les résigner, ny en disposer, en quelque sorte que ce feust, ny en faueur de qui que ce peust estre, en quoy il n'y a nulle injustice d'autant que Sa Maiesté n'est point tenue de consentir lesdictes résignations, si bon ne luy semble et à mesure qu'elles vacqueroient, en prendre le tiers pour l'effet desdictes commanderies, que de ceste heure Sa Maiesté pourroit affecter et promettre à ceux de mérite sur les quelz pour la descharge du peuple, il rayeroit les pensions, laissant aux relligieux le gouuernement et mesnagement du reste, par l'eslection de trois d'entre eux, dont Sa Maiesté, comme dit est en choisyroit un.

Mais parce que Messieurs les Cardinaulx, pour la dignité de leur ordre, et plusieurs éuesques, pour la modicité de leurs cueschez se pourroient plaindre, s'ilz estoient priuez de la commodité des dittesabbayes, Sa Maiesté pourroit accorder à chascun desdits cardinaulx la faculté d'en tenir jusques à deux, et à chascun desditz éuesques, une, le tout soubz la dispance et consentement de Sa Maiesté.

Par ce moien, il ne leur resteroit aucun subiect de plainte, au moins qui feust juste, et au partir de là, pour un qui possède maintenant cinq ou six abbayes, autant de bons relligieux en seroient pourueuz, qui en feroient beaucoup mieux leur debuoir, ou du moins, demeureroient, soubz le chastiment et répréhension de leurs supérieurs, qui le leur sauroient faire faire. Les abbayes seroient mieux entretenues qu'elles ne sont, le seruice s'y feroit plus déuotement, les relligieux se rendroient, non seullement mieux viuans, mais plus capables. La noblesse s'y deschargeroit tant plus volontiers de partie de ses enffans, qu'on croit à présent perdre de les mettre ausdictes maisons pleines de desbauches sans honneur, réputation, ny contentement; et le Roy pourroit plus donner de commanderies en ung an, qu'il ne le fait de cet heure, d'abbayes, en dix.

Ces raisons sont toutes palpables, mais outre cela, nous auons l'exemple de si peu de maisons qui restent en tiltre en ce royaulme, que l'on voeit sans comparaison, mieux mesnagées et disciplinées, que les autres. Nous auons celuy de nos voisins nommément de Flandres, ou quelque déprauation que la guerre et la corruption du siècle ait apporté aux autres estats, il se voit que le monasticque se maintient encore en son ancienne discipline et simplicité; le tout par ce qu'on n'y sait que c'est de commander, et que les eslections susdittes s'y obseruent et praticquent relligieusement tant par le Prince que par son Clergé, à la grande réputation de l'Estat, et tranquillité des consciences.

(Arch. Nat., K 675, n° 114.)

XVII

[SANS TITRE.]

Messieurs il y a plaincte à l'encontre de Messieurs des Mathurins, d'autant que leur couent n'est qu'un hospital dont antiennement auoit accoustumé d'y estre ledict hospital, dans la rue Sainct Jacques au dessoubz de leur grande porte; ledict hospital estoit pour loger les pauures venant de part et d'autre. Depuis quelques temps en ca lesdictz relligieux ont aboly ledict hospital, et pour en faire perdre la congnoissance au peuple qui l'ont tousiours veu, ont vendu la pierre antienne des fondations dudict hospital et des gens de bien qui ont donné leurs moyens pour l'entretenement dudict hospital et en resoiuent les rentes et rebutz, et ne font aucunement leur deuoir comme ilz y sont tenuz et obligez, mesme au lieu d'y auoir des lictz pour coucher les dictz pauures, c'est un hûcher qu'ilz ont loué à ung boulanger pour serrer son bois. Ce considéré, mes dictz sieurs, il vous plaise auoir esgard à ladicte plaincte des bourgeois et des voisins, d'autant que cela afroidy l'aumosne des gens de bien, voyans ce qu'ilz font. Il vous plaise ordonner, que le ministre et religieux feront refaire ledict hospital, comme le temps passé, et vous ferez bien. Lesdictz pauures prirons Dieu pour le Roy, la Royne et pour tous les princes de France et aussy pour Messieurs du bon Conseil.

(Arch. Nat., K 675, n° 140.)

XVIII

[SANS TITRE.]

Pour éuiter aux scandalles, désordres, et confusions qui d'ordinaire arriue aux Eglises parrochialles, à l'occasion de l'absence que font les curez qui le plus souuent mesmes aux festes solemnelles, se retirent quy pour vacquer ailleurs, où ilz ne sont tenuz ni obligez, comme ilz sont à leur troupeau.

Semble bon de proposer qu'aucun curé d'Eglise parrochialle, nommément des paroisses de la Ville de Paris, ne pourra prendre ni accepter charge ni dignité aucune pendant qu'il demeurera Curé, à ce que son troupeau puisse estre par luy bien et deuement gardé, régy et administré.

Et que ceux qui se trouuent de présent chargez et pourueuz d'autres dignitez, que de leur dicte cure, soient tenus dans l'an d'opter l'un ou l'autre, et à faulte de ce permis à l'ordinaire d'y pouruoir de personne capable.

(Arch. Nat., K 675, n° 145.)

XIX

[*SANS TITRE.*]

Plaise à Sa Majesté réformer l'abus de certains presbtres qui ne font autre exercice à Paris, que courre des bénéfices, ny autre marchandise que d'extorquer des pensions à tort et à trauers, tirer des récompenses non honnestes mais secrettes pour cacher leurs simonies, se rendant odieux, voire pernicieux et dommageables à la République.

Telz sont certains gradués aisnés, qui se voyant remplis par la jouissance d'un gras bénéfice qu'ilz ont obtenu par course affréné, soit par déuolu, ou par aultre vacance, ou par obitum, ont résigné jusques à deulx, trois, et quatre bénéfices, (tous de grand reuenu) obtenus successiuement afferme, en receuant pensions sur aucuns, et prenant récompense secrette pour les autres; et non obstant cela, se veulent encor aider de leur nominations, comme s'ilz estoient paures, ce qui est contraire à la vraye et sainte intention du Concordat «Etenim nominationes sunt gratiæ, quæ expirant per adeptionem alterius beneficii, quocumque modo obtenti». Il suffit, si le bénéfice vault cinq cens liures, touttes charges faictes.

De plus, si ces aisnés gradués ont un bénéfice par course à Rome, les referant, jouissant d'icelluy par récréance au Chastellet, ou à la Cour, accordent auec leurs parties, et recongnoissant qu'ilz n'en peuuent plus demander, que ce se seroit une vollerie manifeste, et qu'ilz sont justement remplis «quia nominationes inuentæ sunt, ut tantum pauperibus prouideatur» et de fait ilz ne sont plus paures, possèdant un gras bénéfice; ilz s'aduisent de susciter une nouuelle litige et auec une intelligence tacite, maintiennent leurs bénéfices, des cinq et six ans entiers, ne voulant arriuer à une fin paisible, en partie pour ne point résider sur le bénéfice, et en partie pour auoir subiect én apparence extérieur de demander encore des bénéfices «in vim gradus» s'excusant sur la litige de leurs bénéfices, afin de n'estre pas conuaincu de remplissement; et ce pendant ilz jouissent tousiours de leur bénéfice.

Et d'aultant que ces litiges sont le plus souuent feintes pour entasser bénéfices sur bénéfices, et iceulx escumer par pensions, ainsi que les voleurs de Mer, vous représentent que les jeunes gradués ne pourront jamais rien du viuant de ces picquoreurs, leurs aisnés et premiers en dabte, qui par leurs cabales, ruses, et matoiseries, ne paroissent jamais remplis.

Nous supplions très humblement sa majesté et nos seigneurs tenantz les Estatz, en la considération de la meilleure partie des jeunes gradués des Universités auoir agréable de commander aux Messieurs de Justice, qu'entre les différentz des aisnés gradués, et des jeunes, postérieurs en dabte, lors qu'il apparoistra, que l'aisné gradué, aura ung bon bénéfice, vallant cinq cens liures, touttes charges faictes, soit par course à Rome, ou par déuolut, par obitum, ou autrement; il soit déclaré rempli, aussi bien que s'il l'auoit eü, «in vim gradus» car à proprement parler en conscience, c'est la mesme chose, «ex mente concordatorum».

D'abondant, si l'aisné gradué s'excuse, disant qu'il y a litige, laquelle les juges conguoistront, moralement n'estre nuisible, ausdicts graduez, tant pour la longue possession, que pour son bon droict apparent, par quelques sentences Jou arrestz qu'ils auront dû, à son profict même durant une précédente litige, touchant le mesme bénéfice, il soit permis au jeune gradué, postérieur en dabte de contraindre son aisné gradué à choisir l'un des deulx bénéfices, prendre le meilleur, et le plus asseuré, comme estant aisné, et laissé au jeune gradué, qui n'a rien, celuy qui restera des deulx; et ne permettre audict gradué aisné de jouir de tous les deulx bénéfices en litige, artificieuse, car ce sont charges incompatibles «nec protest duobus dominis seruire» ny d'en disposer à sa volonté, et en bailler un selon l'ordinaire du temps qui court, à quelque paure presbtre à moitié, ou par autre passion pernicieuse et confidentaire; il vault beaucoup mieulx, sans se porter à la faueur, justement ordonner qu'ung des bénéfices résultera au profict du jeune graduë postérieur en dabte. pour iceluy en estre remply, afin que par ce moyen, tout le monde puisse viure, et il le prendra auec la litige, tel qu'il est, à ses propres périls, fortunes, et dangers.

(Arch. Nat, K 675, n° 150.)

XX

[*SANS TITRE.*]

Plusieurs ecclésiastieques se plaignent de certains euesques, qui admettantz les permutations ou résignations des curez estantz aux abors de la mort, ayant l'âme sur les liures, et voire bien souuent désia allée de vie à trespas, mais subtilement celée, pour gratifier un ami donnent des collations dudict bénéfice, (suspectes d'estre antidabtées, et de faict le sont ordinairement de trois ou quatre jours) dans les quelles pour tesmoings ilz employent seulement leurs seruiteurs, domestieques et secretz, sur lesquelz ilz ont tel pouuoir qu'ilz les font signer hardiment ce qui leur plaist, siue jure siue injurià; au désaduantage d'une infinité d'honnestes personnes; ce qui est apertement contraire à la raison, et semble que telles collations de bénéfices signées seulement par les seruiteurs domestiques de l'Euesque doibuent estre justement, et à bon droit déclarées nulles au rapport de Rebuffe, de Collationibus, parlant des collations de bénéfices ou il dit:

«Et requiritur quod testes descripti in his collationibus, sint omni exceptione maiores; ideo familiares et domestici, quibus imperari potest, non probarent. In litteris de testibus: et paria essent, non habère testes, vel habère domesticos; et ità stricte seruàri debent ad euitandas falsitates, quas fere semper in collationibus, quidam maligni ordinarii, seu eorum vicarii ad hoc bene instructi, faciunt», et ainsi l'a ordonné le Parlement en l'an mil cinq centz cinquante le 24° jour de Juillet en publiant l'edict de la réformation des prouisions.

Item; Nous auons remarqué que mourantz, ou jà mortz, leurs frères prenent fuiement un notaire leur proche parent, ou proche allié par mariage de leurs filz et filles (encore qu'ilz ayent sur le lieu d'autres notaires non suspectz) et leur font asseurement antidabter la procuration «ad resignandum in manibus ordinarii, vel simpliciter, vel causâ permutationis» auec quelque pauure presbtre qu'ilz tiennent en leurs mains, et à leur déuotion pour garder le bénéfice aux nepueux des défunctz curés, qui peut-estre ne sont encor en aage pour auoir charge d'âme; ainsi ilz trament des méchancetés des confidences à veüe d'œil, et s'en esjouïssent, encor que tout le public le scache et en soit scandalisé.

Pour remédier à telles impiétés confidences et faulsetées ordinaires et notoires à un chascun, mais que l'on ne peut vérifier estre telles par escript, et sans grands frais de procès, nous supplions Sa Maiesté d'auoir l'œil à cecy, et faire commandement exprès à Messieurs de la Justice de garder inuiolablement l'arrest de la réformation des prouisions, qui condamne les collations de bénéfices par les euesques, signées seulement de leurs seruiteurs domesticques, et déclarer telles prouisions nulles et de nul effect.

En oultre que ces Messieurs de la justice tiennent la main forte auec la rigueur deüe aux procurations «ad resignandum» qui se font par un notaire parent «de consiguinitate» ou affinité du Curé mourant, principalement y ayant sur le lieu d'autres notaires, d'autant que cela est fort subiect à caution et suspect de faulceté.

(Arch. Nat., K 675, n° 153.)

XXI

POUR L'ÉGLISE.

SOMMAIRE. Désordre général, 000. — Mauvais choix d'évêques, 001. — Dons d'abbayes, 002. — Économats laïcs, 003. — Commendes, 004. — Art. 5 (Blois) inexécuté, 005. — Abbés bâtiz écartés, 006. — Désordre des chanoines, 007. — Cumul des prébendes, 008. — Désordre des curés, 009. — Surtout dans les campagnes, 010. — Messes privées préférées à la messe paroissiale, 011. — Ignorance, 012.
Remède aux abus : meilleur choix des évêques, 013 — des abbés; réforme de la discipline, 014. — Indults du Parlement : réforme, 015, 016, 017. — Défense du cumul des prébendes, 018. — Juridiction ecclésiastique : appels comme d'abus, 019, 020. — Pauvreté des curés; revenu minimum; conditions de capacité, 021. — Prêtres vagabonds, 022. — Établir séminaires pour les recueillir, 023. — Désignation par le curé d'un prêtre ayant charge d'une maison, d'une famille, 024.

Pour la réformation de l'Eglise, il est nécessaire de conceuoir, et d'entendre, le désordre qui est par la mauuaise conduicte des pasteurs et ministres d'icelle, dont la plus part ne font une seule action en la sorte qu'elle est désirée et ordonnée par les saincts décrets et canons; de façon qu'on peult soutenir que ce desuoyement est cy grand qu'il est posible cause que Dieu verse sur nous tant de malheurs et et tant d'aueuglement en nostre propre conduicte, que la pluspart des hommes sont sans prudence mesmement humaine, ny ayant non plus d'humanité, de charité, ny de soucy des charges, chez les ecclésiastiques qu'en bestes farouches, ne buttans [1] qu'à leur proffit et gourmandise [000].

Il est à considérer que les Eueschez, quelquefois sont donnez à genz de basse qualité et de petite extraction, par des seigneurs qui en obtienne le don du Roy, lesquels ne viuent auec la sainteté requise, et sont aussy quelquefois plus desbordez que ceulx qui auroient este appelez jeune, et de grand lieu, à telles diguitez, et sy ne viuent auec la splendeur bien conuenable à telle charge, et ne font encore fonction épiscopalle, comme de prescher, résider ne visiter leurs brebis, ains seront tousiours en Court à attendre le marché de quelque nouueau bénéfice plus grand que le leur : autres sont trop jeunes et n'ont ny tiltre, ny capacité d'Euesque et se contentent du reuenu qu'ilz recueillent par économatz et laissent tout aller à l'abandon [001].

Après cet abuz qui est le plus important, pour ce qui regarde le subiect des asmes qui sont commises aux pasteurs, lesquelz les abandonnent en ceste sorte, vient un autre grand désordre, bien scandaleux et qui irritte grandement Dieu contre le Roy et le Royaulme, la main innocente duquel on employe à signer des breuetz et dons à tous venans autres qu'à genz de qualité requise qui obtiennent des abbayes, et prieurez, estans à la nomination du Roy, sans ceulx que les ordonnances donnent aux seigneurs et gentilz hommes, soubz la garde des religieux suposez et empruntez autres que les indultz de Messieurs du Parlement, qui peuuent estre tollerez pour bonne cause, pourueu qu'il n'en fut abusé et qu'on les réglast en la façon qu'il sera dict cy-après [002].

Il est donc certain que la plus part des abbayes et mesme des grandes, y sont aujourd'huy régies par des Economatz, encores y en a il beaucoup où il n'y en a point que le gentilhomme auquel le Roy l'aura, ou celluy auquel le donataire du Roy, l'aura transporté, c'est à dire vendue; et après cette difformité en l'Eglise, de veoir telles maisons abatues, les Eglises en ruine, et la plus part de l'ordre Sainct Benoist, qui estoient le secours des pasteurs, et dont ils estoient tirez anciennement, les religieux se supprimant par mort l'un après l'autre et sont vagabonds; et lesdictes maisons et monestaires, remplyes de gens lays, tant hommes que femmes, qui se contenteront de ramasser trois ou quatre religieux espars çà et là, à quelque feste solannelle pour recueillir plustost les offrandes que fournit encores la resouuenance de la piété antienne, demeurée aux habitans des lieux circonuoisins qui les font visiter [003].

Cella vient en partie de ce qu'on a mis en commande les abayes et prieurez conuentoelz, car auparauant comme il se voit encores, ou les abbez sont demeurez en tiltre, telles maisons estoient honorées, plaine de piété et de richesse, seruoient à entretenir les pauures de la prouince, secouroient les roys, et de leur personne pour la piété, et conseil, et de leurs moiens en la nécessité de l'Eglise et de l'Estat [004].

[1] N'ayant qu'un but.

Le concordat a anciennement faict cette brèche, ayant permis le Commande : néantmoings s'il estoit bien gardé auec l'article 5 de l'ordonnance de Blois qui permet, faute d'auoir pris bulles, après les neuf mois de la nomination du Roy d'obtenir le mesme bénéfice, et que le premier donataire du Roy en fut descheu, il seroit rémédié à cest abuz que font les gentilzhommes et autres, qui ne nomment ny personne capable suiuant leur breuet et ne leur pouruoient de bulles suiuant le concordat et l'ordonnance [005].

Arriue encore un autre mal. C'est que après auoir souffert que les abbayes soient en commandes, néantmoings les abbez bullez, bien qu'ilz soient prebstres, voires, éuesques, n'ont plus de discipline ny jurisdiction sur leurs moynes, et en sont mesme empeschez par les Cours souueraines, contre les Conciles de Rome et de Trente et contre ce qui se pratique par tous les autres pais, comme en Flandre, Itallye, et Espagne, de sorte que les moynes viuent auec ung grand désordre et déréglement général de toute discipline, exceptez quelques uns qui sont retenuz aux grandes villes, et qui ont leurs maisons séparées de l'abbé, ou qui n'ont poinct d'abbé et qui se gouuernent par prieurs, triennaux, comme les Célestins et [006].

Il y a encore un grand désordre, qui procedde des exemptions abusiues pré-tendue par la plus part des Chappitres des Eglises cathédralles et collégialles, ou les chanoines, la plus part, hors mis ceulx qui sont es villes, ou résident les parle-ments, sont gens ignorans, et de bas lieu, lesquels à toutes rencontre, quand on les veult éclairer et refformer soyt en leurs mains, en particulier, ou en leurs conduictes et gouuernement en l'Eglise en général, oppriment les éuesques d'oppo-sition comme d'abuz, lesquelles sont toutes receües, et abandonnent leurs Eglises, contraignent les éuesques de faire le semblable pour poursuiure telz procès que souuant on oppointe au Conseil, et Parlement, et sont deux ou trois ans ès mains des juges et ainsy se consomment les uns et les autres, sans que, bien souuent, leur procès soit jugé deffinitiuement ny remédié aux désordres, contre les des-bauches des chanoines, qui ne demandent pas mieux que de tenir une vie licen-tieuse pendant ce temps là, et au despens de leur Chappitre, et accablé de fraiz et de procès leurs éuesques qui sont obligez d'honneur et de conscience à soustenir leur dignitez et leurs fonctions espiscopalles et signamment, quand il y va de la réformation et de chose spirituelle [007].

Outre cette abuz il y a encores un plus grand, en la multiplicité des prébendes que tiennent aucuns mesmes de Messieurs les conseillers d'Eglise, y en a tel, qui aura trois prébendes, en une mesme ville, comme à Bourges, s'en est veu qui estoient chanoines de l'Eglise Cathédralle de St Estienne, de la Ste Chappelle, et du Chasteau, et sont cause que personne n'assiste à l'Eglise, que des vicaires; et telz en ont encores plus de douze en diuers endroictz, qui est une grande diffor-mité en l'Eglise, pour ce que telles prébendes requerent résidance, et quand ilz seroient dispencez de perpétuelle résidance, à cause de leurs charges, cela s'entend pour celles qu'ilz peuuent légitimement tenir, et non pas de toutes, encores il y pourroient ilz aller quelque fois [008].

Vient après le désordre des curez, tant des villes que des champs; les uns arriuent par pénurie et déffault de pasteurs, et les autres par trop grande affluance [009].

Il est certain que les cures des champs sont la plus part abandonnées, et ne sont plus reseruées qu'à de paurres gens, pour le petit et honteux reuenu qu'ilz ont, viuent aussy sans honneurs, et sous la quantité requise à ce degré, au mespris de Dieu et des sacremens, qu'ilz traitent, et encores si le reuenu vaut 100 liures seullement, la cure sera bailléé à ferme, par quelque maistre ez-ars, ou chappe-lain de ville, qui en prendra les quinte, et en donnera 60 liures à un viccaire ignorant qui sera quelque chasseur, yurongne, ou joueur, ordinaire, qui ira cher-cher ses repas, affin de se tirer d'une honteuse nécessité, et le plus souuent les enfans meurent sans baptesme, les malades sans estre absoubz, et repeuz du St Sacrement, de sorte que le peuple se nourist auec une mescongnoissance de Dieu s'adonne aux vices, aux tromperies et larcins, à désobéissance, et quelques fois rebellion, s'il en est en lieu, ou il en ayt le pouuoir, et ne congnoist ny Roy ny magistras, s'abandonnent mesme souuent aux sortilèges, et empoisonnemens [010].

Aux villes se voyent d'autres désordres, par multiplicité de prestres, soubz prétexte de déuotion particulière, qui debuoit estre mieux réglée, et signamment les festes; chascun voullant à présent auoir sa messe à part, à son heure, et mespriser celle qui est ordonnée par le concille, qu'on appelle *paroichialle*, où le peuple est instruict de ce qu'il a affaire la semaine, tant par le presne que le sermon pendant laquelle messe paroichialle le seul feu maistre Benoist, curé de Sainct-Eustache, et ses successeurs n'ont permis qu'il en fut célébré de particu-lières, comme il ce faict en la plus part des parroiches de paris; mesme pendant le sermon derrière le Cœur, lesquelles très souuent ilz sonnent [011].

La plus part des prebstres sont fors ignorans et veullent entreprendre de confesser, et ne sçauent [012] pas dire leur bréuière,

Remède aux abus. — Le remède à tout cella et principallement au premier poinct qui regarde les éuesques, seroit que le Roy ne nommast à aucun éueschó que personnes capables et sages au moings de vingt quatre ans, de quelque maison qu'ilz fussent, et qu'ilz eussent certifficatz de leurs estudes, et qu'on n'admist les résignations, de ceulx qui s'en demettent qu'en faueur de personne de pareil aage et capacité, qui luy fussent représentées en présence de monsieur son grand Aumosnier, de Monsieur l'Euesque de Paris, né curé du Roy, qu'après cella, les éuesques se fissent pouruoir de bulles aux temps portez par le concordat et 5e article de l'ordonnance de Blois, qui est dans neuf mois pour tous délay, résidassent actuellement en leur diocèse, et en la ville principalle, signamment aux festes, et quand il faut faire les ordinaires, sans emprunter des Euesques passans à cest effect comme il se pratique souuent, lesquelz estant pris par rencontre ne se soucient pas d'examiner ceulx qu'on leur présente, pour estre pourueuz aux ordres, et s'en rapportant trop aux archidiacres des lieux [013].

Pour remédier au 2ᵉ poinct qui touche les abbayes données aux lays gentilzhommes et autres, il seroit à désirer et à pratiquer s'il se pouuoit, que toutes les
abbayes et prieurez conuentuelz feussent remises en tiltre, affin que les abbez et
prieurs fussent de mesme habitz et liures que les religieux, comme il est encore à
Saincte Geneuiesue, et demeurassent sur les lieux pour cella : le Roy ne lerroit de
les nommer, mais les moines, se contiendroient en leur deuoir, tant soubz l'espérance de paruenir à cette dignité à leur tour que pour ce qu'ilz seroient tousiours
en la présence de leur Abbé, ou bien si le Roy les donnoit recta, à quelqu'un à
cette condition de ce faire religieux, les grands mettroient leurs enfans en religion,
et les feroient bien instruire, pour discipliner les monastères sur lesquelz ilz
auroient l'intendance, ce qui n'est poinct estoier commandataires, et affin que les
ecclésiasticques seculiers seruent à l'Eglise, ne fussent priuez d'en obtenir récompense ; il seroit bon d'obtenir de sa Saincteté que tous les bénéfices simples
dépendans des abbayes et grandz prieurez, feussent secularisez, aussy bien estant
à présent seulz en tiltre, et les ordinaires obligez de les conférer à des moynes ;
la plus part les tiennent pour autruy, et si c'est pour eux, cella les inuittent à la
desbauche et à se deuoier de la règle laissant leur couuent pour aller habiter sur
leurs bénéfices, encore bien souuent se contentent-ilz, receuoir le reuenu, et se
retirent aux grandes villes, où ilz viuent en toute desbauche et dissolution ; ou s'ilz
n'abandonnent leur monastaire, le reuenu de leur dict bénéfice les tirent du
commun, leur faict faire mense à part, et se distraire de la discipline, et vie soli-
taire, ordinaire à la religion, et inuittent les autres à aspirer à telz bénéfices, pour
en faire de mesme, et ainsy se pert toute la pureté, et sainctelé des religieux,
par une abondance de biens laissez aux religieux particuliers, et un appauurisse-
ment et ruine du commun corps de l'abbaye. Et affin que la noblesse, ne fut
entièrement priuée des gratifficutions du Roy, sur les bénéfices, puisqu'il est
difficille de leur oster cette sorte de récompense, il seroit à propos d'obtenir de sa
Saincteté indult pour faire en sorte que le Roy disposast [1] du tiers du reuenu des
abbayes excedans deux mil cinq cens liures de rente en faueur des lays [014].

Il est aussy besoing de représenter un moyen pour remédier aux abuz, qui se
commettent par les indultz de Messieurs du Parlement de Paris, lesquelz pour ce
qu'ilz sont obligez à nommer en leur lieu des personnes de l'ordre des bénéfices,
jusques à ce qu'ils ayent trouué des dispenses par la main desquelz ils fassent
passer les bénéfices pour les faire tomber en telles mains qu'il leur plaira, n'ayant
pas d'enfans, religieux, ny conpétant pour tenir en leur propre nom le bénéfice [015].

Il seroit à propos, puisqu'il est bon qu'ilz soient conseruez en ce droit, et en
attendant la secularisation de tous les bénéfices simples cy dessus requis d'obtenir
de sa saincteté qu'il fut loisible à Messieurs du Parlement de nommer telles
personnes que bon leur sembleroit, pourueu qu'il fust tonsuré, et eut passé l'aage
de sept ans pour tenir toutes sortes de bénéfices réguliers et séculiers, à la charge
seulement que si c'est un doyenné ou archidiaconé, il sera tenu de laisser moytié
des fruictz à celluy qui fera pour luy la fonction, adhérant audict bénéfice, jusqu'à
ce qu'il ayt attainct l'aage de XXIII ans [016].

Et pour ce qu'on ne scayt quand lesdictz bénéfices sont remplis, il est besoing
que nul désormais, n'obtiennent lettres de nomination qu'il ne porte à Monsieur
le Chancellier suiuant l'ancienne forme, un extraict du registre dans lequel
auenant que le nommé, requis aucun bénéfice sera, ladicte requisition et prouision
faicte en conséquence de l'indult enregistrée aussy bien qu'au Greffe ecclésiastique ;
et s'il y a procès, qui se poursuiure jusqu'à l'arrest définitif ; sera le nommé
tenu faire enregistrer ledict arrest audict registre du Parlement, et en leur acte,
auant que de s'immisser en la jouissance des fruictz et les exhiber au juge et
procureur du Roy sur les lieux qui en feront registre pareillement [017].

Nul ne pourra auoir plusieurs prébandes ès Eglises cathédralles ou colégialles ;
et si estant pourueu d'une, il en obtient une autre, sera tenu de résigner la première dans un mois, autrement que l'ordinaire y pouruoira [018].

Que nul particulier, chanoine, ne sera exempt de la jurisdiction de l'ordinaire,
quoyque le chappitre en Corps ayt priuilège d'exemption que les appellations
comme d'abbuz, ne suspendront en aucune façon les exécutions de ce qui sera
ordonné par l'ordinaire ; et que les Parlemens ne pourront faire deffence particulière de l'exécuter, sinon aux procès de mariage [019].

Que les sentences données en l'officialité, sur procez qui seront meuz entre les
curez, et les paroisses, pour disipline ecclésiastique, ou irréuérence commise, ou
autres choses sommaires, seront execu es, nonobstant l'appel, et sans qu'il soit
loisible d'en appeler attendu les ruines qui arrivent souuent et aux curez et aux
paroisses, par des opiniastretez, pour des riottes et parolles légères, dont s'en sont
venu plusieurs réduictz à mandicité, par la malice de quelques personnes ecclésiastiques, lesquelz soubz ombre, qu'aucun paysant n'auroit pas adhéré à leur passion,
prouiennent des pauures villageois, à Paris, à Sens, et à Lyon, sans fruict et pour
se mettre à couuert contre les despens adjugez sour eulx feignent des demissions de
leurs bénéfices, et jouissent par confidence, de leurs dictz bénéfices, lesquelles
sont toujours cachées aux juges lays, pour ce qu'ilz n'ont pas la visite, ny la
la congnoissance desdictz presbtres, et s'amusent seullement aux tiltres et aux
papiers [020].

Il est nécessaire aussy de remédier à l'abuz qu'il y a aux cures des villes et
villages, et premièrement se doibt faire un estat de toutes les cures des villages
non clos, par chacun diocèze, et leur ordonner du reuenu autre qu'il n'est la plus
part, n'ayant les dixiesmes de leur paroisse, lesquelles sont, ou infeodées et
appartenant aux lays, ou sont possedées par religieux, qui n'ont aucune fonction
curialle, et ne servent ne deseruent les Eglises paroissiales ; et pour ce il serait
bon, ou de faire en sorte que les dixmes retournassent au curé, ou bien luy affecter
le plus prochain bénéfice simple de la Cure, comme il se faict tous les jours en

_____
[1] *Disposdt* est d'une main étrangère et remplace le mot *dispensant* effacé par cette
main. N. D. C.

ésentent les 72 disciples, comme il est décrété aux
canons des apostres, et faire en sorte que les cures ayent pour le moins vi^c liures
de reuenu reuenant au Cure ou plus selon la quantité des hameaux que contiendra
la paroisse, et que les cures soient affectées seullement à docteurs licentiers, et
bacheliers en théologie et en droict ciuil et canon, ou maistres ez ars, qui ayent
faict leurs cours en philosophie, et estudié pour le moins un an en Théologie, et
qui se soient exercez à prescher et exhorter, et qu'ilz entretiennent auec eulx un
vicaire et un autre prebstre, et s'il y auoit moien de réduire les autres prebstres
en communauté, ou séminaire, comme auoit commancé Monsieur l'Euesque
Dumaris-Rembouille, et de là prendre les curez, ce seroit un grand bien attendu
qu'il n'y a tantost, art, profession, ny mestier, qu'il ne viue en quelque communauté, et ne soit suiect à la censure des jurez de âme [021].

Il n'y a que les seulz prebstres communs et vagabonds, que souuent mesme, on
met aux petites cures, qui soient exempts de controlle, et censure et viuent en
toute dissolution et liberté, sans que personne y ayt l'œil; Il semble que les pères
de l'oratoire ayent donné quelque entier, à tel establissement, mais l'intention
seroit beaucoup meilleure, si au lieu d'appeller, et de ramasser les plus parfaictz
de chascun ordre et des prouinces, il y attiroient les plus débiles et imparfaictz,
pour les perfectionner, car en ce faisant les paroisses de Paris seroient fournies de
gens de bien, et bien-viuant, au lieu que la plus grande part sont desbauchez,
pour ce que le plus grand nombre va au mal, et si peu qu'il reste de gens de bien
parmy ces troupes de fripons et desbauchez, trouuant cette incommodité de viure
à requoy et à parfoy sans doutte, ilz l'embrassent plustost que cette vie, où ilz sont
asseurez de leur viure et en chemin de salut. On dira qu'ilz vont secourir les
paroisses des villages quelquefois; je respons qu'à la vérité, ne fault pas négliger
le secours et l'accessoyre, puisqu'on en a besoing, mais aussy fault-il plustost,
trauailler à réformer le principal, qui ne doibt estre effacé, et destruit, et le
secours à l'exemple d'un Roy voysin qui donne secours à son allié, si au lieu de
le secourir, il s'emparoit de la place et en chassoit et l'ennemy et le maistre, il ne
responderoit pas à l'intention de celluy qui l'a appelé pour le secourir [022].

Je voudrois donc que ces séminaires de prebstres réduitz en communauté, à
présent et établiz seullement en un bout de la Ville, comme les pères de l'oratoire,
fussent en cinq ou six endroictz de la ville de Paris, en des collèges qui peuvent
estre employez à celle où il ne faict aucun exercice, et que tous les prebstres qui
viendront à Paris, fussent obligez de ce renger à l'un des séminaires, et y demeurer
deux ans à se perfectionner en ce qui luy seroit nécessaire auant que d'estre habitué
ez paroisses quelconques, et que nul ne fust reçeu ez paroisses qui ne fust pris en
ces maisons là par l'aduou du Curé de la paroisse, et du supérieur du séminaire;
cela ça peult aussi pratiquer aux autres villes à proportion, et pour la nécessité
qu'on a à ceux grandes paroisses, aux grandes festes, au lieu de recueillir tous ces
prebstres vagabondz, ignorant, et le plus part desbauchez, qu'on tirast de chacune
maisons des religieux, tant mendiens, que autres, deux desdictz religieux, tant
mendiens, que autres, deux desdictz religieux pour secourir les ordinaires, et par
là seroit pratiqué le vray subiect pourquoy les religieux ont esté receuz aux villes qui
est pour le service des Ordinaires, car autrement, il est contre nature, que pour
secourir une place, que la place [aille] chercher son secours, mais il fault que
le secours y soit appellé, et si vienne rendre. Or les paroisses sont la place que
les Ordinaires viennent défendre, et s'ilz ne sont assez fors, il n'est pas raisonnable
que lesdictz paroissiens abandonnent leurs paroisses pour estre secourus, mais
que le secours s'y vienne renger. Et pour monstrer qu'au commencement cela se
pratiquoit ainsy, et qu'il fault toujours tendre à son commencement, comme le
mieux estably, et qu'en l'Eglise de Paris, qui est la première et principalle paroisse,
qui sert d'exemple aux autres, il estoit ainsy pratiqué; c'est qu'anciennement
tous les grands monastaires, et communautez de Paris, y enuoyoient deux religieux, les mendiens estant lors establiz ny admis en France, à sçauoir de S⁺-Victor,
S⁺-Germain, S⁺-Martin, et S⁺-Germain de l'Auxerrois, que mesme aujourd'huy
au lieu de cella lesdictz monastères, y ont des vicaires, que lesdictes communautez
présentent et conferent, et seruent aux hautes chaires, auec les chanoines, et
s'appellent les hault-vicaires de Nostre-Dame, du titre du monastère qui la présente [023].

Seroit aussy bon que le recteur et curé de chacune paroisse destinas un homme
d'Eglise de la paroisse à telle, et telle maison, affin que tous ceulx de la famille
eussent recours à luy seul pour leur déuotions particulière, et passent par son
examen, et signamment aux grandes festes, affin que chascun fut instruict, et
principallement à la confession en cette famille, par une mesme voix. Le maistre,
en ce qui est de sa conduitte, la femme, les enfans, et les seruiteurs, et non pas
loisible de s'adresser aux premiers venuz, et premiers rencontrez en l'Eglise,
dont on reuient aussy peu réformé qu'auparauant, comme sy ses actes ne se
faisaient que par manière d'acquit. Aussy de régler les prebstres, en ce que pendant la Grande Messe paroichiale, nul ne célébr[er]a aux autelz particuliers, et
encores moins pendant le Sermon, comme il se faict trop souuent en quelques
paroisses de Paris, pour ce que chascun veult auoir sa messe à part [024].

En faisant toutes les refformations susdictes en tous les ordres de l'Eglise, le
Royaulme sera bény de Dieu, les déuoyez de la foy Catholicque scanda lizeapar les
deffaultz des ministres d'icelle se réduiront volontairement sans autre contrainte,
et chascun s'esforcera à bien viure bien estudier, et bien faire; pour ce que la
récompense sera assurée dans ce monde, aux gens de bien; Dieu sera seruy, le
Roy obéy, et son magistrat honoré, et [sera remédié] à nul désordre scandalle,
qui arriuent par faulte de bons règlemens et bonne discipline ecclésiast...
[025].

XXII

SANS TITRE.

Il est certain qu'il se commet de grandes maluersations, en la leuée, maniment, et administration des deniers qui se lèuent sur les ecclésiasticques de ce royaulme, tout pour les décymes qui sont destinés au payement des rentes, que des hostels de Ville de Paris, assignés sur le Clergé, que pour leurs affaires particulliaires, et que ce désordre, vient des ecclésiastiques mesmes qui font les taxes, tant les généralles, que les particulliaires, par les diocèzes, et aussy de ceux qui les lèuent, manjent et distribuent aux receueurs particuliers, que par lesdictz receueurs particuliers, et aussy par les receueurs prouinciaux, et par les receueurs généraulx, que lesdictz sieurs du Clergé y commettent.

De quoy il y a eu par plusieurs fois, de grandes plainctes, tant générales, que particulières, soyt au Roy nostre Sire, à Nosseigneurs du Conseil, soit aux Courtz de Parlement, soict aussy aux assemblées desdictz sieurs du Clergé, et par plusieurs desdictz ecclésiastiques mesmes, qui ne tiennent ses assemblées desdictz sieurs du Clergé, tant généralles que particulières, ny les leuées qu'ilz font, en la forme qu'ilz font, bonnes ny profficltables, pour les bénéficiers particuliers, qui ne sont du Corps desdictes assemblées, non qu'ilz se pleignent de ce qui eslèue, pour le payement desdictes rentes assignées par sa dicte Maiesté, sur ledict Clergé, mais des surtaxes qui ce font sur eux, au moyen des descharges, et soulagement que lesdictz depputez du Clergé, tant généraulx que particuliers, des diocèzes, font de leurs bénéfiées, que des grandes et excessiues taxations qu'ilz prennent pour leurs peynes et vaccations, d'assister ausdictes assemblées, et faire lesdictes taxes, et disent, comme il est vray que ses assemblées ne sont nécessaires, et que ce qu'il fault pour le payement desdictes rentes, qui ne ce monte qu'à XIIe VI^m liures, les taxes estant une fois bien et légallement faictes, sur chascun bénéfice, se pourroit annuellement et par terme (comme il se faict) leuer sur les poureuz de bénéfices, et leurs fermiers, et les deniers reçeuz par les receueurs et payeurs desdictes rentes assignées sur le Clergé; et de ce lesdictz ecclésiastiques par plusieurs fois ont présenté des registres et supplications à sa Maiesté mesmes, pour informer des abbuz et maluersations commises, obtenu commissions, et ilz ont informer et faict de grandes preuues.

Mais, pour ce que cela regarde la plus part des plus grandz ecclésiastiques qui ce glissent en ces charges, non pour le bien au général du Corps, ains pour leur proffit particulier, pour les grands deniers qu'ilz en tirent qui est l'entretenement de leurs grands trains, cheuaulx, carosses, chiens, oyseaux et autres, leurs plaisirs et voluptez et mondanitez, que par trop cogneües. Ces poursuittes ont toujours esté, discontinuent, et les ont estouffées à toutes les fois que on les a voulu mettre en lumière, soit par corruptions, soit par les faueurs et grandes aliances affinitez, et intelligences, qu'ilz ont par tout.

Les moyens pour réprimer le mal passé, seroit il faire recherche généralle des abbuz et maluersations commises par tous les diocèzes, tant en tares, leuées de deniers desdictz décymes et autres faictes sur lesdictz ecclésiastiques, qu'en la recepte et distribution d'iceulx, soit par les receueurs particulliers des diocèzes, soit par les receueurs prouinciaulx, soit aussy par les receueurs généraulx, tant ceulx qui sont de présent, charge, que leurs prédécesseurs, et qu'à ceste fin, il soit depputé des commissaires en chacun parlement, composé, tant de président et conseillers esdictes Courtz, que des chambres des comptes, trésoriers de France, de bons et notables bourgeois, et bien famez, des villes, où lesdictz Parlements sont establiz, lesquelz pourront subdéléguer par les diocèzes du resors dudict Parlement, gens notables et qualifiez, de leur dict ressort, pour informer et instruire les procès jusques à Contence exclusiuement.

Eu laquelle commission et subdélégation aucun président ou conseiller ecclésiastique ne sera reçeu, ni pareillement aulcun président, ou conseiller maistre des Comptes, trésoriers de France, et Bourgeois de Ville ou autre qui aura enffans, nepueux ou cousins germains, et de germains ecclésiastiques poureuz de bénéfices, ny seront ausy admis, ains en leur lieu en sera mis et estably d'aultres, d'aultres qualitez, officiers ou autres «bourgeois, qui ne seront, comme dict est bénéficiers, parous ou alliez d'aucun ecclésiastique au degré susdict.

Lesquelles informations, poursuittes et instructions se feront à la requeste de Messieurs les procureurs généraulx du Roy en chacun parlement, et leurs subtitudz en ladicte subdélégation, et soubz leurs noms, seront obtenuz et publicz monitoirement, afin de réuélation, tant contre ceulx qui ont imposé, que ceulx qui ont leué et reçeu les deniers desdictes décymes et autres taxes et deniers quelzconques leuez sur les ecclésiastiques, leurs fermiers et receueurs, et commissaires establiz à leur bénéfice et les deppositions et réuellations, mises par deuers lesdictz commissaires subdéléguez pourront décretter et instruire les procès, et iceulx instruictz, les enuoiront par deuers lesdictz commissaires desdictz parlements, pour les juger deffinitiuement, nonobstant quelzconques priuillèges ou droict, que lesdictz ecclésiastiques pourroyent prétendre, soit de leurs chefs, dignitez et qualitez, soit de ceulx accordez à l'Eglise Galicane, desquelz ilz seront priuez pour y auoir desrogé par leurs maluersations, et mauuais deportemens; aussy qu'estant tous subiectz du Roy ilz doibuent tous subir à sa jurisdiction, et viure sous ses loix et ordonnemens, car tous les préuillèiges et droictz concédés ausdictz ecclésiastiques, ne sont que pour les bons et qui viuent sainctement, et selon leurs reigles, et non pour forligner de l'exemple de ces bons pères, pour la sainte vie, pieté, et déuotion desquelz, tant de biens et de beaulx préuillèges ont estez concédez à l'Eglise, en considération aussy, de ce qu'ilz habandonnoyent les affaires mondaynes pour vacquer à la Contemplation, et vye religieuse.

Que aux dénonciateurs desdictz abbuz, et maluersations, et qui donneront bons et suffizans mémoires, pour connaincre les accuzés desdictz abbuz et monopoles, et maluersations, leur sera accordé le quart des deniers qui prouiendront des amandes, confiscations et aultres condampnations, qui pourroient interuenir contre les coulpables, les frais sur le toutal prins préalablement.

Les frais seront faictz, et eduancez par ceulx qui voudront entrer en la dénonciation, si bon leur semble, sans touteffois, que lesdictz connoisseures et sub-déléguez, puissent prandre aucune chose, pour leurs sallaires, et vaccations, qu'après les procès jugez, et sur les deniers qui prouiendront desdictes condampnations, seullement, si ca n'estoit que lesdictz dénonciateurs le voulussent vollontairement faire, au quel cas lesdictz fraiz et sallaires seront les premiers prins sur lesdictz deniers desdictes condampnations.

Les surplus des deniers desdictes condampnations seront conuertis au payement des arréraiges des rentes deües par Sa Maiesté, tant sur le Clergé, que sur les receptes Généralles, et le surplus desdictz arréraiges payez, sera conuerty en rachapt des rentes deües par Sa Maiesté, sur lesdictes receptes généralles.

Que les recherches, informations, et procès jà encommancez pour raison desdictez maluersations, pour quelque diocèze particullier, seront poursuiuis sur les procédures et instructions ja faictes, et encommancées, et ce par les commissaires du Parlement où lesdictz diocèzes sont scitués, et par eulx juger diffinitinement, et à ceste fin touttes les procédeures, informations et instructions seront mises par deuers eulx, auec interdiction à tous aultres juges d'en congnoistre, et aux partyes d'en faire poursuitte, ailleurs, à peyne de dix mil liures d'amande payable sans deport, et par corps, et de tous despens dommages et intéretsz.

Et affin que le mal passé ne seyt continué ou qu'il y ayt uny bon ordre pour l'aduenir.

Il seroit bon ordonner, qu'il ne sera plus faict aucune assemblée desdictz ecclésiastiqnes, pour le faict des deniers desdictz décymes, qui se lèuent sur le Clergé pour le payement des rentes constituées par Sa Maiesté, sur ledict Clergé, montant XII vI^c liures, et que doresnauant et à perpétuité, jusques à ce qu'il plaise au Roy rachepter lesdictes rentes, il sera leué chacun an sur les dictz ecclésiastiques la somme de treze cens mil liures, et ce, à deux termes esgaux, comme ilz ce lèuent à présent sur tous les bénéficiers de ce Royaulme, sans aucuns exempter, et que la taxe sera faicte, sur chacun d'eux sur le pied de la décyme, qui se lèua en l'an v^e seize, assauoir xII^e vI^{xx} liures pour les rentes, et les IIII^{xx} XIII^m liures, pour gaiges des receueurs, fraiz extraordinaires et reddition de Comptes, et le surplus, auecq les arreraiges des rentes racheptées, sera employé à rachepter chacun an, quelques unes desdictes rentes sur le Clergé.

Que les deniers desdictz décymes seront reçeuz par les receueurs particulliers des décymes des diocèzes, et par eulx directement mis ès mains des receueurs et payeurs de l'hostel-de-Ville de Paris.

Que doresnauant, comme il estoit antiennement, les comptes desdictz décymes leués sur les rolles de la taxes, qui s'en feront sur le pied de la décyme de l'an v^e xvI, se vendront en la chambre des Comptes de Paris.

Que lesdictes taxes desdictes décymes, se feront par lesdictz commissaires, ou leurs subdéléguez, sur ledict pied de l'an v^e xvI.

Que les différends pour raison des taxes, ou surtaxes, seront vuidez par lesdictz commissaires, pendant que leur commission durera en icelle finye, seront jugez, par Messieurs de la Cour de Parlement chacun en son ressort, ausquelz jugemens n'assisteront comme dessus, les présidens et conseillers, d'Eglise, ne ceulx que se trouueront en posseder directement, ou indirectement, et soubz noms interposez, et desquelz les enffans, et prochez parens seront bénéficiers, et audict cas, s'abstiendront d'en congnoistre, et les récusations au subiect, seront déclarés bonnes et vallables.

Tout ce que dessus, bien considéré, par ceulx qui n'y ont poinct d'intérest, et qui se diront bien censez, se trouuera juste, et n'y aure pas ung des ecclésiastiques fors ceulx qui sont appellez esdites assemblées, et ceulx commis à faire les taxes, et leurs receueurs et officiers, et ceulx qui sont leurs pentionnaires, ou aultrement en tirent profict, ou qui ont désir et enuye d'en estre, qui n'y consente, d'aultant qu'ilz en ressentiront du proffict et utillité; leurs taxes en diminueront de beaucoup, et ce que les grands deniers qui se lèuent pour leurs fraiz des assemblées, redditions des Comptes généraulx, gaiges de leurs receueurs, pensions qu'ilz baillent pour estre maintenuz en ces charges, ne se loueront plus, qui se monte à plus de deux cens mil liures par an.

D'ailleurs, que tous ses gros bénéficiers, qui exemptent leurs bénéfices des taxes, ou du moingtz, les modèrent, payeront à l'égal des aultres.

Et le tout reiglé, sur ledict pied de la décyme de l'an v^e xvI, il se trouuera que lesdictz bénéficieurs particuliers, qui sont maintenant hault taxéz diminueront, pour le moingtz du tiers, et toutes choses seront reiglées sans confusion, pour le bien de Sa Maiesté, et de ces subiectz, au payemans et acquit desdictes rentes.

Oultre que tous ces Messieurs les bénéficièrz, qui ont les grandes charges en l'Eglise, et s'amuzent à ses affaires, quant leurs charges et bénéfices à ce subiect n'auront plus de prétexte de s'absenter de leurs bénéfices, y pourront faire résidence et y viure, en l'obseruance de leur reigle; ce que faisant ilz donneront ung bon exemple à tous les bénéficiers relligieulx et ecclésiastiques estans soubz eulx, de bien viure et selon leurs reigles et institutions; et par ce moien, l'antienne pieuze et religieuze déuotion, qui estoit en l'Eglise, y sera remise, à l'honneur de Dieu, à l'augmentation du diuin seruice, et donnera subiect de réformation à tous estatz, vaccations, et exercices de ce Royaulme.

(Arch. Nat., K 675, n° 283.)

3° MÉMOIRES CONCERNANT LA NOBLESSE.

XXIII.

[SANS TITRE.]

Des gentilzhommes qui n'auront en fonds de terre, jusqu'à deux cens liures de reuenu a ferme, ne se pourront tenir aux chams s'ilz n'ont d'ailleurs quelques appointement du Roy, ou de quelque prince ou seigneur, qui leur puisse aider à viure, ains seront contraintz de chercher condition entre genz de Guerre, ou en la maison du Roy, ou de quelque prince ou seigneur: et si cella luy manque, à prendre quel art et profession, dont ils puissent gagner leur vie, pour n'estre à l'aduenir à charge aux peuples des champs; et si cella ne se peult pratiquer pour ceux qui ont à présent passé l'âge d'aprendre, qu'il se pratique au moins pour leurs enfans.

Qu'ilz soient préférez en toutes charges à ceulx de condition plébienne, pourueu qu'ils soient de mérite esgal.

Au surplus de ce qui touche cest ordre seront les ordonnances gardées.

(Arch. Nat., K. 675, n° 66.)

XXIV

NOBLESSE.

Qu'elle soit maintenue en ses prérogatifues anciennes, et que désormais aulcunes personnes ne soient admises aux charges de la Cauallerie que Gentilz hommes nobles d'extraction ou desquelz les pères et ayeulz par leur vertu ayent mérité la qualité de nobles.

2. Que aux compagnies de Gens d'armes des ordonnances, nulz ne puissent entrer que Gentilzhommes.

Qu'aux charges de chez le Roy, il soit pourueu de personnes nobles, et que ceux qui y ont entré depuis quelques années qui ne sont de ceste condition, soient obligez de prendre récompense, telle que leur sera arbitrée, soient charges près de la personne du Roy, soit en la maison.

4. Que désormais on ne permette de vendre les gouuernementz de prouinces, ou de places, où les charges de la milice et autres, chez le Roy; que toutes suruiuances de Gouuernement, lieutenances de prouinces, ou places et autres charges et offices expédiées, depuis le 15 may 1610, soient renocquées, demeurantz au choix demeurantz au choix de ceux qui ont faict expédier lesdictes suruiuances, de se demetre purement et simplement, dès à présent desdictes charges, ou les retenir ainsy que bon leur semblera.

5. Qu'il plaise au Roy pouruoir à ceux de sa noblesse, qui ont seruy et consommé leurs biens aux guerres dernières, d'un remède pour rentrer en leurs héritages possedez la plus part, par des usuriers, qui les ont ruinez, accumulants interrestz sur intérrestz, ou par personnes, qui s'aydantz de leur crédit ont jouy, dix, douze, quinze et vingt ans des dictz héritages sans consigner, qu'imaginairement, les sommes pour les quelles les adjudications leur ont esté faittes, de sorte que les fruictz desdictz héritages ont excédé le prix principal apparauant qu'ilz ayent rien consigné, et cependant les interrestz ont surchargé les pauvres gentilz-hommes priuez de la jouissance de leurs terres. Qu'il soit ordonné qu'auparauant adjuger héritages par décret, l'ordre des créanciers sera faict, affin d'empescher les volleries des receueurs des consignations supportez par des officiers, à cela, tant en la Cour de Parlement que aux bailliages et séneschaussées.

6. Que les pensions excessiues soint retranchées, mesme toutes celles qui sont données à gens qui n'ont jamais seruy et qui ne sont nobles d'extraction.

7. Que la garde des places frontières et gouuernementz des prouinces frontières ne soient point commis à des estrangers, et si aucuns se trouuent entre le ursmains, elles leurs soient ostées et commises à seigneurs ou gentilzhommes qualifiez.

8. Que désormais tous gouuernementz de prouinces et places et licutenances du Roy ne soint à perpétuité, ains les dictz gouuerneurs ou lieutenant ne puissent tenir à exercer lesdictes charges, plus de trois ans; les quelz estans accomplis, le Roy y pourra commettre aultres princes, seigneurs ou Gentilzhommes que sa Maiesté aduisera.

(Arch. Nat., K 675, n° 131.)

XXV

DE LA NOBLESSE

Parce que la protection et deffense du Royaulme dépend principallement de l'Estat de la Noblesse, en la main de laquelle est la source et le maniment des armes, le Roy sera supplié de la vouloir maintenir et conseruer en ses antiens henneurs, droitz, franchizes et immunités.

Mais ne sera loisible à aulcun de prendre la qualité de Noble et d'escuier, et porter armoiries timbrées s'il n'est véritablement noble; il sera informé tant par les procureur Généraulx, que leurs substitutz contre ceulx qui usurpent ont usurpé ceste qualité, et condemnez en l'amende aplicable moictié au dénonciateur et moictié aux pauures des lieux.

Et pour auoir plus ample cognoissance de ceulx qui s'atribuent à faulx tiltre ceste qualité, sera enjoinct à tous asseureurs des tailles et greffiers des paroisses de mectre à la fin des roolles desdictes tailles, les noms des gentilzhommes et officiers exemptz, qui sont demouraus en leurs paroisse, auec deffenses aux esleuz à peyne de suspension de leurs charges de signer aulcuns rolles.

Que lesdictz noms n'y soient escriptz, ou certiffication qu'il n'y a aulcun de ladicte qualité desdictes paroisses, et que dans les mois de Januier Féurier et Mars de chacune année, les substitutz des procureurs généraulx des Cours des aydes, chacun esleu en leur ressort, feront extraictz de leur main ou autruy des noms desdictz gentilzhommes, et exemptz estans sur lesdictz roolles, et les enuoyeront dans les dictz temps aux procureurs généraulx pour par eulx congnoistre les abbus qui si commettront pour la confrontation des Estatz qui seront esdictes Cours suiuant les éédictz et ordonnances, pour par iceulx procureurs généraulx mander à leurs dictz substitudz ce qu'ilz auront à faire, ou selon la qualité de la matière enuoyer commissions pour faire appeller ceulx qu'il appartiendra desdictes cours des aydes à peyne d'en respondre par les dictz procureurs généraulx ou leurs subtitudz en leur propre et priuéz nom.

Deffense à tout gentilhomme de prendre qualité de cheualier s'il n'est honnoré de l'un des ordres du Roy ou pourueu d'une charge qui luy attribue ladicte qualité, à peyne de mil liures Parisis d'amende applicable, les deux tiers à l'hostel-Dieu du lieu, et l'aultre tiers au dénonciateur; et ne pourra aulcun prétendre l'ordre de St-Michel sans auoir préalablement faict preuue de noblesse, en la forme requise par les contitutions dudict ordre, si ceulx qui seront trouuez n'estre de ladicte qualité, ou l'auoir obtenu par argent et illégitimement en seront priuez comme indignes et condamnez[1] [en pareille amende applicable comme dessus].

[2]Nul ne sera admis aux charges de maistres d'hostel et de [gentilzhommes ordinaires] de gentilzhommes seruants [en la compagnio des cents gentilhomme] et aultres [charges] qui requièrent la qualité de noble, s'il n'est tel d'extraction ou naturel Froncois, et sy aultres s'y trouuent pourueuz [par cy après] seront leurs charges déclarées vaccantes et impétrables.

Les charges de cappitaines, lieutenans et enseignes des gardes du corps du Roy ne seront baillées qu'à gentilzhommes de mérite, de la qualité susdicte, ou qui ayent eu commandement des armes et servy le Roy longtemps auparauant en aultre charge militaire.

Qu'esdictes compagnies des gardes du corps ne sera reçeu aulcun qui n'ayt porté les armes dix ans, auparauant pour le seruice de Sa Majesté.

Que tous gouuerneurs et cappitaines des villes et places frontières, ensemble, les soldatz y tenant garnison, seront changez de trois ans en trois ans et enuoyez en aultres villes et places, et pendant qu'ilz seruiront esdictes garnisons, sera le nombre des compagnies remply sans fraude à peyne d'estre lesdictz gouuerneurs et cappitaines priuez de leurs charges et condemnez en amende dont le tiers appartiendra au dénonciateur.

Que lesdictz gouuerneurs et cappitaines estans esdictes garnisons des places frontières et autres places fortes du Royaulme ne pourront s'habituer esdictes, villes et places, s'y marier pendant qu'ilz seront esdictes charges.

Que les reiglementz pour la conduite des gens de guerre seront renouellez et obseruez sans qu'il soit loisible à aulcunes troupes soit de cheual ou de pied, d'aller par la campagne sans un commissaire ou controlleur, reiglant auec le chef qui commandra à la trouppe, empescheront les désordres qui se pourroient commettre tant en viures que logemens, mettant taxes raisonnables ausdictz viures selon la commodité des lieux, et faisant payer suiuant ladicte taxe, ce qui sera baillé par les hostes ausdictz gens de guerre, et respondront lesdictz chefs ou controlleurs des désordres que seront faictz par lesdictes troupes et pourront pour raison de ce, estre poursuiuis par deuant les juges royaulx du lieu où les excedz auront esté commis.

Que les compagnies de Gens d'armes et cheuaux-legers, seront remplis du nombre ordonné de gens nobles d'extraction ou antiens soldatz ayant faict seruice, du moings dix ans en compagnies de gens de pied.

Que les compagnies des gens de pied seront aussi remplies de leurs nombres, sans qu'en icelles..... y ayt aulcun passeuolant employé, à peyne de la vie contre le passeuolant, et de la perte des charges pour le regard des chefs et des commissaires controlleurs.

Que les dictz chefs des dictes compagnies de gens de pied seront nobles, ou choisis de ceulx qui par la longueur de leurs seruices auront mérité de commander.

Que nul ne pourra tenir qu'une seule charge, soit gouuernement, cappitainerie, lieutenance, ou aultrement et où ilz en impétreront un autre, la première sera vaccante et impétrable et les gaiges et appointemens qu'il aura receuz de la première, à l'impetration de l'aultre seront rayez et répétez sur luy.

Que tous gouverneurs et lieutenans de (sic) Roy en prouince résideront actuellement en icelles pendant le temps de leurs charges, sans qu'il leur soit loisible de s'en absenter ou de venir en cour, sinon lorsqu'ilz y seront mandez par le Roy, pour rendre raison de leurs charges.

Deffenses seront faictes à tous gouverneurs et cappitaines des places frontières ou leurs lieutenans de laisser transporter hors le royaulme, or et argent monnoyé et non monnoyé ou aulcunes marchandises prohibées d'estre transportées, par les ordonnances, sur peyne de priuation de leurs charges, et de condamnation du quadruple de ce qui aura esté transporté, qui sera exécutée sur eulx selon leurs veufues et héritiers, et dont le tiers appartiendra au dénonciateur.

Sera sa Majesté suppliée très humblement que doresnauant les estatz et offices tant de sa couronne que de sa maison, cappitaineries, lieutenances, et places de soldatz de ses gardes, tant de Corps que autres gouuerneurs de prouinces, villes

_____
[1] Cette phrase est d'une autre écriture.　　　[2] Il y a dans ce paragraphe un grand nombre de ratures.

et places et généralement toutes charges militaires et de sa maison, non vénalle, [d'antienté] ne soient vendues, ny qu'aulcuns en puissent prendre argent présens, ou aultres choses directement ou indirectement, par forme de récompense ou aultrement, et sans qu'aulcuns reliquations, réserues, suruiuances desdictz offices et charges soient admises, ains vaccation aduenue qu'elles soient baillées gratuitement à personnes de qualité et de mérite, françois de nation ou d'aultres qui s'en soient rendus dignes par signallez seruices, à peyne contre toutes personnes de quelque qualité, qu'elles soient, qui auront pris ou baillé argent ou rescompense pour paruenir aus dictes charges, d'estre déclarez à jamais incapables de tenir icelles charges et condemner au quadruple de ce qu'ilz auront baillé par eulx ou par aultres pour y paruenir, aplicables moictié au dénonciateur, et l'aultre moictié aux pauures de l'hostel-Dieu de Paris.

Aduenant vaccation des Estatz des mareschaulx de France, gentilzhommes de la Chambre, ou aultres estatz ou offices supernuméraires, il n'y sera pourueu jusqu'à ce qu'ilz soient reductz au nombre antien, et demeureront les dictz estatz ou offices supprimez.

Deffenses seront faictes à tous seigneurs ou gentilzhommes de prendre et exiger Couruées ou aultres choses indument sur les habitans de leurs torres et seigneuries ou aultres s'ilz ne se justifient par bons tiltres qu'ilz ayent droict à ce faire[1] [à peine de perte de leurs fiefs ou seigneuries][2] [les ordonnances sur le faict de la Chasse, mesmes, portans défense d'auoir chiens couchans, et de chasser sur les terres d'aultruy, seront strictement obseruées au peines portées par icelles].

Et d'aultant que plusieurs n'osent se plaindre des violances et exactions faictes par les gouuerneurs, seigneurs et gentilzhommes, sera promis à ceulx qui s'en vouldront plaindre, d'enuoyer leurs plainctes auec le nom de leurs temoings clos et scellez, aux juges ordinaires des lieux, les quelz seront tenus à peyne de priuation de leurs offices de les enuoyer secrètement au procureur Général du Parlement de leur resort, afin d'y estre pourueu pour leur estre faict justice.

[3] Deffenses seront faictes à tous gentilzhommes et officiers de justice de faire aulcun trafic de marchandise, prendre aulcunes fermes par baulx, par eulx ou par aultres directement ou indirectement du Roy, gens d'Eglise ou aultres particulliers.

Ne sera loisible [aulcun] Gentilzhommes de trafic de marchandises et prendre aulcunes fermes ou baulx [mesmes les bénéfices, hospitaux, et maladeries] par eulx ou par personnes interposez, s'immiscer et associer en baulx à ferme des aydes, des Gabelles et aultres droictz de sa Majesté, sur peyne d'estre priuez du tiltre de noblesse, auec aultres peynes portées par les ordonnances; enjoinct à tous juges de procedder contre les contreuenans à peyne d'en respondre en leur propre et priuez nom [4] [nonobstant que pour les baulx les dictz nobles eussent obtenu dispense, laquelle sera réuoquée], sans auoir esgard aux dispens [qui pourroient estre octroyés], aux nobles par lesdictz baulx, comme de nul effect et valleur.

Les seigneurs et gentilzhommes seront seigneux de faire instruire aulcuns de leurs enfans, en bonnes lettres pour les rendre cappables de tenir bénéfice, offices et aultres charges de ce royaulme, et sera sa Majesté suppliée de les préférer à tous aultres, quant ilz en seront trouuez dignes.

Les offices des baillifs et séneschaulx de robbe courte ne seront tenus que par gentilzhommes d'extraction, et faisant profession des armes, sans qu'il soit loysible de bailler argent ou aultre rescompense directement ou indirectement, pour y paruenir, et seront les offices de ceux qui ne se trouueront de ladicte qualité ou qui y seront paruenuz par lesdictes voyes déclarez vacantes et impétrables.

Sera Sa Majesté très humblement suppliée de reigler et modérer la despence de sa maison, de laquelle les ordonnateurs, [directeurs] seront tenuz faire dresser les estatz et les rectifier par quartier : lesdictz estatz de chacun quartier seront leus, arrestez et signez au Conseil pour seruir à la reddition des comptes sans que les chefz, ordonnateurs et directeurs puissent prétendre aultres droictz que ceulx qui leurs sont attribuez d'antienneté, à peyne du double de ce qui sera tourné à leur proffit, et du quadruple de ce qui aura esté pris et desiourné par leurs commis et domestiques, dont le tiers appartiendra au dénonciateur, et les deux aultres tiers, aux pauures de l'hostel-Dieu de ceste ville de Paris.

La despense de l'artillerie, vénérie faulconnerie, marines, réparations et aultres charges de la maison du Roy sera modérée et reiglée comme au précédant article.

Nul de ceulx qui seront pourueuz d'offices, et couchez en l'Estat de la maison du Roy, pourra prendre office ou estre couché, en l'estat de la maison des princes ou seigneurs, quelz qu'ilz soient [d'eulx mesmes prendre gages et pensions] et seront en ce cas leurs offices déclarez vacantz et impétrables, et leurs appointemens rayez.

Tous seigneurs officiers, de la Couronne et aultres, subjects du Roy, qui se trouueront auoir pension des princes estrangers, ou pris d'eulx aulcun don sans l'exprès commandement de sa Majesté, seront punis comme criminelz de lèze-Majesté.

Que les payes tant de sa Majesté, que des princes et seigneurs auront escuiers et maistres, pour estre instruictz, tant de bonnes mœurs, plustost qu'au maniment des armes, et aultres exercices [de leur profession] affin de les empescher des desbauches, et les rendre capables de faire seruice.

Et sera sa Majesté suppliée d'establir certain nombre d'escuiers, lesquelz auec les cheuaulx de la grande et petite escurie, enseigneront à la noblesse gratuitement.

[Ne sera loisible qu'aux princes, ducs et pairs, officiers de la couronne et gou-

---

[1] Écriture rapportée.
[2] Idem.
[3] Ce paragraphe a été biffé dans l'original, en seconde main.

[4] La phrase entre crochets est rayée dans l'orignal par la même main qui a écrit les additions ci-dessus.   N. D. C.

uerneurs de prouinces, d'auoir pages, et défenses à tous aultres de quelque qualitez qu'ilz soient, mesme ecclesiasticques ou officiers de justice, d'en auoir à peine d'amende dont moictié appartiendra au dénonciateur, et moitié aux pauures ; comme au semblable, ne pourra auoir demoiselle suyuante, de laquelle le mary ne soit ou n'ayt esté de la qualité susdicte.]

Les deffenses faictes sur le port d'arquebuze, pistoletz, bâtons à feu, et autres armes, seront estroictement gardées et obseruées.

Tous chasteaulx, forteresses, appartenans à sa Majesté, qui ne sont sur les frontières, où ès villes cappitalles des prouinces, sinon ceulx qu'il plaira à sa Majesté exepter, seront razez et démolis, sauf de continuer aux cappitaines desdictz chasteaux, leurs vies durant, leurs gaiges, si sa Majesté, troue qu'il soit raisonnable. Et quand aux chasteaux appartenans, aux princes, seigneurs, ou gentilzhommes, n'y pourra estre à l'aduenir faict par eulx aulcune fortification et ne bastir de nouueau aulcuns chasteaux qui puisse endurer le canon, à peyne de dix mil liures Parisis d'amende, dont le tiers appartiendra au dénonciateur et l'aultre tiers, aux pauures des lieux; et soubz les mesmes peynes sera deffendu à tous subjects du Roy de quelque qualité qu'ilz soient d'auoir en villes chasteaux et forteresses à eulx appartenans, aucune pièce de fonte ou fer sur roue, ou capables d'y estre mises, et armes offensiues ou deffensiues pour armer plus grand nombre, quelques domesticques ordinaires, et plus de deux liures de pouldre ; et seront tous les canons, armes, pouldres et salpestre trouuez en villes, maisons, et chasteaux desdictz seigneurs et Gentilzhommes portez en magasins ordinaires[1].

Et d'aultant que, nonobstant les rigoureuses deffenses tant de fois réitérées, les combatz exécrables des duels n'ont poinct cessé, sera ordonné que tous ceulx qui se battront en duel ou rencontre, soit qu'ilz appellent, ou qu'ilz soient appelez, ceulx qui les conduiront, et assisteront, encores qu'ilz ne mettent la main à l'espée; ceulx qui les appelleront, porteront lettres ou billez où diroit aulcunes parolles ensuitte de laquelle se faira duel ou rencontre, seront declarez criminelz de lèze-Majesté au premier-chef, et comme telz, punis de mort et leurs biens acquis et confisquez au Roy mesmes, au pais où confiscation n'a poinct de lieu, et néantmoings tant de ladicte confiscation que des amendes qui seront adjugées un tiers appartiendra à l'hostel-Dieu de la ville plus proche ou aura esté faict le duel et rencontre, et un autre tiers au dénonçiateur.

Toute basterie qui se fera à la suitte de la Cour au dedans la ville de Paris et banlieu d'icelle, sera présumée duel et punie de mesme peine, sauf aux accusez, se repentans, à vériffier par preuue claire et certaine, que la rencontre a esté fortuite et non préméditée.

Le bruit sera tenu pour preuue non seulement pour décretter, mais aussy pour condemner, si les accusez ne se justiffient. La moictié des biens de ceux qui estant accusez ne se seront représentez dans l'an à trois briefs jours, demeurera irréuocablement confisquée au Roy, applicable comme dessus, encores que par après ilz se représentent et purge du crime.

Sa Maiesté sera suppliée de déclarer les offices, charges, pensions des accusez, vaccans et impétrables aussi tost que le crime aura été commis, et qu'elle en fera don à ceulx qui les demandront les premiers, s'ilz en sont trouuez capables, dont leur seront expédiées lettres en l'estat de la présente ordonnance. Le crime ne sera prescript qu'après trente ans, et sera l'acquisition publicque et permise tant aux communaultez des lieux ou le crime aura esté commis, qu'à chacun des habitans d'icelles auec la direction du procureur général.

Le crime ne sera estaint par la mort et sera la sépulture desniée ausdicts condamnez et aux accusez qui ne se seront représentez, s'ilz meurent auant que d'estre purgez, et deffenses faictes à tous juges d'accorder aulcune permission de les enterrer.

Ceulx qui retireront les accusez en leurs maisons, seront punis de pareilles peynes et les maisons ou ils auront esté retirez et cachez.

Tous les princes et seigneurs jureront de tenir la main à l'exécution de la présente ordonnance, et ne retirer chez eulx aulcuns desdicts accusez, ny leur prester aulcune ayde ou faueur intercéder pour eulx, et demander abolition, rémission, grace, pardon, ny commutation de peyne.

Les vefues, enfans ou parens des deffuncts accusez, qui ne se seront représentez, ou de ceux, qui s'estant présentez auront esté condemnez, seront incapables de posseder des biens des deffuncts à quelque tiltre que soit; encores que sa Maiesté par importunité en eust disposé à leur profit, ou que ceulx à qui sa dicte Maiesté auroit faict don leur eussent rétrocédez. Lesquelz biens seront impétrables comme venus en main de personnes indignes, et seront déclarées nulles toutes promesses ou déclarations passées à leur profflict.

La congnoissance dudict crime appartiendra à la Cour de Parlement en première instance, et néantmoings les juges ordinaires pourront informer et décretter et enuoyer les informations et prisonniers à la Cour.

Des substitudz de monsieur le Procureur Général, seront tenus tous les mois de lui donner aduis par escrit de toutes les contrauentions qui seront faictes par les prouinces et de la diligence qu'ilz auront faictes pour l'exécution de l'ordonnance.

Ledict monsieur le Procureur Général le premier jour de chascun mois ira à la Grand Chambre à l'heure de huict heures, pour déclarer à la Cour les contrauentions qui ont esté faictes dans la ville et banlieue; les aduis qu'il aura eus de substitudz, et la diligence qu'il aura fete pour l'exécution de ladicte ordonnance.

Qu'en honneurs et consciences des Présidents et conseillers de la Cour, seront chargez de tenir la main à ladicte exécution, sans aulcune dissimulation, et de faire rémonstration à sa Majesté, tous les mois, des contrauentions à l'édict si aulcunes sont faictes.

Sa Maiesté sera très humblement suppliée de promettre solennellement de gar-

[1] Ce mot remplace du Roy effacé.

der et obseruer l'éédict, et ne bailler aulcune abolition ne dispense pour quelque
cause et occasion que ce soit, et déclarer nulle toutes celles qu'Elle pourroit
bailler cy après.

(Arch. Nat., K 675, n° 175)

XXVI

[SANS TITRE.]

Il sera très humblement remonstré au Roy aux Estatz, que la noblesse étant son
bras droit, la force de l'Estat, la terreur de ses ennemis, celle qui non moings
prodigue de sa vie, que de ses biens pour le service de son Roy, expose journellement, et l'un et l'autre, sans en attendre aulcune rescompense, que l'honneur
mesme d'auoir bien seruy, celle dont la valleur a conserué jusques icy le royaulme
au repos, qu'elle luy a acquis (sic), qu'il n'est pas raysonnable qu'elle soit priuée
et exclue des charges qui se communiequent aujourd'huy par le malheur du
temps, jusques au moindres du peuple, voire mesme les plus infames[1], comme
sont les charges de judicature, ou principallement celles du Parlement, esquelles
toutes sortes de personnes sont aujourd'hui indifféremment admis, par le moyen de leur
argent, bien que par toutes les nations, les charges de judicatures soient estimées
les plus honorables, et en France particulièrement que les plus grandes maisons
se soient autresfois senties très honorées d'entrer au Parlement, que les plus
illustres de ce temps en ayent esté tirées, et leur plus grand honneur soit encores
d'y auoir entrée aujourd'huy. Et parce que ceste confusion procedde de la vénalité
excessiue à laquelle l'ambition de quelques petites gens de finances nous aporte,
et qu'à la longue, oultre que c'est former la porte aux hommes capables ou de
vertu, cela va encore infalliblement à rendre la justice vénale, Celluy qui aura
achepté un office en gros, le voulant par après reuendre en destail, comme il n'y
a que trop d'exemples en ce siècle au grand déshonneur de la France et de tous les
magistratz, tant de ceulx qui, sans tremper à la Corruption, porte leur part de la
honte des autres, que de ceulx qui pouuant et ne voulant empescher le mal seruent
plustost à l'auctoriser par leur exemple; et que d'ailleurs ce mal s'estant glissé
insensiblement, et comme à l'adueu mesme du Général, il ne seroit pas aussy
aujourd'huy raisonnable d'oster du tout la vénalité d'aultant que les plus gens de
bien ayans esté contraincts par la nécessité du temps de prendre la loy des
meschans, suiuant en cela ce qui estoit de la follie commune, se trouuant embar-
qués au mal qu'ilz ont eux-mêmes improué, les uns pour tout leur bien, les
autres pour une grande partye, qui seroit ruyner auttant de familles, et apporter
un remèdde pire que le mal, pour le plus sage tempérament, comme le moings
nuisible et qui ne laisse de dérasiner le mal. Le Roy sera très humblement supplyé
que doresnauant du nombre des officiers du Parlement, la moytié en sera particullièrement affectée à la noblesse, y compris les enfans desdictz officiers, et jusqu'à
ce que ledict nombre soit remply, nul autre qui ne sera de ladicte quallité ne
pourra estre receu ausdictz offices, qui sera cause que y ayant peu d'enffans de la
noblesse, qui se soit addonnés aux lettres, jusques icy, et ne se rencontrant pour tel
nombre d'enffans desdictz officiers, que par la presse qu'ilz auroient faire, ilz
viennent à enchérir les uns sur les autres : le prix desdictz offices viendra insensiblement à diminuer, comme insensiblement il est monté à cest excès qu'il est
aujourd'huy, et ce faisant ladicte noblesse, pouuant y entrer sans grande incommodité le Parlement reprendra son premier lustre et sa première auctorité, en
laquelle il a esté autres fois, le Roy en ostant mieux seruy ou la justice mieulx
administrée à ses subiectz, et les offices d'icelluy, estans liés auecq la Noblesse,
moings cappables d'estre gourmandés et mal traictez du premier qui peust auoir
part aux bonnes grâces du Roy, et affin que l'on puisse recongnoistre ceux qui
seront de ladicte quallité pour entrer esdictes charges, fors et excepté les enfans
desdictz officiers ausquelz la quallité de noblesse ne peust estre réuocquée en
doubte; les autres comme ceulx qui viendront de l'espée, s'ilz n'ont eu pères ou
aieulx dans les Parlemens, feront mesme preuue de leur noblesse, pour estre receuz
esdictes charges, qu'ilz seroient tenuz faire pour estre reçeuz cheualliers du
Sainct Esprit.

(Arch. Nat., K 675, n° 193.)

XXVII

DE LA NOBLESSE.

L'article qui a esté proposé, que tous les gentilzhommes qui n'auroient que
deux cens liures de rentes, et au dessoubz seroient receuz   sans
se pouuoir tenir aux champs, ne semble raisonnable.

Mais en faueur de la noblesse, le Roy sera humblement supplié d'ordonner que
en toutes les compagnies d'ordonnances et de cheuaux-légers, on n'y pourra mettre
pour l'aduenir que des gentilzhommes, et s'il y en entre d'autres leurs places
seront dès aprésent déclarées vacantes et impétrables.

Les compagnies de gens de pied, il y aura un tiers de gentilzhommes, et les
charges de capitaines, de lieutenans et enseignes, ne pourront estre baillés qu'à
des gentilzhommes ou vielz soldatz, qui ayent fait leur preuue de valeur en plusieurs occasions, et qui ayant esté aux compagnies de gens de pied, au moins dix
ans entiers.

Tous maistres d'hostel, gentilzhommes, seruants, escuiers d'escurie, gentilzhommes ordinaires, et cent gentilzhommes, officiers des ordre, et pages, seront
gentilzhommes, et au cas que d'autres entrent esdictz charges, elles seront dès à
présent déclarée vaccante et impétrable.

---

[1] in priuatif et fama renommée, place sans honneur.

Nul ne pourra prendre qualité de cheualier, s'il n'est des ordres de cheualier, ou qu'il soit fils d'un cheualier du Sainct-Esprit, ou pourueu d'une charge qui attribue ladicte qualité, à peine de dix mille liures Parisis d'amende, applicable, le tiers à l'hostel Dieu, le tiers au dénonciateur.

Nul ne pourra qualité d'escuier, si son père n'a pris la mesme qualité, ou qualité qui procure la noblesse, comme de cheualier ou conseiller ès cours souueroines, à peine de quatre mil liures Parisis d'amende applicables, comme dessus.

(Arch. Nat., K 675, n° 201.)

XXVIII

POUR LA MAISON ET SUITE DU ROY.

Que tous les officiers, tant ceux qui sont autour de sa Personne, que ceux qui sont pour les affaires, et pour les armées, soient réduitz au nombre qu'ils estoient au temps du Roy Charles neufuiesme.

Qu'aucun desdits offices ne se puisse vendre pour l'aduenir afin de l'empescher que les nobles qui cy après se trouuent les auoir achettez, soient réputez ignobles et roturiers, et leurs biens partageables, entre leurs héritiers comme roturiers. Eux et leurs enfans subjectz à toutes sortes d'impositions[1], tailles et leuées, et pour ceux de condition roturière qui y entreront, par ceste voye, demeureront infames, reprochables, intestables et incapables de tout office royal et charge publicque.

Que les gages de tous lesdits officiers soient réduits comme ils estoient au temps dudit Roy Charles, auec défense aux trésoriers de les payer à autre raison à peine de radiation et du quatruple.

Les Estrangers ne soient receuz esdicts offices s'ils ne sont recommandables de quelque grand mérite, sans comprendre en ceste règle, les gardes, qui ont accoustumé d'estre choisie et composées.

Que la despence de la maison dudit seigneur sera réglée et limitée, autant que l'honneur le peult permettre, n'estant raisonnable que les chefs des offices disposent à discrétion et sans bride de ce qui dépend de leurs charges, comme les premiers gentilhommes de la chambre des meubles, les maytres de la Garde-robe de toutes sortes d'étofes et d'habits. Les grand et premier escuier de toutes sortes de cheuaux, carosses et ce qui en despend, ce qui ne se pratique en royaume du Monde qu'en France, y ayant en toutes despences quelque ordre et limitation.

Quand Sa Majesté marchera par païs, que ses gardes, tant de cheual que de pied logeans par les vilages, payent et vivent comme elles font estans dans les fauxbourgs de Paris, ce qui leur sera facile à faire, puisqu'elles recoiuent autant de payes, marchans que séjournans, et qu'au plat pays les viures sont à meilleur pris qu'à Paris.

Que la despence de la venerye et faulconnerye soient reiglées, comme apportans au Roy grande despience et peu de plaisir. Que les veneurs et fauconniers pendant le séjour du Roy à Paris ne logent aux villages, comme ils ont faict jusqu'à présant, apportans autant de Charge et incommodité aux paisans que les gens de Guerre, et que certains lieux leur soient assignez pour retraitte.

Que aucun ne puisse joir des franchises et priuilèges atribués aux domestiques des roys, s'il ne sert actuellement et n'a quartier tous les ans.

Tous estatz ymaginaires, secretaires de la Chambre et autres de pareille sorte, soient cassez, auec defance à tous trésoriers et receveurs, leur paier aucuns gages à peine de quatruple.

4° MÉMOIRES CONCERNANT LA JUSTICE.

XXIX

IL FAUT TOUT LIRE.

Que le droict annuel des offices sera supprimé et que tous officiers seront subiectz à la règle des quarante jours, suyuant les ordonnances des Roys.

Par l'introduction dudict droict annuel les offices seront montez à si haut prix que les hommes de bien et capables n'y peuuent entrer, qui est cause que la Noblesse ne faict estudier leurs enfans ny instruire à paruenir à quelque charge, et de là est venu l'iniustice qui se commect, tant à Paris qu'ailleurs qui se vent à deniers comptant à la ruine de plusieurs familles, mesme des financiers et du larcin qu'ilz commettent chascun jour, tant par eulx que leurs commis au détriment d'un chascun.

Que les officiers de Judicature qui sont les premiers dans les villes, comme lieutenant ciuil, lieutenans généraulx et particuliers baillifs séneschaux, lieutenans criminel et procureur du Roy ou autres magistratz ne seront venaux, ains se donneront gratuitement à personnes capables et de mérite, sans que par cy après ilz se puissent résigner par ceulx qui en seront pourueuz afin que la justice soit mieux exercée, et le Roy mieux recongneu. [En marge est écrit :] *Sera besoing de trouuer les moyens d'indemniser le Roy et les particuliers. Et sera le salaire des officiers de judicature reglé et mis en un tableau affin que l'un n'y contreuienne à poine de priuation d'office.*

Qu'il ne sera permis à aulcun financier soit comptable ou autre d'auoir deux offices soubz son nom, ains seront tenuz ceulx qui en seront pourueuz de deux, d'en résigner ung sur peyne de confiscation d'aultant d'aultant que soubz la dis-

[1] Ce mot a été ajouté par une main étrangère.

pence de tenir deux offices, l'officier emprunte argent, résigne puis après ses offices, et faict bancrotte à ses créantiers. [En marge :] *Bon.*

Que tous comptables, receueurs généraulx et particuliers, mesme les trésoriers de France, et autres officiers seront tenus de résider au lieu ou se faict la function de leurs charges, du moings lorsqu'ilz seront en exercice, sous peyne de priuation de leurs offices, à raison que pendant leur absence les assignez, rentiers ou autres assignez sur eulx, ne peuuent auoir aulcune raison de ce qui leur est deub, qui cause que par leur absence les partyes n'estant payées, il se trouue ung débat sur leurs noms, qui tourne à la longue au proffit dudict comptable qui se joue des deniers au détriment du public. [En marge :] *Bon, sans qu'il soit donné aucune dispense* [1].

Sur les abbus qui se commettent chascun jour, tant au parlement de Paris que autres Cours Souueraines de ce royaulme aux requestes ciuilles et propositions d'erreur, tant contre arrestz interlocutoires que diffautifs, qui s'expédient aussy légèrement pour tousiours d'aultant trauailler les parties, que nul ne sera reçeu à articuler des moyens de requestes ciuilles ou propositions d'erreur, après six mois de datte de l'arrest, contre lequel on se vouldra pouruoir, pour quelque cause et occasion que ce soit, ains en sera déboutter, et ce pour euiter les chicanneryes qui se rencontrent sur telles matières qui cause la ruine d'un chacun à cause de l'ouuerture des dictes requestes ciuilles [En marge :] *Garder l'ordonnance.*

Que si quelcun est reçeu à proposer des moyens de requeste ciuile ou proposition d'erreur, contre quelqu'arrest, ou autre pièce deuant les six mois, toute audiance doibt estre desniée jusques à ce que l'arrest soit exécuté, cella estant telles requestes ciuilles ou proposition d'erreur ne sera partant en usage [En marge :] *Idem.*

Que tous officiers, tant de finances que autres, ne jouiront de leurs gaiges qu'au denier dix, et le surplus en sera faict estat au proffict du Roy. [En marge :] *Mr Deslandes et Arnoult.*

Qu'il est fort nécessaire de refformer la Justice et d'abbréger la forme et procéddeure du Parlement de Paris, d'aultant qu'en icelle, il se rencontre tant de Chicanneryes prouenant tant de la plus part des parties, que de la malice des aduocatz et procureurs, qui cause une grande longueur aux instructions des procès, à la ruyne totalle d'un chascun.

Que pour euiter aux abbus maluersations, concutions et exactions qui se commettent chascun jour, tant par les magistratz, conseillers, leurs clercz et greffiers, que autres, il est très nécessaire qu'en chascune juridiction il y ayt une forme de tronc dans laquelle l'on puisse mettre les plaintes contre ceulx qui auront préuariqué ou usé de la concution, dans lequel Monsieur le Procureur général du Roy ou ses substitudz, ou autre qui aura charge, pourront prandre le mémoyre et faire chastier les déllinquantz de quelque quallité et condition qu'ilz soient, selon leur démérite, sans qu'il soit besoing d'autre preuure que ce qui sera contenu dans le mémoyre..... Par ceste forme l'on se gardera d'estre repris, ung chascun exercera fidellement la charge, se contentera de ce qui luy sera taxé et l'on ne sera pas si prompt à achepter des offices à si hault pris. [En marge :] *a esté délibéré sur cest article, et n'a esté a proposé d'introdmire lesdicts troncs.*

Que le greffier de la Cour de Parlement de Paris, voisin, et autres, tant de ladicte Court, que autres Courts souueraines, présidiaux, jurisdiction en deppendantz, seront tenus d'auoir en leur estudes, où lieu où ilz déliurent leurs expéditions, ung extraict ou tableau à la veue d'ung chascun, dans lequel sera compris la taxe de chascun arrest, droict de clerc, des juges, tant de la Grand Chambre, que des enquestes, par le menu, afin que l'on voye, ce qui conuiendra payer pour chacun arrest ou autre expédition, et combien il appartiendra aux clercz, avec deffences à eulx de se faire payer dauantage que ce qui sera taxé, sur peyne de la suspension de leurs charges, et de punition corporelle contre les clercz. [En marge :] *Bon* [deux lignes plus bas :] *Adiouster, inionction aux greffiers de bailler du parchemin de la qualité requise et d'y mettre les lignes et mots suyuant l'ordonnance.* [Quelques lignes plus bas :] [En marge :] *Imprimer un liure en taxe de tous les greffiers, clercz de greffiers, clercz des officiers de toutes jurisdictions.*

Comme assemblable pareil extraict ou tableau sera mis au Greffe tant du Conseil des Finances du Roy, que des parties de la taxe de chascun arrest, et expédiés, et de droict des clercz des maistres des requestes aueccq deffences aux Greffiers leurs clercz ou commis de tirer plus grande somme que n'eust tirée pour l'arrest et commission, pour quelque cause et occasion que ce soit qui est la taxce antienne, sur peyne d'estre déclarez concutionnaires, et deffences aussy de contraindre, ou faire contraindre de donner aulcune chose à leurs clercz par les partyes, sinon ce qu'il leur plaira vollontairement, estantz comme sont tenuz lesdicts greffiers ou commis d'entretenir à leurs despens clercz et fournir de parchemin. [En marge, vers la 4e ligne de ce § :] *Les clercz de M[rs] les maistres des requestes pour leurs taxes.* [Deux lignes plus bas :] *Ne prendre rien pour la responce aux requestes.*

Qu'il se faict de grandes concutions à les greffes du Conseil, et que les clercz des maistres des requestes ne s'oublient pas.

Que l'on ne pourra faire taxer ny imposer aulcuns deniers sur les financiers, ny autres offices de ce royaulme pour quelque cause que ce soit, s'il n'a délinqué en sa charge par concution, faulceté, double employ ou obmission de recepte ou aultrement; en ce cas, l'on pourra decreter contre luy pour luy faire un procès, sans que pour raison de ce l'on puisse faire recherche sur autres officiers qu'au préalable ilz n'ayent esté conuincus des caz à eulx imposer. [En marge :] *Mrs de Marly Delandes et Lescuyer.*

Que les charges de l'art militaire ne seront venalles, et que ceulx qui en sont pourueuz n'en pourront tirer aulcune récompence ni gratification, ains telles charges seront remises par ceulx qui les possèdent après qui ne les vouldront plus

---

[1] Les annotations qui figurent en marge de cette pièce ont une grande importance : elles expriment les décisions de la Commission de rédaction. (Voir plus haut.)

exercer, entre les mains du Roy, pour y pourueoir personnes capables et de
mérite selon que sera aduisé par sa Maiesté sans bourse délier, aultrement par
succession de temps on verra telles charges mises au rang du domaine d'une
famille, et, en fin vendue à ung homme d'argent de peu, personnellement, ny
capacité, qui n'aura le desseing tel de seruir son Roy, comme son prédecesseur et
par conséquent le seruice du Roy alterra.

La vertu et le mérite ne monte plus aux charges, ains les hommes d'argent.

Que le peuple sera soullagé d'un quartier des tailles pendant six années à commencer en la présente.

Que le peuple des champs ny autre du plat pays ne sera contrainct prendre du
sel par imposition du partisant ny aultre, d'aultant que telle contrariété le moleste
et le ruyne entièrement.

Que l'usage des habitz de soye ou de broderye ensemble des perles et pierreryes
sera deffendu à plusieurs personnes d'aultant que telle liberté et licence ruyne
entièrement la plus part des familles de ce royaulme, et principallement dans
Paris où le luxe est si grand que cela cause que l'estranger transporte l'argent de
France et y laisse les estoffes et pierreries.

Deffenses seront faictes à toutes les bourgeoises de qualité et condition que ce
soient leurs mariz, de porter aulcun habit ny robbe de sattin satiné damars ny
vellours, ensemble perles et pierreryes.

Deffences seront faictes aux simples damoyselles de porter robbe de sattin,
vellours ny damars, ains seullement la robbe de taffetas et juppe de Damars auecq
choses de perles, et quelques pierreryes jusques à la valleur de vi° livres.

Que les damoyselles desquelles leurs mariz porteront qualité de conseillers ne
pourront porter que robbe de damars ou taffetas auecq cottillon de sattin et
perles et pierreryes jusques à la valleur de vi° comme au précédent article.

Que les suiuantes des dames et damoyselles ne pourront porter pour toutte soye
que une juppe de taffetas.

Quant aux dames de la Court il leur sera permis de porter ce qui est de leur
bien séance.

Nul ne pourra auoir carosse sur peyne de confiscation, s'il n'est du moings conseiller de la Court.

Deffences à toutes bourgeoises de s'abiller en l'atour de damoyselle bien que
leur mariz portent quallité sur peyne de m° liures d'amende.

Que les artisantz ne pourront porter aulcun habit de soye.

Que les hommes sans offices ne pourront porter manteau double de vellours
satin ny pelluche, mesme leur sera deffendu l'habit de satin.

Que les gentilzhommes pourront porter manteau double de vellours et l'habit
de satin seullement.

Que les officiers portant quallité de conseiller du Roy pourront porter aussy
manteau double de vellours et l'habit de satin.

Que ceulx de robbe longue partant quallité de conseillers pourront porter comme
les gentilzhommes auecq l'ajustance de Damars.

Quand aux aduocatz, médecins, et autres gens de telle estoffe, pourront porter
l'habit de taffetas fustaine de Damars et le manteau de taffetas.

Pour les procureurs le manteau double de taffetas et fustaine de camelot simplement.

Les présidentz à mortier et autres des Cours souueraines pourront porter
robbe de sattin, le manteau double de pelluche et la fustaine de sattin.

Que les seigneurs de la Court pourront porter ce que bon leur semblera.

Que la doreure des carosses sera deffendue suiuant l'arrest de la Court de Parlement desus donné au mois d'April vi° xiii sur peyne de confiscation de la
chose.

Qu'il ne sera apliequé sur les mandilles délinequans, ny casaques aulcun vellours
ny broderye sur peyne de confiscation.

Si qu'aulcun soubz coulleur de traffic de marchandise, lettre d'eschange ou
autre négociation, prend argent à change ou autrement venant à faire cession et
bancroutte, la femme, enfans ou héritiers seront tenus de restituer les deniers de
la bancroutte encores qu'ilz n'ayent parlé d'aultant que quand la bancroutte arriue
tout le trouué appartient à femme et aux héritiers du bancrouttier, qui est un
grand abbus.

Qu'en la ville de Paris il y a grande quantité de larrons volleurs et couppeurs
de bourses, assassinateurs mesmes qui vollent les Eglises, lequel n'arriueroit si le
préuost faisoit sa charge, non à cause qui tire pention d'eulx, il tollère leur forfaict,
tout leur est permis, et l'on ne pourroit dire que l'on soit en seureté à Paris
tant de jour que de nuit. C'est pourquoy Messieurs de la Ville de Paris debueroient
y pourueoir et auoir ung préuost à leurs gaiges pour punir griefuement telz for-
faiteurs.

Que Messieurs les maistres des requestes ne prendront par cy après aulcune
consignation espèces ny droict des procès et instances qu'ilz rapportent au Conseil,
ains se contenteront de leurs gaiges seullement qu'ilz auoient de coustume, et y
contreuenantz, seront privés de leurs charges. [En marge :] M° *Deslandes* et
Arnault.

Que les graffiers, tant du conseil des finances du Roy que des partyes, ne
seront d'aulcune rétention d'arrest ou autre expérience après qu'ilz auront esté
résolus en plain Conseil, en la présence de monsieur le Chancellier, ains huict jours
après, le délinreront aux partyes en bonne et doüe forme, non obstant qu'il ne
soit signé dudict sieur Chancelier sur lequel lesdictz graffiers remettent la longue
détention, soit à cause qu'il n'a esté de l'aduis de l'arrest, ou que tel arrest n'est
au gré de ses amis, le tout sur peyne de suspension des charges desditez graffierz.
[En marge :] *Idem*.

Qu'il ne sera expédié par ledit sieur Chancelier aulcun respit, pour quelque
cause et occasion que ce soit d'aultant qu'ung chascun est deceu là dessus. [En
marge :] *Idem*.

Que, s'il sera trouué quelque juge ou magistrat, mesmes quelque financier qui ayt préuariequé ou forfait en sa charge il doibt estre puny selon la grandeur de son offence, sans auleune accommodation la dessus, pour seruir d'exemple à ung chascun.

Que Monsieur le premier Président de la Court de Parlement de Paris donnera les audiances aux conseillers, quand le procès sera en estat de juger, et lorsqu'il en sera sollicité par les partyes qui se trouuent à grandz fraiz pour telles audiance s et qu'aussy la formalité et la procedeure de la grand Chambre de ladicte Con pour le jugement desdictes instances, et procès, sera abbrégée, à l'occasion qu pendant qu'un procès est en estat il se présente tant de requestes inutilles plaines de chicanneryes qui mettent ung procès hors d'estat, et le rend immortel, qui cause la rayne de beaucoup de familles, à quoy ledict sieur Président peult remédier.

En un mot la justice est trop chère et trop longue.

Que le dict sieur Chancelier ne fera aucun reffuz de sceller des lettres concernant les parentelles et alliances des partyes, au degré de l'ordonnance ainsy qu'il s'est praticqué de tout temps, et ne seront tenuz les partyes de se pouruoir par requestes au Conseil ainsy qu'ilz sont abstrainctz pour tel faict, d'auttant que telle forme tourne au proffict des maistres des requestes qui se font consigner six escus en quartz, et le greffier se faict 3 escuz et demy pour son arrest, le tout par leur entremise et ministère au détriment des partyes, et contre les bonnes mœurs.

Que les trésoriers de l'espargne chascun en l'année de leur exercice, seront tenuz d'acquiter les assignations assignez sur eulx en l'année de leur exercice et argent comptant, ou du moings déliurer leur mandement portant quictance sur les recepueurs généraux pareillement en exercice, soubz le nom des assignez sur les deniers de la nature portez par les acquitz patens seruants d'acquictz ausdictz trésoriers de l'espargne, le tout sur peyne de prison auecq deffénces à eulx et leurs commis d'user d'aucune concution ny de faire auleune composition auecq les assignez sur peyne de punition corporelle.

Que les recepueurs des consignations tant de la Court de Parlement Chastellet que autres, seront tenuz incontinent après que les apposantz et exécuteurs de saisy auront leur mandement ou arrest pour toucher les sommes à eulx deniez par la vente de la chose décrettée, de leur déliurer leurs deniers sur peyne d'estre condempnez au quadruple au cas de reffuz, auecq deffences ausdictz recepueurs de forcer ny contraindre les partyes prenantes de remettre auleune chose en faisant le payement sur peyne de punition corporelle, comme aussy leur sera inhibé, et deffendu sur les mesmes peynes de plus supposer de saisyes et oppositions soubz noms imaginaires sur les deniers qui sont prestz à toucher en vertu des ditez arrests et ordonnances, d'auttant que telles suppositions et saisies se font par la mallice des recepueurs, et sont contraintz les créantiers et opposantz par le long séjour et despeance qu'ilz font à Paris, de remettre ausdictz recepueurs une grande partye des deniers qu'ilz touschent afin d'estre promptement expédiez.

(Arch. Nat., K 675, n° 47.)

XXX

POUR LE CONSEIL PRIUÉ ET D'ESTAT.

Que le Conseil, soit composé des princes du sang, des grands officiers de la couronne, et de trois ou six personnages choisis par le Roy, en ung plus grand nombre qui luy seront nommez par l'Assemblée des Estatz.

Nul autre, à quelque qualité et condition qu'il soit, n'y pourra auoir séance, ny en porter la qualité, ou en receuoir les gaiges auec défénces aux trésoriers de l'espargne de les payer à peine du quatruple.

Aucunes affaires de jurisdiction contentieuse, ne sera traittée audict Conseil, mais renuoyés suiuant les ordonnances et défénces à tous juges, et de recognoistre ou obbéir aux arrests qui se trouueront rendus en telles matières, et aux huissiers et sergens, de les recognoistre et mettre à exécution.

Qu'il n'y ait audit Conseil, autre greffier ou sécraire, que les secrétaires d'Estat, qui ne prendront auleune chose de leurs expéditions, ny leurs commis et se contenteront de leurs gages.

Qu'il n'y aura point d'autre conseil, pour les finances, que le Conseil d'Estat; mais quand on délibér[er]a sur le fait des finances, les intendans, les trésoriers de l'Espargne, ou autres sur le fait de la charge et maniement desquelz on aura à délibérer pourront estre présens, raporter, proposer, desduire, leurs raisons sans néantmoins que leur voix soit contre [ou comptée].

Que lorsqu'il y aura place vacante au conseil elle soit remplye de personnage qui ait esté employé aux ambassades, et s'en soit dignement acquitté, ou aux autres grandes charges du Royaume sans y estre entré par argent.

Que des choses proposées chacun de ceux du Conseil en die particulièrement son aduis, et se puisse faire aucune conclusion qu'après que chacun aura parlé.

(Arch. Nat., K 675, n° 657.)

XXXI

[SANS TITRE.]

Il se recognoist ung abus eu la Court de Parlement, de Paris, en ce que les inuentaires de productions nouuelles, qui se font soubz les causes d'apel ne sont poinct signifiés, ny baillés copiées aux partias aduerses ou leur procureur : de cela aduient qu'il est en la puissance des produisans, après que leurs aduerses partyes ont veu les dictes nouuelles productions, de refaire leurs inuentaires, et

y adiouster de nouueaulx actes quelques fois faulx, lesquelz ne se trouuans contredictz sont tenuz pour bons et recogniz, et par cest artiffice se treuuent plusieurs
surprises contre les absens, et esloingnez du ressort dudict Parlement, dont journellement se font plusieurs plainctes, et toutes fois, n'y a poinct esté pourueu,
jusques à présent. [En marge :] *M" Deslandes et Arnault.*

Estant nécessaire pour éuiter telles surprises, ordonner que nulle production
nouuelle ne sera receüe pour seruir au jugement du procès, que au préalable
l'inuentaire de production n'ait esté signiffié et faite coppie à partye aduerse ou
son procureur.

(Arch. Nat., K 675, n° 70.)

XXXII

[*SANS TITRE.*]

Les adiudications par décret qui se font, en la Court de Parlement fondées sur
ce que les saisies ont esté faictes en exécution des arrestz de ladicte Court de
Parlement, causent beaucoup de mal aux subiectz du Roy, tant aux opposans, pour
conseruer leur deu, que à ceulx qui veulent s'opposer, à fin de distraire, lesquelz
sont contrainctz quelcques fois des extrémittés du Royaulme, ennoier former
leurs oppositions, et pour les justiffier ennoeir leurs tiltres, qui se perdent, ou
viennent si à tort, que auant que leur droict puisse estre congneu et instruict, ilz
sont déboutez et perdent leur cause. Ses adiudications mesme nuisent aux propriétaires, et se treuue leur bien adiugé à vil pris.

Estant nécessaire de pouruoeir à cest incommodité, et ordonner que toutes
adiudications por décrect se feront par les juges ordinaires des lieux, où sont les
terres situées.

(Arch. Nat., K 675, n° 71.)

XXXIII

PARLEMENT.

Qu'il n'est raisonnable que les offices par le moyen desquelz la justice est
renduë soient vénaux, et notamment ceux des Parlemens, et n'y doiuent estre
admis que gens nobles et vertueux et anciens, desquels la science, vertu et bonne
vie soit recongnüe à un chacun.

Deuroient auoir gaiges du public, et rendre la Justice gratis, sans espèces, du
moins aux pauures, aux veufues, orphelins, et mineurs de quelque qualitez qu'ilz
soient.

Ou, il y auroit requeste ciuille, proposition d'erreur, par le moyen de quoy les
arrestz feussent réformez. Les juges qui auroient assisté à tels jugemens, deuroient,
pour la première fois estre suspendus pour un an, de leurs offices : et pour la
seconde en une amande arbitraire enuers le Roi, et en tous despens, dommages
et intéretz des parties, et pour la troisiesme fois estre priuez de leurs offices.

(Arch. Nat., K 675, n° 76.)

XXXIV

ADUOCAS CONSULTANS.

Il y deuroit auoir des aduocatz nommez et déléguez par le Prince, «*qui de jure
respondèrent*». Les opinions desquelz deuroient estre suiuis par les juges, autrement
toutes les consultations qui se font à présent, et aduis qui se donnent par les
aduocatz qu'on appelle consultans, ce sont autant de chansons.

Ilz donnent le plus souuent des aduis de choses qu'ilt n'entendent, et ce sur le
champ, ce qui deuroit estre réprimé.

Les plus ignorans ce sont ceux qui consultent le plus. On deuroit deffendre
telles consultations précipitées, qui tournent à la ruine des parties : quand ilz
donnent aduis de gain de cause, c'est lorsqu'on la perd.

On deuroit establir gens capables pour consulter, qui deuroient estre suiuis en
leurs aduis, et au lieu d'un escu qu'on donne, bailler seulement une pièce de
dix solz.

(Arch. Nat., K 675, n° 80.)

XXXV

PARLEMENT.

Clercs des Conseillers de la Cour deuroient estre érigez en titre d'office, et faire
serment à Justice, attendu qu'ilz font les extraicts des procès de leurs maistres pour
la plus grande partie, et interrogent eux-mesmes les parties, et aussy qu'ilz tirent
plus d'argent des parties pour leurs prétendus droictz, que ne font leurs maistres
pour ce qui leur est acquis légitimement.

Ilz font des concussions si visibles, que, de lacquais ou pauures misérables qu'ilz
sont, ils gaignent, ou exigent plustost, cinq, six, sept, huict cens escus par an ;
mesmes il s'y en trouuera qui gaignent plus de mil, et douze cens escus par an. Les
maistres deuroient demeurer responsables de tels délictz, mais ilz les supportent
plus tost. Et les maitres et les Clercs tels que dessus, deuroient estre punis extraordinairement. Les places desdictz clercs se vendent et acheptent.

(Arch. Nat., K 675, n° 81.)

XXXVI

ABBRÉVIATION DES PROCÈS.

On deuroit mettre ordre à ce que les procès fussent abrégez et retranchez.

DÉCRETZ ET CRIÉES.

On deuroit establir un ordre pour abréger les criées et décretz.

DENIERS CONSIGNEZ.

Les deniers qui doiuent estre consignez ne deuroient estre mis au Greffe, ny donnez à un receueur des consignations, ains à des notables marchands, bourgeois, gens de bien, qui feroient profiter les deniers, jusques à ce que les parties fussent d'accord, ou que l'ordre d'opposans fust faict. C'est une pitié de dire, que tels greffiers et receueurs, s'enrichissent de la perte d'autruy, et un marchand feroit son profit et celuy des parties.

(Arch. Nat., K 675, n° 82.)

XXXVII

PARLEMENT.

Es audiances y a de telles brigues, quelques fois, qu'on y voira cinq ou six maistres des requestes, qui viendront exprès, et des pairs de France pour donner seulement leur voix.

Il ne seroit raisonnable que les pairs de France, ny les maistres des requestes eussent séance, ny voix délibératiue en la Cour de Parlement de Paris, sinon es actes solennels, et non pour les affaires des particuliers. Elle est appellée la Cour des Pairs, cela est vray, mais c'est pour les affaires du Royaume seulement.

Quand on a plaidé des roolles et que les causes qui n'ont esté appelées sont appoinctées au Conseil, telles causes deuroient estre renuoyées, et distribuées aux chambres d'enquestes.

(Arch. Nat., K 675, n° 83.)

XXXVIII

PARLEMENT.

Pour les plaidoieries, comme elles se font aujourd'huy, c'est une confusion et ruine des parties, tant à cause des aduenir et placetz qui se donnent, sur lesquels on appelle les causes, que sur le peu de temps qu'on plaide.

Si on vouloit plaider toutes les appellations verbales, et toutes les causes des roolles des prouinces, il faudroit qu'il y eust autant de chambres ausquelles on plaideroit, que de prouinces, et que chacune Chambre eust sa prouince, et qu'on y plaidast tous les jours.

Mais à cause de telle confusion, ce seroit plustot faict d'appoincter au Conseil, toutes les appellations verbales, et oster les plaidoiries, car il se trouuera des roolles, soit ordinaires, soit extraordinaires, desquelz en une année, il ne se sera pas appellé cinquante causes.

(Arch. Nat., K 675, n° 84.)

XXXIX

PARLEMENT.

Les conseillers des grandes Chambres qui seront rapporteurs, deuroient auoir deux éuangélistes, et non pas estre creus sur leur dire seulement, d'autant que la plus part, soit par négligence, ou par dessein, ne rapportent de l'affaire, que ce que bon leur semble, et dressent l'arrest à leur mode.

Deuroient estre mis toutes les raisons du juge dedans les arrestz, et ce en foy d'iceux, affin qu'en cas semblable, lesdictz arrestz puissent seruir de raison, et aussy que les juges ne puisse couurir leur faute sans raison. Et où, ne seroient trouuées bonnes telles raisons, et fondées sur droict et équité, les juges deuroient demeurer responsables de leurs arrestz, et estre priuez de leurs offices. Cela sera cause, qu'il n'y aura que gens sçauans et vertueux qui exerceront telles charges, qui sont aujourd'huy exercés à cause de la vénalité, par gens de néant, ignorans, vicieux, pleins de corruption, se laisans emporter par la faueur.

(Arch. Nat., K 675, n° 85.)

XL

PARLEMENT.

Ne deuroient les rapporteurs des procès, tenir plus d'un mois, entre leurs mains, un procès, sans le rapporter. Et où, il y auroit de sa faute et négligence, deuroit payer le séjour et journées des parties, qui le protesteroient au greffe, ou, par deuant notaires, deuement signifié au Président qu'il aura fait la distribution, et ne deuroit tel rapporteur estre reçeu et redistribuer ledict procès.

Les messagers qui apportent au Greffe les procès, deuroient auoir leurs exécutoires, pour leur port et voyage gratis.

Les aduocats deuroient faire, l'une et l'autre charge de Procureur et d'aduocat, deux ans après qu'ilz ont esté receuz, et presté le serment d'aduocat, et qu'ilz ont assisté, fréquenté les Parlemens et autres jurisdictions, où ilz sont reçeus, et non auparauant, sans que pour cela le nombre des procureurs, fust diminué.

(Arch. Nat., K 675, n° 86.)

XLI

PARLEMENT.

Ne devroit congnoistre que d'affaires qui mérite et auxquelles, il seroit question de trois mil liures au moins; et deuroient les affaires au dessous de telles sommes, estre traictées et terminées par les juges présidiaux.

Deuroient les présidens et conseillers du Parlement depuis qu'ilz ont attainct l'aage de soixante ans, estre exclus de pouuoir rapporter, ny délibérer sur aucune affaire, estant, la plus part des hommes, depuis ledict aage, radoteux, imbécilz et foibles d'esprit, voulant à cause de leur aage suppéditer et gourmander les moindres d'aage. Après tel aage l'esprit n'a plus guère de vigueur, et ne rajeunit, ains décline.

Les rapporteurs des Instances ou procès ne deuroient estre congneus par les parties, et deuroit l'ordonnance faicte sur ce sujet estre gardée, et pour cet effect seroit nécessaire que les instances et procès fussent instruictz et prestz à juger auparauant que d'estre distribuez.

(Arch. Nat., K 675, n° 87.)

XLII

ARRESTZ DU PRIUÉ CONSEIL.

Il se veoit qu'en un quartier une partie obtiendra arrest à son profit, et en une autre quartier sur une simple requeste, on met défense d'exécuter l'arrest, et ce pendant la partie appellée et l'arrest réformé par le moyen des maistres des requestes, qui se trouuent fauorables; on y deuroit mettre ordre.

On deuroit mettre ordre sur le respec que les jurisdictions se doiuent déférer les unes aux autres, car les Cours de Parlemens ne font point d'estat des arrest du grand et du priué Conseil. Le Priué conseil réforme ceux des parlemens, le grand Conseil en faict de mesme; il seroit besoin de reigler tels juges souuerains. C'est une pitié de veoir un tel désordre, le tout, à la foulle des pauures gens.

POLICE.

Locations des maisons deuroit estre modérée, et n'y a que cela qui ruine les pauures artisans et gens de mestier ; on y deuroit auoir esgard.

(Arch. Nat., K 675, n° 88.)

XLIII

ADDIS COMMUNS.

L'ordonnance de Moulins pour les condemnations par corps, après les quatre mois, ne semble estre raisonnable, par ce que un homme qui n'a rien, en vain sera-il mis prisonnier; s'il a des moyens, faut procéder par exécution.

Les obligations par corps ne deuroient valider; et ne s'y en trouuera que bien peu qu'elles n'ayent esté faictes par contraintes; car celuy qui est en nécessité d'argent, ou autre chose, et qui n'en peut trouuer sans s'obliger par corps, il est contrainct et géhenné de ce faire : deffenses deuroient estre faictes de mettre telles clauses. Les prisons ne deuroient estre que pour les criminelz, et pour deniers royaux, soit par condemnation d'amande, d'office comptable, ou autrement.

(Arch. Nat., K 675, n° 89.)

XLIV

OFFICIERS.

Il ne deuroit y auoir la dixiesme partie d'officiers qu'il y a. C'est une vollerie et pillerie publique establie par auctorité du Roy. De quoy seruent tant d'officiers, sinon à ruiner les sujets. À quoy bon tant de gages qu'il leur faut payer?

Il n'y a qu'eux qui rendent les sujetz pauures, et n'en sont pas le plus souuent plus riches, car il font de grandes despenses pour entretenir leur qualité d'officiers, et le plus souuent ilz se ruinent, et ruinent les autres.

Deux ou trois juges, hommes de bien choisis, ne jugeront-ilz pas aussy bien qu'une douzaine vicieux. Il ne s'en trouuera que bien peu qui aye[nt] la vertu en recommandation, autrement ilz n'achepteroient des offices. La vertu y résiste ; il n'y a que les ambitieux auaricieux ou voleurs, qui achepte des offices.

(Arch. Nat., K 675, n° 91.)

XLV

MAISTRES DES REQUESTES.

Il semble que la jurisdiction des maistres des requestes deuroit estre reiglée, et leur nombre réduicts à plus petit nombre. Ilz ne seruent que de confusion. Ilz ne deuroient estre pensionnaires des princes et seigneurs comme ilz sont.

CONSEILLEZ D'ESTAT.

Il semble qu'il n'y deuroit auoir tant de conseillers d'Estat, et notamment des gens de petite estoffe et non expérimentez aux afferes, qui sont receuz à ces charges. Il n'y a guères de maistres des requestes, qu'il n'ait breuet pour estre conseiller d'estat; c'est une cohue et confusion.

CONSEILLES D'ESTAT ET MAISTRES DES REQUESTES.

On scait comme la plus part des conseillers d'Estat, sont pensionnaires des
princes et seigneurs, des partisans, pour auoir par les partisans et seigneurs
arrestz à leur [profit].

(Arch. Nat., K 675, n° 94.)

XLVI

[PRISON POUR DETTES.]

De quelle clameur ira on la première?

Ou à la miséricorde, ou à l'inhumanité et cruaulte, pour faire entendre la juste
pleinte de tant de pauures affligez, que d'abord l'on ne vouldra, possible, oyr.

C'est à la cruaulté qu'il faut aller la première, pour y faire venir la miséricorde,
et humanité au secours, ce qui se fera soubz le bon plaisir d'un peu de pacience.

L'âme est à Dieu.

Les biens et le corps au Roy :

Et néant moings l'un et l'autre est emporté, par la séuérité du rigoureux éedict
des quatre moys, baston des usuriers et rudes créanciers, en ce que bien souuent
le désespoir d'une dure captiuité, et l'impossibilité du deub à temps et à heure de
satisfaire ses créanciers séuères, faict perdre l'âme, et enuoye femmes et filles au
bordeau, pour la nécessité.

Et quant aux corps des Francoys, qui sont naturellement libres, et de franche
condition, comme le mot de la terre le porte, ne pouuantz estre captiﬀecz que par
leur Roy, sont aussy emportez, trainez, liez, et garottez par les usuriers, et séuères créanciers, et portez ès prisons et à la vermine, et ostez de la puissance
du Roy.

Séparez de leurs femmes, séparation que les hommes ne peuluent directement
faire, et délaissez à l'habandon auec toutes leurs familles désolées, et leurs biens
en ruyne, et pour debtes comme si ilz estoient les plus grands criminelz du monde,
et bien pis, parce que en crime, tenant le corps l'on laisse les biens, et en la
séuérité de cet éedict, l'ott tient et les corps et les biens.

Et pour tout subiect l'on prend ce beau prétexte spécieux, la séuérité du négoce
publicq, et la punition des banqueroutiers, prétexte vrayment apparent, mais
pernicieux en effet, et qui depuis qu'il a esté faict, a plus faict mourir d'hommes
misérablement dans les prisons et mangez de la vermine, qu'il n'en a esté perdu
aux quatre ou six plus sanglantes batailles, qui ayent esté faictes, de cognoissance
d'homme, sans utilité quelconque.

Il en fault voir les moyens : l'on sçait assez que l'on ne faict point l'argent entre
quatre murailles, les affaires ne s'aduancent poinct; les créanciers n'en tirent
poinct plus d'argent de leurs debtes.

Au contraire quand un homme de crédit et plein de bonne volonté, qui achemine bien ses affaires, est une fois emprisonné, son crédit est perdu, sa fortune
est ruynée, ses affaires interrompues, et sa bonne volonté frustrée.

Il y a telle personne, que s'il est emprisonné au commencement, ou milieu de
ses affaires, il demeure ruyné et perdu de bien et d'honneur, et peust peus dix
escuz; où si on luy donnoit le sortyr, cent fois nuitant ne luy seroient rien, et si
en le perdant ses créanciers se perdent, c'est à dire perdent leur deub, jectans
leurs débiteurs en une extrémité pour sortir de captiuité.

Quand les hommes contractent, s'ilz entendoient l'effect que leur porte leurs
contractz par l'exécution dudict éedict, ilz se garderoient de contracter; ilz y sont
grandement surpris tant les debteurs que les créanciers.

Par ce que si l'on demandoit à une personne, si en faisant ledict contract il
entend vendre son corps, et le créancier l'achapter, l'un et l'autre diroient que
non, et néantmoings sans l'entendre, ilz le font.

Par ce que le moindre accident les y jecte. Il ne fault que la moindre malladie
perte de biens, inconuenient du Ciel, un larcin nocturne, ou autre accident, pour
reculler les biens et la fortune d'un homme, et ses debtes, et néantmoings quatre
moys après l'obligation passée pour debtes ciuilles, le voylà comme un pauure
criminel subiect à la prison, et au détournement de la poursuite de ses biens
perduz.

La plus part des obligations, sont bien souuent, et le plus souuent faictes, par
un malin aguet d'un riche vers le pauure, et d'un auarre usurier, ayant jecté
l'oeuil d'ambition et d'auarice, sur le bien de ce pauure nécessiteux, et ja déuoré
en imagination future, en ce que luy prestant quelque petite somme, soubz signe
d'amitié, quatre moys après, le faict condamner par corps, le faict emprisonner,
le contrainct à vendre pour néant, à vil pris. Cela n'est que trop commun.

Ce séuère éedict qui n'auoit jamais esté, qui est contre l'expresse parolle de
Dieu, les anciennes lois du Royaume contre la liberté des hommes, et contre le
seruice du Roy, auquel par la rigueur d'iceluy, on luy oste les hommes, qui sont
à luy.

Les esclaues ne sont pas si misérables, par ce que en seruant leurs maistres, ilz
ont liberté d'auoir pour le moins l'air, que Dieu a donné à tous les viuants, et les
misérables prisonniers pasture des usuriers, par ce que guières d'autres que eux
ne tiennent des personnes par corps pour debtes ciuilles, ne l'ont pas. Ilz sont
enfermez dans des cachots à la vermine et aux vers et leurs biens à l'abandon.

Et à tout cela, il n'y a que les infortunés qui souffrent, les riches aysez n'en
sentent rien. Il n'y a que les pauures affligez qui le suportent, qui meurent et
périssent sous le fais, en leurs corps et en leurs biens.

Par ce que estant prisonniers, ilz ne peuluent faire, ce que facilement ilz
feroient en liberté, et ne s'est jamais trouué qu'un emprisonnement aict porté
aulcune commodité, mais bien de la mort et de la ruyne; et l'expérience n'en est
que trop notoire, par ce que si une personne auoit argent, il ne serait si misérable de se laisser emprisonner, s'il n'en a poinct. L'emprisonnement ne luy en

aporte poinct, au contraire luy ceuille et luy pert son bien, son crédit, sa santé, et l'exercice de sa function.

L'intention de ceux qui contractent pour debtes ciuilles, n'est que pour auoi du bien criminellement, et non des corps. Pour du bien, qu'ilz s'en asseurent qu'ilz y regardent d'auant que de contracter : qu'ilz le prennent, et qu'ilz laissent les corps, qui sont au Roy, et les mariez, à leurs femmes et mariz.

Il n'y a supériorité en l'Eglise qui puisse directement séparer les corps des conjoinctz par mariage, et ce pernicieux éedict le faict.

Quant il a esté faict. les considérations n'y ont point esté apportées ou pesées.

Ou si elles l'ont esté, l'on en a pas jugé la pernicieuse conséquence, comme tous les jours les clameurs s'en font en toutes les prisons de ce royaulme, où seul ceste séudrité a lieu, et qui faict mil plainctes et mil malédictions à l'autheur de ce pernicieux éedict, et qui l'a faict scellé, expédié et poursuivy : la réuocation d'iceluy éedict apportera aultant de bénédictions au Roy et à Messieurs des estatz et praticuliers, qui entreprendront à cœur cest affaire, qu'il a jusques icy apporté de malédictions.

Mais l'on dira que c'est ouvrir le chemin à l'empeschement du comerce publicq, à la mauuaise volonté des bancqueroutiers. A cela la response est pertinente et véritable. Il fault laisser ce qui est pour les foyres publicques, et la punition en son entier, des bancqueroutiers : En quoy tout le prétexte dudict éedict cessera. La seureté en sera plus grande; l'appréhension du mal fera retenir les bancqueroutiers de faire mal, et les presteurs, plus retanuz à faire des prestz que à ceulx qu'ilz cognoistront bien. Et n'y aura en cela qui y poura que les usuriers qui accunulent leurs usures sur usures, et les enuyeulx [1] du bien d'autruy, qui prestent argent, pour après auoir le bien de leurs débiteurs pour néant par eulx, ou par personnes interposées, par ce que l'expérience faict cognoistre que autres que eux n'y profittent. Les honnestes gens ne se meslent poinct de ce sordide trafficq; et ne tiennent poinct de pauures misérables prisonniers, se contentant de leur pouuoir.

Voylà donc en bref, l'effect du pernicieux éedict des quatre moys. Il n'auoit jamais suparavant esté. Il n'est poinct aulx autres de ce Royaulme, il est contre l'humanité et liberté des francs francoys.

La réuocation en est humaine et selon Dieu et sa saincte parole.

(Arch. Nat., K 675, n° 110.)

XLVII

[COMMISSAIRES DES SAISIES RÉELLES.]

À Messieurs les députtez du Tiers-Estat de la Ville, préuosté et vicomté de Paris.

Représente Jehan des Loges, que pour reigler les saisies réalles et establissement de commissaire aux fondz et fruictz des saisies et retrauncher les exactions et abus qui se commette par les sergens, éuiter les grandz fraiz, tant des voiages de Commissaires, sallaires de procureurs, sergens, empescher les saisies coluzoires, diuertissement des deniers desdictes saisies, a esté par ledict Des loges, présenté ou feu Roy, que Dieu absolue, mesmoires pour ériger en tître d'office des commissaires pour exercer lesdictes commissions, qui est ung membre de justice mancqué, et est nécessaire establir en icelle, auquel nul n'a intérest et ne leura, c'est atribué aucun nouueau droict par son commandement, en auroit chargé le sieur président Janin qui en auroit faict son rapport, tant ou conseil de la direction, que conseil des finances, qui auroictz esté trouuez bons et de justice nécessaire, de faire ledict establissement suiuant iceux pour le bien publicq, et pour cest effect auroit donné arrest que les dictz mesmoires seroient communicquez, à Messieurs les gens du Roy pour en donner leur aduis, ce qu'ilz ont faict verballement à Monseigneur ledict Chancelier, et audit sieur président Janain et rapporté qu'ilz trouuoient lesdictz mesmoires de justice ne pouuoitz donner leur aduis par escript, et lors que l'on leur enuerroit lééedict scellé, donneroient leurs conclusions, ce qui n'auroit pas esté effectué pendant la minorité de Sa Maiesté.

Par l'establissement leurs fonctions, sera d'auoir l'administracion des biens en fondz et fruictz saisis par autorité de Justice, chascun en l'estenduc de leur establissement, faire faire les publications, procedder aux baulx à ferme des choses saisies, suiuant la dizmation portée par l'exploit de saisie. Le sergent sera tenu déclarer la paroisse, joignans, et confrontations, bien au long suiuant les ordonnances, sans qu'il soiet besoing mener le commissaire sur les lieux pour éuiter aux voiages.

Pourra occuper en justice au faict de sa charge, seullement, pour retrancher les sallaires de procureurs.

Les dictz commissaires seront tenuz en recepuant les dictes saisies de les enrégistrer en ung régistre, pour éuiter aux faulsettez et endidattes, et saisies sur saisies.

Pourront commectre en aulcuns endroictz de leur ressort, aucunes personnes capable, pour auoir l'œil aux choses saisies, qui pourront estre trop esloignée de leur demeure, dont ilz seront responsables, et les pourront reuocquer à leur volonté, pour aussy euitter aux voiages.

Receuront les deniers des fermes des choses saisies dont ilz rendront compte à la volonté des sa'sissant et arrestans, deliureront les deniers, à qui justice l'ordonnera; qui fera que n'auront deniers en leurs mains sinon à la volonté des créanciers, oultre qu'ilz sont tenus bailler caution porté par les mémoires, et que leurs offices en demeure chargez.

Deffence aux huissiers et sergens à l'aduenir de commectre autres commissaires

_____
[1] Enuieux.

que ceulx qui sont à présent chargez des dittes commissions, s'en pourront descharger si bon leur semble, ès mains du commissaire du lieu où les choses sont saisies.

L'establissement ainsy faict sera retranché les sept octaues des fraiz qui se lèue à présent, oultre que le sallaire des huissiers, sergens, seront reglez, et d'aultant qu'il ne leur apartiendra par leurs exploictz de saisie, et establissement de commissaire, aucun séjour. Ledict saisissant peult bailler la désignation des choses qu'ilz desuent faire saisir et sur icelles les viser auant que de partir peult dresser ses exploictz de commandement, saisie et establissement de commissaire et icelluy pourra faire sans séjour qui fera que au lieu qu'il leur failloit bailler d'aucunes saisies plus de cinquante escuz, ne leur sera taxé trois escuz, oultre qui ne fauldra restablir autres comissaires pour et au lieu de ceux qui se faisoient descharger, ny leur aduancer argent pour leurs fraiz de commission.

Qui fera que les deniers des fermes qui se consommois en fraiz, tourneront en immeubles, en l'acquit du saisy, et l'on scaura qui seront deuenus jusqu'à ung sol, quant la saisie dureroit par trente ans et plus, et par ce moyen facilera le paiement de son créancier, qui empeschera que sa terre soict vendue.

Donnera moien à la veufue et l'orphelin de poursuiure son deub, contre le plus difficile créantier plus pour deux escuz, qu'elle n'eust peu faire pour cent escuz, empeschiera la ruyne de plus de cinq cens familles par an, qui consomme..... desdictes commission pour ne les sauoir exercer et laisser leurs vacations et falloir passer par les mains d'aultruy. Bref du présent règlement le peuple se trouuera plus soulagé que sy 'sa Maiesté leur remettoit la moitié des tailles, oultre que sa Maiesté retirera le bénéfice porté par les offres.

Le tout en forme de plainte à ce que vous, Mesdictz sieurs en dressant les cayers de vostre chambre en l'assemblée généralle des Estatz, le Roy soict très humblement supplié d'ordonner que l'éédict de création des offices de Commissaires aux saisies réalles sera desliuré audict Desloges suiuant les mesmoires et offres presentez au conseil au pied desquelz il y a arrestz, et enjointz à voz cours souueraines veriffier icelluy sans retardacion; et ledit Desloges continuera de prier Dieu pour l'heur et félicité du règne de sa Maiesté.

(Arch. Nat., K 675, n° 111.)

XLVIII

[RACHAT DES RENTES CONSTITUÉES. — CONFLITS DE JURIDICTION.]

Plaise à Messieurs les députés du Tiers-Estat.

Vouloir remonstrer à Sa Maiesté, qu'il est très nécessaire pour le soulagement du pauure peuple, que les rentes qui sont constituées à pris de grain, seront apréciées à pris d'argent, chascune espèce de grain à son pris raisonnable, et les déclarer racheptables au denier douze, ou au denier vingt, ou à autre telle somme que l'on trouuera estre bon, d'autant que lesdictes rentes sont entièrement cause de la ruyne du pauure peuple, comme il sera cy après remonstré, et pour le frais à paier est chose certaine, que ès pais de Poitou, d'Aniou, Tourainne, Lodunois et autres pais de la France, la plus part des terres labourables et autres héritages ont esté cy deuant baillées à grande quantité de grains.

Que chascun gentilhomme et autres ausquels les dictes rentes sont données, ont un recepueur d'icelles rentes, en chascune de leurs maisons, lesquelz sont ordinairement les plus riches des paroisses, et pour la crainte que les paroissiens ont des dictz gentilzhommes ilz n'eussent taxer les dictz receueurs en la taille, ne autres subsides, sy non à la volonté des dictz gentilz hommes ne iceulx mectré colecteurs des dictes tailles et subsides, lesquelles rentes depuis leurs premières baillie qui en ont esté faictes, ont plusieurs foiz changé de détempteurs, et esté séparés en une infinité de parties, ce nonobstant chascun des dictz détempteurs, ne délaisse d'estre subiect au total de ladicte baillie, tellement que quand il reste seulement ung quart de boisseau de bled à paier, les dictz receueurs prendront chascun des dictz détempteurs l'un après l'autre et ung seul, et pour le tout, et les feront particulierement adjourner aux requestes du pallais, ou à quelque... afin de les molester dauantaige, et faisant taxer sans despens les dictz receueurs, asseureront leurs voiages, particulièrement contre ung chascun des dictz détempteurs, tellement que pour ung quart de Boisseau de bled, lesdictz receueurs tirent ordinairement plus de cinq cens liures de despens au grand préjudice et ruyne du pauure pouple.

Et afin que les demandes desdictz receueurs soient tousiours trouuées bonnes et valables, et que lesdictz détempteurs ne s'en puissent défendre, ilz ne baillent jamais de quitences desdictes rentes.

Lesdictes rentes sont cause de leur engendrer une miliace de procès, pour auoir leur recours les ungs contre les autres, pour leur faire rembourcer dès qu'ilz ont auancé.

Dauentaige lesdictes rentes sont aussy cause d'une source d'usures, oultre ce qu'elles sont d'elles mesmes usuraires d'autant que l'on a veu plusieurs fois et de proche mémoire, que le bled desdictes rentes a esté vendu a plus haut pris que ne valent les terres sur lesquelles lesdictes rentes ont esté assignées, et qui plus est, lesdictz détempteurs font le plus souuent des compositions auec lesdictz receueurs à pris excessif pour les soulager desdictes rentes, et en font des obligations de tout usuraires, afin d'auoir quelque delay de paier lesdictz receueurs. Et qui plus est la plus part desdictz gentilzhommes ausquels sont donées lesdictes rentes, trouuent à présent une grande partie des terres subiectes, ausdites rentes, les unes qu'ilz ont acheptées, les autres qu'ilz ont prises par puissance de fief, et toutefois, ilz ne veulent pas paier leur cotte part desdictes rentes, tellement que pour la crainte desdictz gentilzhommes le pauure peuple est contraint de paier le total desdictes rentes, à leur grande perte et intérest.

Les seigneurs desdictes rentes n'ont pris occasion de vouloir empescher le rachapt desdictes rentes, sur ce qu'ilz pourront dire qu'en ce faisant, leurs fiefs se pourront perdre, d'autant que pour la congnoissance de leurs fiefs les poules, les chappons qui sont deües auec lesdictes rentes, leur demeurront, qui sont assez suffisantz pour la recongnoissance de leurs dictz fiefs.

Et pour le regard des [eclesiasticques] ausquel est deub pareilles rentes, n'ont aussi et afin de l'empescher, au contraire, se seroit leur proffit qu'elles fussent racheptées, d'autant que les deniers qui prouiendroient des rachapts d'icelles ilz en pourroient retirer leurs terres et biens, qui ont esté vendus pour les affaires du Roy, ou bien pourroient achepter d'autres terres qui seraient à leur bien séance, lesquelles leur seroient plus propres et assurées que ne sont pas lesdictes rentes, lesquelles sont subiectes a estre perdues et qu'on veoit perdre tous les jours, à cause que leurs ultres ont esté perdus pendant les troubles [En marge:] *et aussy par faute de s'opposer aux décrets qui sont faitz des terres subiectes ausdictes rentes.*

Joinct aussy, que les gentilhommes de la religion prétendue réformée, et plusieurs autres, ne les veulent pas paior, et qui toutefois seroient bien aises d'estre receuz à les rachapter.

Et pour encores oster lesdictz seigneurs hors de tous intérestz, il demeurera en leur option de prendre le pris de rachapt, en argent ou en héritaiges, de ceulx qui sont subiectz au paiement desdictes rentes, et qui se trouueront estre le plus à la comodité desdictz sieurs, à juste pris et aus dire de gens à ce congnoissans.

Ce qui rendra aussy lesdictz ecclésiastiques hors de tout intérest car ceulx d'entre eulx qui ne pouroient retirer les héritaiges ci deuant vendus par permission du pape pour les affaires du Roy, auront des héritaiges à leur bien séance, qu'ilz pourront affermer et auoir autant de ferme, soit en grains, ou en argent que les rentes, qui leur seront admorties.

Et par ce que le menu peuple est aussy grandement foullé, pour les contensions, et débatz ordinaires, qui sont entre les lieutenans des baillifs et séneschaulx et les juges de préuostés, pour le rieglement de leurs estatz et atribution à eulx faicte par ledict de Creme et autres subséquens, et que leurs contensions sont cause que le menu peuple n'a point de justice par ce qu'à tous propos, ilz sont contrainctz de venir à la Cour sur les appellations interjectées des uns et des autres, et qui ordinairement sont deux ou trois ans à faire vuider leurs appellations pour les régler de juges, et au partir de là, se trouuent au commencement de leurs causes; et lesquelles deburoient estre vuidées promptement et sommairement.

Sera Sa Maiesté suppliée de suprimer lesdictz juges, préuotz en tous les sièges de ce roiaulme, soient généraulx ou particuliers et les renuoier aux sièges des baillifs et séneschaux, à la charge que les dictz préuost demeureront lieutenans particuliers ès sièges des baillifs et séneschaux, et où il y aura des lieutenans particuliers demeurront les premiers, et plus autres Conseillers.

Et aduenant le décès desdictz, lieutenans particuliers, demeurront en leur lieu, sy mieulx les officiers et lieutenans desdictz baillifs et séneschaulx ne veullent les rembourcer promptement de la finance que monstront auoir paiée, et estre autres aux coffres du Roy, ensemble des fraiz des expéditions de leurs lettres qui ne pourront exceder la somme de soixante et six sols.

(Arch. Nat., K 675, n° 104.)

XLIX

[HYPOTHÈQUES, NANTISSEMENT, REGISTRES.]

Affin que Messieurs les commissaires depputtez pour dresser les cahiers des choses, qui sont à proposer aux Estatz généraulx de France, pour l'utilité publicque de la Ville de Paris, délibérant sur l'éedict des nantissemens, ne veuillent s'arrester, sur ce que ledict édict en la forme qu'il est, samble imparfait et par conséquent infructueux, en ce qu'il ne donne aulcune congnoissance des ypothecques, qui sont ou peuluent estre acquises auparauant ledict éedict, ains seulement reiglé, celles qui s'acquereront à l'aduenir; ilz seront s'il leur plaist aduertis que ledict éedict fut rezolu au Conseil du deffunct Roy en ceste forme, affin que plus facillement, il passast en la Cours de Parlement, se réseruant Sa Maiesté, après la vérification dudict éedict d'y adiouster par une déclaration, l'article qui ensuit.

Et d'aultant qu'il ne suffiroit de règler les ypotheques qui s'acquerront à l'aduenir, mais aussy est besoing de donner, plaine et entiere congnoissance de touttes celles qui sont et peuluent estre acquises au parauant nostredict édict, à ce que dès à présent noz sugetz puissent jouyr du bien et utillité d'icelluy, Nous voulons et ordonnons, que tous ceulx, lesquelz en vertu des contractz et obligations passez à leur proffict, ou des sentences et jugemens et arrestz par eulx obtenus, vouldroient prétendre auoir acquis droict d'ypotheque sur les héritages de leurs obligez ou condempnez soient tenuz dans un an après la publication de ces présentes de faire nantir et réaliser leursdictz contractz, obligations, sentences, jugemens et arrestz, en la forme contenue audict éedict, et moyennant ce, qu'ilz soient préferez et conseruez en leur ordre et ypothecque du jour et datte de leursdictz contractz, obligations, sentences, jugemens et arrestz, tout ainsy, qu'ilz eussent peu estre en vertu d'iceulx au parauant nostre dict éedict; et où ilz manqueroyent dans ledict temps, de faire lesdictz nantissemens et réalizations, qu'ilz soient priuez et descheuz de ladite préferance, et qu'ilz ne viennent en ordre ausdictes hypothecques que du jour qu'ils auront faict lesdictz nantissemens.

Or maintenant que l'on en est aux termes de la tenüe des Estatz-Généraux de France, sy ledict éedict est jugé estre nécessaire pour le bien publicq, il n'est poinct besoing d'attendre après la vérification dudict éedict, pour demander ladicte déclaration, ensemble tout ce qui sera jugé bon en l'assemblée de Mesdictz sieurs, pour rendre ledict dédict plus parfait; ains doibt estre demandé dès à présent pour estre vériffié ensemblement avec l'éédict.

Et sur ce qu'il samole, l'exécution dudict éédict, et plaine de difficulté, spécialement pour ce qui regarde les communaultez, et aultre qui peuluent auoir plusieurs petites rentes, constituées de longtemps, et que sy pour faire les nantissemens desdictes rentes, il falloit nantir, tous les tiltres nouueaux qui leur ont estez passez, aultant de foys que les héritaiges sur lesquelz lesdictes rentes sont perceptibles, ont changé de mains, ce seroit chose trop penible et plaine de confusion; mais à cella le remède y est très facile, s'il plaist à Messieurs, c'est de demander que par ladicte déclaration il plaise au Roy d'ordonner que pour namptir toutes rentes anciennes, il suffira de nantir seullement l'ancien contract, portant la création de la rente que l'ou vouldra nantir, et d'inserrer dans l'acte dudict nantissement, gomme aussy en la table du régistre des ypothecques, le nom du professeur de l'héritage, sur lequel se fera le namptissement, afin qu'il se puisse mieux congnoistre, sans qu'en icelluy il soit besoing de faire aulcune mantion des aultres contracts qui pourroient estre faicts en conséquence dudict premier et ancien contract, soit de tiltre nouuel ou aultre.

Sy aussy pour le soulagement du peuple, nozdictz seigneurs trouuent à propos, de demander qu'il plaist à Sa Maiesté ordonner que en la Ville de Paris toutes rentes de vingt liures et au dessoubz, constituées auparauant vingt ans au precedent ledict éédict ne seront point sujettes au nantissement.

Et encore, pour rendre les choses plus claires, que tous nantissemens faicts pour seureté de garandyes de ventes, d'héritaiges, conformément à l'ordonnance, seront deschargéz, l'acquéreur ayant joui paisiblement de son acquisition par dix ans, entre présens majeurs, et par vingt ans entre absens.

Et combien que par ledict éédict les régistres des greffes des ypothecques soient tellement reiglez qu'il est impossible à ung greffier ny aultre, de commettre aulcune fraulde ou faulceté soit par antidate, transposition d'actes ou aultrement, sy est ce que pour donner plus de facilité et seureté, à ceulx qui vouldroient contracter à l'aduenir, il seroit aussy à propos, sy Messieurs l'ont pour agréable de demander par la mesme desclaration, que les greffiers des ypothecques soient tenus quant ilz en seront requis de deliurer leurs certificatz des ypothecques qui seront sur les héritaiges, que l'on leur demandera, et en cas qu'il se trouuent aultres ypothecques sur lesdictz héritaiges, que ceux contenus en leursdictz certificatz, ilz demeureront garandz de la perte que pourront souffrir ceux qui en prendront de leurs temps certificatz.

(Arch. Nat., K 675, n° 128.)

L

LA JUSTICE.

Qu'elle soit réfformée pour les longueurs des poursuittes, pour les frais extraordinaires des aduocatz, procureurs et greffiers, et pour les espices que les juges prennent.

2. Qu'on face recherche des exactions des clercs de beaucoup d'officiers.

3. Qu'en mesme chambre aux Cours souueraines, ne puissent estre le père et le filz, beau père et gendre, oncle et neueu, les deux beaux frères et deux cousins germains.

4. Que l'examen se face rigoureux, et qu'aux réceptions d'officiers on balotte. Que le rapporteur seul opine, et les autres donnent leur balotte en tous actes concernantz la réception, et qu'il passe des deux tiers et d'on dauentage, pour recepuoir quelque personne aux Cours souueraines.

5. Deffenses à tous juges de soliciter procès en leurs chambres, sur peine de priuation de leurs charges.

6. Qu'on tienne les mercuriales, tous les mois et pour cest effet, chacun mette en particulier ses mémoires, en un tronc qui seront leur en plaine assemblée des Chambres et pris résolution sur lesdictz mémoires, auparauant que pouuoir proposer affaires quelconques.

7. Qu'on deffende les petitz commissaires en procès criminelz, sur peine de nullité des jugements qui interviendront, et que les juges en leur propre et priué nom, soient responsables des dommages et intéretz des parties.

8. Qu'il ne soit face de commissaires qu'au cas de l'ordonnance, combien qu'il fust question d'exécution d'arrestz donnez par commissaires.

9. Qu'aucun juge n'assiste au procès de commissaires en la Grande Chambre du Parlement, ne ailleurs, qui n'ayt esté présent lors que le faict du procès a esté mis sur le bureau, encores qu'il soit question d'articles.

10. Qu'il plaise au Roy pour restablir la dignité de son priué conseil, ordonner que les réglemens faicts, par le Roy Henry troisiesme, seront gardez, et que les conseillers des Estatz, maistres des requestes, n'y entrent plus sans robbes ny bonnetz.

11. Qu'il plaise au Roy oster toute juridiction contentieuse, et supprimer le Conseil des partyes, sinon pour les différends, des prouinces, des villes, et autres grans, dignes de la splendeur d'un si auguste tiltre.

12. Qu'il ne soit point receu de maistres des requestes, qui n'oyent esté dix ans conseillers en Cours souueraines; qu'il ne leur soit permis de prendre aucunes consignations et deffenses, sur peine de punition corporelle à leurs clercs de recevoir aucunes consignations ou espèces.

13. Retenir les vingt anciens aduocatz du priué conseil, et renuoyer tous les

autres à postuler ailleurs; et qu'aucun desdictz aduocatz ne puisse estre secrétaire du Roy, et que l'excessiue taxe de leurs roolles soit modéré.

14. Que le grand conseil ne prenne connoissance que de ce qui luy est attribué par les ordonnances des indultz, hénéfices à la nomination du Roy, et autres, dont ilz sont en possession, sans qu'il en puisse estre jugé, au priué conseil, des contrariétez d'arrestz, réglemens de juges, priuilèges des présidiaux, et préuostz des maréchaux, appellations du Préuost de l'hostel, et des choses situées en diuers ressortz de Cours et parlement de prouinces différentes, où il pourroit interuenir diuersité d'arrestz.

15. Que les offices de présidents ès cours souueraines, procureurs, et aduocatz généraulx, maistres des requestes, lieutenant généraulx ciuilz et criminelz des prouinces, les procureurs du Roy, ne soient receuz à payer le droict annuel, affin que le Roy, vaccation arriuant desdictz offices, en puisse gratifier, ou de vieux officiers, ou aduocatz qui auront seruy dignement le public.

16. Qu'il ne se juge aulcune cassation d'arrestz au Conseil priué, sans auoir ouy au préalable ou les rapporteurs desdictz arrestz, ou les procureurs généraulx des Cours souueraines, ausquelles ilz auront esté donnez ou veu, au Conseil les mémoires qu'ilz auront enuoyez.

(Arch. Nat., K 675, n° 130.)

LI
[SANS TITRE.]

Il seroit ce semble, à propos de faire résoudre aux Estatz Généraulx, qu'il ne soit doresnauant loysibles aux Conseillers d'Estat, maistres des requestes, secrétaires et autres officiers des Conseils du Roy, de prendre aucuns gages, pensions, dons et biens faictz des Roynes, Princes, princesses, seigneurs, Dames, Prouinces, Communaultez, villes, ny autres quelz qu'ilz soyent.

D'aultant que l'expérience a faict recognoistre que lors qu'il s'agist de quelque affaire en laquelle ceulx de qui ilz sont gagez ou pensionnaires, ont intérest, ilz s'en rendent sollicteurs, quoy que juges, et est impossible d'en tirer justice et raison. Au préjudice mesmes du seruice de Sa Majesté, et intérest du particulier.

Comme au semblable, qu'il ne soit permis aux officiers des cours souueraines, trésoriers généraulx de France, et tous aultres officiers Royaux de pouuoir auec leurs dictz offices, estre officiers des Roynes, Princes, Princesses, seigneurs, dames, ny autres, mesmo ne s'ingérer de la poursuitte et négotiation de leurs affaires, ny receuoir d'eulx aucuns dons, pensions, et biens faictz, soubz quelques prétextes que ce soit, quelques dispences qu'ilz en puissent obtenir; sur peine de priuation et perte de leurs dictes qualitez, et offices, et autres peines qui seront jugées équitables selon l'exigence du cas. Attendu qu'il est très difficile de bien seruir à deux maistres, et se voit par expérience que le seruice du Roy en est négligé, et le particulier intéressé et oppressé. Joinct que les officiers receuans, gages, pensions, dons, ou biens faictz, d'autres que de Sa Majesté, contractent enuers ceulx qui les leur donnent une tacite obligation de les fauoriser et les maintenir vers et contre tous.

(Arch. Nat., K 675, n° 133.)

LII
[ABRÉVIATION DES PROCÈS.]

Plaise à nos seigneurs tenantz les Estatz.

Pour l'abréuiation de la Justice, et pour le soulagement des pauures mercenaires de Paris, de faire jusques à vingt cinq liures, les juges royaulx et ordinaires jugent par jugement dernier, et sommairement, veu qu'à cause des longueurs qu'apporte l'appel, les fraiz qu'il conuient faire pour sy modique somme, en une debte sy fauorable, et que lesdictz mercenaires ont affaire contre bourgeois, ou autres personnes de plus grand crédit, qui seruent par faueur en suitte les réduisent en telle extrémité qu'ilz sont contraincts d'habandonner le tour et perdre la debte et les fraiz qu'ilz y ont faictz, et encore que lesdictz premiers juges ordinaires prononcent. nonobstant et sans préjudice de l'appel, sy est ce que lesdictz débiteurs obtiennent sur la moindre requeste des défences, ce qui est contre l'ordonnance, aynsy réduict en premier estat, leurs sentences leurs demeurent inutilles, s'ilz ne poursuyvent l'appel. Il y a milles autres incommodités qui en arriuent.

Plus, que les dietz juges ordinaires à la première audiance de la cause, les partyes ouyes en personne à leur affirmation, ayent à les règler et juger.

Que les expéditions du Greffe se deliureront en papier par le Greffier sans qu'à l'aduenir il soit déliuré aucun acte ou sentence en parchemin du moins pour les différendz qui ne excederont les sommes de cinq cents liures.

Finalement de modérer les sallaires des officiers, remédier aux grandz fraiz qu'il conuient faire et aux longueurs.

(Arch. Nat., K 675, n° 148.)

LIII
[SANS TITRE.]

Aduis à Messeigneurs les députtez, qui est tel que plusieurs personnes auroient obtenu des lettres de prouisions d'offices supernuméraires, par faulx donné-à-entendre, sans éeditz, ny estre deüement vériffiez en la Court de Parlement, ainsy qu'il auoit de coustume faire de tout temps, et mesmes sans auoir lesdictz pourueuz payé aulcune finances ès coffres du Roy, esquelz offices, suiuant des dictes

lettres, par ceulx obtenues, et contre toutes formes accoustumées, auroient esté
pourueuz et reçeuz esdit offices, contre, et au grand préjudice et intérest de ceulx
qui sont pourueuz par eedicts deüement vérifiez en ladicte Court de Parlement,
et finances par eulx payées ès coffres du Roy.

C'est pourquoy Mesdictz seigneurs, considérront que telles prouisions d'offices
ne sont raisonnables, et les dictes lettres estre obtenues, contre toutes regles que
l'on a de Coustume faire en cas d'augmentation de nombre d'officiers :

A ces causes, toutes personnes qui pourroient estre pourueuz en office royaulx,
supernuméraires, sans eedicts deuement vérifiées en la Court, doibuent estre
démis et deboutez desdictes prouisions et lesdictz offices cassey, en n'ayant de
grâce par les antiens pourueuz, ces fraiz que tels peuuent auoir faits pour la prouision de leurdicte prétendue office, ou au plus les dictz pourueuz par telles formes
doibuent estre suprimez par mort, sans que, pour quelqu'occasion que ce soit,
telz offices puissent reuiure, et que ceulx qui pourroient par ci-après obtenir telles
lettres, soient dès à présent déclarés nulles et non-valables, et pour uider et
désider les differans et actions qui pourront aduenir de l'exécution du présent
aduis, soient les parties renuoyées en la Court de Parlement, et à elle réserue la
congnoissance desdictz differans.

(Arch. Nat., K 675, n° 151.)

L

[JURIDICTION DU LIEUTENANT CIVIL; ARRESTATIONS; PAULETTE.]

Le Roy sera très humblement supplié en soullageant son peuple de la Préuosté
et Vicomté de Paris, de pourueoir à l'aduenir qu'aux différends meuz et à mouuoir
cy-après, il ne soit donné auleunes assignations ès domicilles du lieutenant civil,
criminel particullier que conseiller audict siège, attendu qu'après que les poursuiuans ont comparu ausdictes assignations et contesté amplement de leurs différends, il ne leur est donné auleun jugement, ains seullement ung aduis qu'il
fault après faire emologuer au présidial, tellement que lesdictes assignations sont
infructueuses et sans effect, qui consomment les poursuiuans en fraiz et longueurs,
et pour lesquelles comparutions lesdictz, lieutenant ciuil et autres prennent desdictz poursuiuans six quartz d'escuz despence qui ne va qu'à ruine, sans auleun
soullagement; et sera remarqué que quelquefois en une après dinée il y aura
desdictes assignations, chez ledict lieutenant ciuil plus de vingt, et ainsy des
autres; et pour faire confirmer ledict aduis il conuient encores accepter l'audience,
à quoy il se peut facillement remédier en jugeant ou appoinctant, sur-le-champ,
lesdictz différendz pour éuitter ausdictz, longueur et fraiz et à cet effect deffenses
leur estre faictes de juger lesdictes comparutions à l'ordinaire, sans cognoissance
de cause; et aux procureurs et postulans de les demander, sinon en cas d'audition
de comptes ou affaires de semblable poidz.

Comme aussy il plaira à Sadicte Majesté, pourueoir, que lesdictz lieutenans
ciuil criminel et particullier, ne soient doresnauant sy faciles, sur des faux-donnez-
à-entendre, par quelques personnes, et sans cognoissance de cause, d'octroier sur
des requestes, infinis admonez, sans scandale, decrets d'ajournement personnelz,
decretz de prinse de corps contre personnes d'honneur, bourgeois domicilliez et
autres semblables, qui leur cause non seulement de grandz affrontz et scandalles,
mais de grandz fraiz qu'il conuient[1] faire, soit en comparant ausdictes assignations, soit quelquefois estre constitué prisonnier sans subject, ou ilz demeureront
ung ou six jours prisonniers, sans estre interrogez, et eslargis, qu'à force d'argent,
d'autres requestes, sur lesquelles ilz ordonnent les partyes estre assignées, et font
deffences d'exécutter des sentences données contradictoirement, que par ce moien
ilz rendent illusoires, et sans effect, remettant les partyes à plaider tout de nouueau, ce qui est vuidé auec cognoissance de cause à la ruyne et confusion a
infinies familles, et pour respondre, lesquelles roquestes ilz tirent encores ung
grand argent, soit eulx, soit leurs clercz, et puis après auoir bien plaidé et espuisé
la bourse des poursuiuans, la pluspart des jugemens qui interuiennent, sont de
mettre les partyes hors de Cour et de procèz, sans faire auleun droict sur les
réparations, dommages et intérestz des poursuiuans s'il y en eschet.

C'est aujourd'huy ung des effectz de la Paulette[2] de rendre la justice de cette
façon, car ceulx qui ont achepté leurs offices en gros s'en veullent rembourser en
détail aux despens et ruine de vostre peuple.

Je Croy que par ledict eedict, voz officiers de judicature sont dispensez de
rendre la justice de cette façon, car aujourd'huy pour ce qui est de la contestation
du bien entre les ungs et les aultres, celuy qui a le plus d'argent, et le plus
d'amys gaigne son procèz.

L'édict qui insensiblement a ruiné[3] vostre estat, et en ruine les meilleures
familles, et qui est de si peu d'utilité à vostre Maieté, que pour six ou sept cens
mil liures qu'Elle en reçoit de plus, chacun an, qu'Elle n'auoit accoustumé,
vosdictz officiers en profittent d'ung milion d'or à la ruine de vostre pauure peuple,
et lesquelz officiers, par le pris excessif qu'ilz ont donné ausdictz offices, ont
priué vostre noblesse, à qui la pluspart desdictz offices de judicature appartiennent,
d'y pouuoir plus paruenir, et vostre Maiesté, de donner lesdictz offices à des
personnes dignes de les posséder, chose que je scays debuoir estre assez repré-
sentée à Vostredicte Majesté, que je prie Dieu accroistre en toute propérittê et
santé.

(Arch. Nat., K 675, n° 180.)

LV

[SANS TITRE.]

Sera réformé un abus au Parlement entre aultres pour la taxe des despens,

---

[1] Conuenir à ici le sens de nécessité.   [3] On peut lire : miné.

[2] Le texte porte Pallotte.

lesquelz sont taxéz ou par les rapporteurs des procès et instances, ou par les autres conseillers ausquelz les déclarations de despens sont distribuées à leur tour.

Scauoir est que la taxe estant faicte par les conseillers du Parlement, les procureurs des parties ne s'arestent aulcunement à la taxe faicte par le conseiller, ains l'augmentent et la diminuent comme bon leur semble, et la baillent encore à un tiers qui est un ancien procureur de la Communauté, qui la reuoit et corrige à son appetit comme bon luy semble.

Et pour cet effet la partie qui a obtenu condamnation de despens est contrainete demeurer à Paris à grands fraiz, le plus souuent, deux, trois et six mois auant que pouuoir obtenir son extraordinaire de despens; nonobstant toutes ces longueurs fault qu'il paie le tiers ancien procureur, et les deux autres procureurs, et les huissiers pour faire contraindre, le procureur estre partie aduerse, pour faire signer les despens.

Cela est un abuz manifeste qui se doibt réformer et faire ordonner que les conseillers et commissaires deliureront deux ordonnances à faulte de comparoir à la première assignation pour faire appeler la partie aduerse, affin d'assister à la taxe et dire ces moiens de diminution pour estre videz sommairement par le consoiller; et ce qui sera par luy ordonné et taxé, sera exécuté nonobstant oppositions et appellations quelconques extraordinaires, déliuré sans qu'il soit loisible aux procureurs de réformer ny modérer, ny augmenter lesdictes taxes qui se feront à peine de faux.

« Status Reipublicæ confundetur, si locus delinquentibus prebeatur. »

Oster la vénalité des estatz, purger la simonye et confidence, rehausser la multiplicité et le grand nombre de juges et autres officiers tant du Roy que des princes et seigneurs.

Punir les concussions et exactions.

Retrancher le trin et la despence excessiue, et la superfluité des habitz, tant de la noblesse, des ecclésiastiques que du Tiers-Estat.

Faire deffenses à peine de nullité aux marchantz de draps de soye, vendre à crédit, et déclarer toutes promesses et obligations nulles.

Faire deffences aux tauerniers, hostelliers et cabaretiers, vendre aulcune chose, soit vin ou viandes, ou pain aux habitans demeurans es villes à peine de confiscation.

Descharger le pauure peule des tailles, gabelles et aultres impositions, du moings de la moitié.

Oster les impositions sur le vin, bois, beld et bestail, sur tout ce qui est exposé en vente pour la nouriture du peuple.

(Arch. Nat., K 675, n° 184.)

LVI

[VÉRIFIER.]

Il y a plusieurs procès en la meilleure partye des jurisdictions de la France, mesme en Courtz souueraines, fondées sur la difficulté de la preuue de l'eàge de ceux que l'on prétend majeurs ou mineurs de temps, en mariages, contracts, et consommez, à cause du proffit et des charges de la communauté des mariages et temps des decès des décédez, pour le faix et droict des successions et des mariages clandestins.

Le mal procedde de ce qu'en plusieurs prouinces, l'ordonnance n'est pas tousiours gardée, et que les régistres, si aucuns se font, se trouuent perdus quand on y a besoing, soyt par le moyen de l'auctorité du seigneur des lieux quand ilz y sont intéressez, changemens de curez ou vicaires, troubles suruenantz ou anciens.

Et mesme arriue souuent quand le registre est représenté qu'il se trouue corrompu et falcifié, les actes escriptz de diuerses mains, et ceux qui s'en veullent seruir sont contrainctz de vériffier l'exactitude du régistre, ce qui cause beaucoup de peyne et fraiz au sujetz du Roy.

Telz régistres n'estans mesmes tenuz que pour escriptures priuées qu'il y a grande peyne et deppense, pour vériffier et à faute d'une bonne et exacte preuue une bonna cause, court fortune sans le hazard.

(Arch. Nat., K 675, n° 185.)

LVII

[AVOCATS ET PROCUREURS DES PAUVRES.]

Mémoire à Messieurs qui seront députez, pour l'assemblée des Trois-Estatz qui seront tenuz à Sens, en la présente anné, mil six cens quatorze employer, en leurs cahiers, les plaintes,

De plusieurs vefues, orphelins, pauures gentilzhommes, marchans, laboureurs, et autres personnes misérables, qui faulte d'estre assistez et secourus, les ungs de Conseil, les autres d'argent, aultres de tous les deux ensemble, laissent journèlement perdre leurs biens et droictz en demandant et en deffendant, pour n'auoir moyen de faire les poursuittes et fraiz nécessaires en leurs instances et actions, aulcunes intentées et à intenter, ciuilles et criminelles, dès l'an mil cinq cens quatre vingt huict, ès Cours tant soueraines, ordinaires, que subalternes de ce royaulme à cause des grandz fraiz qui se feront en justice.

Qu'il n'est raisonnable, soubz prétexte du peu de charité qui est aujourd'huy, les subiects du Roy faulte de Conseil, ou d'argent, ou de tout les deux, soient abandonnez à la mercy, injure, opreosion, et calomnie de leurs parties aduerses, plus puissantes en faueurs et biens, et perdent misérablement leurs biens et tombent s'il n'y est remédié en d'estranges malheurs, inconuéniens, calamitez, pauureté et mandicité.

Le feu Roy Henry quatriesme de très bonne et louable mémoire, sur pareilles remonstrances faittes en son Conseil, meu d'une affection charitable et paternelle enuers pauures son peuple, désirant que la justice fut rendue en toutte seureté aux vefues, orphelins, pauures gentilzhommes, marchans, laboureurs, et généralement aux personnes réduittes à telle misère et nécessité, qu'elles n'ont moyen de poursuiure leurs instances, droictz, actions intantées et à intanter, ciuilles ou criminelles, a ordonné par arrest donné en son Conseil d'Estat, tenu à Paris le sixiesme Mars mvi° dix, qu'en toutes les Cours souueraines ordinaires, et subalternes, seront commis des aduocats et procureurs pour les pauures, en tel nombre qu'il sera aduisé en son conseil, selon la grandeur et nécessité de chacune Cour ou siège, pour assister de leur conseil, industrie, labeur, et vaccations, tous ceulx de la susdicte qualité; sans prendre d'eulx aulcune chose, soubz quelque prétexte que ce soit, sur peine de concussion; eulx contentans des simples gages, salaires et prérogatiues que sa Maiesté, attribuera ausdictz aduocats et procureurs commis, et choisis capables, et gens de bien, et iceulx entremis ausdictes charges, tant qu'ilz y feront ce qui est de leur debuoir.

Ceulx de la qualité susdicte pour l'effect de telle ordonnance, oultre les gages, salaires et prérogatives que sa Maiesté attribuera ausdictz aduocats et procureurs, perdront ung quart de leur principal auec les despens, dommages et interests qui leur seront adjugez à la poursuitte et diligence desdictz procureurs et aduocatz pour aulcunement les récompenser; et les commissaires s'il plaist au Roy en députer par aduis de l'assemblée pour congnoistre coriger et amander les instances qui ont esté jugées par faueur et argent, sans auoir obserué les ordonnances royaulx, la coustume; les reglemens faictz pour rendre justice, à chacun auecq droict et équité.

(Arch. Nat., K 675, n° 187.)

LVIII

Six choses bien nécessaires pour le soulagement et repos de la France, à cause de l'incommodité qui se reçoit journellement d'icelles.

La Première, de ne plus vendre tous les offices de judicature, ains les donner en pur don et personnes ydoines, et de consciences, comme a faict le bon Roy Sainct Louys.

La deuxiesme, d'entièrement descharger les pauures paysans des tailles et subcides, ou du moings d'une bonne partye.

Et les trois, quatre, cinq, et sixiesme, d'oster et abolir actuellement :
— Les séparations de biens;
— Les renonciations à la communauté, conceddées aux femmes;
— Les hérédités par bénéfice d'inuentaire;
— Et les cossions et abandonnemens de biens.

Par ce que ce sont quatre moyens par lesquelz, en toutes asseurances, plusieurs ont vollé, et vollent entièrement tous les créantiers qui se peuuent présenter et par après ceulx qui se sont seruis de ses bénéfices, paroissent et ont des biens cachez en quantité, de quoy ilz font voguer, sans que l'on les puisse rechercher, comme il est vulgaire et notoire à tous.

LOUYS DE BOURBON SOUBZ LE BON ROY.

(Arch. Nat., K 675, n° 188.)

LIX

MÉMOIRE ET ADMIS POUR LA RÉFORMATION DE LA JUSTICE
ET PRÉSIDIAL DU CHASTELLET DE PARIS,
POUR AUOIR PROMPTE EXPÉDITION DES PROCÈS.

Premièrement il fault faire ung second lieutenant ciuil, auec quatorse conseillers, plus ou moins, qui seront en mesme honneurs et droictz que l'autre, et tiendra son siège dans le Chastellet en la Chambre ciuil, tous les jours de la sepmaine le matin, et l'après diné, excepté le Lundy et Jeudy après midy qui seront jour ordinaire pour tenir la Police par le premier lieutenant ciuil, auquel appartiendra, seul, ladicte police.

Après la demande, deffence, et réplique, les causes seront videz sans autre longueur de procès.

Les Grefiers ou clercs du gref[fe] indifféremment ne pourront exiger dauantage pour la façon et expédition de tous les appointemens qu'ilz feront mettre forclusions débouté de deffences, veu dellaiz de sommer de garend et autre sorte d'appointemens, que quatre solz Parisis et pour la signature de chascun d'iceulx, pareil somme.

Les sentences seront mis en peau [1], bien escriptes, où il y aura seize lignes, et cinq mots à chascune paye, pour quoy bien sera payé huict solz Parisis et pour la signature seize sols parisis.

Le Greffié des décretz ne pourra user de redict dans iceulx, ny se faire payer pour chascun decret, tout au plus que vingt liures parisis, et sera payée pareille somme pour la signature.

Que tous cessionnaires demeureront garends auec les ceddans, de la condemnation des despens que l'on pourra obtenir de l'une et de l'autre des parties, et seront tenus tous lesdictz et dessus dictz de bailler bonne quiction, en cas qu'il en soient requise, pour l'éuenement des despens seulement, et à faulte de ce faire, par l'une des parties seront débouttez de leurs demendes ou deffences. Ce que i'ay trouué estre fort nécessaire [pour] l'abreuiation des procès.

A quoy il vous plaira y remédier.

(Arch. Nat., K 675, n° 194.)

[1] Parchemin.

LX

[OFFICES DE JUDICATURE.]

Les Roix sont principalement créez pour faire justice, ce qui est assez monstré en la saincte escripture, en ce que les Israëlites furent premièrement régis par des juges, et voulant auoir ung Roy à l'exemple de leurs voysins, en la demandant à Samuel, ilz adjoustèrent « Pour nous juger » [1].

Donc faire justice est la fonction principale des Royx puisqu'ilz ne vacquent à ce ministère en personne, comme il y a de très grandes raisons pour lesquelles ilz ne le doibuent faire, ilz doibuent estre curieux de deux choses principallement, l'une, que ceulx qui les en acquittent enuers Dieu soient gens de bien, l'aultre qu'ilz ne despendent d'aultres que de leurs Maiestez.

Et néant moings oultre ce que toutes personnes presque indifféramment sont admis aux charges de judicature pour argent, les commissaires députez pour l'engaigement du domaine du Roy en quelques lieux ont faict un dommaige notable à Sa Maiesté, et ung grand tort aulx officiers de judicature, en ce qu'ilz engaigé-les offices de beaucoup de prouinces à aulcuns seigneurs qui en abusent licencieusement, et oppriment les bons juges qui en sont contrainctz de passer par leurs mains à cause des nominations des dictz offices qui appartiennent aux seigneurs.

Par ces engagements les officiers du Roy qui doibuent nuement dépendre de Sa Maiesté ou de ses parlementz, sont rendus comme créatures des Seigneurs, ausquelz on a engaigé leurs estatz, et ausquelz partant ilz n'osent désobéir.

Ung autre dommaige est faict ausdictz officiers; tous les autres, non engaigez jouissent du bénéfice de l'annuel, ceulx qui en sont exclus, quelle raison que la debte du Roy contractée pour le bien de tout l'Estat en général, soit à charge à ceulx ci en particulier.

Doncques sa Maiesté sera suppliée de retirer les offices de Judicature des engaigemens, et jusques ad ce ordonner que les seigneurs qui les tiennent feront la condition des officiers de leur nomination semblable aulx aultres officiers de Sa Maiesté.

(Arch. Nat., K 675, n° 205.)

LXI

[CONSEILS DU ROI; ABUS DES MAÎTRES DES REQUÊTES.]

Le seul moyen de restablir la justice est de la rendre moins odieuse au peuple, pour les désordres qui se trouuent en la distribution d'icelle et les ostant du tout.

La viue source qui deuroit estre plus pure auprès de la personne du Roy, en ses conseils priué et d'Estat, en est tellement troublée par l'artifice des ministres qui la doibuent préparer et la facilité de ceulx qui en ont la distribution aux brigues et aux faueurs des personnes puissantes. Que ce conseil qui estoit en vénération anciennement à toute l'Europe est aujourd'huy en horreur à toute la France et semble seruir de couuerture aux plus fors pour opprimer par des vexations infinies les plus foibles.

Le nombre affréné de 300 aduocatz admis depuis quinze ans audict conseil, la plus part sans connoissance des lettres qui ont esté solliciteurs aux Cours souueraines ung long temps y a introduict les chicaneries qui y paroissent; ces exactions d'ung escu par rolle de papier, le plus souuent rempli de choses ineptes; vos nouuelles subtilitez de Cassation d'arrestz, non entenduz par les aduocatz, sont les premiers motifs de ces abus.

Le peu de temps que les maistres des requestes passent aux Cours souueraines ne leur permect de s'acquérir la Capacité requise à l'éminence de leurs charges; néantmoings aujourd'huy ne trouuent difficulté quelconque à casser les arrestz donnéz en Compagnies souueraines auec connoissance de cause, dont vient la confusion qui règne : aussy ce premier deffault est suiuy d'une instabilité ordinaire en leurs arrestz, ce que les ungs ont faict en leur quartier, les autres le cassent sans forme quelconque, dont naist l'incertitude, mesmes aux arrestz que le nom du Roy deuoit rendre inuiolables et pleines de ressort à ses subiectz.

Tant de fois les consignations ont esté deffendues, et néant moings tous les jours on force les parties de consigner entre les mains des clercs des maistres des requestes, telles sommes qu'ilz veulent pour le jugement et expédition des procès, sans leur bailler ou quictance, ou certifficatz des consignations, de sorte qu'un affaire de peu de conséquence couste six fois plus qu'aux Cours souueraines, et c'est veu tel procès de soixante liures au fondz, auquel y auoit pour huict vingt liures de inuentaires et d'aduertissement.

Les dictz maistres des requestes par nouuelles inuentions pour attirer affaires se déclarent juges souuerains en certains cas, comme pour fraiz de solliciteurs faictz à la suitte du conseil, qui est la vraye jurisdiction du préuost de l'hostel, surprennent au sceau des communications pour juger procès ciuilz et criminelz souuerainement, à certain nombre, qui sont désordres sans fondement de justice, et contre les ordonnances.

Le remède à ses maulx dépend d'un esloignement de tous les procès dudict conseil priué et de faire deffences ausdictz maistres des requestes de prendre aucunes consignations, et à leurs clercs de contraindre les parties à leur en bailler, sur peine de punition corporelle aus dictz clercs.

Il seroit très nécessaire de retrancher le nombre des aduocatz dudict priué conseil et les réduire au nombre de vingt, comme ilz estoient en quatre vingtz quinze, jusques en l'an six cens. Laisser les anciens, supprimer tous les autres, et leur faire deffences de postuler auec ceste condition, qu'aucun desdictz anciens aduocatz ne pourront estre secrétaires du Roy; excepteront, laquelle des deux

[1] Ici figure en marge la note qui suit : *Tornez le feuillet le meilleur et plus important y en*

charges ilz vouldront exercer dans deux mois, pour retrancher les surprises chasque jour du sceau.

Et pour faire cesser les plainctes qui se font chasque jour audict conseil, il plaise au Roy renuoier aux Parlemens et Cours des aydes les procès qui sont de leur jurisdiction, sans receuoir audict conseil aucunes requestes ciuilles contre leurs arresta et requestes, affin de cassation d'iceulx, et ce qui ne se trouuera estre de la connoissance et jurisdiction desdictz parlemens, à l'exemple des Roys Henry deuxiesme, Charles neufiesme, et Henry troisiesme, il plaira au Roy renuoier en son Grand Conseil, qui est une jurisdiction souueraine, et reiglée proche de sa personne, tous les procès qui sont aujourd'huy pendants en son dict Conseil, ou par deuant les dictz maistres des requestes se disantz souuerains par usurpation, ou par lettre subrepticement obtenues pour le jugement des dictz procès sans qu'il soit besoing d'aucun renuoy particullier pour les parties, et déclarer nulz tous les arrestz qui interuiendroient cy-après audict Conseil priué en termes de jurisdiction contentieuse, et les lettres par lesquelz, hors les cas du sceau, les dictz maistres des requestes seront commis pour juger souuerainement.

L'honneur de ce conseil s'y auguste s'auilist tous les jours, par la liberté de ceulx qui y entrent sans habitz décentz. Il plaira au Roy, pour le restablir, ordonner que les conseillers d'Estat, de robbe longue, et maistres des requestes, n'y entreront plus sans robbes et bonnetz, et qu'il sera assigné, quartier ausdictz conseillers d'Estat, pour seruir, comme ausdictz maistres des requestes hors lequel, ilz n'entreront audict Conseil s'il n'y sont demandez par le Roy.

Qu'il ne sera plus reçeu de maistres des requestes qui n'ayent seruy dix ans pour le moings au Parlement, ou Cours souueraines.

Que suiuant les ordonnances, pour les nullitez, ou contrariétez d'arrestz des Cours souueraines, et autres jugeant souuerainement, ou en dernier ressort, on se pourroit au grand Conseil, à peine de nullité dommages et intérêts des parties.

Que tous reiglemens de juges d'entre les cours souueraines et autres jugeans souuerainement d'entre les juges présidiaulx et Préuostz des mareschaulx, juges royaulx et d'Église, soient terminez et jugez audict grand Conseil suiuant son institution.

Que les éuocations ou récusations des Parlements, pour parentez, alliances, ou suspicions, soient jugées audict Grand Conseil, pour éuiter les désordres du Conseil priué, fraiz et vexations extraordinaires qui recoiuent les parties et instabilité des arrestz qui y interuiennent suiuant les éédictz et ordre.

Que les contrauentions aux éédictz des présidiaulx et lieutenans criminelz, les reiglemens des Préuostz des Marchans auecq les juges ordinaires, les procès des dictz préuostz, leurs lieutenans chercheront pour le faict de leurs charges, ensemble les appellations des jugemens desdictz préuostz des mareschaux, ou des sentences par lesquelles, ilz auront esté déclarez compétents, soient jugées, audict grand conseil, seul juge desdictz éédictz par les ordonnances.

Que les appellations des jugemens des maistres des requestes pour le tiltre des offices et causes des domesticques de la maison du Roy, ensemble, les appellations du Préuost de l'hostel, en causes ciuilles et criminelles, soient jugées audict conseil suiuant les dictes ordonnances.

Que les procès des estrangers qui plaideront en ce royaulme, ceulx de l'antien domaine de Nauarre, autres qui concerneront la Grand'chambrerie, les priuillèges du Roy des merciers et des secrétaires du Roy, la connoissance des péages, droictz de passages prétenduz par les seigneurs sur les marchandises passants par eaue ou par terre, l'imposition des cinquante mil hommes de pied, l'exemption d'icelle, priuillèges des francs taupins, nauigation de la riuière de Dordoigne, isles et incrementz du Rosne et autres riuières ayans cours en l'estendue de diuers Parlementz et droictz de tabellionnage, suiuant les ordonnances, soient jugez et terminez audict conseil.

Que pour retenir les princes et principaulx sergens auprès du Roy, leurs procès éuocquez, des Parlemens, soient renuoiez audict conseil, et que l'option accordée par l'éédict de Nantes, à ceulx de la relligion prétendue réformée de Bretaigne, de plaider audict Conseil ou à la chambre de l'éédict de Paris leur soit entretenue, et commissions accordées, à ceulx qui les demanderont.

Que les procès concernant les tiltres des archeueschés, eueschez, abayes, prieurés, prébendes, et chappelles, estans à la nomination, putation du Roy, à cause des droictz de sa couronne, serment de fidélité des éuesques, et joyeux adueunemens, les lettres d'œconomats sur les dictz bénéfices placés de religieux laix, les administrations des hospitaulx, maladreries, et aumosneries, et pentions sur icelles, indultz des cardinaulx et autres prélatz, ensemble ceulx du Messieurs le Chancelier garde-sceaux, officiers de la Cour du Parlement de Paris et maistres des requestes, et droictz de portz en Normandie, forces et violences commises à la perception des fruictz des bénéfices, soient jugez audict grand Conseil suiuant les antiennes ordonnances.

Que la Connoissance des procès pour les saisies des eueschés estant à la nomination putation ou collation du Roy, à faulte de résidence sur les lieux, et de la confidence ou Simonie, commises aus dictz bénéfices, soit attribuée audict Grand Conseil pour éuiter les diuersitez des jugemens qui pourroient interuenir en diuers Parlementz.

Que les procès pour raison des décimes imposées sur le Clergé, et des sentences des commissaires establiz pour le faict des dictz décimes, et pour la reuente et retraict des biens d'Église aliénez, soient attribuer audict Conseil.

Que la réformation de tous les couuents et monastères, tant d'hommes que de femmes, soient attribuées audict Conseil, pour éuiter diuersité d'arrestz et jugementz.

D'aultant que les Cheualiers de Malte, ayant commis quelque crime en ce royaulme, se prétendant exempt de la Jurisdiction ordinaire, il plaise au Roy en

attribuer la connoissance audict conseil, ou les privillèges desdietz cheualiers ont
esté enrégistrez pour cest effect, y a plus de quatre vingtz ans.

Que ledict grand Conseil, soit maintenu en la jurisdiction qu'il a, de cognoistre
des procès à luy attribuez par les éedictz et lettres particulières d'éuocation, sans
prendre jurisdiction sur les aultres affaires, à peine de nullité des arrestz.

Et par ces moyens le Roy restablira l'honneur qui est deu à ses Cours souueraines, et fera cesser les justes plainctes, que font ses subiectz des vexations, qu'ilz
souffrent pour estre journellement appellez pour cause légères audict priué Conseil.

(Arch. Nat., K. 675, n° 207.)

LXII

Pourra estre remonstré très humblement pour le bien et soulagement de ses
subiectz.

Que lorsqu'il se fera des saisies de fruictz d'héritages, à faulte de paiement de
sommes de deniers arréragés de rentes bailh àfferme, se peult dheüement faire
sans establir de commissaires.

Que sont de grandz frais aux saisis, lesquelz commissaires pour affaires d'aultruy
sont ruinez en procès de redition de comptes; aussi est oster un moien aux sergens
de soy venger des pauures marchans et laboureurs; les fruictz estans saisis, le
saisissant peult en faire faire dheuement les criées et les faire enchérir, par des
enchérisseurs suffisans qui déliureront le prix à qui par justice sera ordonné.

Si néant moings pour vendre le fondz, il fault des commissaires, seront de
notables marchands des proches villes clauses, du moings de trois lieues, sans
pouuoir mettre de laboureurs ne artizans, lesquelz commissaires ne seront tenus
faire aulcune dilligence que le saisissant ne leur ayent offert deniers suffizans pour
leurs frais de premier bailh [1], qu'il pourra répéter promptement lhors du bailh
afferme.

Que les juges deuant lesquelz se feront les dietz, taxeront judiciairement, —
sans souffrir qu'il soit de déclairation, — les fraiz des commissaires sans en
prendre aucune chose.

Que les juges royaulx et préuostaulx et autres juges du Royaume, ne pourront
appointer les parties, à mettre par deuers eux, ce qu'ilz scauent en leur consience,
qu'il n'y eschoit que ung appointement en preuue, ou à bailler contredictz ou
aultre delay préparatoire, et quand ilz l'auront faict aultrement, et qu'il sera veu
par leur sentence ou appointement qu'ilz n'ont ordonné aultre chose que ung préparatoire, n'en pourront aulcunes espices, veu qu'il adiuent souuent qu'il se trouue
trois ou quatre sentences, auparant la diffinitiue, et si les juges n'en prennent
espices, ne seroient si adonnez à appointer à mettre par deuers eulx, comme il
se veoit à aulcungs.

Comme aussy ès matières criminelles après auoir ouy les conclusions du procureur du Roy, dires, des parties quelques pièces qu'il y aie, ne
pourront prendre que quarente solz d'espices.

De toutes contumaces. sur deux deffaulx ou obligations, ne pourront prendre
que quinze solz.

Que les dictz juges ne pourront porter les procèz hors de leurs sièges pour les
juger, pour soy couurir de grandes espices, qu'il seroit nécessaire s'il plaist au roy
et à nosseigneurs de son Conseil modérer et arbitrer.

Que quand il y aura appel d'ung décret de prise de Corps du juge préuost,
deuant le bailly, séneschal, ne sera la cause plaidée, ains l'information sera envoiée
au juge supérieur, communiquée au procureur du Roy, veue par le lieutenant,
donner incontinent jugement, si bien ou mal est de recette, sans prendre aulcunes
espices à tout le moings plus de demy-escu, et mettre au pied de ladite information son jugement sans attendre des longueurs de plaider et conclure.

Ne sera donné que une sentence en toutes causes auecq espices modérées.

Ne permettront lesdictz juges, comme il y en a qui laissent prendre à leurs
clercs cinq solz, et dix solz pour escu de leurs espices, qui seront taxées à l'une,
sans que les clercs en prennent aucune chose, sous peyne de concussions contre
les juges.

Qu'il aduient souuent que les baillifs séneschaulx, tous lieutenans de robe
longue, juges préuostaulx encores que les procureurs du Roy n'aient requis que
des adjournemens personnels sur des infformations, ordonnent des prises de corps,
selon qu'ilz veullent mal aux accusez ou Gratifier l'accusateur.

Les pauures accusez, esloingnez de six vingtz lieües de la Cour, demeurent
misérablement prisonniers; les deux parts des audiances de la Tournelle, sont souuent [?] d'appellations de pareilles chaleurs des juges, et bien que la Cour
leur face justice, l'affrond, honte de la prison leur demeure.

La rigueur desquelz décretz se faict souuent à dessein par les juges pour n'estre
recusez, d'autant que pendant le règlement que l'hon demande à la Cour, ilz
demeurent prisonniers.

Qu'il seroit utile de spécifier les crimes sur lesquelz l'hon pourroit décrétter
prise de corps, espargner les gens de qualité, s'ilz n'ont commis de grandes meschancetez, tellement qu'il y eust apparence qu'ilz pourroient, et que lesdictz juges
n'y pourroient contreuenir sur peyne de dommages et intérezt des accusez en leur
priuéz noms paiables par prison.

Que quand la plainte leur sera venue des crimes, si c'est contre personnes de
qualitez, seront tenuz informer en personne auecq le procureur, suiuant l'ordonnance, tant sur l'accuzation, que justiffication, sans donner comission à des

_____

[1] L'à dans le midi indique la mouillure de l'l.

sergens qui ne mettent que des impostures, plus souuent à la déuotion des parties pour colorer la rigueur des décrets, ce qui empeschera la peine de plusieurs personnes affamez d'une audiance à la Tournelle, auecq tant de frais et peines.

Que les sergens qui se trouueront auoir espargné la vérité des rixes et délitz dont ils auront [connoissance] et n'auront mis ce qui est des circonstances du faict, seront sans rémission priucz de leurs charges, condempnez eu des amendes.

Que l'ordonnance de l'an mil cincq cens trante neuf sera inuiolablement gardée, ad ce que incontinant ung accuzé, ouÿ la partie aille veoir ès mains du procureur du Roy, si elle veult prendre droict ou non, le mesme jour de l'audition, sans icelle conuoquer aultrement à partie, ne faire aulcung régistre sur ce, sinon à donner son dire par escript, signé de son procureur pour obuier à de grands régistres de contestations, qui constent souuent vingt ou trante luires aux pauures parties lesquelles appréhendant les grandz frais de justice sont contraintes de souffrir les outrages que s'il eschut prouision d'alimens, sera jugée auecq le règlement d'ordinaire, ou extraordinaire sans espices au juge.

Que des Grandes foules et oppressions que reçoipuent ceulx qui demendent leur droit en justice, et aussy des greffiers, semble expédiant pour le soulagement du peuple.

Qu'ilz ne mettront aulcungs baulx affermes, régistres ne sentences de contumaces, ne diffinitiues, qui seruiront de tiltre perpétuel, celuy qui auroit gagné sa cause en requist ledict greffier.

Qu'ils escriront en pappier toutes expéditions, suiuant les antiennes ordonnences, le parchemins, qu'ilz escripront, mettront trante lignes en chescune page, et quinze sillabes en chescune ligne.

Lhors qu'il y aura appel d'une sentence donnée par ung juge préuost deuant le séneschal, sera tenu le Greffier enuoier le procès par un homme de pied, auquel sera taxé à vingt solz par jour, veu que les greffiers se font souuent faire de grosses taxes, qu'ilz baillent à des sergents leurs parens, qui vont exécuter les pauures appellans.

Que les dictz greffiers ne feront à l'aduenir aulcunes sentences miuotées du du récit, de tous le procès, car cela ne sert à rien que à amuser les juges, qui ne laissent de voir toutes les pièces, et néantmoings sont de grands [frais] aux parties, ains declaireront la sentence telle que le juge l'aura rendue, en pappier ou parchemin, selonque voudra la partie, sans prendre que suiuant l'ordonnance et v solz pour le seau d'une sentence déffinitiue, et pour interlocutoires, à la raison de la feuille.

Les juges, préuostz, allans en commission, eulx deffraiez, ne prendront que ung escu, par jour, leur greffiers quarante.

Que les préuost de nosseigneurs les mareschaulx, ne pourront décretter aulcunes infformations que de ce qui se fera visiblement de leurs congnoissances, sur peine des dommages et intéretz des parties, sans pouuoir donner de sentence de renuoir auecq espices.

Que l'horz qu'il se présentera une infformation deuant ung juge ou préuost contre ung homme, contre lequel il aura lieu procès, ne pourra ledit juge décretter ladicte informations, ains la renuoir, celuy lequel en son absence, faict sa charge sur peine de priuation de son office, ne aussy faire aulcune saisie, auctorizer aulcung bailh contre sa dicte partie, sur peyne de priuation, ne pourra ledit décretter, juger ne congnoistre pour ses proches parens jusques au quatriesme degré, quand mesmes les parties aduerses l'en requerroient, d'autant qu'il est veu qu'elles l'auroient faict pour la craincte d'encourir ailleurs sa maiueillance.

(Arch. Nat. K 675, n° 210 ou 220.)

7° MÉMOIRES CONCERNANT LES OFFICES, LA VÉNALITÉ, LE DROIT ANNUEL.

LXIII

L'on doibt rompre la dispence de quarente jours par ce que toutes les familles s'en vont se ruyner, et ne s'exercera plus cest office à l'aduenir, que par gens qui emprunteront les deux tiers de leurs offices et chercheront toutes sortes de moyens pour se rembourser de l'achapt de leurs offices, qui sera à la foulle du peuple et à la diminution de l'estat, et aussy que la jeunesse deuiendra inutile à l'aduenir.

(Arch. Nat. K 675, n° 60.)

LXIV

Il est si besoing pour éuiter les grands désordres et concussions qui se commettent dans les offices par ceux qui les exercent, à cause du grand achapt qu'ilz en font, de rompre la dispence des quarante jours, et les remettre, comme ilz estoient auparauant icelles, choses très nécessaires tant pour le bien de l'Estat, que de celuy du publicq, qui y a ung notable perte et intérest; et si ladicte reppeture ne se faict, et ce pour beaucoup de raisons plus particullières, qui ne se peuuent cotter par leur menu.

(Arch. Nat. K 675, n° 61.)

LXV

L'on doibt rompre la dispence des quarente jours, par ce que touttes les familles s'en vont se ruyner, et ne s'exercera plus les dictz offices à l'aduenir que par gens qui emprunteront les deux tiers de leurs offices, et estant dans les dictz offices chercheront toutes sortes de moiens de rembourser; lequel remboursement, ne se peult faire que sur la foulle et oppression du pauure peuple et à la diminution grandement de l'Estat, car comme dict l'orateur Romain, le Roy est pauure et incommodé quand son peuple l'est. Or il est sans difficulté que c'est le publicq qui paie en destail les offices qui s'acheptent en gros, et aussy que la jeunesse demeurera à l'aduenir inutile.

(Arch. Nat. K. 675, n° 62.)

LXVI

S'il plaist à sa Maiesté, rompre l'annuel des offices, il fera beaucoup pour le bien du public, à cause du prix excessif d'iceulx, et par cedict prix, il se faict de grandes volleries, exactions, tant par les juges ordinaires, que des cours souveraines, que autres, joincte que les pères et mères s'engagent pour emprunter deniers, que tel qui auoit xviii^m liures, procure ung office médiocre à son filz, affin de pousser la petite fortune. Il fauct qu'il s'incommode de plus mn^{es} x^m liures, — je parle pour les plus apparens, tant des parlemens et notables officiers, que du Conseil, qui y sont les premiers trompez, soit par mariages, que autres négoces, dont ilz se forcent tous les jours.

(Arch. Nat. K 675, n° 63.)

LXVII

[DÉFENSE DU DROIT ANNUEL].

Les officiers de ce royaume, Sachans qu'au Estats qui sont conuoquey, plusieurs portez d'enuye qu'ilz ont au bien des dictz officiers et de leur intérest particulier, raquerront que le droit annuel soit réuoqué : c'est pourquoy ils supplient très humblement le Roy de leur vouloir continuer ce bénéfice, et considérer que le feu Roy Henry-le-Grand son père, que Dieu absolue, en a faict l'éedict, pour de si fortes raisons, qu'elles doibuent obliger vostre Maiesté, à en désirer la conseruation.

Il sera remarqué que peu ou point d'éedictz expédiez entièrement volontaires n'ont eu lieu, si par après, il n'a esté expédié des déclarations et contrainctes pour les faire observer; l'éedict de la dispence des quarante jours est seul et unique de ceste qualité, chascun l'obseruant sans contraincte, qui rend ung témoignage de la Justice et Equité.

Oultre ce point qui est considérable, il y a les seruices notables que Vostre Maiesté en reçoit, et dans les premières six sepmaines de chascune année, et tel que la conseruation en doit estre bien chère, et principallement en ce temps, où il se veoid que la despence dépasse de beaucoup la recepte; car auparauant l'establissement du droiet annuel, les partyes casuelles ne montoient au plus qu'à v m..... liures, au lieu qu'aprésant elles vallent quatorze à quinze cens mil liures qui est une grande sur-hausse.

Il y a plus encores, ne fauldra pas ce seruice des dictes partyes casuelles, d'aultant qu'à mesure que les offices viendront à vaquer, ilz seront demandez à vostre Maiesté par les princes et seigneurs estans près de vous, pour en grattiflier leurs seruiteurs et amys.

Dont il arriuera un autre inconuénient, qui est que par succession de temps, tous les officiers qui seront dans les charges, ne seront plus officiers de vostre Maiesté, mais en effect de ceux par le moyen desquelz ilz les auront obtenuz.

Néantmoings, il s'est recogneu par expérience durant ces derniers troubles, et se recognoist tous les jours de q'uelle importance est, que les officiers soient vraiz seruiteurs de Vostre Maiesté, et telz par Elle choisiz, et non à la déuotion d'aucun autre, par ce qu'ilz tiennent les premiers rangs, dans toutes les bonnes villes, de Vostre royaulme, et y ont conseruè et conseruent l'auctorité de Vostre Maiesté.

Enfin pour ce qui est de l'intérest de Vostre Maiesté, de quelque façon que se veuille interpréter cest éedict, il est du tout, à vostre auantage.

Il ne reste plus qu'à considérer l'intérest des particuliers, et que comme vostre Majesté est le père commun de ses subjectz, qu'il est raisonnable qu'il subuienne esgallement aux ungs et aux autres.

Ceulx qui demandent la rupture de l'édict, disent qu'il est cause que les offices montent à un pris trop excessif, et qu'il oste le moyen aux pères, qui ont beaucoup d'enffans de leur pouuoir en donner; voilà leur seulle plainte contre tant de raisons qu'il y a pour sa conseruation.

L'on demeure d'accord qu'en quelque partie et non en tout, il a apporté quelque sur-hausse aux offices, car depuis vingt ans qui y a-il en France, qui n'ayt augmenté. La paix en est la principalle raison; par le moyen d'icelle les faultes d'un chascun sont augmentées; chacun s'est assisté; qui n'a eu argent en sa bourse en a trouué dans celle de ses amys; la quantité de jeunesse qui demande de l'employ et de l'occupation, et de plus le mespris auquel en France est le trafficq des marchandises, n'y ayant si petit office qui ne veuille (sic) procéder un bon et notable marchand, qui est cause que les pères ne peuuent réduire leurs enfant à apprendre leur mestier, à quoy il seroit très important de pouruoir d'aultant ce qui enrichit les royaulmes, est la grande quantité de bons marchans, par le moyen de leurs négociations et correspondances.

Véritablement si les offices à cause de leur pris, demanderoient à leuer aux partyes casuelles, vostre Maiesté, auant peu en auroit occasion d'y pouruoir; mais tant s'en fault; ce ne sont qu'enchères, quand ils vaquent.

Cest éedict cause un bien qui ne se peult estimer, pour vostre Maiesté, et pour le publicq, qui est, qu'il donne l'asseurance aux anciens officiers de demeurer dans leurs offices, qui par conséquent sont plus capables de l'exercice d'iceulx à la descharge de la conscience de Vostre Maiesté; Cependant ils essayent d'y instruire leurs enfans, au lieu que, cessant le bénéfice de l'éedict, les offices ne se trouueront remplis par après, que de jeunesse sans expérience, les maitres ne voulant demeurer en risque de perdre leurs offices.

Le deffunct Roy Henry-le-Grand, vostre père, que Dieu absolue, estimé (comme il a faict) d'obliger tous ses officiers, par le moyen de cest éedict, et néantmoings si vostre Maiesté se résoluoit à le ruyner à présent, il arriueroit bien le contraire, de son intention : car au lieu de leur auoir apporté de la commodité, il auroit esté cause de faire tumber un chascun dans sa ruyne inéuitable.

Chacun scayt que depuis dix ans qu'il est fait, la plus grand part des offices ont changé de main, et ceulx qui les possèdent, les ont acquis sur le pris qui court aujourd'huy, et pour y paruenir, engage non seullement le leur, mais ceulx de leurs amys; aucuns n'en ont que le tiltre en quelque partye; Bref un chascun a estably ses petites affaires sur l'asseurance de cest éedict.

Maintenant de le vouloir réuoquer ce seroit tellement estonner toutes les meilleures familles de vostre royaume, qui ne se pourroit attendre que la ruyne de toutes les bonnes Villes de Vostre Majesté, desquelles vos officiez font la plus grande partye, et non pas seullement d'eux, mais aussy de ceulx qui les ont assistez à en estre pourueuz, chose qu'ilz n'espèrent de la bonté de Vostre Maiesté.

Auparauant cest éedict un père de famille se feust bien empesché de mettre tout son bien en un office; maintenant au moyen d'icelluy, il y a mis et le sien et celuy de ses amys venant à la rénocation que l'on se représente. Se père au lict de la mort chargé de femmes et d'enffans, perdant son office; ceste famille élleué auecq quelque douaire, est-elle pas à l'aumosne; ceux qui parlent de la rupture recognoistront eulx-mesmes, que la conscience de sa Maiesté en seroit blessée.

C'est pour ces raisons, et infinies autres, qui se peuuent représenter à Vostre Maiesté, que les officiers la Supplient très humblement de vouloir conserver cest éedict en sa force et vertu, et ilz seront tenuz d'espoir en Dieu pour sa prospérité et santé.

(Arch. Nat K. 675, n° 117.)

LXVIII.

[PLAINTES CONTRE LE -DROIT ANNUEL.]

à Messieurs qui sont depputez, pour assister à l'assemblée généralle des trois-Estaz qui se doiuent tenir en bref.

Seront suppliez vouloir remonstrer au Roy, et dresser plaincte contre l'éedict portant aux officiers, dispance des quarante jours, esquelz ilz sont obligez pour la résignation de leurs offices, soubz la condition douce et fauorable. comme il semble à plusieurs, du droict annuel fauorable à la vérité, à quelques particulliers, qui, lassez de viure dans la condition d'une médiocre fortune soubz l'espérance de la rendre meilleure, à l'ayde des officiers de ce royaume, ont donné les premiers aduis, et trauaillé à faire naistre le susdict éedict, fauorable encore à plusieurs qui depuis l'establissement d'icelluy ont vendu chèrement, et se sont à bonne heure desmis de leurs offices, laquelle faueur, comme il est à craindre, ne continura à leurs résignantes et successeurs, estant probable que le Roy venant à croistre, gouuernera par luy-mesme, manira ses affaires et changera auec le temps, de conseillers, qui, deschargez de la presse et importunitéz, de toutte sorte de partisans, viendront à juger et cognoistre la conséquence, et le désordre, que ce droit annuel nous apporte.

Que si, Messieurs, quelqu'un trouuant, possible, mauuais que j'use de ce mot de désordre, me voulut presser de cotter quel : Je diray en présent lieu.

Que les offices montez au prix excessif ou nous les voyons, plusieurs de médiocre fortune qui veulent entrer ausdictz offices ne peuuent ce faire qu'au prix de tout leur bien, qui ne suffist quelques fois, d'où il arriue que quelque ungs desdictz officiers, n'ayant autre reuenu que l'esmolument de leurs offices, s'esforcent de les valoir le plus qu'ilz peuuent, souuent au préjudice de la confiance du serment et de leur debuoir, et soubz prétexte du grand prix qu'ilz ont donné desdictz offices, exigent à la foulle et intérest du public.

Secondement; l'on veoid que plusieurs jeunes hommes ne pouuant prendre office pour la cherté d'iceulx, se laissent par oisiueté emporter à la desbauche, ce qu'ilz ne feroient s'ilz estoient occupez, et lesquelz au lieu des officiers anciens et rompus, qui gardent les offices jusques après leur mort, pourroient trauailler, et les vieillards, comme raison le veut se reposer, s'occupant à nettoyer et bien reigler leurs maisons.

En troisième lieu nous voyons que plusieurs personnes, riches, appuyez de leur argent et faueur négligent de trauailler, pour se rendre capables des hautes et grandes charges que eulx seulz peuuent achepter, n'ayant les grands offices beaucoup de marchans, et lesquelz auec leur incapacité, et ignorance, l'on est souuent contrainct receuoir, poussés de la considération du grand prix qu'ilz ont donné desdictz offices, et de la faueur qu'ilz trouuent parmy leurs compagnies.

Dauantage l'on veoid que plusieurs riches marchans esmeuz de l'estime qu'on faict aujourd'huy des offices, quictent leur traficq et négoce, pour se faire officiers les offices estans à qui plus en donne, au préjudice de l'utilité publique, et de la renommée du pays, d'aultant que la marchandise, ne se traictera pour la plus part, que par gens de peu de moyens, qui, à quelque prix que ce soict veulent s'enrichir, ce qui estant l'on verra le traficq peu-à-peu diminuer et s'abattardir.

Aussy il est à craindre que les offices continuant et croissans tous les jours de prix, le Roy pour trouuer de l'argent ne vienne à créer souuent nouueaux offices qui est une charge qu'il faut que le peuple porte.

Comme aussy la plaincte semble assez juste de ceulx qui voulans se retirer et l'aage les contraignant à se marier, ne peuuent néantmoings ce faire faulte d'office, au deffault desquelz, ilz ne sont recherchés, et en beaucoup de lieulx rebuttez, l'ereur estant tel parmy nous, que les offices, et non les sommes sont estimez. Laquelle chose, non seullement regarde les médiocres, mais les grandes et bonnes familles, dont les pères se trouuent chargez de plusieurs enfans, à chacun desquelz il fault pour le pouruoir, toutte une succession, soit aux garçons, pour leur auoir des offices, ou aux filles pour les marier, et lesdictz pères se despouiller auant le temps de leurs biens, ce qu'estant l'on verra quelque ungs fort riches, et plusieurs pauures et incommodez.

D'où vient aussy que les bénéfices, et bien d'Eglise sont entrez en traficq, se marchandent et s'acheptent pour la plupart, et ne pouuant le père, laisser à tous ses enffans des offices, leur donnent et acheptent des bénéfices, et les aultres sont poussez et enfermez dans le cloistre, dont il sort de tous costés, plaincte desbauches, enuis et jalousie, qui ne se trouuent propre à telle vie.

(Arch. Nat., K 675, n° 106.)

LXIX.

Le Roy est très humblement suplié par ses officiers les vouloir conseruer en la jouissance du bénéfice de l'eédict faict par le feu Roy Henry-le-Grand son père (de très heureuse mémoyre) au moys de Décembre m vi° quatre, concernant la dispense de la rigueur des quarante jours, dans lesquelz ils donnent le jour et dacte de l'admission de la résignation de leurs offices, et ce en considération des signalez seruices qu'ilz ont faict tant à leurs Maiestez que à la Couronne, aux urgentz nécessitez et occasions qui se sont présentées, et du grand bien et secours qu'en retire sa Maiesté par la finance que luy en est volontairement payée sans aucuns fraiz au commencement de chascune année.

(Arch. Nat., K 675, n° 107.)

LXX.

[DÉFENSE DU DROIT ANNUEL; SON ORIGINE; OBJECTIONS; RÉPONSES.]

C'est chose bien recongnue et passée en expérience, qu'en ung estat monarchicque, les officiers sont nécessaires, aussy y en a-t-il tousiours en ce royaulme de diuerses sortes, et qualitez; les principaulx, près la personne et au conseil du prince, d'où dériuent les règlements eedictz et ordonnances, tant pour les armes, police, justice, que finances; les autres sont establiz ès villes et prouinces, tant pour la distribution de la justice que pour l'exécution et observation de ce qui est ordonné au conseil et autres functions qui ont toutes leur rapport et relation au seruice du souuerain et bien de ses subiectz.

De ceste correspondance, et bonne intelligence se compose l'armonie du gouuernement politique, s'y forte que tant qu'elle demeurera en son entier l'auctorité royalle ne pourra estre esbranslée, pour ce que tels officiers intéressez et deppandans entièrement de la fortune du prince portant tous leurs soings, conseils, moyens, et crédit, et de leurs amys et alliés au bien de son seruice, le font recongnoistre et obéyr, maintiennent la tranquillité publicque, et s'il suruient quelque nouueauté tendant à remuement, ilz en aduertissent aussy-tost le souuerain et en attendant sa volonté asseurent les affaires et empeschent l'accroissement du mal.

Ceulx qui ont voulu parler des puissances souueraines et considérer de près qu'ilz sont les principaulx moyens de leur conseruation ont tellement recongneu la vérité, de ceste proposition, qu'ils ont osé dire que les officiers du Roy de toutes qualitez tenoient sa personne en plus seûre garde, que les gardes mesmes de son corps.

Cela n'a point esté ignoré de ceulx qui ont voulu remuer en l'Estat, car il se remarque par toutes nos histoires qu'ilz ne se sont jamais attacquez directement à la personne du prince, mais ont tousiours commancé par les officiers soubz diuers prétextes, et les ont entrepris soit en gros ou en détail, s'adressans quelques fois aux principaulx officiers et ministres de la Cour, affin que, ceux-là remuersez, ilz peussent mettre en leur place genz à eux affidez, et par le moyen deffaire les officiers des prouinces, et aduancer leurs créatures en leur lieu. Aultres fois aussy ilz ont, premièrement attacqué les officiers des prouinces soubz des coulleurs de belle apparence, et par des moyens plausibles, et subtillement rencontrez, pour n'estre suspects au prince, affin qu'en les ruynant ils peussent affoiblir l'auctorité des grands officiers de la Couronne pour après en venir plus facillement à bout, et finallement faire tumber des mains du prince les resnes du gouvernement de l'Estat et mettre tout en désordre.

Le feu Roy Henry-le-Grand de glorieuse mémoire dont la vye et les actions doibuent seruir de patron et d'exemple aux Roys ses successeurs, pour s'estre acquis une parfaicte science de gouuernement d'Estat tirée de sa propre expérience, a bien seu recongnoistre combien les officiers estaient utiles, et disoit quelquefois en particulier qu'en ces dernières guerres, il n'auoit pas moings vaincu par ses officiers que par ses armes; il disoit encor, qu'il s'estoit dit de César, qu'en releuant la statue de Pompée il auoit asseuré la sienne, mais que l'expérience luy auoit monstré qu'il se pouuoit dire bien à propos des Roys de France, qu'en conseruant l'auctorité de leurs officiers, ils asseuroient la leur; aussy depuis auoir estably la paix, les a il voulu conseruer en leur entier, sans leur faire préjudice par création nouuelle, ny leur nuyre par suppression. Et sy pour s'accommoder au temps, il en a faict expedier quelques édictz, il en a aussy-tost renocqué l'effect.

Et depuis Sa Maiesté, se voyant aduancée en la Course de son aage, et voulant pouruoir aultant qu'il luy seroit possible aux moiens d'assourer et affermir le règne de son successeur, nostre Roy à présent, heureusement reignant, considérant encores de plus près, ce que pouuoient ses officiers soutenus de sa main, leur auctorité, crédit, parentez et alliances ès meilleures familles du Royaulme, il a voulu, les unir et attacher plus estrictement à la fortune du prince. Ce qu'il a faict par ung moyen sy excellent, que oultre ceste raison d'Estat qui n'est pas peu considérable, il a augmenté le reuenu de ses partyes casuelles d'ung million de liures par an et attiré sur luy les vœux et bénédictions de ses officiers.

C'est l'establissement du droict annuel par le bénéfice duquel les officiers sont dispensez de la reigle des quarante jours, establissement qui doibt estre d'autant plus durable que le bien du prince, et celuy de ses officiers s'y rencontrent concurramment.

Celuy du prince en ce qu'au lieu, de vɪᵉ xʟ liures, au plus que valloient auparauant les partyes casuelles, elles vallent maintenant xvɪᵉ liures qui est, ung million de liures d'augmentation par an, comme il a esté dict, et dauantage; il tiént par ce moyen ses officiers et leurs enfans et familles, unis et attachez, inséparablement à sa fortune, et pour le regard des officiers, ilz veoyent par ce bénéfice bénéfice leurs officiers esquelz consiste la plus grande partye de leurs biens, asseurez, et leurs familles, ou pour mieulx dire, ilz éuitent la ruyne de leurs maisons, et ne veoit-on plus tant de banqueroutes arriuer, qu'il s'en faisoit auparauant.

Et bien que ce règlement estably sur les parties casuelles, pour estre sy sainct, juste, et utile, comme il a esté représenté, soit estimé ung chef-d'œuure de nostre feu Roy Henry le Grand, que la prudence de ses conseilz et résolutions, et le bas aage de nostre Roy à présent régnant, doibuent faire tenir pour sacrilège, celuy qui fera quelque proposition pour apporter changement à l'establissement qu'il a mis en ses affaires, sy est-ce, qu'alcunes personnes ennemyes du repos, et désireuses de remuement, n'ont pas crainct d'entreprendre la réuocquation dudict droict annuel, s'appuyans de la faueur de plusieurs personnes de diuerses qualitez à la Cour, qui ont crédit, qui se promettans d'obtenir en don du prince plusieurs offices, à mesure qu'ilz viendroient à vacquer, et en profitter, (post posans le seruice qu'ilz doibuent au Roy à leur utilité particulière) ont assisté ceste poursuitte de leur pouuoir et richesses, et cherché des inuentions colorées de quelqu'apparence de raison, lesquelz n'ayans toutesfois pas esté reçeuz pour le trop grand et apparent dommage que Sa Maiesté en reçeuroit (ainsy qu'il a esté représenté par Messieurs des cours souueraines) et veoyans que pendant que l'affaire demeureroit en son entier, et que l'utillité et accroissement du reuenu des partyes casuelles seroit éuident ilz perdroient leur temps et leur payne, ilz ont changé de batterye et se sont aduisez de les faire mettre en recepte, affin d'en diminuer le reuenu, et prendre l'affaire moings considérable, et pour y paruenir sont entrez par la porte de la faueur, et ont faict obtenir rabais aux fermiers des partyes casuelles, d'une grande somme de deniers, combien qu'il ne leur en eschet aulcun d'aultant que leur party estoit à forfait, et que tout ainsy que s'ilz eussent beaucoup gaigné ilz n'eussent pas esté tenuz de rapporter leur proffit au Roy, de mesme sa Maiesté, n'estoit aulcunement tenue de leur faire raison de leur perte, encore qu'ilz en eussent reçeu, ce que non.

Or que par ce changement le reuenu des partyes casuelles ne soit diminué, cela se peult vériffier par l'Estat des partyes casuelles estant en charge l'année dernière, tellement que par ce moien les aduersaires du droict annuel, qui ne sont en petit nombre, pour le proffit espéré au préjudice du serment du Roy, sont aduancez au chemin qu'ilz se sont proposer, et maintenant qu'il se parle d'une Assemblée d'Estaz, ilz veulent faire la plus grande brigue et le plus grand effort, qu'il leur sera possible, affin que la proye ne leur eschappe, et voicy ensuitte de cest article ce qu'ilz obiectent et mettent en auant, à quoy sera respondu par ordre et monstré, que tout ce qu'ilz proposent est vain et inutille, tant s'en fault qu'il soit aulcunement considérable; aussy se sont-ilz bien donnez garde d'en ouurir la bouche du viuant du feu Roy, qui sachant la conséquence du faict, eust in continent jugé de leur intention et leur eust denyé toute audience.

Objection.

Qu'au moyen du droict annuel la porte est fermée à la vertu, et aux sciences, et qu'il suffit d'estre riche pour auoir des offices.

Responce.

Que la Vertu et les sciences sont communes aux riches et aux pauures, et que la vertu, sciences, et richesses, se rencontrans en ung mesme subiect, le Roy (ayant besoing d'en tirer finance de la composition des offices, pour subuenir aux despances de son Estat) peult préférer en la prouision de ses offices les gens riches, vertueux et sçauans, pauures, au demeurant, sans que personne se doibue formalizer de telle prouision et composition d'office, ny en attribuer, la cause au droict annuel, estans le payement de finance introduit de long-temps par la vénalité des offices, aueq aussy peu de raison, peult-on dire, qu'il suffit d'estre riche pour estre officier du Roy, puisque l'argent payé aux partyes casuelles, ne dispence pas l'officier de subir l'examen deuant les Cours souueraines, et autres jugées, ausquelz leurs prouisions sont addressées pour procedder à leur réception et faire les preuues de leurs capacitez et preud'hommye; au surplus, tant s'en fault que la richesse soit contraire à la vertu et aux sciences, qu'au contraire elle leur sert d'ayde et de moien pour y paruenir et les faire parroistre.

Objection.

Que l'espérance est retranchée à ceulx qui seruent le Roy, de plus estre aduancez en charges en récompence de leurs mérites et seruices.

Responce.

Il reste tousiours assez de moiens au Roy de recongnoistre les seruices qui méritent d'estre mis en considération, soit en donnant argent de ses coffres, pour ayder à paruenir aux offices, soit par plusieurs autres commoditez, et occasions qui se présentent sans que pour cela il soit besoing apporter ung tel préjudice, et ruyne à ses parties casuelles, voire, à son Estat, que feroit la réuocquation dudict droict annuel, et est d'ailleurs beaucoup plus raisonnable que Sa Maiesté (non seulement sans bourse délier de sa part, mais en tirant beaucoup de commodité) recongnoisse les longs seruices de ses anciens officiers, lesquelz il se conserue à luy particulièrement en les conseruant en leurs charges par le moien du bénéfice annuel. Qu'en le reuocquant les perdre, et récompenser de nouueaulx seruiteurs (qui ne seroient peult-estre pas siens) au dommage, et préjudice des antiens, et de son propre service.

Objection.

Qu'un père ayant plusieurs enfans, ne les pourra faire pouruoir d'offices pareilz au sien à cause de leur excessive cherté causée par l'anuel.

Response.

Il ne s'est jamais faict loy qui se soit trouuée égallement bonne et utille en tous sens, et n'ayt esté meslée de quelque incommodité, et toutes fois quand toutes choses balancées, il s'y trouue plus de bien que de mal, elle est appelée bonne, non qu'il se doibue aduouer que le droict annuel soit seul cause de l'augmentation de pris qui se trouue aussi èz héritages, mesmes ès marchandises et denrées, or que par le bénéfice du droict anuel, les familles ne recoipuent sans comparaison, plus d'utillité et de gain que de dommage et de perte. Il est éuident, pour ce que telle famille (cecy sera pris pour exemple) où y aura six enfans assauoir trois filz, et trois filles, et sera riche de soixante mil escus compris ung office de trente, demeureroit bien plus paure et incommodée venant à perdre l'office qu'elle ne seroit à faulte de pouuoir faire pouruoir les filz de pareilz offices que leur père; ainsy ceste famille aura donq plus de subiect de se louer du bénéfice de l'anuel, par le moien duquel elle aura conseruel xxxᵐ escuz en la masse de son bien, que de se douloir, de ne pouuoir à l'occasion du mesme bénéfice, aduancer les filz en pareilles charges que le père, leur restant le moien, et l'obtion, d'en prendre de moindres, ou de se jetter en quelqu'aultre vaccation. Et sy il en fault tousiours reuenir la que la Cherté des offices prouient pour la plus part de l'abondance et grandeur du Royaulme, comme il a esté dict, et que partant c'est ung erreur de croire que, cessant l'anuel, ilz vinssent à diminuer du pris où ilz ont montéz.

Objection.

Le grand préiudice qu'apporte l'anuel ne se peult encores à présent recongnoistre, estant la plus part des offices encores posssèdez, par les aultres officiers qui les ont euz à bonne conditions. Mais à mesure qu'il s'en fera mutation, au pris qu'ilz vallent, les nouueaulx pouruenx le sentiront et leurs enfants aussy, d'autant qu'en ung seul office, s'employe souuent tout le bien d'une famille, laquelle venant à perdre l'office demeure ruyné; et sy oultre ce, par le moien de ceste sy grande cherté, le Roy tiendra la plus part du bien de ses subiectz en sa main.

Responce.

Il est bien molaisé, voirement, de recongnoistre à présent, ny mesme cy-après, le préjudice qu'apporte l'anuel estant chose fort esloignée, voire purement imaginaire, comme il se recongnoistra par les raisons de ceste responce, car estant, ainsy que la plus part des offices sont encores, posssèdez par les antiens officiers, le bénéfice de l'annuel, les y retiendra longuement, et empeschera la mutation; et quand il en arriuera aulcuns, sy l'imprudence d'ung homme, le pousse à emplo-ier tous son bien à ung office. Ceste mesme imprudence le pourroit conduire à le perdre au jeu, comme nous en auons assez d'exemples; à cela quely remèdes? Et quelle raison y a il d'accuser l'anuel, de sa folye? Mais pour ung qu'il y aura ainsy mal aduisé, il s'en trouuera cent qui n'y emploient leurs deniers que bien à propos; et qu'il y soit pris garde, il ne se trouuera guères d'hommes, qui depuis la Cherté des offices, soient entrez en des charges de grand pris, que ceulx qui en tenoient de moindres qu'ilz ont reuendus, ce qui leur a fourny la plus part de l'argent pour paier leurs grands offices, et leur a esté le reste du chemin facile à faire, ou bien s'il y en a eu quelques autres, ce sont gens de moyens, et personnes yssues de bonnes familles, fondées de longue main; voilà quand à ce point.

Mais disons dauantage, sy les héritages et maisons à Paris et aux Champs dont le reuenu est petit, et mal perceptible, et bien souuent onéreux, sont grandement augmentéz de pris, aussy bien que les offices; quel inconuénient y a-il qu'un homme employe plustost son argent à ung office, qu'à une terre, veu que l'honneur et utilité licite sont sans comparaison plus grands au premier qu'au dernier, et la seureté de l'acquisition pareille à l'acquéreur. Sy ce n'est que ces rumeurs de mesnage ne rendent les offices périsables, en persuadant la reuocqation du droict anuel, car ce dire que les offices continuans au pris où ilz sont, le Roy aura en sa main, la plus grande partye de ses subiectz; cela n'y faict rien. Ceulx qui y ont intérest ne s'en plaignent pas, tant s'en fault, ilz trouuent qu'il est en seûre garde comme plusieurs corps de villes, communaultez et particuliers, qui ont leur bien en rentes sur Sa Maiesté, sont de mesme aduis, pour leur regard, et ne voudroient pas, qu'il fault changé de nature: nous ne sommes, grâce à Dieu en Turquie, mais en France, où noz Roys, très chrestiens gardent tousiours la foy publique, et mesurent leurs volontez à la justice, mesmement aux affaires importantes, et afin que la faueur et les surprises ne puissent préualoir contre cela, ilz ont establiz des courtz souueraines pour y auoir esgard.

Objection.

D'ailleurs il arriue ung autre mal de la Cherté des offices, c'est que les pouruecz y aiant employé une grande somme, ilz s'efforcent de se rembourser en détail, de ce qu'ilz ont payé en gros.

Responce.

Il a esté ja monstré cy-dessus que la cherté des offices, ne procede pas seulement de l'establissement du droict annuel, mais de la vénalité d'iceulx et de l'abbondance du Royaulme; quant à l'autre point, l'on scayt assez que à quelque bonne condition, que ce soient baillez les offices, par le passé, il s'est néantmoings tousiours troué en ung grand nombre qu'il y a d'officiers, quelquun quia maluersé. Qu'un homme de bien ou de vertu soit pourueu des offices, à quelque grand pris que ce soit, il sera tousiours de mesme, et ne se détrasquera pour respect de gain, ny intérêt quelconque de son chemin. Mettez en ung vicieux en une charge, vous la luy pourrez bailler en pure don, qu'il ne laisseroit d'exercer sa malice, et user de toutes les exactions, et autres abus, dont il se pourroit aduiser; mais, pour conclusion, les faultes sont personnelles, et il y a assez de bonne loys, et de bons juges pour les punir.

Objection.

Que les offices se confèrent dans les familles, par le moyen du droit annuel, à l'occasion de quoy les personnes étrangères n'y peuluent entrer.

Responce.

C'est ung désir fort naturel et louable à ung père de conseruer son office à son filz, au genre, et qui a tellement esté approué par nos faux Roys, que les édictz qu'ilz ont faictz sur les suruiuances, ont esté tousiours plus fauorables de père à fils ou gendre, qu'à personne estrange, à fin d'obliger les antiens officiers de continuer à bien seruir et encourager les enfans à imiter ou surpasser les vertus de leur père, puisque c'est chose qui a esté encouragée de tout temps, par le moyen des suruiuances; Pourquoy est-ce que l'on veult maintenant trouuer estrange, que les officiers jouissent de pareil bénéfice, par le moien de l'anuel, veu qu'il est beaucoup plus utile, au prince que n'estoient les suruiuans.

Mais nous n'auons poinct encores entendu de ces aduersaires de l'anuel qui veullent paroistre sy curieux du bien du Royaulme (que de pénétrer dans ung fort long espace de temps et   le mal qu'ilz s'efforcent de persuader qui aduiendra de la continuation de l'anuel; quel ordre ilz voudroient donner à faire rembourser ceulx des officiers qui ont payé l'anuel, et qui n'en ont receu aucun bénéfice ny aduantage (Dieu leur ayant faict la *Grâce* de les conseruer en santé et n'ayant résigné leurs offices) chose qui est fort considérable, car puisque la loy ne permet pas que l'on ayt rien pour rien, il n'est pas raisonnable que le Roy ayt reçeu l'argent de ses officiers, sans leur auoir rien baillé, et quand cela sera traité deuant personnes aimant la justice, l'on trouuera équitable ou de rembourser les dictz officiers des anuels, qu'ilz ont païés, sans qu'ils leur ayant seruy, ou de conseruer ledict anuel affin qu'il s'en puissent ung jour préualoir.

Jusques icy nous sommes contentez de monstrer que la continuation du droict anuel estoit utile au seruice du Roy et bien de ses officiers, mais, maintenant nous voulons faire veoir, que, quand bien ceste affaire n'auroit encores eu commencement ny establissement, il seroit à présent nécessaire de la mettre sus, et establir; car aultrement il est indubitable, que durant le bas aage du Roy à mesure qu'un office viendroit à vacquer, sa Maiesté seroit importunée, par plusieurs personnes de diuerses qualitez de leur accorder en don; dont arriueroit ce désordre en premier lieu, que ne le pouuant accorder qu'à ung, les autres qui ne le pourroient obtenir en demeureroient malcontens. Les grands qui peuuent auoir des desseings à l'Estat, ne seroient pas des derniers à les poursuiure, dont s'ensuiuroit ou qu'ilz les obtiendroient et feraient nombre de seruiteurs, et de créatures, aux despens et à desaduantage du seruice et auctorité du Roy, auquel seul par maxime d'Estat tout officier doibt estre obligé de sa prouision. Ou bien ilz en seroient refusez, et de plusieurs reffus, naistroient plusieurs mescontentemens qui pourroient aboutir à la guerre. Et sy pourroit arriuer que les principaulx officiers ministres de la Cour qui n'en vouldroient pas quicter leur part, se rencontreroient en demande de mesmes offices, auecq plus grandz qu'eulx, sur lesquelz ne pouuant ouuertement emporter la chose demandée, ilz les vouldroient éluder par astuce et dextérité, dont (les autres s'apperceuans quelque dellyé et subtille que peult estre la fraulde) se pourroient ensuiure leur ruyne, ce qu'ilz pourroient eulx-mesmes facilement juger et préuoir, sy les yeux des ambicieux n'estoient sy fixement arrestez sur ce qu'ilz désirent, qu'ilz ne les peuuent mouurir pour regarder à l'entour d'eulx. Les inconuéniens qui les menassent, et de toutes ces poursuittes et prétentions arriueroit infailliblement, que les parties casuelles, qui font[1] une des plus claires sources de deniers qui se viennent rendre à l'espargne demeureroient seiches et tairies. Pour éuiter tous ces désordres, quel moyen plus propre et utile pourroit-on inuenter que l'anuel.

Il y a ung autre inconuenient qu'apporteroit la réuoccation de l'anuel; c'est qu'à l'occasion du grand pris que valent maintenant les offices ceulx qui penseroient en pouuoir obtenir en don pourroient entreprendre sur la vye des officiers, qui ne pourroient trouuer lieu de seureté pour la conseruation de leurs personnes; à quoy leurs Maiestés, seront très humblement suppliées de vouloir auoir esgard.

En somme, il ne se peult appercevoir que la reuoccquation de l'anuel puisse produire aucun bien; mais les maulx qui s'en ensuiuront, seront infinis; elle apportera désordre et péril en l'Estat, grande diminution aux finances, ruynera ung grand nombre de familles qui en nourrissent soubz elles encores plus grand nombre d'autres; rompera le commerce et mettra la vye des officiers en hasard.

Or bien que pour persuader à leurs Maiestés, l'utilité, voire la nécessité de la continuation du droict anuel, il deust suffire de leur représenter en ung mot, que c'est le feu Roy Henry-le-Grand qui l'a estably, néantmoings, puisque le nombre des aduersaires est sy grand, et que comme les princes sont douez de grands aduantages par dessus les autres honneurs, ilz ont aussy ce malheur (mesmement ceux qui sont en bas aage) de ne veoyr que par les yeux d'aultruy et d'estre enuironnes de personnes qui pour la pluspart leur monstrent, ou déguisent la vérité,

---

[1] Ce n'est évidemment pas ce mot qui devrait exister, mais *sont*. N. du C.

selon leur intérest. Messieurs les députez convocquez pour donner leurs aduis libres au Roy, de ce qu'ilz congnoissent estre nécessaire et utile pour le bien du royaulme sont suppliez de veoir et considérer soigneusement les raisons contenues en ce mémoire, tant celles qui concernent l'Estat et Finances, que l'intérest que les officiers, 'y ont pour la vye et pour les biens; les répresenter viuement à leurs Maiestés, et leur faire congnoistre l'importance et nécessité de la continuation de l'annuel; les accidens qui arriuent en faisant le contraire; combien les officiers, appuyés de leur auctorité, seruent à la conseruer, tant par la function de leurs charges, que par le pouuoir et crediet de leurs amys, parenz et alliez.

Et pour conclure, qu'ilz en doibuent aultant plus soigneusement, prendre la protection, que leur conséruation est nécessaire à celle de l'Estat : Et au surplus supplier par leur prudence et bonté, ce qui deffault à la naïfté grossière de ce[1] escript.

(Arch. Nat., X 675, n° 143.)

LXXI

DU DROIT ANNUEL ET DE LA PAULETTE [1]

La vénalité[2] nous a amenez à la Paulette[1].

La Paulette[1] nous a conduit insensiblement à l'hérédité.

La vénalité des offices de la maison du Roy charges et gouuernemens, conduira auec le temps à la Paulette[1], ou quelqu'autre chose semblable et de là à l'hérédité s'il n'i est pourueu.

Or introduisant hérédité aux grandes Charges du Royaume, et aux gouuernementz c'est mettre les Rois en tutele, les despouiller de leur auctorité et les réduire à auoir pareil pouuoir sur leur subiectz que l'empereur sur les princes d'Allemagne, c'est pourquoy à grand intérest d'y pouruoir promptement car le mal croist tous les jours.

D'oster tout-à-coup ce droict annuel ce seroit une grande ruine à tous les offices qui font aujourd'huy un grand cors en l'Estat, et la pluspart desquelz ont bien serui le Roy, et l'Estat n'est composé que de particulliers, et comme le principal but de tous les gens de bien est d'empescher la ruyne de l'Estat, aussi faut-il apporter tous moyens honnestes pour empescher la ruine d'un grand nombre de particuliers.

Il y a deux moyens par lesquelz il semble qu'auec le temps, on peut oster ce droict annuel et n'apporter pas un si grand ruine aux offices.

L'un, que tous les officiers qui sont à présent receuz, et qui le seront mesmes au jour de la publication de l'édit, puissent résigner auec dispence de quarante jours, tout en payant les mesmes droictes introduictz par l'establissement du droict annuel, et pour le regard de ceux qui seront pourueu depuis la publication de l'édit, qu'ilz soient subiectz aux mesmes conditions, et recoiuent pareil traictement que faisoient les officiers auant l'establissement dudict droict annuel: qui est dire que la Paulotte aura lieu pour ceus qui sont à présent pourueuz, et non pour ceux qui seront pourueuz à l'aduenir.

Il semble que les officiers n'ayent point de justes causes de se plaindre, car ceux qui sont à présent pourueuz ne peuuent alléguer autre inconuénient que la diminution de prix de leurs offices, et ceste plainte n'est pas juste, d'autant que le Roy n'est pas garand de leur faire valoir un certain pris, et quand à ceux qui les acheteront à l'aduenir, ilz ne se pourront plaindre puisqu'ilz rencheront à ceste condition.

Le[3] second moyen est de mettre un certain prix à tous les offices, et le diminuer de temps en temps, il est accordé pour cest effect, réuniz le prix des offices au triple de ce qu'ilz sont estimez par la pallote; par exemple : Un estat de procureur de la Cour qui est par la pallote à dix huict mille liures, le mettre à cinquante quatre mille, dans trois ans le mettre à quarante huict mille, et de trois ans en trois ans diminuer de six mille liures, jusqu'à ce qu'il fust reduict à dix huit mille liures, et ainsi des autres offices, à l'équipollent; et quand ilz seroient ainsy réduictz à oster tout à fait le droict annuel, remettre les parties casuelles, en les mesmes formes qu'elles estoient auparauant.

La permission que les officiers auront de vendre à présent leurs offices, à peu près du prix courant, leur ostroit l'occasion de se plaindre de la diminution des années suiuantes, tout le péril qui pourroit estre en cest aduis, c'est qu'en la concurrence de deux ou trois qui se présenteroient pour auoir un estat, il y suroit lieu de gratification, et cest gratification se pourroit acheter, ou du résignant, si on lui en laissoit la disposition, ou à quelquun de la Cour, si le Roy se la réseruoit.

Pour[4] éuiter cest inconuénient, on pourroit affecter l'estat pour quelque temps, à certaines personnes qui eussent droit de préférence à tous aultres.

On pourroit donc ordonner que les enfans de ceux qui ont exercé, ou exercent encor, quelqu'office, seroient préférés à tous aultres, quand un tel office vacqueroit par mort, résignation ou forfaiture, de telle sorte que personne ne pourroit résigner à un aultre qu'à leur refus, et au cas qu'il s'en rencontrast deux, le plus ancien seroit préféré.

Quand aux autres, s'en présentant deux, qu'un gentilhomme fust préféré à ung qui ne le seroit pas, et si tous deux estoient de pareille condition que la préférance fust accordée au plus aagé, si ce n'estoit que le moings aagé voulust faire preuue de suffisance, contre le plus aagé, en la compagnie en laquelle ilz désireroient entrer, auant que d'obtenir les letres de prouision, auquel cas les letres seroient expediées à celuy qui seroit jugé le plus capable, qui en ce faisant serait receu sans aultre examen.

---

[1] Le texte porte *Pallotte*.

[2] En marge est écrit : *Au cayer des Finances*.

[3] Ce paragraphe est rayé dans l'original.

[4] Ce paragraphe est rayé.

On pourra dire que par ce moien on osterait au Roy la libre disposition des offices; mais il y auroit bien plus de subiect d'alléguer cest inconuenient, quand on a establi le droit annuel, qui en effect, ostoit au Roy la disposition des offices pour la bailler à des partisans; et le Roy faisant ceste ordonnance, sera tousiours regner pour celluy qui aura disposé de l'office, parce que l'on en sera pourueu par l'ordre qu'il aura pleu y establir.

Mais d'autant que nos espris ne sont pas capables d'un remède qui ait trait à plusieurs années, il semble que le premier moyen sera plus conuenable.....

inachevé.....

(Arch. Nat., K 675. n° 171.)

LXXII

Sa Maiesté est trés humblement supplyée d'ordonner que tous officiers comptables ez chambres des comptes, et de clerc à maistre seront à l'aduenir maintenuz en l'exercice de leurs charges suyuant et conformément aux édictz de création de leurs offices deuement vériffiez, nonobstant les usurpations faictes par aultres officiers sur leurs dictes charges, depuis quelques années en çà. Attendu que l'exercice desdictz officiers est beaucoup plus proffittable à sa Maiesté, que n'est celuy desdictz usurpateurs, comme iceulx officiers feront paroistre à sa dicte Maiesté, laquelle ilz supplient très humblement les faire ouyr pour estre reiglez de l'exercice que les ungs et les autres doiuent auoir en leurs dictes charges.

(Arch. Nat., K 675, n° 177.)

LXXIII

Au Roy toute prospérité et longue vie, comme sacré instrument de Paix.

SIRE,

Poletage et vente d'offices
Font paroistre tant d'iniustices,
Qu'il faut craindre, que tout à coup
Il ne se fasse encore un coup
De praticien pour parfaict sine [1]
Que Dieu à ce trafic en haine
Ainsy que les recommandations
Pour causer trop de corruptions
Mon Grand prince, donnez y ordre,
En corigeant un tel désordre
Et mesmement ce qui s'ensuit.

Après que les arrests ont esté donnés, il seroit très expédient qu'ilz fussent signez sur le champt, de toute l'Assemblée des juges par ce que n'estans signés que par un présidant et un rapporteur en leur particulier, et lorsque bon leur semble, comme l'on a accoustumé de faire, ilz y adjoustent ou diminuent à leurs volontés, contre la détermination de toute la Cour, au moyen des poursuittes que leur en font les partyes dont naist journellement de très grandes injustices.

Il n'est raisonnable que les partyes se démettent entre les mains des aduocas et des procureurs ainsy qu'ilz font nommément au Parlement de Paris, de tous leurs titres, actes et enseignemens en quoy peut concister tout leur bien sans en prendre récépisé.

Les formalités de Justice sont tellement longues que la pluspart de ceux qui ont gain de cause, se trouuent le plus souuent auoir perdu pour la grande despence qu'il leur conuient de faire à cause du trop long séjour qu'ilz mettent à poursuiure, absens de leurs maisons; car de s'atendre aux procureurs sont presque tous affronteurs qui sont à qui plus leur donne.

Le Parlement de Paris est tellement chargé d'affaires à cause de la Grandeur de son resor, que les parties ne peuuent auoir justice, à raison de quoy il seroit nécessaire d'en retrancher, et en erriger, un pour les prouinces les plus esloingnées et fatiguées de venir pleder si loing.

Sire, trop de subçides, tant aux champs que dans vos villes, errigées par le malheur des guerres passées, auec promesse d'estre ostées quanc elles seroient diçipées, c'est de quoy maintenant, votre pauure peuple, très affectionné supplie Instemment vostre Maiesté sacrée.

(Arch. nat., K. 675, n° 186.)

LXXIV

[FINANCES ROYALES : DÉSORDRE.]

MESSIEURS,

C'est un mal héréditaire à ceulx qui ont esté chargez de l'administration des finances du Roy, qu'ilz ont porté leur esprit plus tost aux moyens d'en augmenter le fond, que d'en diminuer les Charges; maintenant que tant de Gens de bien s'asemblent pour proposer les remedes aux maulx qui surchagent le peuple, ceste conception m'estant tombé en l'esprit pour le bien que je veux au public, je me licentie de vous dire, Que le plus utille seruice que l'on sauroit faire à Sa Maiesté, et qui doibt retourner au soulagement du peuple, est de trauailler à la descharge des Finances, de Sa dicte Maiesté. Et pour en trouuer les moiens, il est à considérer qu'en la deppence, il y a trois choses principalles, assauoir les gaiges des officiers, les pensions et les rentes.

Pour les Gaiges, l'on peult pouruoir en supprimant bon nombre de nouueaulx officiers qui sont inutiles; mais il est à craindre que des raisons d'Estat retiennent d'y trauailler.

Pour les pensions, il y auroit grande raisons de les resduire au pied qu'elles estoient du viuant du Roy, Henry-le-Grand, dernier décédé, de Glorieuse mémoire, mais l'usage du Roy a donné l'aduantage aux princes et seigneurs de tirer des Gratifications de la bonté et libérallité de la Royne régente, et sera difficille de les retrancher au pied de la Raison, que la Majorité de Sa Majesté ne luy ayt fait prendre cognoissance du bien et du mal de ses affaires.

Il reste les rentes à la diminution desquelles les ministres et officiers peuuent trauailler sans crainte, comme le seul moyen qui leur est ouuert pour soulager la despence des Finances du Roy, sans que les particulliers de l'Estat, en soufrent aucun dommaige.

C'est sur quoy, Messieurs, vous estes supplié de réueiller voz espritz et d'aultant que les moyens des articles, qui dès longtemps ont este veuz et arrestez au Conseil du Roy, et de l'exécution desquelz on auoit chargé le Sieur Geslain auditeur des Comptes, qui sont tombez entre mes mains, sont de ceste qualité, sans qu'ilz ayent néantmoings eu aucun effect, soit par l'artiffice des Comptables, qui se préualent des deniers qui sont entre leurs mains, soit par la négligence dudit sieur Geslain, ou par autres considérations qui ont retenu ceulx qui ont eu le pouuoir et l'authorité d'en ordonner.

Je les vous propose affin que non seulement il vous plaise d'en requérir l'exécution, par vos cahiers, mais aussy, supplier Sa Majesté, que tous autres moiens de ceste nature et sans reproche soient employez aux rachaptz desdictes rentes, affin qu'après le peuple puisse estre plus facillement deschargé des subsides et impositions qui l'oppriment.

[1] Le mot sine est fort lisible.

Articles accordez par le Roy en son conseil, à Monsieur Mathurin Geslain, auditeur en la Chambre des Comptes de Paris, pour le rachapt et admortissement
de Cinq cens mil liures Tournois de rente, reuenant en principal à six millions,
de liures Tournois, constituées sur les receptes généralles et particullières de
Sa Majesté, hostel de Ville de Paris et autres de son royaulme.

Premièrement : Sa Maiesté a commis et commet ledict Geslain pour recepuoir
de quartier en quartier ou aultrement selon que les paiemans sont raiglez tous et
chascuns, les deniers des arrérages des rentes constituées tant sur toutes les tréso-
reries, receptes généralles et particullières, domanialles à fermer, que sur la maison
et hostel de Ville de Paris et autres de ce royaulme, dont le fonds se faict par Sa
Maiesté, lesquelles sont racheptées, estainctes et admorties, supposées ou escheües
à Sadicte Majesté, et qui luy doibuent reuenir par quelque moyen, et pour quelque
cause que se soit à commancer la recepte desdictz arréraiges de rente, noz deubz
du premier jour de Januier mil six cens. . . . . jusques en fin des douze
années déclarées.

Pour recepuoir aussy les deniers deubz et affectez aulx particulliers, tant pour
arrérages de rentes, que autres partyes, qui sont à présent saisies entre les mains
des contables desdictes rentes, ferniers, commissionnaires et autres qui en font
le maniement, lesquelz deniers ne sont compris au party de Monsieur Louis Massuau, et seront tenuz lesdictz contables de vider leurs mains en celles dudict
Geslain à l'instant de la demande qui leur en sera faicte.

Pareillement recepura ledit Geslain tous les deniers deubz ausdictz particulliers
non-saisiz, emploiez en debetz de quittances à eulx consignez pour faciliter les
descharges des comptes et autres quelconques demeurez ès mains desdictz comptables par les Estatz de Sa Maiesté, et les comptes renduz :

Assauoir, pour arréraiges de rentes négligées, à commancer du premier jour de
Januier 1604 que finist le temps donné audict Massuau, pour en faire le recouurement, et pour les deniers deubz ausdictz particulliers, pour autre cause que
pour lesdictz arréraiges de rentes du premier jour de Januier mil six cens ung,
que finist aussy ledict temps dudict Massuau, et pour ledict fonds, reuenant bon
par la fin desdictz comptes qui se fera ès mains desdictz comptables, autre que
celluy qui doibt tomber en la recepte généralle de regler tout ce qui en est, et sera
deub cy-après jusques en fin des dictes douze années.

Comme aussy recepura, ledict Geslain tous les deniers des natures déclarés
par les deulx articles précédans, qui seront cy-après saisiz ou demeureront ès
mains des comptables par négligence ou aultrement, et pendant douze années qui
commanceront pour les deniers comptables du ressort de chacune chambre, six
mois après la vérification, faute en icelle de la déclaration et commission qui
seront déliurez audict Geslain en exécution des présans articles, et seront tenuz
les dictz comptables de vider leurs mains desdictz deniers en celles dudict Geslain,
six mois après l'année de leur exercice expiré, à peine d'y estre contrains, comme
il est accoustumé, pour les deniers et affaires de Sa Majesté.

Et affin que les particulliers ne reçoiuent aucune perte, dommaiges, ne préjudice, à cause du dépost qui sera faict ès mains dudict Geslain des deniers susdictz, il sera tenu de les paier, sans fraiz ou retardation, à ceulx à qui ilz appartiendront, sy tost qui sera par eulx demandé, et pour les saisies en luy déliurans
les mains leuées, ou selon que par justice sera ordonné, durant lesdictes douze
années, en fin desquelles sera tenu de laisser le fonds desdict en partyes saisyes,
qui restera en ses mains, du moins pour les trois dernières années de la jouissance
dans les coffres cy-après déclarez, pour satisffaire aux particulliers ausquelz sy
ledict fonds n'estoit suffisant pour le paiement de Sa Majesté, leur pouruoir de
fonds.

Plus reccura les deulx tiers des deniers prouenans des débetz de quictance desdictes rentes constituées, sur lesdictes receptes et l'hostel de Ville, dont l'autre
tiers a esté accordé audict Massuau, assauoir dudict Massuau, ce qui en aura
reçeu en exécution de son traicté, et des comptables les deux tiers que ledict
Massuau, n'a encores receuz, pour estre lesdictz deulx tiers paiez et déliurez
comme dessus, sans fraiz aux particulliers, à quoy ilz appartiennent, sy tost qu'il
sera par eulx demandé.

Et outre recepura dès à présent tous les deniers desdictz natures cy-dessus, qui
ne seront compris au party dudict Massuau.

Le fonds qui est à présent laissé dans les Estatz de Sa Maiesté, pour le paiement
des rentes et frais dessusdictz, ne pourra estre diminué, diuerty, ne reculé, par
les susdictz, au préjudice, de ce qui debura tomber entre les mains dudict Geslain, pour l'amortissement desdictes rentes, mais au contraire, sy à l'aduenir, Sa
dicte Majesté, faict plus grand fond, qu'elle ne faict esdictes années passées, ledict
Geslain sera paié ainsy à proportion des autres rentes.

Tous lesquelz deniers seront reçeuz à, le remboursement, rachapt des rentes,
faict suiuant l'ordre et contenu en la déclaration de Sa dicte Maiesté, et par les
ordonnances des commissaires qui seront par elles députez, en sorte que Sadicte
Maiesté, en demeurera vallablement deschargée.

Sera tenu ledict Geslain tant pour la commodité des contables des prouinces,
que particulliers, qui auront à recepuoir les deniers dont il fera le recouurement
esdictes provinces, d'establir des Commis en chacunes villes de ce royaulme, ou
les bureaulx des receptes généralles sont establiz, lesquelz seront tenuz de bailler
communication, par deuant les trésoriers généraulx de France, des lieulx, de la
somme qui sera ordonné eu esgard à leur maniement, et en rapportera l'acte au
Conseil, trois mois après leur establissement.

Et d'aultant qu'il est nécessaire pour la descharge de Sa Maiesté, enuers lesdictz
particulliers, que leurs quittances et acquitz seruant pour ladicte descharge,
soient mis en ses Chambres des Comptes, sera tenu ledict Geslain de mettre au
Greffe des dictes Chambres, les acquitz des paiemens, qui seront par luy faictz de
trois ans en trois ans, auec ung inuentaire d'iceulx, signet et certifiez de luy,
pour, à la diligence des procureurs Généraulx de Sa Majesté et estre les descharges faictes sur les comptes, ainsy qu'il appartiendra ; le tout sans fraiz.

De tout lequel fondz susdict, qui est escheu, et qui eschera cy-après, pendant
lesdictes douze années accordes audict Geslain; dont sera par luy, ou ses dictz
commis faicte des receptes ensemble des arréraiges de rentes, qui seront par luy
rachaptées, et dont les paiemens se feront pendant ledict temps. Ledict Geslain a
promis et promet, et s'oblige de rachepter et admortir lesdictes rentes, constituées
sur lesdictes receptes, et l'hostel de Ville, du moings cinq cens mil liures de
rentes reuenant à six millions de livres, en principal, dont Sa dicte Maiesté, et
lesdictz hostel de Ville sont chargés, et ce pour esgalle portion pendant lesdictes
douze années, qui est quarante ung, mil six cens soixante six liures treize sols
quatre deniers tournois de rente par an, et ce qui en sera rachepté de plus, demeurera pareillement, au profict de Sa Maiesté, et encores que lesdictes rentes
soient racheptées et admorties à cause des descharges qui en seront faictes sur les
minuttes des contractz, et constitution, et par les quittances des propriétaires,
néantmoings le fonds des arréraiges d'icelles sera emploié dans les comptes, afin
que ledict Geslain puisse prendre et recepuoir ledict fonds durant lesdictes
douze années.

De toutte laquelle recepte et deppens ledict Geslain comptera de six mois en
six mois par Estat, par deuant les commissaires qu'il plaira à Sa Maiesté ordonner
et donner au Conseil de Sa Maiesté, et en fin desdictes douze années, aux chambres
des Comptes, où il eschetra.

Pour seureté des deniers de ladicte recepte, sera tenu ledict Geslain les mettre
en des coffres-fors fermans à doubles serrures, qui seront mis pour Paris, en
l'hostel de ladicte Ville, et pour les autres lieulx et maisons de ses commis sise
en la Ville, où le bureau de la Généralité est estabj, après que lesdictz commis
auront baillé communication, comme dict est, duquel coffre, l'un desdictz commissaires aura une clef, le Préuost des marchans ung autre, et ledit Geslain
l'autre.

En Considération de ce que dessus, Sa dicte Maiesté a accordé audict Geslain
deulx solz pour liure de tous les deniers qu'il emploira actuellement au remboursement desdictes rentes moiennant lesquelz deulx solz pour liure, ledict Geslain
fera ses dilligences, recherches, contrainctes, fraiz de Commissaires et de commis,
recepte et port, et voitures, sauf pour les comptes qui seront Renduz en chambres
des Comptes à la fin des dictes douze années, les espices et frais desquelz sera
paié aux despens de Sa dicte Maiesté.

Ne pourra ledict Geslain estre dépocedé de ladicte recepte et Commission en
considération du temps, peine et trauail par luy employé, par le Commandement
de Sa Maiesté, pour l'esclaircissement du contenu aux presans articles.

Touttes déclarations et lettres de Sa dicte Maiesté, que besoing sera, seront
déliurées audict Geslain pour l'exécution desdictz articles, lesquelz Sa dicte Majesté
fera vérifier sans que ledit Geslain soit tenu d'aucuns fraiz.

(Arch. nat., K. 675, n° 135.)

LXXV

[RÉDUCTION DES TAILLES ET DE L'ÉTAT MILITAIRE.]

Que tous preuillèges et exemptions octroiez depuis la mort du feu Roy Henry
deuxiesme, pendant la minorité, ou trop grande jeunesse de noz Rois, et les
guerres et troubles du Royaulme, soict aux villes, personnes ou communaultez,
pour quelque cause que ce soict, seront réuocquez et les subiectz du Roy réunis
en égallité de contributions, pour ce que autrement, les plus fortz et fauorizez
oppriment les foibles, et leur font porter la surcharge de ce dont ilz sont deschargez.

Que par ce moien, les aydes estans remises en plus grande valleur, il sera plus
facile et raisonnable de diminuer les tailles et pour ce faire, oster du tout, la
grand crue des garnisons establie seullement depuis les derniers troubles de la
Ligue.

Supplier le Roy, se contenter de la taille et du taillon, attendu que les dictes
garnisons extraordinaires ne sont plus nécessaires, ny en effect aulcunement entretenues depuis une sy longue paix, qu'il a Dieu donnée à la France, par le
ministre de la valleur et pruddence du deffunct Roy Henry le Grand, et sage
conseil de la Royne régente.

Que les deniers du taillon seront employez pour l'entretenement des garnisons
ordinaires, qui restent entretenues et nécessaires pour la tranquillité, à quoy ilz
se trouueront suffire.

Qu'il n'y ayt que six compaignies de gendarmes des ordonnances, entretenues
pendant la paix, et touttes autres cassées et réuocquées, pour ce qu'aussy bien
telles ne seruent qu'à la ruine et diminution des finances.

Qu'esdictes six compaignies d'ordonnances ne seront admis que des gentilzhommes de race et d'extraction, ou ennoblis par lettres pattentes deuement vériffiées, et s'ilz sont aultres, sera permis de les mectre aux tailles et faire payer les
aydes, sans qu'ilz puissent s'aider d'aulcuns preuillèges ny exemptions quelconques
pour estre desdictes compaignies, mais seullement comme gentilzhommes d'extraction ou ennobliz et sans qu'ilz puissent entrer esdictes compaignies, pour recom-
pance des services, ny pour quel autre prétexte que ce soit.

Qu'en temps de paix ne seront pareillement entretenuz que quatre régimens
de gens de pied, chacun de quatre compagnies de cent hommes seullement, dont
celluy des gardes du Roy, sera près de sa personne, quant et aultant qu'il verra
estre nécessaire; et les autres entretenuz ès villes frontières, et autres places fortes
de garnison.

Que le Roy sera supplié se contenter pour la taille ordinaire de quatre millions
de liures de tout temps accoustumez, jusques au règne du Roy Henry second, et
pour les nécessitez extraordinaires, luy seront accordez deux des dictz quatre
milions, reuenant le tout à six milions de liures jusques ad ce que, par ung meil-

leur reiglement de ses affaires, il puisse soulager son peuple desdictz deux millions, et remectre l'estat de son royaulme, comme il estoit au reigne du Roy
Loys XII, qui en fut appelé le père du peuple, à la charge que s'il suruient subiect
de guerre, soit dedans ou dehors du Roiaulme, où il faille leuer et emploier plus
grand nombre de gens de guerre, que les dictes six compagnies de gens d'ordonnance, et quatre régimens de pied, en ce cas seront augmentées les leuées d :
tailles par Parisis et demy parisis, desdictz quatre millions du corps et pied
antien de la taille ou jusques à double Parisis sy besoing est, qui seront remis et
ostez après les guerres finies en la première année de la paix restablie.

Que les monstres et paiementz des gens de guerre se feront par ceux desdictes
ordonnances, de trois en trois mois, et pour les régimens de pied de mois en
mois, sans aulcun retranchement ny changement de mois de plus ou moings de
jours, à peine contre les ordinateurs et exécuteurs d'estre puniz ou degraddez
de leurs charges et d'estre reprochez en justice, comme ingnobles, et infames,
pour ce que c'est contraindre lesdictz gens de guerre de manquer à leurs charges,
ou d'estre larrons et pilleurs de peuple en nécessité.

Messieurs LE TOENNELIER, et DU LIS.

(Arch. nat., K. 675, n° 198.)

LXXVI

FINANCES.

1. Pour remettre quelque mesnage aux finances, il soit appelé quelque personne
capable au gouuernement desdictes Finances.

2. Que on face recherche des mauuaises administrations des finances, pendant
la minorité du Roy, et que les directeurs et intendantz, desdictes finances soint
responsables, eux et leurs enfans, jusque à la quatriesme génération des abus et
diuertissementz, qui se trouueront auoir esté faictz des deniers publicz.

3. Qu'il soit pourueu, sur les exactions faictes, tant pour le droict de confirmation, que pour autres leuées de deniers extraordinaires pendant la minorité du
Roy, et qu'il soit vériffié diligemment, quelles sommes, sont entrées actuellement,
aux coffres du Roy pour les dictz droictz, et informé des exactions faittes au
dehors et au dessus des dictes sommes, et les coulpables des diuertissementz, de
quel que qualité et condition qu'ilz soint, punis extraordinairement et leurs
veufues et héritiers responsables des sommes jusques à la quatriesme génération.

4. Descharger le peuple de quelque partie des tailles gabelles et aydes.

5. Qu'il y aict quelque distinction d'habitz entre les personnes, et de la suitte :
aultrement le prince vestu, que le seigneur; aultrement le seigneur que le gentilhomme, aultrement le gentilhomme de vingt et trante mil liures de rente que
celuy qui n'en aura que quatre ou cinq.

6. De mesme différence, aux habitz et suitte de gens de robbe longue, qu'il
ne soit loysible aux aduocatz d'auoir de carosses, ne porter soutanes de satin, et
qu'il ne soit loisible aux procureurs de porter des soutanes de [1] damars; ainsy des
marchandz, selon la qualité, il y oye différence aux habitz.

7. Que le commerce soit restably et pour cest effect qu'il plaise au Roy diminuer les subsides, qui se lèuent aux villes, marchandes, deffendre l'usage des
estoffes estrangères.

8. Pour entretenir le commerce, qu'il ne soit loysible aux marchandz d'acheter
offices de secrétaires du Roy, et que leurs enfans ne puissent auoir entrée aux
Cours Souveraines, pour les obliger à continuer la function et exercice de leurs
pères.

(Arch. nat., K. 675, n° 199.)

LXXVII

[RENTES DE L'HÔTEL DE VILLE.]

Affin que le payement des rentes de l'hostel de Ville de Paris se face plus
promptement et plus commodément pour le bien et soulagement des rentiers.

Affin aussy qu'il n'y ait péril, comme il y a eu la longue rétention des quictances que font les recepueurs, ou plus tost leurs commis, et qu'il ne s'en perde
ou esgare aucune, comme il arrive assez souuent, et que les rentiers ayent quelque
asseurance de leurs quictances, les ayant baillées, soit pour monstrer de la trop
longue rention (?) d'icelles, sans les payer, soit les ayant baillées au cas qu'il arriue
fortunes des rentiers ou qu'allant dehors, leurs femme enffans, ou leurs ayans
droict ayent cognoissance, comme lesdictes quictances auront esté baillées, pour
en recepuoir le payement.

D'aultant qu'il peult arriuer qu'un rentier, ayant aussy, comme dict est, baillé
ses quictances, décesddera, ou ira aux champs sans que ses héritiers ayent congnoissance, comme les dictes quictances ayans esté baillées n'auront esté payées,
et ainsy s'en peult perdre au destriment desdictz rentiers et leurs successeurs.

Et pour respondre à ce que l'on dict, que le controllé réddémye (sic) à cela.

Les rentiers disent qu'ilz n'ont aucune confiance en ce controlle, pour l'intelligence que lesdictz controlleurs ont auec les recepueurs ou leurs commis, ou plus
tost estans, les dictz recepueurs eulx mesmes les controlleurs, comme le bruit
commung est, et sont assez habilles gens pour cela.

Or pour obuier à tous ses inconuéniens et y apporter remedde conuenable :
Le moyen semble qu'il seroit bon d'ordonner que doresnauant, sy tost que chacun

[1] Damas.

quartier sera escheu, les payeurs des rentes seront tenuz aux jours qui leurs seront prescriptz de chacune sepmaine, de faire tenir à l'un des bureaux de la ville quelques ungs de leurs commis à scauoir le matin depuis huict jusque à unze heure, et après midy depuis deux jusques à cinq heures du soir, sans intermission, pour recepuoir des rentiers, leurs quictances du quartier qui sera escheu.

Baillant par les rentiers leur quictance, ilz en bailleront des coppies ou des extraictz, contenans en sommaire leurs noms, la somme, les quartiers et la constitution de la rente et au dessoubz desquelles coppies ou extraictz les commis mettront le jour de la réception desdictes quictances, les passeront et les bailleront ausdictz rentiers, ou leurs gens aux jours pour ce ordonnéz tant le matin que l'après dînée, pendant le temps et espasse dessus dictz, et affin qu'ilz ayent le loisir de descharger les quictances, et voir les difficultés qu'il pourroit auoir.

A laquelle huictaine de payement aux jours, lieux et heures préfix, les dictz recepueurs ou leurs commis seront tenuz d'ouurir leurs bureaux pour faire le payement, tant le matin que l'après-disnée sans discontinuation ne intermission des quictances baillées la huictaine précédente.

Pour faire lesquelz payemens, les dictz commis prendront à leur arrivée les dictes coppies de quictance ou extraictz qu'ilz auront parafez la huictaine précédente, pour, sur les originaulx auront par deuers eux, ou sur les feuilles qu'ilz en auront faictes, en faire le payement sur le champ, et sur les quictances ou y aura quelque difficulté, elle sera cottée sur icelle, soit les arrestz s'il y en a, les noms des arrestans, les domicille esleuz, soit autres chose qui en retarde le payement, s'il y en a, sans abstraindre les rentiers d'aller en leurs maisons vérifier les dictes difficultez, et auant que commancer le payement, rendront les quictances, ou y aura quelque difficulté escripte au bas de la quictance, que l'on rendra.

Et les dictes quictances bonnes, les payeront les unes après les autres, ainsy qu'elle arriueront soubz leurs mains, sans faire triage à leur volonté, ou selon la feuille qu'ilz en auront faicte.

Et sy aucun de ceulx qui auront ainsy baillé les dictes coppies ou extraictz de quictance parafez desdictz commis, à l'ouuerture du bureau pendant ledict payement, alloit en ville à ses affaires, retournant les dictz commis seront tenuz le payer promptement, et jusques à ce que lesdictes quictances prinses à l'ouuerture du bureau, soient payées, tant qu'il y aura gens pour les recepuoir; ne prendront lesdictz commis autre quictance pour les payer.

Et quand lesdictes quictances premières prinses auront esté payées, en prendront d'autres qu'ilz payeront; jusques à l'heure, et ce tant le matin que l'après-disnée.

Et affin qu'il n'y ait aucun monopole, qu'ilz ne payent ung quartier pour l'autre, ou par aduance, à ceulx qui bon leur sembleroit; seroit à propos et nécessaire de prier quelques ungs des rentiers de prendre la peyne de se trouuer au bureau par sepmaine, ou par mois, à sa volonté, tant lors de la réception desdictes quictances pour en prendre mémoire des noms des rentiers, des sommes et du quartier, que aux jours des payement d'icelles, pour faire mention, sur son mémoire, de celles qui seront payées, et de celles qui seront rendues, où il y aura difficulté, et de celles payées à qui elles auront esté payés : Et ne permettra qu'il se paye autre chose, que ce qui sera sur ladicte feuille, et que pour le quartier courant ou le précéddent, et lorsque l'on payera, retirera le dict rentier commis, lesdictz extraictz parafez desdictz commis, rayera leur seing, et les enfillera à mesure que l'on en fera le payement, et à l'heure de unze heure du matin, et de cinq à l'après-disnée, après lesdictz payement, ledict rentier fera si bon luy semble paraffer la feuille par ung de Messieurs les escheuins qui sera aux bureau et s'il y a eu quelque plainte de rentiers en fera le rapport.

Et affin aussy que les rentiers sachent au vray quand et à quelz jours ilz iront porter leur quictance, et pour qu'ilz..... quartiers seroit besoing faire ung estat de chacune nature de rentes, pour le faire publier et aficher, quand commencera le paiement.

L'on dit qu'il y a inconuéniens à bailler des billets ou recepicez, et que sy les rentiers perdoient leurs billetz, comme il peult arriuer perdroient leur argent.

A quoy l'on respond que quand le billet seroit perdu l'on auroit recours au contrôle par une sommation ou interpellation de ne payer à celuy qui aporteroit le billet sans en aduertir le rentier auquel il appartiendroit, et au domicile qu'il esliroit par l'acte de sommation.

Que s'il se présente quelques difficultez sur ce que dessus; les cottant, l'on essaira d'y respondre.

(Arch. nat., K. 676, n° 102.)

LXXVIII

[RENTES DE L'HÔTEL DE VILLE.]

Au Roy, et à nosseigneurs députés par Sa Majesté en l'Assemblée des Estatz.

Remonstre humblement à Sa Majesté et aus dictz Syeurs députés, plusieurs pauures veufues et orphelins, que il leur est deub, tant yvelles que nouuelles arréraiges de rentes assignées sur l'hostel de la Ville de Paris, dix sept années ou enuyron, desquelles ne peuuent hauoyr aulcun payement ny justice, quant ils ce addressent aux recepuuers et payeurs desdictes rentes, il leur est impossible de les voyr, ny de parler à eulx, de là grande grauytéz.

Le pacé, nous estyons payés sans discontinuer, et euyons l'œil et la parolle des recepuers que l'on ne prenoyt que cinq sou tournois pour muid de vin, et auiourd'huy l'on paye troys liures cinq sou tournois pour muid de vin, qui est douze foys le double; et auiourd'huy, la chance est bien retournée pour les pauures veufues et orphelins, il nous fault passer, au lyeu des mains desdictz recepuuers, par les mayns de leurs commays pour estre payés, à grand pertes, et quant nous hauons baillé nos quictances, nous font aller deus et troys moys après ce, comme leurs lacquais et vassals, et sommes contraincts pour la paulureté et nécessité qui

nous accompaigne desdictz payements de leur quicter moytiée pour l'aultre
hauoyr, et ce trouuera, s'il plaist à Sadyte Maiesté, et ausdictz syeurs depputés
de faire monytions par tous les lieu et place, là où l'on fayct payement des dictes
rentes, que lesdictz recepueurs et commys ont unne infinité de personnes à tiltres
qui vont de maisons en maisons, pour hauoyr le bien des pauures veufues et
orphelins, qui soubz mains font des acquisitions, soubtz le nom d'aultres personnes à tiltres des acquisitions desdictes rentes à moytiée ou aus deux tiers de
pertes, qui est la totalle ruyne des pauures.

Et chose qui est fort aysée, et ce verra par lesdictes monytions, ou aultres
choses, témoing un appelé, deffunct, Dumont, commys de Monsieur Moyset, qui
en peu de temps a acquis une infinytté et c'est anrichy, tant par constitutions
de rentes, qu'il a eu pour rien, que par quictances et s'il plaist de faire interroger
sa venfue, et ung nommé Morel demeurant au mont Sainct Hilayre qui faisoyt
ce traficq là, pour ledict Dumont et aultres : et ung nommé Caron demeurant
à la rue de la Vererye, qui faict le mesme traficq pour les recepueurs et payeurs
desdictes rentes sur touttes les nattures desdictes rentes : et tesmoing un nommé
Payen premyer commys de Monsieur Moyset, qui a quicté sa praticque de procureur de Chastellet, pour entrer au party comme les aultres, qui, en peult de
temps, c'est faict riche de cent mil escuz; et ung nommé Chalonge, et aultres de
leurs quallité. Ils tyennent ran en leurs maisons, eulx leurs femmes et enffans,
de grands personnaiges, comme l'on voyt qu'il est en leurs maisons, tapisseryes,
vecelle d'argent, et sur leurs femmes, perles dyamants et touttes choses de superfluité, sinon que d'auoyr tirés et susséa le sang des pauures.

En ennoy, nous supplyons sa Majesté, s'il luy plaist, et Vous, nosseigneurs
députés à cest effect d'y apporter ung tel ordre, que à l'aduenyr puissions estre
bien payés, et satisfaicts, comme nous estyons le passé, affin de nous donner
moien d'esuiter la totalle ruyne de touz les pauures qui ont des rentes sur ladicte
vylle; mesmes que les rentes que nous doibuons à des particulliers sans consydé-
ration du deffault de payements que l'on nous faict, l'on nous contrainct tous les
jours par emprisonnement de noz personnes, vente de noz biens.

Plaise à Nosseigneurs prier sa Magesté qu'il aye pytié et compassion de Nous,
nous obligeant de plus en plus de prier Dieu pour l'accroissement de Son Estat;
Vous scauéz trop bien, comme noz biens ont esté volontairement baillés, quant nos
Royz en ont eu affayre; Ce faisant, de rechef, nous serons tenuz et obligez de pryer
de ce pour vous le Dieu immortel, d'hauoyr remedié à ung tel désordre.

(Arch. nat., K 675, n° 146.)

LXXIX

[RENTES ET PARTISANS.]

Plaise à Messieurs les députez pour l'ouuerture du coïre de l'hostel de Ville,
faire enrégistrer au régistre du Tiers-Estat, et leur mémoire.

Touchant les rentes adiugées par décret depuys la réduction de Paris, jusques
à la réuocation de partý, compris en la réuocation générale faicte par le feu Roy.

Que les partisans nonobstant icelle réuocation, n'ont délaissé de trauailler les
Adiudications au préiudice des debteurs.

Qu'ilz ayent à en rendre compte, qu'il y a arrest du conseil dont l'exécution a
esté différée pour le respect d'aulcuns entre les partisans employés aux affaires de
quelques grands.

Les debteurs comme aussy leurs créanciers y sont notablement intéressez tant
au principal que aux arréraiges. Cela regarde tout le monde.

Et de plus, que par les articles enuers eulx partisans, il n'y estoit faict mention
et deffences de plus tailler, et de faire aulcuns partiz.

(Arch. nat., K 675, n° 147.)

LXXX

[RENTES ARRIÉRÉES.]

Qu'il sera baillée assignation au recepueur général des rentes de la Ville de Paris,
assignées sur les receptes générallez, pour payer le plus promptement que faire se
pourra, aux particuliers, à qui elles seront deües, douze années d'arrérages
échueües depuis le premier Januier Mil six cens deux, jusques à pareil jour Mil
six cens treize, et que pour auoir cognoissance des assignations qui ont esté, ou
deub estre baillées par le passé, lesdictz recepueurs et payeurs ou leurs commis,
seront tenus en communiquer leurs régistres à ceulx, qui les en requerront, pour
sauoir s'ilz auront touché lesdictes assignations, et à quelles personnes, elles auront esté distribuées, affin de se pouruoir par ceulx qui y auront intérêt, ainsy
qu'ilz aduiseront bon estre.

Qu'il sera enjoinct aux trésoriers et payeurs des gaiges, des officiers domesticques
du Roy, de monstrer et communiquer à ceulx qui sont pourueuz d'offices en la
maison de sa Maiesté, leurs estatz, pour veoir et estre par eulx certifiiez et asseurez
si ilz y sont couchés et employez ou non.

Pareillement, que les trésoriers des ligues seront tenus et contrainctz d'exhiber
leurs estatz des pentionnaires à voluntè, affin que les Francois qui ont faict seruice
à sa Maiesté, soubz Messieurs ses ambassadeurs, et particulièrement sous Monseigneur le Chancelier, y sont encores couchez et emploiez.

(Arch. nat., K 675, n° 154.)

LXXXI

[[RENTES DE L'HÔTEL DE VILLE..]

Le fait des rentes de la Ville se peut appeler, affaire publicque, à cause du grand nombre de personnes de tous ordres, qui y ont inthérest, et partant on peut en parler aux Estatz.

Le Roy sera donc supplié de laisser fondz entier pour despense de la rente du sel, comme il a esté faict jusques à présent.

De faire fondz par chascun an, pour une demie année qui manque pour le payement des rentes constituées sur la récepte générale.

De receuoir les enchères qui ont cy deuant esté faictes sur la ferme des aides, pour estre employées au payement du quatriesme quartier de rentes constituées sur les aides.

Que les contractz faitz avec Messieurs du clergé seront entretenuz, et ce faisant, que lesdictz sieurs prenent actuellement par chascun an treize cens mille livres, desduction faicte de quatre mille deux cens liures pour l'hostel de la Ville de Toulouse, vingt mille liures pour la remise de deniers de Monsieur le Cardinal, et de sommes auxquelles se trouueront monter les spoliations du reuenu des bénéfices par voye d'hostilité, suiuant la clause du contrat de l'an v⁰ˣ lesquelles ne pourront estre jugées sans appeller le Préuost des marchans et escheuins le tout, si mieux lesdictz sieurs du Clergé n'ayment payer chascun an douze cens deux mille livres en deniers contentz sans aucune desduction.

Que le règlement cy deuant faict pour le payement des rentes de l'hostel de la ville au mois d'aoust et les arrestz de la Chambre de septembre et octobre dernier passé, seront gardez et obseruez et l'exécution desdictz arrestz en ce qui reste à exécuter, poursuiui à la diligence desdictz préuost des marchans et escheuins.

Sur les recoucurs qui sont hors de charges, ou leurs héritiers seront tenuz de vuider leurs mains des deniers des debet quitance, et quand à ceux qui sont encor en charge, receuront seulement trois années desdictz deniers et du surplus en vuideront aussi leurs mains pour estre employez ainsy que sera aduisé par le conseil de la ville.

(Arch. nat., K 675, n° 163.)

LXXXII

[RENTES DE L'HÔTEL DE VILLE.]

S'il plaist au Roy et à Messieurs de son Conseil que l'éédit de suréance pour la garantye des rentes sur l'hostel de Ville de Paris, dont le feu Roy Henry-le-Grand, d'heureuse mémoire, que Dieu absolue en auoit prins le faict et cause, pour l'amour qu'il portoit à son peuple, et pour abréger la quantité de procès.

Ledict éédit aura lieu pour tousiours et sans descontinuation, à la charge que désormais, et à l'aduenir l'on ne sera plus tenu de bailler caution pour recepuoir son bien, et ce aux créantiers preceddant en hipothéque, dont iceulx créantiers jouissent des dictes rentes, sur ledit hostel de ceste ville de Paris paisiblement, tant pour le bon heur que nous possedons, d'une heureuse paix, que Dieu nous conserue, que pour d'une amour   que nostre Roy nous porte, au payement et continuation desdictes rentes, pourchassant les antiennes vestiges de ces ancestres, et principallement de son très honoré, feu père et seigneur.

D'aultant que plusieurs pauvres créantiers, après que le bien de leurs dettes est vendu, il interuient aux oppositions des autres créantiers proceddans en hipothéque, néantmoings qui jouissent desdictes rentes à eux ceddés et vendus sur ledict hostel de ceste ville de Paris, paisiblement, et non contans de ce, font contraindre lesdictz pauvres créantiers, à bailler caution pour recepuoir leur bien, qui est chose du tout hors la raison, qu'une personne ne deuant rien soit contrainct de bailler caution, à gens à qui jamais ne leurs ont rien presté.

Qu'il est très mal pratiqué pour ce que dessus, par Messieurs les conseillers ou commissaires, qui ont accoustumé de faire les éédictz, mesme au préjudice dudict éédict, de suréance, qui est question, ilz font les ordres, ilz disent, et sera néantmoings mis en ordre, tel, et à la charge de bailler caution et rapporter les deniers quand l'éédict de suréance sera loué.

Le feu Roy n'a jamais entendu par son dict éédict de suréance que les postérieurs créantiers bailleroient caution aulx créantiers preceddans, qui jouissent desdictes rentes, estant ledict éédict par escript et sans condition.

Que touttes personnes qui ont rentes sur l'hostel de ceste ville de Paris, jouissans paisiblement desdictes rentes à eulx ceddés, ne seront désormais receuz à former opposition sur les biens de leur vendeur, s'ilz ne sont créantiers pour d'autres debtes, affin que l'ordre des dictz créantiers, en soit plus tost faict.

Et partant sera à remarquer sur les articles cy dessus, que plusieurs pauvres créantiers ne pouuant trouuer personne pour les cautionner, sont encores de présent à languir à recepuoir leur bien, mourant de faim auprès d'icelluy.

Et est à notter, d'abondant que soiuant les dictz pauvres creantiers trouuent et présentent caution, les dictz créantiers preceddant en font reffuz, soubz un faulx masque de prétexte, qu'ilz disent qu'ilz ne sont riches et partant sont refusées.

Ce qui se trouue amener le plus de desplorable, c'est quand lesdictz pauvres créantiers auec touttes sortes de peines, après auoir employé plusieurs personnes de leurs amys, et qu'ilz trouuent personnes capables pour les vouloir cautionner, il fault qu'ilz soient contrainctz de faire marché à ceux qui les veullent cautionner, c'est à dire que si ilz n'ont le tiers ou la moictié de l'argent que les pauvres créantiers doibuent recepuoir, ilz n'en veullent rien faire, et sont sèchement (?) en ceste fasson.

Que touttes saisyes-arrestz faics ès mains du receueur payeur comptable et autres personnes, quelz qu'ilz soient demeureront vallablement deschargés desdictz arrestz après l'an et jour passé suiuant la coustume de Normendye et partant ne feront aulcune difficulté de payer les rentes ou autres deniers aulx particuliers, sans aulcune difficulté ny allégation de sous-arrest.

Seront à cest effect tenuz les créantiers de renouueller lesdictz arrestz d'an en an sur peine de nullité de leurdictes saisies-arrestz.

Ceulx qui auront faict saisie réellement, et estably commissaires sur héritaiges ou rentes, seront tenuz de faire faire dilligence de ladicte commission, dedans un an, ou à faulte de le faire, sera ladicte saisie réelle avec les fraiz, déclarés nulz, le tout affin que les héritaiges ou rentes soient bien tost vendus, pour affin de recognoistre, s'il y a de la collocation ou non, d'aultant qu'il n'a plusieurs personnes au monde qui se disent créantiers et ne le sont pas.

Que tous les aduis qui seront désormais donnez au Roy et à Messieurs du Conseil, seront vériffiés à la Court de Parlement au parauant que d'entrer en la jouissance d'icelle, affin de recognoistre s'ilz sont d'équité, ou non.

(Arch. nat., K. 675, n° 192).

LXXXIII

[RENTES DE L'HÔTEL DE VILLE.]

La publicacion des Estatz estant faicte, m'auoit faict croire que plusieurs gens de bien et d'honneur mectroient la main à la plume pour monstrer les grands désordres qui sont au maniment des finances, et mectroient leurs mémoires dans le coffre de l'hostel de ville, mais jusques à présent je n'ay veu ny ouy dire qu'il en aict esté baillé aucuns, ny moiens d'y remédier. Cela m'a incité de faire ce mot, et remonstrer par icelluy ung désordre qui ce faict.

Je diray donc que par les comptes que Monsieur de Moisset a rendus en la chambre du paiement des rentes de l'hostel de ville, il se trouve plusieurs parties, qui sont tenus en souffrance pour rapporter des quictances d'aucuns particuliers, dont les rentes ne sont point réclamées, par ce qu'elles sont rachaptées au proffict du Roy, ou comme estant aduenues par désérance, ou autrement, et de ceste nature auec les debets de ses comptes, il s'en trouuera pour plus de cinq à six mil liures voire jusques à huict cens mil liures qui seroient suffisant pour acquitter deux cartiers de noz rentes, lesquelz se perdront auec le temps sy l'on n'y prend garde.

Le Moien donc d'y remédier ce seroit de promptement faire extraire desdictes souffrances et debets de compte et les luy faire paier au Greffe de l'hostel de ville pour estre les deniers emploiés au payement desdictes rentes.

(Arch. nat., K 675, n° 192.)

8° ADMINISTRATION DE LA VILLE DE PARIS.

LXXXIV

Pour que les affaires de la chose publique de la ville de Paris, soient doresnauant mieux conduittes et administrées par les ordonnances et reiglemens sur la police de ladicte ville mieulx obseruez, et les abbuz qui s'y sont glisser retranchez et que Messieurs les préuostz des marchans, et escheuins de ladicte ville de Paris ayent plus de temps et de moyen de leur faire bien pratiquer et obseruer.

Il seroyt bon que lesdictz sieurs Préuost des Marchans et escheuins, feussent plus longtemps èsdictes charges qu'ilz ne sont, et qu'au lieu de deux ans, ils y feussent quatre, ou trois au moingtz, d'aultant que lorsqu'ilz debueroient mettre a effect ce qu'ilz ont peu recongnoistre estre nécessaire pour le bien publiq, n'ayant emploiez les deux années de leur charge qu'à s'instruire et recongnoistre les affaires, et quant ilz ont bonne voulonté de bien faire; et ce moyen leur en est osté sortant de charge.

Comme l'élection de Messieurs les Préuostz des marchans et escheuins est bonne et bien instituées pour n'estre raisonnable, que l'administration de la chose publicque soyt perpétuelle en maisons et familles. Il est aussy très nécessaire que les charges et fonctions de procureurs du Roi et greffier dudict hostel de ville de Paris [soient] électiues et annuelles, et pour aultant de temps, que lesdictz sieurs préuost des Marchans et escheuins y sont, et par ce moyen, toutes sortes de monopoles et intelligences qui se peuuent glisser esdictes charges, et qui ne sont que trop congneüe, seront aboliz et les affaires publicques mieulx gouuernées à l'aduantage du peuple.

Pour remettre l'ancien ordre qui estoyt bien institué pour le bien et utillité publicque en l'administration des deniers des rentes de ladicte ville, il est nécessaire que les charges des recepueurs et payeurs des rentes de ladicte ville soient bien au corps de ladicte ville; et que lesdictes charges soient ellectiues de troys en troys ans, et qu'aucun recepueur ne pourroit estre plus longs temps que trois ans à l'instar des recepueurs des deniers commungs, de plusieurs bonnes villes de ce royaulme, assez bien pollicées pour ce regard, et que de chacune nature de rente il y aura ung recepueur esleu comme dict est, pour troys ans, tant pour le seul clergé, aydes que receptes généralle; et que ceulx du clergé et des receptes généralles recepuront les deniers de leurs assignations, aux lieux et temps qu'ilz leurs seront ordonnez, et pour les aydes et le sel, que les partisans leur mettent les deniers de leurs partiz destinez au payment desdictes rentes, de moys en moys également et qu'ilz y seront contraincts par corps.

Lesquelz recepueurs esleuz auront les mesmes gaiges et droictz qu'auroit le sieur de Vigny ayde recepueur general et paieur desdictes rentes, et non plus si ce n'estoyt que quelque consideration particulière les leur deust faire augmenter.

Qu'ilz renderont leurs comptes, en la mesme forme que les rendoit ledict sieur de Vigny.

Qu'ilz bailleront caution desdictes charges.

Pour désintéresser ceulx qui sont à présent pourueuz, ilz seront rembourcez de la finance qu'ilz justiffieront estre loyaulment et sans fraulde, entrée ès coffres du Roy pour la composition desdictz offices.

Le moyen de leur remboursement est d'ordonner que ceulx qui seront doresnauant esleuz esdictes receptes au payement desdictes rentes, seront tenuz de rembourcer selluy au lieu duquel ilz seront establis, et de la finance qu'ilz auront mise ès coffres du Roy, selon la vériffication qui en sera faicte par commissaires qu'ilz seront ad ce députtez; ainsy lesdictz sieurs Préuost des marchans et Escheuins : lesquelz recepueurs commis pour le remboursement de ce qu'ilz auront fourny pour la finance desdictz officiers, à présent exerceant lesdictz charges, retiendront en leurs mains les deniers des arrérages desdictes rentes amorties par rachaptz ou que par faulte d'hoirs, ne sont demandées, dont le fondz est grand, et au bout des troys ans[1], s'ilz mestier est remboursez du tout. Le surplus de leur remboursement leur sera fourny par ceulx qui seront esleuz, et entreront en charge, en leur lieu : Dès qu'ilz se rembourceront ainsy, et en la mesme forme que dessus, des deniers desdictz arréraiges de rentes, racheptées et amorties; et par ainsy dans quelques années, ledict remboursement sera faict à la descharge du Roy et du publicq, sans qu'aucun s'en ressente.

D'aultant que le monopolle au faict desdictes rentes, vient tant des recepueurs que de leur commis, et qui pouroyt aussy bien estre praticqué en ladicte commission triennalle, comme il faict à présent; seroyt nécessaire de donner ausdictz recepueurs des commis qui seroyent pareillement esleuz par lesdictz sieurs Préuost des marchans et escheuins, lesquelz bailleroient caution, et ce pour aultant de temps que lesdictz recepueurs communs seroyent en charge, et s'ilz faisoient mal en leurs charges, seront dépossédez, et ledict sieur Préuost des marchands, qui en commetteroit d'aultres en leurs charges.

Les deniers desdictes rentes ont estez très mal administrez, et pour ce il est besoing et raisonnable que recherche en soyt faicte.

Mais affin que la recherche en soyt bien et clairement faicte, les commissaires pour cest effect, doibuent estre esleuz en plaine assemblée de ville, lesquelz commissaires seront pris d'officiers du Roy des Cours souueraines et de bons bourgeois bien famez et renommez, qui ne seront parans, amys, alliez desdictz recepueurs, tant ceulx qui sont à présent en charge que ceulx qui en seront hors, et pour officiers aulcun de la Chambre des comptes ne..... de France, n'aultre officier comptable ne sera admis en ladicte commission.

Es mains desquelz commissaires non suspectz seront mis tous les comptes de ceulx qui ont faict lesdictes rentes, et payement desdictes rentes, tant du temps dudict sieur de Vigny que depuys, jusques à présent et qu'ilz sortiront de charges soyt ceulx qui sont cloz et soyt ceulx qui sont à clorre et à regler, pour les vériffier s'ilz sont bien renduz, s'il y a obmission de recepte, s'il y a de faulx ou doubles employs de quictement; et pour rentes non deües racheptées et amorties, et qu'ilz ne se recoipuent point faulte d'estre demandée et les propriétaires, ou leurs ayant droit et cause, ou pour arréraiges de rentes des années des troubles, et des rentes qu'ilz ne se payent encores à l'ordinaire en chascune année.

Et affin qu'ilz puissent auoir sur ce de bons mémoires et instructions, lesdictz commissaires pourront accorder à ceulx qui se voudront rendre partye contre lesdictz recepueurs, ou donner mémoires contre eulx; et quant des deniers des amandes, confiscations, et aultres choses qui seront contre eulx adjugées sur leur mémoires et aduis, mesmes des arréraiges des rentes qui seront répétées.

C'est article estant accordé, et le faisant publier, s'entendera dauantage à l'esclaircissement; les deniers prouenans desdictz faulx et doubles emploiz obmissions de receptes, amandes, confiscations, arerages et principal des rentes qui seront répétées, les droictz d'aduis et les fraiz desduictz seront emploiez au payement des aréraiges des rentes qui sont deües aux rentiers, de la nature d'où ilz seront prouvez. Touttefois à ceulx qui s'en seroient ainsy faict payer estant raisonnable, que pour leur monopolle et fraulde qu'ilz ont commis au destriment du publicq, ilz soient priuez de ce bien.

Qu'il sera compté auecq Messieurs du Clergé, de ce qu'ilz doibuent d'arreraiges de rentes sur le Clergé, et que du reliqua, il ne sera, et ne pourra estre faict aulcun traicté ne composition auecq eulx; ains qu'il sera informé, comme ilz ont leuds tous les deniers affectez au payement des rentes du clergé, et comme ce sont les depputtez tant généraux que particuliers, leurs recepueurs et officiers qui les ont, et se les sont dispensez par entre eulx, et partant les doibuent rendre, quelque descharge ou remise, que par surprise importunité ou aultrement, ilz auroient pu obtenir : ains lesdictz deniers seront emploiez au payement des arréraiges desdictes rentes et rachaptz d'icelles, les arréraiges payez.

Affin que les mémoires et aduis que l'on donne soient soutenuz par ceulx qui les donnent et ne soyent négligez faulte d'estre poursuiuiz, ou bien entenduz, seroyt à propos de faire publier, qu'il sera permis ausdictz donneurs de mémoires et aduis, ou ceulx qui auront charge d'eulx, et porteurs de leurs mémoires de se trouuer aux assemblées des cahiers pour les Estatz, que ausdictz Estatz mesmes, et qu'il leur sera donné audiance pour estre oyz sur les difficultez qui se pourront présenter, et objections que l'on pourra faire, sur leurs mesmoires et aduis, lesquelles difficultez rédigées par escript leur seront communiquées, et pour ce, se pourront addresser a tel de Messieurs les depputtez qu'ilz voudront choisir pour auoir communication par escript des difficultez et objections proposées sur leursdictz mesmoires et aduis, affin qu'ilz y peussent respondre par escript ou verbalement à leur choix. Lesquelz depputtez ainsy par eulx choisiz seront tenuz de leur faire donner audiance ou présenter leursdictes responces, ou sy ceulx qu'ilz auroient premièrement choisiz ne se trouuoient assez tractables à leur gré, en pourront choisir d'aultre à leur vollonté, voire eulx mesmes pourront demander audiance par le contenant de leurs mémoires, et aduis, et auoir espérance et droict qu'il leur sera accordé.

(Arch. nat., K 875, n° 103.)

[1] Ces formes insensées existent dans l'original.

LXXXV

Comme les corps des villes de ce royaulme, sont une des colônne de l'Estat, aussi doiuent-il estre bien reglez et policez.

Et est vray qu'ilz ne sont jamais esté, bien que quand les charges desdictz corps des villes ont esté électiues et annuelles, selon les ordonnances roiaux, et le désordre, qui y est à présent, vient de ce que par tolérance ou négligence de faire observer lesdictes ordonnances, lesdict charges des villes (fors celles, des maires, préuost, et escheuins) sont maintenant comme hérédilaires, et perpétuelles aux maisons, et ce qu'il les rend plus villes, c'est qu'elles se résignent et se vendent journellemet, d'où arrivent et proceddent les monopoles et pratique, qui se font en l'élection des maires, Preuosts et escheuins, les charges n'estant acceptées par ceux qui les ach001tent, qu'a dessein de proffiter, et le tout au préiudice du public.

Donc pour le bien public, il est nécessaire que les ordonnance royaux soyent obseruées, et que suiuant icelles, doresnauant tous offices de villes, soit maires, préuost et escheuins, conseillers, quarteniers, dixiniers, centeniers, cinquanteniers, procureur du Roy, greffiers, receueurs et aultres charges ou offices, qui sont du corps desdictes villes, soient annuelles et esfectiues pour deux, trois ou quatre ans au plus sauf la continuation de ceux qui auront bien mérité et faict chose remarquables pour le bien public.

Que lesdictes charges, ne se pourront doresnauant en quelque façon que ce soit vendre ne résigner pour quelque occasion, et à quique ce soit, à peyne contre les résignans de deux mil liures d'amendes, enuers le Roy et mil liures au dénonciateur, et de pareilles amendes applicables comme dessus contre les résignataires.

Ce qui cause à beaucoup le désir d'entrer en ces charges de ville, soit les esfectiues ou les aultres, c'est de vérité, l'honneur, mais aussy en beaucoup cest désir d'honneur est accompagné d'auarie (sic) et de proffict pour l'esmolument qui en reuient, par les droictz qu'ilz s'y attribuent; et ce qui est néantmoings deffendu par les ordonnances, car par icelles il est dict que ceulx qui y entreront y traueilleront, gratuitement, mesmes que les deniers de le composition des offices, ausquelz sa Maiesté leur a permis de pouruoir, tourneront au proffict et utilité de la ville, ce que ne se pratique; ains lesdictz droictz sont apliquez à leurs proffict particulier, et non à la chose publique.

Or pour empescher que sela ne soit plus à l'aduenir, et que ces charges soyent départies à gens d'aage, de qualité et mérilte, et affectionnez au bien publicq, plustost que à leurs proffict particullier, et que ses brigues tant frequantes et ridicultes soyent abolies, soye ordonné :

Que tous les droictz que lesdictz maires, préuost et escheuins, conseillers, procureurs et greffiers desdictz hostez et maisons dict, de ce royaulme, s'attribuent, seront reduictz au corps commung desdict villes, qui d'iceux moderez, toutfois les receueurs des deniers commungs desdictes villes en compteront doresnauant comme de aultres deniers patrimoniaux et d'octroy desdicies villes, pour les deniers reuenans bons, les charges ordinaires desdictes, estre employez au rachета des rentes deües par lesdictes villes.

Desquelz droictz néantmoings seront exceptez ceulx qui lèuent sur le boys, vin, foin et autres denrés, qui se debitent au public, qui demeureront du tout estaincts supprimez et aboliz au proffict du public.

Que les dictz maires, préuost escheuins, conseillers, procureurs du Roy, greffiers et officiers desdictes villes ne pouruoiront doresnauant aucune office desdict villes, ains la prouision en est réseruéе à sa Maiesté et pour ceulx qui en sont à présent pouruenz, seront tenuz prendre prouision du Roy à paier la finance à laquelle ilz seront taxez pour les deniers, en prouenant selon la taxe qui en sera faict au Conseil estre employez au rembousement des offices de receueurs et payeurs des rentes de la ville de Paris et l'onzieme d'icelles qu'il est nécessaire de réunir au corps de ladicte Ville, pour y estre doresnauant pouruen par eslection des gens notables et agréables au public; et après ledict remboursement, estre les deniers prouenans desdictz offices qui seront receuz par lesdictz receueurs doresnauant esleuz pour receuoir les deniers distinctz au payement des rentes desdictz villes et à en faire le payement, employez au rachaptz desdictes rentes deües par le Roy sur les receptes générallnes desdict Villes.

Que les sallaires et droictz que les officiers à présent pouruenz par les dict maires, préuost et escheuins et officiers des Villes, offices et charges des dict ville et que sont tenus prendre prouision du Roy seront reglez selon les ancienne ordonnance, faict pour chacune ville sur le faict de la police, et le tout au soulagement du public.

Sy on suprime ce mémoire on s'en plaindra tous en plaine assemblée.

(Arch. Nat. K 675, n° 149.)

LXXXVI

— Sont suppliez Messieurs les depputez pour l'Assemblée des Estats de remonstrer au Roy, que jamais l'on n'a veu les charges, principalement les publiques estre bien administrées, par ceux qui les ont briguées, n'estans iceux poussée d'autre intention que de faire leur proffict particulier au détriment du public. Ce qui se recognoist principallement à Messieurs les officiers aduocats et Procureurs, qui n'ont accoustumé de faire un pas sans recepuoir salaire; lesquelz ayans esté admis en icelles, y ont estably des longueurs et formalitez, et par ce moyen tiré et exigé de l'argent des parties, de ce qui se faisoit, au précédent gratis. Ce qu'ayant très bien considéré Henry second, auroit par son éddict, donné à Fontainebleau, au moys d'octobre mil vi° xlvii verifiér en Parlement, expressément deffendu que tous officiers des cours souueraines justices ordinaires et extraordinaires, aduocats, et procureurs ne feussent pouruenz en charges ou estatz des pré-

uostz, maieurs escheuins, ou autres estatz de ville, soit par voye d'eslection, ou
autre manière de prouision, sur les peines (tant aux estisans que ausdictz officiers ayans accepté lesdictes charges) contenues en ladicte ordonnance ey attachée.
Depuis lequel temps, jusques un peu au précédent les troubles, que ceste ville
de Paris auroit esté gouuernée par escheuins, bourgeois et marchans, et non
officiers, y auroit eu un tel ordre en la police que le peuple y estoit extrêmement
soulagé, les officiers commis pour l'obseruation d'icelle (ausquelz on donnoit les
dictz offices pour leur bonne vie et preud'homie, ou desquelz on ne prenoit que
honnesteté) y faisans gardar exactement les ordonnances. Mais depuis ce temps là
que Messieurs les officiers ont esté introduictz (soubz umbre que quant lesdictz
offices viennent à vacquer et qu'elles ne sont résignées par ceulx qui les exercent,
et partant reviennent à leur profict, pour en disposer, lesquelz en tirent mil,
deux mil, et jusques à six mil d'aulcunes) lesdictz officiers ont esté forcez de ran-
çonner le peuple pour leurs vacations, s'entendre auec les marchands, desquelles vexations ilz ne sont repris et chastiez par lesdictz Préuost et escheuins,
leur conscience jugeant, comme disoit l'empereur, «qu'il faut vendre en détail, ce
qu'on a achepté en gros».

Et combien que parfois ilz ayent réitéré les ordonnances, faict publier icelles
par la ville et affiché sur les portz, ce néantmoings, ce n'a esté que pour aulcunement appaiser le peuple qui crioit tant pour la charité du boys que pour n'estre
de grosseur et longueur, et que lesdictz officiers s'entendoient auec les marchans
et exigeoient du peuple pour leurs vacations, lesquelz ilz debuoient condamner à
de grosses amendes et les priuer de leurs offices, et par ce moyen leurs ordonnances eussent esté obseruées, ce qu'ilz n'ont pas faict pour les raisons susdictes.

Et pour monstrer que ce n'est l'honneur ny la charité qui les pousse à briguer
les charges publicques, ains seullement le profflict, il ne se trouuera point qu'ilz
briguent les charges de recepueur des pauures, administrateur des pauures enfermés, et autres semblables, où il n'y a que du temps à perdre, et rien à gagner,
moings celles où il y a de la despence à faire, comme ilz se dispensent de bailler
de leurs enfans pour enfans de ville à l'entrée des Roys et roynes, où il fault des-
penser chascun xii ou xvᵉ liures, d'assister à chenal, messieurs de la Ville ausdictes
entrées, et autres semblables affaires, où il n'y a rien à gaguer, et reiettent cela
sur lesdictz bourgeois et marchans.

Pour remédier auquel désordre, et que les ordonnances de la ville de Paris,
sur la police d'icelle soyent obseruées, et par ce moyen le peuple soulagé, et qu'il
soit esleu ausdictes charges, gens de bien et d'honneur qui ne briguent point
(comme il se faisoit autresfois) lesdictz sieurs supplieront le Roy en ladicte assemblée des Estatz que ladicte ordonnance de Henry second par lesdictz préuost et
escheuins soient doresnauant exécutées; que le Conseil de la Ville soit estably,
vaccations aduenant par mort ou résignation, suiuant l'ordonnance dudict Henry
second donnée à .....[1] au moys [may] mil vᵉ cent cinquante quatre, sçauoir
de dix officiers du Roy, de sept bourgeois ayans faict la marchandise et ne la faisant plus, viuans de leurs rentes, et sept bourgeois faisant actuellement la marchandise, faisans, en tout le nombre de xxiii. Que l'aduis de Monsieur de Souilly
sera suiuy pour le regard des offices, venans à vacquer lesquelles entreront au
profflict du domaine de la Ville.

Que lesdictz préuostz des marchans et escheuins ne prendront aulcune chose
pour leurs vacations, soit pour visitations receptions de quartiniers, diziniers,
cinquantiniers et autres officiers, renouuellement de baux du domaine de la Ville,
du Clergé, des fermes du Sel, et aydes dons et octroys du Roy, ains entreront
tous les dictz droictz au profflict du domaine de ladicte ville, pour seruir aux bastimens, embellissemens et fortifications d'icelle. Qu'ilz ne se pourront faire paier
de leurs arriérés de rentes, tant vieilles que courantes, que selon qu'il se paiera
à tous les autres, et où il se trouueroit le contraire qu'ilz seroient dépossedez
ignominieusement de leurs charges et condemnez à de grosses amendes. Par ce
moyen ilz feront leur debuoir de sollicter, que les bourgeois soient payeiz de leurs
rentes, ce qu'ilz ne font pas maintenant estans payez des leurs.

Recepuront touttesfois les [2] mᵉ ˡˡ que l'on leur donne, estans esleuz, pour auoir
une hacquenée et une robbe, les droictz des estrennes au feu de la Sainct Jehan.

Ce qu'estant ordonné on ne verra plus brigues, qui est la chose la plus vilaine
du monde, il sera esleu gens d'honneur et notables, et qui exerceront lesdictes
charges gratis (comme font les juges et consuls) et les gardes des six corps de ceste
ville, qui feront obseruer les ordonnances, soulager le peuple.

Que si tant est que les supplications en ce regard ne leur soit octroyé, qu'ilz
supplient le Roy de dispenser les enfans des dictz bourgeois et marchans de la
despence qu'il leur fault faire aux entrées des Roys et roynes en ceste ville, d'assister Messieurs de la ville ausdictes entrées, et autres occasions semblables, des
recepueurs et commissaires des pauures du gouuernement des pauures enfermés,
et autres semblables charges et reietter les dictes charges onéreuses sur lesdictz
officiers qui ont celles de profflict et d'honneur.

                                        (Arch. Nat. K 675 nº 132.)

LXXXVII

QUARTAINIERS.

A Messieur les Préuost des Marchans et escheuins, et conseillers de la Ville de
Paris.

Messieurs, tout aussi que l'ambition de ceulx qui espèrent ou se donnent de
leur authorité preue des puissances et prérogatives qui ne leur appartiennent, est
à reprouuer de mesme la tolérance d'une iniure en attend ung autre, et n'est pas
seullement estimée à la laschété du courage, mais rend son homme indigne de sa
charge, je parle des injures qui tournent au dommage du public, car ce qui con-

_____
[1] Laissé en blanc.   [2] 300 liures.

cerne le particulier ne vient pas en ceste ballance, pour ce qu'elles se doibuent
plus tost oublier que poursuiure. C'est pourquoy je m'adresse à vous au nom de
tous, et la plus part des meilleurs bourgeois et habitans de ceste ville de Paris,
pour vous faire plaincte et demander la réformation ou correction d'un abbus,
que commettent les quartainiers de ladicte ville en l'eslection qu'ilz font ordinairement seulz (par authorité usurpée) des bourgeois de leurs quartiers, quand il
conuient d'en eslire pour les assemblées, charges et affaires de ladicte Ville, par
vos mandemens, et principallement pour l'eslection qui se faict annuellement des
préuost des marchans et escheuins d'icelle; cest abbus est grand, il est contre
vostre authorité, et concerne le bien public, dont plusieurs cy-deuant ont faict
plaincte; et à présent on vous la retire en ceste présente occasion de réformation, puisque de vous-mesme, vous le pouuez faire, par vos authoritez et par bon
aduis de conseil; Joinct que la grande importance et conséquence dudict abbuz
lequel passe plus auant que plusieurs ne penseroient, veu la prétention desdictz
quartainiers contraire (comme dict est) à vostre authorité, et honteuse à
ce grand corps de la Ville de Paris, qui la souffre et tollère, sans y apporter
aucune réformation ny remède, comme il sera plus amplement déclaré cy-après.

Or cest abbus et injuste prétention d'authorité usurpée de longtemps par lesdictz quartainiers, ne se peult mieux recognoistre que à l'effect qui faict veoir, que
en la face des sieurs bons bourgeois de toutes les conditions, voire des officiers
de la Cour souueraine, et autre procureurs d'office et qualitez éminentes, lesdictz
quartainiers mandent que il leur plaist desdictz bourgeois, et les font venir en
leurs maisons pour faire lesdictes eslections de qui bon leur semble.

Ceste prétendue authorité, passe bien plus auant, comme l'un d'eulx l'a déclaré
franchement; estant entré il y a quelques temps, en paroles de pique auec ung
secrétaire du Roy, bourgeois de ceste ville de Paris, qui auoit parlé de quelque
chose, où ledit quartainier pensoit auoir de l'intérest, usa de ces propos : « Puisque
les secrétaires du Roy s'opposent à nous, nous auons résolu désormais, de ne les
plus appeller en aucunes assemblées de la Ville, cela est en nostre puissance, et
souuent Messieurs les présidens et conseillers de la Cour en désirent estre, qui
n'en sont pas.

« Il y a de messieurs les trésoriers de France, qui en ont faict, instantes poursuittes enuers nous, mais il n'y ont rien gaigné; Bref il en est de la puissance de
nous quartainiers, d'appeller qui bon nous semble. »

Ainsi parla le dict quartainier : ce que les plus aduisez d'entre eulx ne voudroient peut-estre pas dire ny soustenir, se contentant seullement de le pratiquer,
si on le vouloit tollérer. Et d'autant qu'il n'est pas raisonnable (sauf correction)
que les premiers officiers, et tous les bourgeois de ladicte ville soient submis à
telles personnes de si petite qualité, qui ne sont que vos seruiteurs, et exécuteurs
de vos mandemens, soubz prétexte de ladicte authorité qu'ilz usurpent injustement.

L'on s'adresse à vous, Messieurs, pour y donner l'ordre et le règlement cy-après
déclarez ou tel autre meilleur, que vous jugerez nécessaire, qui oste toute occasion
de la demander au Roy, auquel on auroit raison de s'adresser, si on estoit par
vous escondict.

Je dis, *par vous*, Messieurs, car vous le pouuez faire de voz authoritez; cela
n'est point un articule de cahier d'estatz, (si vous ne le voulez pour l'authoriser
dauantage) car il ne regarde que le particulier de Paris, où les autres villes n'ont
pas d'intérest : que sy ce que vous ordonnerez a besoing d'estre confirmé et authorisé
par le Roy et par le Parlement, vous auez assez de crédit (en une cause si juste)
pour l'obtenir facilement. Je vous ai desja dict, Messieurs, et vous le répéte encores, que ladicte menace de nostre monde aux assemblées, est principallement,
et entre autres, entendue, de celle qui se faict le jour de l'assumption Nostre-
Dame, en la maison desdictz quartainiers, de huict bourgeois telz que leur plaist
choisir en leur quartier, desquelz sont esleuz quatre telz qu'il leur plaist, et desquelz quatre bourgeois, deux sont par vous tirez au sort, et mandez pour donner
voix à ladicte eslection, qui se faict le lendemain xvi.me jour du mois d'aoust de
chacune année; sur quoy ayant communiqué auec vous grande quantité de bons
bourgeois des principaulx et mieux marquez de ceste dicte ville de Paris, tous ont
trouué raisonnable et nécessaire de vous représenter que par le moyen de ceste
liberté que les dictz quartainiers usurpent de choisir les dix huict bourgeois telz
que bon leur semble; ceulx qui sont depputez des quartainiers et non pas du
quartier ny de la ville; lesquelz depputez tous ensemble y compris lesdictz quartainiers font quarante huict voix à ladicte eslection de préuost des marchans et
escheuins de ladicte ville de Paris; lequel nombre de xLviii comme estant le plus
grand nombre, emporte le reste des eslisans qui ne sont que xxxi reuenant tous
ensemble au nombre de Lxxix. Les dictz quartainiers ne desuieront pas qu'ils ne
choisissent les huict bourgeois, pour faire depputtes les quatre telz qu'il leur
plaist, pour ce qu'ilz ont les cinquanteniers, et les dizainiers, qui sont leurs
créatures, et soulbz officiers par eux constituez, et à vous présentez, qui donnent
voix aux quatre telz que le quartainier leur dict à l'oreille en entrant, de sorte
qu'il est vray de dire, que les quartainiers cinquanteniers et dizainiers depputtans
et eslisans les xxxii de la Ville, font ladicte eslection des Préuost des marchans
et escheuins, chose non seullement absurde, mais honteuse et ridicule, de
réduire et restraindre tout le corps d'une si grande Ville, en la puissance desdictz quartainiers et cinquanteniers, et dizainiers; entre lesquelz, bien qu'il
y aye de bons bour- geois et gens de bien, sy est-il vray que le plus grand nombre
est de gens de peu et de fort basses qualitez, comme : tauerniers, pasticiers, et
autres encores de moindre condition. Et le désordre passé jusques là, que aucuns
ne se contentans pas de dire qu'ils font Préuost des marchans et escheuins, qui
bon leur semble, mais qu'il se sont esleuz à l'escheuinage à leur tour. Les quar-
tainniers se maintiennent eu ceste possession; les cinquanteniers et dizainiers
sont après et en ont autant de droict; et y en a d'entre eux d'aussi capables que
lesdictz quartainiers, mais pour dire vray, ilz n'en ont ny les uns ny les autres,

et je dictz plus, que s'ilz en arriuent, il le fauldroit réuocquer, par ce qu'il répugne
à la liberté du peuple en l'eslection de ses magistrats, et au sens commung que
ceulx qui sont officiers exécuteurs, soient esliseurs et ordonnateurs.

Ainsy ont parlé, et respondu tous les sages, et ainsi l'out ordonné les Empe-
reurs. Ainsi le veulent noz loyx, et la seulle raison nous faict dire, que ce qui est
ordonné contre elle, ne doibt point ostre reçeu ny tenu.

C'est pourquoy tous les bons princes n'ont jamais trouué mauvais de veoir
(mesmes les plus simples) se pouruoir contre ce qu'ilz auoient octroyé à leur préjudice.

Il se trouue dans les régistres de l'hostel de la Ville, des arrestz, résolutions, et
délibérations par lesquelles il est ordonné que ung quartainier demeurant en son
office, ne peut estre eschouin de Paris; et en cas qu'estant esleu il accepte l'escheuinage, il n'y peut estre reçeu qu'il n'ayt renoncé, et se soit deffaict de sa quar-
tainerie, sans jamais y pouuoir rentrer [1].

Ceste ordonnance est saincte, et se debuoit garder bien estroictement, et aultrement qu'elle n'est à présent pratiquée par grandz abbus. Mais de là se veoid
l'incompatibilité de ses deux charges, dont toutesfois l'une sert aujourd'huy d'eschelle
pour monter et paruenir à l'autre, faute de tiltres pour paruenir à maintenir ces
abbus. Lesdictz quartainiers allèguent une coustume, qu'ilz appellent possession;
mais cela est un mauuais tiltre pour authoriser un abbus; c'est un tyran insuppor-
table qu'une mauuaise coustume, car il n'y a qu'elle qui maintient les choses
mauuaises.

C'est pourquoy il ne se fault jamais arrester à ce qui est le plus usité, mais à
ce qui se doibt faire par raison et justice; une coustume sans fondemens est un
abbus et vieil erreur. Qui mesprise la raison pour suiure une mauuaise coustume
ne peult estre estimé sage et prudent, mais plustost contraire au bien de ses concitoyens, ou ingrat enuers Dieu qui nous a donné la raison pour en user et nous
en servir. Et pourtant aussi tost que la raison et vérité est recogneue, il fault faire
cesser les mauuaises coustumes, lesquelles ne prescriuent jamais contre le bien
public, le salut duquel est préférable à toutes choses mal introduittes.

Les modernes disent que c'est un grand auancement à la guérison d'un mal,
quand la cause en est congneüe, mais il ne fault pas pourtant obmettre le remède.
Or peut-il y auoir plusieurs remèdes propres à corriger ce vieil erreur que l'on
appelle coustume, que vous, Messieurs, pouuez ouurer, et choisir les plus aisez
par vostre accoustumée prudence.

Et neantmoings (soubz vostre correction et meilleur jugement) je vous présen-
terai cestuy-cy.

C'est assauoir que la nomination des bourgeois pour se trouuer esdictes
assemblées se fera dans chacune dizaine en la maison de l'un des plus notables
d'icelle, de un ou deux bourgeois de la qualité requise de ladicte dizaine par tous
les chefs de famille d'icelle, qui s'y trouueront après auoir esté aduertis, en sorte
qu'ilz soient au moings huict ou dix de chacun quartier; et quand ilz seroient
douze ceste grande ville le mérite bien qui se trouueroit au logis un plus quartiér
desdictz nommez, et en la présence des quartainiers, cinquanteniers et dizainiers,
en depputeront quatre ou six d'entre eux; les noms desquelz seront portez par les
dictz quartainiers en l'hostel de ladicte ville, pour (en la manière accoustumée)
estre tiré au sort deux ou trois desdictz nommez, lesquelz seront mandez en
l'hostel de Ville pour faire ladicte eslection; et ceulx là seront justement nommez
les depputtez des quartainiers. Ainsi l'on pourra dire, que à ladicte nomination et
eslection de magistratz, toute la ville aura parlé, et choisi ses bourgeois, comme
dict est, et comme il est plus que raisonnable.

Où il n'y a à présent qu'un quartainier qui mande huict bourgeois de son
quartier, et en fault eslire ceulx qui luy plaisent, qui est un abbus intolérable,
à la diminution de l'authorité desdictz magistratz, lesquelz seront plus aymez,
obéys et honorez quand ilz seront ainsi esleuz, par le général consentement de
tous les bourgeois, joinct que ceste forme est la conseruation des droictz du peuple,
en la liberté de donner son suffrage, pour oster les brigues honteuses, esquelles
on force les gens de bien d'entrer, enuers les quartainiers, durant un an ou deux;
et lesdictz quartainiers feront leurs charges qui est d'exécuter vos mandemens. Ilz
seront deschargés de l'incommodité de l'Assemblée en leurs maisons; Il ne fauldra
point faire de despence pour des collations inutiles et superflues, aux personnes
de qualité, telz que seront lesdictz depputtez de chacune dizaine, et conséquem-
ment les quartainiers seront mal fondez s'ilz s'en veullent plaindre.

C'est (Messieurs) ce de quoy vous supplient très humblement tous les bons
bourgeois de ceste Ville, ennuyez de ces insolences et abbusives authoritez,
usurpées par lesdictz quartainiers au préjudice de voz authoritez et de la liberté
publicque de voz bourgeois; lesquelz vous en beniront éternellement et prieront
Dieu pour vos prospéritez.

(Arch. nat., K 675, n° 108.)

LXXXVIII.

Les capitaines, bourgeois, de Paris, tant officiers, marchautz que aultres
supplient très humblement, Messieurs les députez d'auoir souuenance de demander
pour eulx et de requérir, qu'ilz jouissent de priuillèges de Noblesse, comme ès
villes de frontières, et aulcunes villes, auceq pareils priuillèges, franchises immunitez, et estre exempts de toutes charges de villes, emprunts et autres, et particullièrement les officiers, et ceulx qui quicteront leur boutiques et quy viuent de leurs
reuenus.

---

[1] L'édit de mai 1554 pour l'ordre de
l'élection des prévôts des marchands et éche-
vins de Paris prescrit au quartenier devenu
échevin de donner sa démission. Mais cette
règle tomba bientôt en désuétude et malgré
les doléances, elle ne fut pas davantage observée au xvii° et au xviii° siècle. Cet édit fut imprimé en 1617, sans doute pour en obtenir
l'application. (Bibl. de la Ville, dossier 109.)

Il y a beaucoup de villes dans ce royaulme qui jouissent de priuillèges.

La charge que lesdictz cappitaines prendront comme de confirmation[1], sans payer finances.

Comme aussy ceulx desdictz cappitaines, qui sont officiers, ne payeront doresnauant aulcune finance pour la confirmation de leurs offices, attendu que lesdictz cappitaines sont subiects aux fatigues et fraiz qu'il conuient faire en temps de guerre, et qu'ilz n'ont plus de priuillèges qu'un simple artisan, ou vallet.

Et que la finance que lesdictz capitaines qui sont officiers, ont payé par force et violence par le droict de confirmation qui a esté loué au double, sont rendus.

Que les gens de guerre tant de pied que de cheual ne logeront aux maisons, tant des champs que de la ville estanz ausdictz cappitaines.

(Arch. nat., K 675, n° 181.)

LXXXIX

ADUIS COMMUNGS.

Les impostz et   qui ont esté mis pour un temps, et dont le temps est finy, il y a si longtemps, deuroient estre estez et leuez, et ce peuple deschargé d'iceulx, et n'est raisonnable de les continuer et de contraindre au payement d'iceux, mesmes quand les Cours ou les éedictz doiuent estre verifiées, ne voulant vérifier lesdictz éedictz pour estre desraisonnables. Ce sont gens qui sont auprès du Roy, qui ne se souciant pas du publicq, veulent faire leur affaire, participant au butin, ou bien se l'appliquant à eux-mesmes.

Ceux qui ne cherchant que leur profit particulier, et qui en peu de temps sont deuenus et deuiennent riches, deuroient rendre compte de leur vie et actions, et estre punis pour ce que un homme de bien ne deuient grand riche en peu de temps, et notamment ceux qui manient les affaires du Roy.

IMPRIMEURS, LIBRAIRES.

Les libraires, ce sont marchands qui font trafic de liures, et les imprimeurs sont comme les artisans qui trauaillent pour les marchands libraires, scauent ce qu'ilz doiuent auoir par journée pour leur labeur.

Il n'y deuroit auoir aucun libraire qu'il n'oust fait toutes ses estudes, et qu'il n'entendist la langue latine.

Les marchands libraires deuroient estre contrains de faire imprimer les bons liures et les faire corriger par de bons correcteurs, hommes scauans et verséz, sans s'attendre aux imprimeurs qui sont de paures hommes pour la pluspart et contrainct de faire pour du pain la besongne des marchands, corrigeant eux mesmes les coppies qu'ilz impriment, ou bien prenant de petits escholiers qui ne scauent pour la pluspart pas décliner leur nom.

Pour corriger les liures et faire les tables et indices, il faut auoir de la capacité, et faudroit, pour bien faire que ce feussent des aduocas qui corrigeassent des liures de praticque, des médecins pour des liures de médecine, et un théologien pour les liures de théologie, et seroit bon de les créer et ériger en titre d'office aux gages ou du public, ou des libraires.

COUSTUMES.

Il ne deuroit y auoir qu'une coustume générale pour la France, qui fust obseruée par toutes les prouinces; car en la confusion de coustumes les plus scauans sont apprentifs; du moins n'y deuroit y auoir qu'autant de coustumes, qu'il y a de Parlemens, afin que les conseillers, aduocatz et procureurs, sceussent leur coustume.

LIURE [D'] ORDONNANCES.

Deuroit y auoir un liure d'ordonnances auquel toutes les ordonnances et éedictz royaux seroient insérés, ainsy qu'il a ja esté ordonné pour les ordonnances, ce qui n'a esté faict jusques à présent, car dedans les ordonnances qui sont imprimées de Fontaney ou autres, il ne se trouuera pas le dixme des éedictz et ordonnances. La faute de cela vient qu'il y deuroit auoir deux hommes, pour le moins, gagez du public pour faire la recherche d'icelles, et le recueil des éedictz à mesure qu'il se font pour les faire imprimer suiuant l'ordre et suitte chronologique des Roys. Car quand on imprime les ordonnances, les éedictz qu'on trouue par hazard, on les fait imprimer et on obmet, ou plus, de la dixiesme partie pour ne les scauoir, n'y ayant personne qui aye ce soin particulier.

Pour auoir les éedictz et ordonnances des Roys, qui ne sont imprimées, il seroit bon d'auoir permission du Roy, que tous officiers royaux quelz qu'ilz soient feussent tenus d'exhiber leurs edictz de création, leurs priuilèges et confirmations et arrestz et règlemens des Cours souueraines.

Les maires et escheuins des villes du Royaume deuroient aussi estre tenuz d'exhiber leurs chartes de fondation, priuilèges et arrestz des Cours souueraines données en leur profit.

Les ducs et pairs de France et autres ducs marquis, comtes et vicomtes deuroient estre tenus d'exhiber les lettres d'extraction de leurs duchez marquisatz, etc....

Tous les marchands et artisans deuroient aussi estre tenuz d'exhiber leurs priuilèges et confirmations, auec les arrestz et règlemens[2].

Moyennant ce que dessus auec la permission de feuilleter es chambres des Comptes et greffes des Parlemens, se recouuroit beaucoup d'edictz et ordonnances que tous ignorent excepté ceux qui les ont par deuers eux.

---

[1] Manque un verbe.
[2] Il se trouue intercalé là une phrase qui n'a aucun rapport avec ce texte : «les fonda-   tions des églises cathédrales, et autres fondations royalles». (N. d. C.)

On deuroit faire deffenses de commenter lesdictes ordonnances, et aux imprimeurs de les imprimer, à peine d'amende arbitraire et de confiscation des exemplaires, d'autant que pour ce moyen les libraires et imprimeurs depuis qu'ilz ont
eu une coppie, il la font changer à chaque impression qu'ilz en font pour gens
qu'ilz ont attitrez et ce, pour gaigner de l'argent seulement, encores qu'ilz ne
soient pas beaucoup versez, car s'ilz estoient habiles hommes, ilz ne s'amuseroient
à brouiller du papier comme leur font faire les dictz libraires, qui sont poussez
d'auarice et craignent que leurs compagnons libraires, ne facent imprimer le
liure qu'ilz ont eu une fois en main.

Ceux qui aduocatz et entenduz aux affaires deuroient estre employez à la correction des dictes ordonnances, lorsqu'elles s'impriment, faire et dresser les coppies, faire les tables et indices, ensemble toutes autres sortes de liures de droict,
et deuroient estre salariez par lesdictz libraires, et non par les imprimeurs qui
ne sont pour la pluspart que valetz des libraires.

LIBRAIRES IMPRIMEURS.

Les marchands libraires en vendant un liart la feuille des liures qu'ilz impriment, ilz gaignent un denier sur feuille, pour ce que le papier et la façon ne
reuient qu'a un double, et néant moings, ilz vendent leurs liures au moings deux
liars la feuille, qui est en un mot gaigner les deux tiers sur leurs liures, et ce
pendant ilz ne sont corrigez en façon que..... plain de fautes; n'y a aucunes
tables ny indices qui soient ny bien faictes, ny certaines pour la pluspart, cela
arriuant par l'auarice desdictz marchands libraires qui font faire les dictes tables,
par gens du tout ignorans, les font quelques fois eux-mesmes, les retranchent
quand ilz voient qu'elles sont bien faictes mais trop grandes à leurs fantaisies.

Voilà pourquoy il seroit bon que lesdictz libraires ne fussent plus maistres de
pouuoir disposer des coppies qui seroient à imprimer, ains de les porter ès
mains des correcteurs qui seroient ordonnez pour les mettre d'ordre et les préfire,
les corriger et faire les tables..... [1].

(Arch. nat., K. 675, n° 75.)

LXXXX
[DÉMOLITION DES CHÂTEAUX : CHÂTEAU DE FOUGÈRES.]

Aduis donnoz à Messieurs les deputtez de Paris et de l'Isle de France, par
plusieurs marchans, qui les prient d'en faire humblement remonstrances au Roy,
en l'Assemblée génerale des Estatz du Royaume.

Qu'en chacune des prouinces d'icelluy il y a nombre de petites villes clozes, ou
bourgades, non clozes, et en plat pays, qui ne sont frontières, ny maritimes,
lesquelles ont chasteaux où on entretient soldats en garnison, qui contraignent
les pauures marchans, suiuant les foires ou marchés ordinaires, pour trafficquer
de leur pays, ou bailler sommes d'argent pour permettre leur, et amener leur
marchandises, et font grandes exactions, à la foule et oppression du peuple,
sans considération de ce qu'on paye pour les tailles, sans debuoirs deuz au Roy,
et que lesdictz marchans trauaillent beaucoup à vacquer leur vye, nourrir et sub-
stanter leurs familles.

Que sy tels chastaulx estoient ruynéz ou démantelléz, du costé des villes clozes
ou rendues habitables, il en reuiendroit annuellement, un grand denier aux
coffres du Roy, pour la diminution des garnisons, qui y sont entretenues, et pour
les réparations d'iceulx qui n'y sont toutesfois faictes.

Le peuple seroit grandement soullagé et deschargé de plusieurs coruées et
charrois de deniers exigez par les cappitaines, soubz prétexte de Guetz, chauffage,
magazins, ameublement desdictz chasteaux, que desdictes coruées et charrois.

Que les dictz chasteaux pour le plus part seruent communément de retraictes,
pour les meschans, soient larrons, volleurs, meurtriers, ou assassignateurs et
mauuais garnemens, que de seureté au pays et royaulme; d'auttant que les
habitans des dictes villes en temps de guerre sont assubjectis de tenir et suiure le
party des cappitaines, qui occuppent et tiennent les dictes places, et mesme
contre le seruice du Roy, comme on a veu aux derniers troubles, ce qui n'aduien-
droit sy les habitans en communaulté estoient en liberté, estant certain qu'ilz
auroient le soin de se conseruer et leurs villes, dans l'obéissance et fidelité deüe
à sa Magesté.

Que les cappitaines desdictz chasteaux, ou forteresses, pour la plus part ont
recherché et acquis à deniers comptans, les cappitaineries des dictes places, pour
y faire fortune, et s'enrichir, tant aux despens du Roy, qu'oppression de tout le
peuple, et y retiennent et recoiuent tous mauuais garçons, qui les font craindre
pour plus facillement jouir du butin et despouilles des pauures laboureurs et
marchans.

A présent que les prouinces de Bretaigne et Normandye, sont unyes à la couronne et soubz l'obéissance du Roy, il ne seroit nécessaire de entretenir la forte-
resse ou chasteau de la Ville de Fougères, sur l'entrée de Bretaigne, d'autant
qu'elle n'apporte, que du coustaige au Roy, et nul bien n'en reuient, et ne peult
reuenir au Royaume, de l'entretien d'icelle, mais plus tot du mal et grande
incommodité, comme on a veu aux dernières guerres passées, que les soldatz qui
y tenoient garnison ont couru, nom seullement la Bretaigne, mais aussy les
prouinces de Normandye, et de Mayne, l'Aniou, et faict de grandz degatz, qui
ont apporté dommages inextimables, ce qui auroit peu estre répetté, et continué, s'il s'esmouuoit autre guerre ciuille, comme on a veu aux derniers mou e-
mens que le sieur du Guemadeuc cappitaine en icelle, voulloit, soubz prétex e
de maguazin exiger sur le pais, et sans commission du Roy, plus de deux à trois
cens mil liures, ayant ennuoyé pour ce faire des billetz par les paroisses circon-
uoisines.

---

[1]. Lacuna produite par déchirure du papier.

Icelluy cappitaine est recogneu sur le païs, comme homme cruel, et retient plusieurs meschans, les ungs préuenuz de décretz les aultres condainnez à peines et amandes, et à seruir le Roy aux gallères, et éuadés, en leur reffuge ont retraicte audict chasteau; entre lesquelz notoirement est ung appelé Olliuier Gaultier de la Fontaine, condamné par arrest aux gallères, et n'y a oncques esté, est homme violant et redoutté.

Depuis ung an, plusieurs marchans trafficquans de Rouen, Paris à Reynes en Bretaigne ont esté contraincts tant par ledit La Fontaine, qu'autres soldatz dudit chasteau de Fougères, de leur bailler les marchandises, qu'ilz auoient acceptées aux foires, et marchéz dudit Fougères, à vil prix, et porte de ce qu'ilz les y auoient achaptez, ou à leur bailler argent pour permettre tirer et leur leurs achaptz, et ceulx qui reffuzoient payer et fournir ce qu'il leur estoit demandé, estoient cruellement battuz, en sorte qu'ilz estoient contraincts obéyr, à leurs vollontez, et lorsqu'ilz consultoient et délibéroient de fournir leurs plainctes aux juges des lieux, les dictz marchans, estoient conseillez par les habitans de ladite Ville et parroisses circonuoysines se taire, et rodimer leur vye, liberté, santé et marchandises, par argent, en les aduertissant, que les habitans estoient gourmandez, et reduictz en craincte et seruitude, et que les juges n'eussent osé s'en esmouuoir, ny les tesmoings en depposer, qu'ilz ne fussent tuëz et que ledit sieur de Guémadeuc auoit telle auctorité, qu'il faisoit tuer et assommer ceulx que luy desplaisoient, et fussent-ilz juges, nobles, bourgeois, d'Esglise ou du Tiers-Estat, et allèguèrent que le seneschal de Chastillon près dudit Fougères auoit esté laissé comme mort par gens incogneuz, que le sieur de Guémadeuc auoit enuoyez dudit chasteau pour le tuer[1], et n'en pouuoit auoir justice.

Qu'il auoit oultre enuoyé diuerses foiz chez un gentilhomme, sieur de La Villorée, pour le tuer ou battre, et auoient faict effort d'effondrer les portes de sa maison; icelle..... par le déroute, et faict bresche en la couuerture, et qu'en fin il auoit esté contraint abandonner icelle maison, et tout son bien; qu'il jouissoit des biens des ecclésiasticques et que plusieurs estoient contraincts de quitter leurs bénéfices. Qu'un autre gentilhomme auoit esté battu cruellement sur les pavez dudit Fougères, comme il s'en retournoit, et d'aultant que n'estoient les hommes et domesticques, dudit sieur, personne ne l'osa secourir, et deffendre, et quelques monitoires qu'on puisse obtenir, et faire lire, on ne trouue aucungs tesmoings, par ce qu'ilz seroient tuez ou bruslez dans leurs maisons. Bref qu'il est si craint et redoutté, que plusieurs des habitans dudit Fougères, gens de bien et de quallité recommandables, qu'il en fait regretter, ont esté contraincts quitter la ville, entre lesquelz nommoient le Curateur de la Paroisse de ladicte ville de Fougères.

Que mesme il estoit sy osé, de deffendre à toutes personnes de prendre affermer, ny enchérir le domayne du Roy, lorsque la Baronnye dudit Fougères estoit à bailler à ferme, et en vouloit seruir à ces motz et vollontez, et menassoit ceulx qui la prendroient, de leur tirer des pistollets à la teste, et par telles menasses, et inthimidations, elle estoit moings affermée de plus de deux mil liures par an, et qu'il jouissoit des moullins proches du chasteau, qui est le plus beau et le meilleur denier d'icelle ferme, pour souffrir le fermier de jouir du reste, et plusieurs autres raisons, par lesquelles ilz ne doibuent espérer auoir justice, contre luy et ses hommes, au contraire péril éminent de perdre la vye.

Que ledit sieur de Guémadeuc, a telle subtilité et inuantion pour maintenir ses viollances qu'à chascungs estatz de la prouince de Bretaigne, il y comparoit, et se fait assister de grand nombre d'hommes pour monstrer sa force et puissance, et s'est faict députtez pour assister aux Estatz généraux afin d'empescher les plainctes contre luy, et continuer longtemps lesdictes viollances.

C'est pourquoy Messieurs, vous estes derechef très humblement supplyez d'auoir pitié du peuple par trop affligé, et pour faire cesser à l'aduenir telz maux, supplyer le Roy de faire démollir du costé de la ville ledit chasteau de Fougères, et le rendre inhabitable, et réduict à ceincture de Ville; on la pourroit accroistre, leur trafficq serait libre, le reuenu du domayne du Roy accreu, et le peuple viure en liberté, affin de leur donner d'auantage occazion, prier Dieu pour la conseruation de sa Magesté, avec les autres qui ont esté soullagés en pareilles nécessitez.

(Arch. nat., K. 675, n° 161.)

LXXXXI

[DÉMOLITION DES CITADELLES.]

Il est très nécessaire pour la ville de Paris, de demander que les citadelles basties, dix ou douze lieues à la ronde, soient démantelées, spécialement celles de Mante et Dourdan. Celle de Mante tient le passage de la rivière et peut retrancher les commoditez qui viennent de ce costé. Quant à Dourdan, il est beaucoup plus important d'aultant qu'il est à une lieue du chemin de Chartres, qui sert à la basse Normandie au Mans, à la Bretaigne et autres païs de ce costé.

Il est à trois lieues du chemin d'Orléans, par lequel l'on passe venant de Gascoigne, Voizelois, Poitou, Berry, Saullongne, Limosin, Languedoc, Touraine; et bien souuent du Lionnois, Daulphiné, Auuergne, Bourbonnois, Prouence, et aultres lieux très nécessaires à Paris, pour les marchandises qui en viennent, à cause en partie de la rivière de Loire, par laquel elles montent et descendent jusques audict Orléans.

Enfin Dourdan est la clef de la Beausse, païs plus important et nécessaire, oultre ce que dessus, ceste place estant tenue, par un de party contraire à Paris, il peult estre à toutes heures aux portes de Paris, et oster la liberté de tout le

[1] Mots rajoutés après coup.

païs, ceux qui se souuiennent des troubles derniers sçauent ce que peut ceste place. Ceux de Paris l'eussent mieux ressenti, si elle n'eust esté entre les mains de Madame de Nemours, qui y auoit mis le Cappitaine Jacques, qui y eut tant de force qu'il peut contre les armes du Roy les reuitailler.

Il se pourroit faire qu'encores que maintenant il soit soubz l'obéissance du Roy, néantmoings s'il suruenoit quelques troubles, il pourroit estre surprins et tomber en main estrangère, bref tel voisinage est tousiours à craindre.

La facilité sera d'aultant plus grande à obtenir telles démolitions, en ce que sont places au milieu de la France, qui ne seruent de rien au prix des frontières, que mesme l'on n'espargne pas, tesmoing. . . . . et mesme le fort de Mezières et celuy de Blauet; secondement, le Roy espargnera d'autant lorsqu'il sera exempt d'entretenir en telles places des mortes paies qui y sont.

Pour dernier moyen est à remarquer, que lors de la mort du feu Roy, cinq heures après le coup, il se rendait dans celle de Dourdan dix-huit ou vingt gentilz-hommes de la religion, qui y entrèrent à la faueur des soldats aussy de la religion, qu'y auoit mis, monsieur de Sully, qui la tient entre ses mains, tellement que si les habitans aduertis de ces nouuelles n'y eussent mis ordre, ilz se fortifioient à bon escient de vivres et aultres prouisions que l'on ne laissa entrer qui fut cause qu'ilz quictèrent la place.

(Arch. nat., K. 675, n° 106.)

LXXXXII

[DÉMOLITION DES CITADELLES.]

Plaise à Messieurs les Préuost des marchans et Escheuins de l'hostel de la Ville de Paris, considérer qu'il importe, non seullement à ladicte ville, mais à l'Estat spéciallement pendant la minorité du Roy, que toutes citadelles et places fortes, qui sont sur la riuière de Seine entre Paris et Rouen soient abbattues et razées.

Que la citadelle de Mantes qui n'est qu'à douze petites lieues de Paris est de grande conséquence; non qu'elle soit forte d'assiette, ou de main d'hommes, ce qu'elle ne peult estre, mais à cause du passage de la riuière, et des grandes munitions de guerre qui y sont, et noteront lesdictz sieurs s'il leur plaist, qu'il y a un arsenac en ladicte citadelle, et au chasteau de Mantes, remply de toutes sortes d'armes complectes, pour armer de pied en cappe jusques à quatre mil hommes et plus : ce qui sera vériffié par l'inuentaire sy besoing est.

Oultre ce, il y a quinze grosses pièces d'artillerie avec tout leur attiral, grande quantité de pouldres et de bouilletz pour tirer plus de six mil coups, ce qui est suffisant pour battre toutes les villes des enuirons et ruyner le plat païs.

En ung mot, une trouppe de mal-contans ayans ung chef en main peult par surprise ou aultrement, s'emparer de la place, faire un corps d'armée, là et ès environs et donner la loy par force, à tout le païs.

Que sy toutes ces munitions de guerre estoient transportées en la ville de Paris, où doibt estre l'arsenac des armes du Royaume, pour les deppartir selon les occasions, il seroit facile d'obtenir du Roy, la permission de faire desmollir ladicte citadelle, qui ne sert que de frais et despens inutilz à sa Maiesté, et par ce moien, le païs seroit en seureté.

Le Chasteau Gaillard, qui est proche d'Andely sur la mesme riuière est en partie desmolly par le commandement de sa Maiesté, mais se peult réparer en peu de temps, s'il n'y est pourueu, à le faire abatre rez de terre.

Le Pont-de-l'Arche, importe en la Ville de Rouen pour en estre plus proche, et néantmoings est de conséquence au païs pour le passage oultre les païs, et despens de la garnison.

(Arch. nat., K. 675, n° 107.)

LXXXXIII

[DÉMOLITION DES CITADELLES.]

Les manans et habitans de la ville de Mante, supplie humblement nosseigneurs de la Cour, et messieurs les Préuost des marchans et escheuins de la ville de Paris, que en procédant par eux au cahier général qui doibt estre dressé des remonstrances qu'ilz doibuent faire sur les dolléances du peuple aux Estatz-généraux qui seront tenuz en la ville de Sens, soubz le bon plaisir du Roy, de remonstrer combien est important au bien public, et à la ville de Paris, et à celle de Rouen, une citadelle qui a esté bâtie durant les guerres dernières en ladicte ville de Mante, laquelle a deub estre abbattue et desmolye suiuant l'intention du feu Roy que Dieu absolue, et mesmes en conséquent de certain arrest donné au Conseil d'estat, par lequel Sa Maiesté auroit ordonné que plusieurs places fortes estans dans ce royaume, et estans au moillieu de la France, seroient abbattues et par conséquent ladicte citadelle de Mante, la deub estre, comme le fort de Sainte Catherine à Rouen.

Il faut dire à la vérité que ceste citadelle eust esté abbattue, sy ce n'eust esté Monsieur de Rosny, lequel y a faict un magasin de plusieurs munitions de guerre canons pouldres et armes qui y sont à présent, que l'on prétend luy appartenir, et attendu l'auctorité qu'il a eue cy deuant, n'ont pas oné se plaindre, comme ilz font par ce petit mémoiré, qui donne de leur part à Messieurs de Paris affin qu'ilz considèrent suiuant icelluy de combien leur est préiudiciable sadicte citadelle, et plus qui ne pance.

Sy lesdictz canons et munitions sont au Roy, il y a lieu pour les mettre dans la Grosse tour du château de Mante, où il y a aultres fois, et qui est le lieu ordinaire attittrer, le magazin de sa Maiesté.

Lesdictz habitans diront auec toute vérité, que durant ce mouuement et trouble

derniers, que ladicte citadelle a esté la plus part du temps sans capitaine ny ayant
en icelle que cinq ou six soldats qui estoient dedans, et par ce moyen faict pour
la conservation de la ville de Mante pour l'honneur du Roy et seureté de leurs
personnes femmes et enffans, ilz auroient esté contraincts de poster ung corps de
garde hors ladicte ville tant de jour que de nuit au près de la citadelle de peur
que lesdictz soldatz ne fissent entrer quelques troupes dedans ladite citadelle
contre l'auctorité et seruice de Sa Majesté.

[Arch. nat., K 675, n° 123.]

LXXXXIV

[BLASPHÈMES, DUELS, PARTISANS, LIBELLES.]

Au Roy et à tous les princes de son bon conseil.

SIRE,

Je scay que cette convocation que veult vostre sacrée Majestée estre faicte des
estatz en vostre royaume n'est que pour l'honneur de Dieu le salut de vostre peuple et l'accroissement de la paix en iceluy. Puisqu'il plaist à vostre Majesté ainsy
estre faict et l'assurant qu'à vostre peuple de ce faict par les commendemens que
vostre Majesté en a faict faire je croy qu'aurez agreable les plaintes et doleances
d'un chacun en particulier et de tous en général pourveu que telles plaintes ne
derogent poinct aux trois poincts cy devant representez et que tout se rapporte à
deux autres qui sont la punition des vices et la recompense de la vertu.

Je supplie sire, vostre Majesté me pardonner sy ayant en ma pensée quelque
ressentiment des douleurs que je prevoy arriver en vostre royaume sy le sceptre
de justice que tenez en la main de vostre puissance n'y donne ordre sy aussy je
souspire après tant de traces et de vestiges pieulx qu'ont ensuivy tant de bons
roys voz predecesseurs qu'il m'est à tart vostre Majesté un peu plus eslevée de
stature corporelle car du spirituel je n'en doute pour ce que je say qu'en tesmoi-
gnerez les effectz. J'aurois affaire de représenter les pieulx edictz qu'ilz ont faictz
de poinct en poinct mais ce seroit en vain attendu que les hystoires en sont
plaines. Joinct que les roys comme personnes sacrées sont elevées au-dessus de
tous les autres peuples comme la palme par dessus les autres arbres. Ilz ont aussy
l'esprit remply de plus de fruicts de justice et de clemence que tous les autres
hommes et principallement ceulx de France desquelz sire vostre Majesté porte le
nom est yssu de telle qualité comme personne sacrée qu'il ne releve que de celuy qui a escrit sur la cuisse : *Rex regum et dominus dominantium.* Celuy sire qui
faict regner les roys et qui a faict escrire ces motz que servir Dieu c'est regner
et qui a appris a vostre predecesseur que : *Initium sapientiæ est timor domini*
comme vous soie pourveu que le mauvaisir ne souffle en vostre oreille c'est à dire
le flatteur qui a semblense de corbeau n'oste les yeulx de vostre ame car cet animal a cela de propre trouvant un corps à sa mercy de luy tirer les yeulx du corps.
Mais sire le flatteur faict bien pis car au lieu que cest autre animal n'oste que les
yeulx corporelz le flatteur oste ceulx de l'esprit et de l'aame et dit le proverbe
que souvent l'iniquité et la calomnie est aux oreilles des roys et des princes non
pas comme venant d'eulx mais de ceulx qui ce rendent trop familiers de leurs
personnes.

Il plaira donc sire à vostre sacré Majesté entendre le particulier et vous trouverez au moins à son advis que c'est la voix du general.

Premierement,

Qu'il plaise au roy faire observer l'edict contre les blasphémateurs du nom de
Dieu.

SIRE,

Considerez combien Dieu est offencé aujourd'huy en vostre royaume par le
blasphème et jurement que sy les pechez d'aultruy sont imputez en neuf sortes à
toutes personnes qui en ne les empeschant les laissent commettre combien sire
les roys qui ont toute puissance en la terre sont coulpables sy par la puissance
de leur force et de leur justice ilz n'empeschent telles coustumes et dont la faute
est en l'impunité de ce vice qui est à présent sy commun principalement et ce
qui aggrave davantage l'offence c'est sire en vostre ville de Paris lieu de vostre
demeure ou il ne doit avoir qu'honneur et respec de Dieu et de vostre Majesté.
C'est le lieu où plus il est faict d'offense vice qui est dis-je sy commun qu'il
semble que l'on jure et blasphème par complaisance. Et me suvient à ce propos
d'un prieur de vostre royaume lequel dist un jour en l'antichambre de vostre
maison royalle qu'il faisoit d'ordinaire plus d'estat d'ouïr jurer à un homme une
bonne mordieu que d'un qui ne juroit poinct du tout. Celluy cy estoit en ce temps
prieur du prieuré d'Essonne et est encore s'il n'est décédé depuis deux ans
Voyez sire sy c'est là acte d'un homme à qui vous avez concédé ce bénéfice. Et
faulte de faire observer les edictz de voz predecesseurs roys et dont celuy qui vous
fait regner attent avec patience que soyez protecteur et de ses commendemens
qui le deffendent.

Qu'il plaise au roy faire vuider toutes putains, maquereaulx et telles gens hors
des villes et les faire punir.

Considerez, sire, le vice de paillardise qui s'exerce en vostre royaume et principalement en vostre ville de Paris où ne trouverez à grand peine qu'il n'y aye
deux ou trois bordeaulx au grand prejudice de l'honneur de Dieu qui le deffent
et scandalise des gens de bien qui gemissent n'en pouvant avoir la justice et pour
exemple si un pauvre voisin ou citoien s'en plainct et en est incommodé on l'en-
voye chez le commissaire du quartier qui au lieu d'en faire justice le souffre et le
permet et s'il est contrainct s'y transporter il faut que ce pauvre homme luy baille
deulx escus qui ne les a peult estre pas vaillans et qui plus est sy ledict commissaire entre en tel logis il est incontinent corrompu par argent ou aultre present
comme chacun voit au grand scandalle du commun que pour negliger leurs

charges et pour conniver à ce vice le commun du peuple tient que de trois mois
en trois mois ilz sablonnenc lesdictz bordeliers ou macquereaulx et entirent iuere
et proffict q'ilz mectront tellement en praticque et coustume ce vice qu'ilz en feront à la fin un estat si vostre Majescé sire n'en a compassion et ne faict retirer
telles vilainnes hors de sa ville comme on a faict en quelques aultres villes de
vostre royaume et sy on ne punyst exemplairement et les commerce et telz adhe-
rens considerez les meurtres qui journellement en adviennent faute d'y apporter
la puissance et auctorité royale.

Il plaira au Roy faire observer l'edict des duelz.

Considerez encore sire la perte de vostre noblesse laquelle au lieu de s'exercer
à la vertu de laquelle elle n'a aultre tittre et ne prend son origine d'autre que
de la vertu et voyez sire combien elle en est esloingnée en ce que pour un poinct
d'honneur mondain, la plus grande partie se jette au fonds des enfers encor qu'il
semble que ce soit il vertu de vice qu'elle faict par toutes les raisons qu'elle la
voudra prendre elle faict en cela acte de brute et non de Kretien et encore directement contre l'honneur de Dieu qui deffend de ne poinct tuer. Les premieres
fautes sire viennent du peu de respect que l'on porte à vostre Majesté et à vos
ordonnances et aussy à la faute qui se commet en la justice de ne pas faire punitions exemplaires de les faire declarer ce qu'ilz sont par les effects qu'ilz en
font et me souvient a ce propos de ce qui a autres fois esté dict devant le Roy
Henry le grand vostre pere et predecesseur que Dieu absolve c'est que on luy fist
raport d'un seigneur qui avoit esté tué par un autre qui en avoit tué desja plusieurs autres dont un homme de bien dist au roy c'est vous sire qui avez tué
celuy cy et plusieurs autres parce que sy vous eussiez faict justice de celuy qu'il
a tué des le deuxiesme qu'il tua il n'eust commis encor ce dernier acte. Il plaira
donc sire a vostre Majesté faire observer voz edictz et ordonnances affin que Dieu
qui vous a mis le septre dans la main ne vous demande compte de tant d'ames
perdues et si Dieu promet sy grande recompense à celuy qui luy aura gagné une
ame combien punira-il ceulx qui les laissent perdre par faute de les empescher de
se tuer.

Il plaira au Roy abolir les partis et ne permettre des partisans.

Vostre Majesté sire considerera encor de quel importance est de admettre tant
de partisans en son royaume qui sont sire aultant de corbeaulx et de sensues qui
tirent toute la substance des peuples par tirannye et soubz pretexte disent ilz de
mettre argent dans voz coffres considerez sire s'il vous plaist combien de gens qui
ne sont d'aucune bonne extraction ains gens qui sont venuz d'estoc et de taille
qui n'avoient aucune chose de patrimoine qui soubz couleur de mettre dans voz
coffres cent mil livres en tirent de vostre pauvre peuple un milion sans les familles
qu'ilz ruynent par oppression qu'ilz font soubz l'authorité de vostre Majesté. Je scay
que l'on vous objectera ce que l'on a accoustumé de dire que l'on faict le
proffict de vostre Majesté mais ilz font aussy le leur aux despens de vostre royaume. Et si vostre Majesté désire faire rechercher et faire rendre compte à un tas de
telz garnemens qui sont parmy vostre royaume. Je scay qu'il y en aura qui n'assisteront à la reddition d'iceluy se sentant en cela estre coupables et avenant sire
à vostre majorité vostre Majesté prenant garde à cela elle aura moyen de remettre
en ses coffres ce qu'elle en a tiré. Je diray plus que les partisans, chacun le sait
au grant scandale de plusieurs que prenant des partis se font au mesme instant
donner des commissaires auxquels est reservé le jugement de leurs partis auxquelz
commissaires est donné bonnes pensions affin de contribuer à profiter M. le partti-
san et tel quia bon droit en luy faict perdre sa cause que sy il s'agist quelque
incident qui face tomber telles causes en un parlement il est advenu et trop souvent qu'avec une simple requeste presentée à vostre conseil d'estat on donne arrest
legerement fondé sur injustice ou on met sans aultre esgard a tel arrest encore
qui aye esté donné avec bonne congnoissance de cause. Or à use sire de tel mespris et par rancune et vindicte de ceulx qui tiennent le timon de la charrue tesmoing le sol pour livre de chasque porc sur les pauvres charcutiers tesmoing la
requeste du lieutenant civil presentée à la cour pour deffendre des cabaretz qui
estoit l'œuvre le plus pieulx qui scauroit estre faict en vostre royaume. C'estoit
couper la gorge au vice de paillardise. C'estoit mettre plusieurs familles sur pied
rendre chascun en son devoir faire amender le pain et le vin pour le soulagement
de vostre pauvre peuple. C'estoit le moyen de tirer la jeunesse de la debauche.
C'estoit enfin couper la gorge au vice et rendre chascun en son devoir. Mais le
mal, sire, est que l'on faict entendre à vostre Majesté que les fermiers ne gagnent
pas et qu'il ne viendroit assez argent en vos coffres. Tandis, sire, que telles gens
gouverneront vostre ainsi royaume le pauvre peuple sera toujours oppressé. Dieu
qui vous faict regner et fera encor se courroucera et fera punicion de ces grands
vices sur les peuples qui n'en pourront mais. Jamais vostre royaume ne fut si
riche et jamais le monde ne fut si vicieux. Les grands de vostre royaume sire ne
peuvent manquer de moiens car ilz tirent le suc du peuple l'un avec la plume et
l'autre avec la sire et pourveu que l'on gagne aujourd'huy on ne se soucie poinct
comment. Vous diriez que la vérité seroit sortie de la terre et que l'iniquité doit
abonder pour toujours. Non sire, je croy que vostre Majesté y mettra le droit de
la justice. Enfin sire sy aujourd'huy on veult ruyner une pauvre personne il faut
le faire assigner aux prive conseil car quelqu'arrest de la cour de parlement que
l'on puisse alleguer il passera et sera renversé au conseil quelque justice qu'il
puisse avoir. Enfin c'est ce que j'ay ouy dire cent fois depuis quatre ans à tant de
pauvres clians que l'on leur faisoit justice comme font ceulx qui gardent le boys.

Qu'il plaist au roy renvoyer les parties aux cours de parlement selon leur diffé-
rent afin de remettre lesdictz parlements a leur splendeur et de moderer les taxes
du conseil.

On sait trop bien que l'on oste la connaissance de ces choses à vostre Majesté
et que l'on ne desire pas qu'elle soit scavante car il y en a qui ne regneroist pas
qui se servent de voz majestes pour accroistre leurs grandeurs et cela avillist tellement voz parlemens que sy vostre Majesté n'y donne l'ordre requis il n'y en a

plus que faire où pourtant on reçoit une meilleure justice et au moins qui se faict avec si grands frais. Considerez sire s'yl n'y a pas excès aux advocatz de vostre conseil de prendre cent soulz de la feuille de papier et sy n'est pas pour ruyner une pauvre partie. Helas sire regardez du temps de vostre predecesseur Saint Louys si on faisoit telx excès sy les officiers estoient sy gras peult estre que possedent aujourdhuy deux ou trois milleurs qui lorsqu'ilz sont entrez en la maison royalle n'avoient pas dix mil livres de rentes, et sy telles gens avoient vescu comme beaucoup de leurs devanciers ilz en auroient bien moins. Faites s'il vous plaist donner bon ordre sur cest article au soulagement de vostre pauvre peuple et Dieu benira sire vostre Majesté et conservera la paix en vostre royaume et vous donnera victoire contre tous voz ennemis.

Qu'il plaise au roy oster le droit annuel des offices et en oster la venalité.

Vostre Majesté sire aura encor esgard sur la venalité des offices et considerera de quel poix est cest article que pour s'enrichir aujourd'huy on n'en faict scrupule, elle verra un office de lieutenant civil valoir aujourd'huy près de quatre cens mil francs sur quoy elle considerera sy c'est pour rendre la justice au peuple. La creue de ceste charge est le droict annuel qui s'en paye et la liberté de prendre aujourd'huy par où on peult et le plus grand mal qui y est c'est qu'aujourd'huy on ne regarde plus de quelle maison est un conseiller de la cour ou autre officier pourveu qu'il aye cette bonne somme d'argent pour paier un office et où le plus souvent est emprunté l'argent pour le paier. Enfin l'homme vertueulx n'est non plus privilégié en ces temps que le seclerat la jeunesse ne se soucie d'apprendre d'auitant qu'elle voit que le temps y est si miserable que ce n'est plus que brique les offices qu'il est impossible de ne prendre des corruptions achaptant lesdictz si chers joinct la vanité du monde qui paroist ès maisons par les superfluitez d'habitz de vaisselles d'argent et autres vanitez qui faict qu'il fault avoir le train de mesme et paroistre ès chevaulx et carrosses. Encores que lesdictz offices soient chers il n'y a rien de diminué des perles carcans et autres [vanitez qui est cause que pour entretenir tout ce train il fault de necessité se laisser emporter à la corruption et prendre de l'argent en rendant la justice comme appert par les procès meu entre le procureur general de vostre cour des aydes. Cela ne doit pourtant esmouvoir les gens de bien qui doivent plustost faire proffit pour leur ame du mal d'Aultruy. Jamais Vostre Majesté Sire ne fera edict qui face mieulx que de reformer la vanité ès habitz des hommes et des femmes de vostre royaume et ne sera porté l'honneur et le respect deu à Vostre Majesté jusques à ce que l'on connoisse en iceluy le président d'avec le conseiller, l'advocat d'avec le conseiller le procureur de l'advocat, le commissaire, de mesme le serviteur d'avec le maistre par les habitz superfuz qui ont à present cours en ce royaume. On appelloit Denis le Tiran de ce qu'il prist un jours certains (sic) sur les femmes de cielles qui aymoient aussy à estre braves. Tant s'en fault sire que ce fust tirannie, seroit très à propos d'oster aux uns pour adjouster aux autres affin qu'ostant la superfluité Votre Majesté seroit cause que chacun se reformeroit et vostre noblesse qui en seroit mieulx obéie rendroit a vostre majesté le mesme devoir qu'elle recevroit d'aultruy. Laquelle noblesse est aujourd'hui en s'y grand mespris que l'on a usé en ces derniers temps des plus grandes injures qui se sauroient excogiter contre messieurs les princes et seigneurs de vostre court contre mesme celuy qui touche de parenté vostre genereux sang.

(Qu'il plaise au Roy faire le procès de ceux qui ont escrit et medict envers les princes.)

Et ce par libelles diffamatoires meschans escritz et medisances qui meritent sire une punition exemplaire car ilz ne peuvent s'attaquer aux collonnes de vostre Estat que vostre Majesté en est le superfice n'y soit offencier. Je n'ay jamais seu trouver qu'il faille parler mal des grands. Je scay bien que quand ilz ce mettent à bien faire qu'ilz font de grans biens et que lorsqu'ilz font des faultes elles sont aussy grandes parcequ'elles sont faictes par de grans personnages.

Remettez donc sire s'il vous plaist chacun en son devoir, ne souffrez Sireque vostre pauvre peuple soit oppressé. Dieu vous donne vostre estat à ce que vostre Majesté apprenne a ses subjectz à garder la justice car vous estes sire celuy qui doit tenir le gouvernail de l'équité; rien ne rendra vostre majesté tant illustre que faire tout ce qu'elle desirera desirant tous jours le bien de son royaume et tel que sera vostre Majesté envers son pauvre peuple tel sera Dieu envers elle. Je ne parle poinct icy des gens d'Esglise, n'en estant pas digne. Je scay qu'il s'y commet de grands deffaults, mais encores ne m'est-il permis d'en juger seulement je prie vostre sacrée Majesté sire de pourvoir à tout, de récompenser les hommes vertueulx, de punir les vices oster les briques et partialitez de vostre royaume ne permettre que pour les offices d'election l'on aille de maison en maison gagner le peuple d'où advient quelques fois de la sedition. [En marge : *Ne permettre que l'on brigue les offices d'élection de maison en maison comme on faict.*] Que sy à la vérité on ne sentoit la hure on ne briguerait pas les charges comme l'on faict tandis que telle marchandise aura cours Dieu en sera offensé et vostre Majesté ne sera pas sy bien servie, car aujourd'huy on ne sert Dieu que par accoustumance, le roy que pour l'argent et pourtant rien de plus foule que les serviteurs domestiques de vostre maison royalle et ceulx qui font moins de service les mieulx recompensez. Ostez Sire à vostre pauvre peuple le plus que pourra Vostre Majesté de tailles, taillaiges et subsides et sy possible estoit de recevoir la mesme denier de vostre sel le laisser aller au pais ou il y en a disette et je m'assure que dans deux ans vostre majesté rembourseroit infinité d'officiers qui sont pour cest effect à la grande foule du peuple. Enfin Sire monstrez sire à vos ennemis vostre puissance et à vostre pauvre peuple vostre clemence et bonté et Dieu qui est juste juge vous rendra au lieu d'une couronne royalle en la terre une couronne royalle dans le ciel ou vous vivrez et regnerez à jamais éternellement. Ainsy soit-il.

Tua es potentia, tuum regnum domine tu es super omnes gentes. Da pacem Domine in diebus nostris. Creator omnium Deus terribilis et fortis Justus et misericors. *Resp.* Da Pacem Domine in diebus nostris. Gloria Patriet filio et spiritu Sancto Tua es potentua, *ut supri.* Da pacem Domine in diebus nostris quia non est aluid qui pugnet pro nobis nisi tu Deus noster. *Vers.* Fiat pax in virtute tua et abundantia in turribus tuis.

ORBMUS.

Deus a quo serneta desideria, recta consilia et justa sunt opera. Da servis tuis illam quam mundus non potest dare pacem est et corda mandatis tuis dedita et hostium sublata formidine tempora sint tua protectione tranquila, per Xristum domini um Dominum nostrum. Amen.

Sire la permission, et qui plus est le commandement de Vostre Majesté me pardonnera s'il luy plaist de vous adresser cette plaincte. Je la pense adresser a celuy en qui j'ay bonne fiance qui y donnera bon ordre et continueray me prière, à ce qu'il plaise, à Dieu benir toutes voz œuvres vous conduire en voz voyages à ce que vostre sacrée Majesté nous puisse tous regir et gouverner en bonne paix et pour tesmoignage de mon affection je chanteray avec l'Eglise : *Domine Salvum fac regem, et exaudi nos in die in qua invocaverimus te.*

LXXXXV

[DUELS.]

Tous ceux qui se batteront en duel ou rencontre, soit qu'ilz appellent ou qu'ilz soient appelez, seux qui les conduiront ou assisteront, encores qu'ils ne mettent la main à l'espée, seux qui les appelleront, porteront carte ou billetz, ou diront aucune parolle de laquelle sensuit duel ou rencontre, seront déclarez criminelz au premier chef, et comme telz punis de mort, et leurs biens acquis et confisquez au Roy, mesme au païs ou confiscation n'a poinct de lieu, et néantmoings tant de la dite confiscation et de amande qui seront adiugée, le tiers appartiendra à l'hostel-Dieu de la Ville plus proche du lieu où aura esté faict le duel, ou rencontre, et le tiers au dénonciateur.

Toutte batterie qui se fera à la suite de la Cour, ou dans la ville et banlieue de la Ville de Paris, sera estimée duel, ou rencontre, sera punis de mesme peine, sauf aux accusez sere présentantz, à vériffier par preuve claire et certaine, que la rencontre a esté fortuitte et non préméditée.

Le bruit commun sont tant pour preuve, tant contre les présentz que contre les absens non seulement pour décreter, mais aussy pour condemner, si les accusez ne se justiflient.

[Seux qui estans accusez ne se remonstront dans l'an de l'adiournement à trois jours.] La moitié des biens de ceux qui estans accusez ne se seront représenter dans l'an de l'adiournement à trois briefs jours, demeurera irréuocablement confisqués au Roy, applicable, comme dessus, encore que par après, ilz se représentent requis.

Sa Maiesté sera suppliée, de déclarer que dès à présent, elle faict don des offices charges et pensions desdictz accusez à ceux qui les demanderont les premiers, dont leur seront expédiées lettres en la grande et petite chancelerie, à leur choix en vertu de la présente ordonnance.

Le crime ne se pourra prescrire, que par quarante ans; et sera l'accusation publique, permise tant aux communautez des villes, où le crime aura esté commis, qu'à chascun des habitans d'icelle.

Le crime ne sera esteinct par la mort, et sera la sépulture déniée aux condemnez et aux accusez qui ne se seront représentez auant l'adiournement à trois briefs jours s'ilz meurent, auant que d'estre purgez, et deffence faicte à leurs juges d'accorder aucune permission de l'enterrer.

Seux qui retireront les dictz accusez à la ville, ou aux champs, seront punis de pareilles peines, et seront les maisons où ilz auront esté retirées rasées.

Tous les princes et Seigneurs jurront de tenir la main à l'exécution de ladicte ordonnance, et ne retirer chez eux aucuns desdictz accusez, ny leur prester aucune ayde, faueur ou intercession, ni demander pour eux aucune abolition rémission, grâce, pardon, ni commutation de peine.

Les veufues et enfans ou parentz du deffunct condemné, ou accusé, qui ne se soit représenté, seront incappable de possedder les biens du deffunct à quelque titre que ce soit, et encore que sa Maiesté par importunité en eust disposé, ou que ceux à qui sa dicte Maiesté en auroit faict don, leur eust rétrocedez lesditz biens, seront impétrables, comme venus en main de personnes indignes, et dès à présent seront déclarées nulle, toutte promesse ou déclaration passée à leur proffit.

Les enfans d'un condemné ou accusé qui ne soit représenté dans l'an de l'adiournement à trois briefs jours, seront incappables de posseder aulcuns bénéfices offices, charges, ou au cas qu'ilz y feussent pourueuz seront lesdictz bénéfices office et charge, impétrables.

La cognoissance dudict crime appartiendra à la Cour de Parlement, en première instance, et néantmoings le juge ordinaire pourroit en informer et faire l'escripture et enuoyer le prisonnier et l'information à la Cour.

Les substitudz de Monsieur le Procureur général, seront tenuz de luy donner aduis par Paris de toutes les contrauentions qui seront faicte saux prouinces, et toute la diligence qu'ilz auront faicte pour l'exécution de l'ordonnance.

Le Sieur Procureur général le premier jour de chascun mois, ira à la Grand Chambre à l'heure de huict heures, pour déclarer à la Cour les contrauentions qui auront esté faicte dans la ville et banlieue de Paris, et aduis qu'il aura eu

¹ Rayé dans l'original.

de ses substitudz, et la diligence qu'il aura faicte pour l'exécution desdictes ordonnances.

L'honneur et conscience des présidens et conseillers de la Cour seront chargez de tenir la main à l'exécution sans aucune connivence ni dissimulation, et de faire remonstrance à Sa Maiesté, tous les mois des contrauentions à l'édit si aucune sont faite.

Sa Maiesté sera très humblement suppliée de promettre solennellement de garder et obseruer lodict édit, et de ne bailler aucune abolition, ni dispense, pour quelque cause et occasion que ce soit, et au cas qu'il baillast par surprise, que dès à présent il la déclare nulle.

(Arch. nat., K. 675, n° 200.)

LXXXXVI

[FÊTES CHOMÉES; ABOLITION DES FOIRES.]

Messieurs, n'aiant aulcune plaincte en mon particulier pour représenter en ceste Grande et notable assemblée, et aussy peu pour le Général.

Je ne vous veux supplier que de trois choses pour estre arrestées aux Estatz et que vous suppliée (*sic*) Sa Maiesté, accorder.

La première est qu'il plaise à Sa Maiesté ordonner que le Vendredy-Sainct, sera feste et solemnisé par tout le Royaume de France, comme le Sainct jour de Pasques. Monsieur le Cardinal de Gondy, lors euesque de Paris, a aultrefois faict ceste prière à Nosseigneurs de Parlement, qui la trouuèrent juste, luy accordèrent et ordonnèrent qu'il seroit publié par la Ville et éniynirent au lieutenant civil faire tenir la main par les commissaires pour l'exécution.

Cela a duré quelques temps; Mais faute de le réitérer et y tenir la main, plusieurs merciers, ouuriers et gens de mestier, vendent et trauaillent dès le matin, et tout au long du jour au Grand mespris de l'honneur de Dieu, pour la réuérence de la journée en laquelle se traicte le mistère de nostre rédemption; plus nécessaires à solemniser entièrement que plusieurs aultres festes.

La seconde est, qu'il plaise à sa Maiesté ordonner que la feste Sainct Louis, sera aussy festée et solemnisé par tout le royaume de France, pour rendre grâce à Dieu de ce que par les mérites et prières de ce bon sainct, ce royaume a esté conseruré en sa lignée, jusques à sa Maiesté à présent règnante; et que sa Sainteté soit intercédeur envers Dieu, à ce que sa dicte Maiesté puisse longuement et seurement gouuerner ses subiectz en paix, repos et tranquilité, et bien heurer ses jours de Victoires contre ses ennemis.

Que deffences soyent faictes à touttes personnes sur peine de punition corporelle de trauailler, négotier, voicturer ne charier aucunes choses les dimanches et festes solempnelles de Nostre-Dame, Circoncision, Epiphanie, Assention, et feste du Sainct Sacrement. Et d'aultant que telle chose peult estre utile en une saison qu'y ne l'est   en aultre que de foires quy auoient esté autrefois establies pour les marchans merciers de la Ville pour y porter, débiter et vendre babiolles pour les enfantz et pour y faire trafficq et commerse de grosses Toilles escrûes eet draps blancs escrus pour les forains qui y vendoient en gros halotz, et sous, cordes, que les marchans de Paris acheptoient, faisoient blanchir en telle sorte et taindreq ue la bonté estoit conseruée, tant en la mannefacture quo blanchissages, ce quy n'est aujourd'huy au moyen de ce que les marchans forains et estrangers font amener, conduire vendre et débiter de touttes sortes de marchandises ausdictes foires où il n'y a aucune visitation déffectueuses en façons, longueurs, largeurs, tainctures et blanchissage ou les ecclésiasticques, nobles, bourgeois et marchans sont grandement trompés.

Et de faict quand quelques marchans de Paris, ont en leur boutique quelque mauuaise pièce de marchandise, il la faict vendre à la foire par quelcun de cognoissance en une loye à louage où il mect ses seruiteurs et seruantes desguisés en Allemandz, Anglois, Flamans, et Flamandes, Piccardes, ou en preignent à louage durant ladicte foire, ce quy est ordinaire à la foire Sainct Germain, et par ses desguisementz le peuple est trompé; lequel se plaict aux changemens nouueautés et estrangers, desquelz ils ayment mieux estre trompez, que loyallement seruis et accommodez de leurs concitoyens, et qui plus est le réhaulsement des monnoies prouient des dictes foires.

Oultre plus il s'est introduict ausdictes foires, principallement à celle de Sainct Germain une Académie berlandière et publicque de jeus de dés au grand détriment des joueurs, effroterie de ceulx qui baillent à jouer, prestent argent sur gages, ou vendent bagues à prix excessif, pour cest effect, pour le lucre qu'ilz y font, déshonneur et scandalle de la Police, et ordonnances de France aultrefois tant célébrée et estimée par tout le monde universel, et à présent mesprisée, et désestimée par tous les coings de la chrestienté.

C'est pourquoy est très humblement suppliée de casser, annuller et supprimer et réuocquer les dictes foires, comme trompeuses abusiues et déceptiues de Sa Maiesté et de ses subiectz.

Car oultre touttes les tromperies susdictes cesseront au moyen de ladicte suppression, les seigneurs hautz justiciers et fonciers des terres où se tiennent les dictes foirres, feront ung grand proffict et augmenteront de beaucoup leur revenu, vandant les dictes terres à la charge d'y bastir, à cens et rentes, lotz, sait sines, ventes aubènes, et amandes, quand le cas y éhera, à l'instar des marais du Temple pont-marchant, et aultres places nouuellement basties pour la décoration et ornement de la Ville, utillité et proffict des propriétaires et hautz justiciers.

(Arch. Nat. K. 675, n° 162).

LXXXXVII

[VAGABONDS; CERTIFICATS.]

Police qui seroit très utile et nécessaire pour empescher plusieurs grands maulx abus et désordres, qui se commettent journellement.

Contre ceulx qui soubz prétexte de vœux et pérégrinations, se desbauchent, s'en vont promener par le monde, et le plus souuent se rendent compaignons de larrons.

Contre tous vagabonds qui vont et viennent par païs, à discrétion, se joignant qnatre ou cinq ensemble, et trouuant leur aduantaige, se ruent sur les marchans, et autres personnes qu'ilz recontrent allans ou retournans des villes, foires et marchez, les volent, et quelques fois tes tuent.

Contre tous meschans garnimens qui abusent du mariage, espousant une femme en un lieu, et après l'auoir escroorquée, et consumé son bien la quittent et s'en vont en aultre lieu se remarier, à une aultre, et en font tout de mesme, de sorte qu'il s'en trouuera qui auront jusques à deux ou trois femmes, touttes viuantes, et oultre cela sont le plus souuent larrons et meurdriers.

Contre infinis coureurs, qui se disent : les ungs impotans, les autres greuez sans aucuns attestations de leurs accidens et blessures.

Contre autres qui se disent, massons, charpentiers, couureurs, ou aydes de telz mestiers, tombez et estropiez en trauaillans (sic), qui ne monstrent aucune attestation.

Contre les seruiteurs et seruantes qui desbauchent d'eulx-mesmes, ou se laissent surborner et desbaucher et s'en vont.

Contre ceulx qui les subornent et desbauchent et qui les pouruenoient d'autres maistres.

Contre autres mauuais serviteurs et seruantes et charretiers qui desrobent et en mènent les cheuaulx de leurs maistres, et qui au lieu de labourer les terres de leur maistres labourent celles d'autruy et en prennent argent.

Contre ceulx qui desrobent les fers des charrues sur le Champ; pour à quoy remédier et empescher tel larreçin, seront besoing que les mareschaulx, qui fournissent de fer aux fermiers et laboureurs marquassent les dictz fers de leurs marques, de sorte quilz les peussent recognoistre; et deffences à tous mareschaulx et autres personnes d'en achepter d'autres à peyne de la vye, si ce n'est des mesmes personnes à qui lesdictz fers apartiendront. Et enjoinct à eux de retenir les larrons quand ilz viendront apporter vendre lesdictz fers à peyne d'amende, dont la moitye sera ordonnée aux dénonciateurs.

Contre les bergers qui vendent les meilleurs brebis ou moutons de leur troupeau, puis gangnent au pied, et autres qui les changent et troquent à autres meschantes bestes, et en prennent argent. Seroit besoing pouruenoir contre les vendeurs et troaqueurs, que achepteurs par une justice séubre.

Les larrecins sont cause que l'on a recours non seulement aux monitoires, mais qui pis est, aux deuins et magiciens.

Pour empescher tous ces mauuais abus, et désordres semble, sauf meilleur aduis) qu'il seroit expédiant pouruenoir que nul voiage, pellerin ny autres, n'ayent, à partir du lieu de leur demeure ordinaire, pour aller par le monde, sans au préalable prendre certificat du Curé du lieu, ou son vicaire, et de deux ou trois des plus apparens de la paroisse, contenans que tel ou telz sont gens de bien, de bonne vye et meurs, et qu'il s'en va, ou s'en vont, en tel ou telz lieux pour telle et telles choses, auec supplication à l'éuesque diocésain ou ses grandz vicaires de leur vouloir donner son attestation, oultre laquelle, lesdictz viateurs seront encores tenus d'en prendre aultres, des officiers de villes, et plus apparens bourgs ou passages où ilz passeront, et arrester prisonniers tous ceulx qui seront trouuez allans et vagans par le monde, sans auoir certificat et attestation, comme dict est.

Seroit besoing que chacun prélat, archeuesche ou éuesque eust ung sceau, faict exprès pour seller les attestations desdictz viateurs auec cette inscription : «Police du Diocèse de....» sans autres armoieries, sinon que une simple croix, duquel sceau le Prélat et ses vicaires feroient faire plusieurs estampes, en cire et pappier, pour les enuoyer et distribuer à chacun curé des paroisses de son diocèse, afin que les dictz curés ou leurs vicaires, et ceulx des villes, bourgs et passages où seront monstrés les certificatz et attestations peussent en conférant l'une auec l'autre, cognoistre s'il y auroit de la faulceté ou non.

L'on dict communément, qu'en ce monde, les bons perdent pour les mauuais, dire qui est très véritable, car plusieurs pauures garsons et jeunes hommes, qui se hasardent d'aller par les villes et païs chercher maistres, demeurent sur le paué, d'aultant que, n'estans pas cognus et n'ayans certificatz, ny attestations, l'on craint de les prendre, ne sachans pas, s'ilz sont gens de bien et fidelz, que s'ilz estoient bien certifiez et recognus pour telz, par bonnes attestations, et certificatz, ilz seroient incontinant accueilliz de gens qui les prendroient à leurs seruices, et auec le temps (après auoir veu et fidèlement seruy leurs maistres) pourroient paruenir et faire quelque fortune au lieu qu'ilz sont (comme dict est) délaissez et abandonnez sur le paué, contraincts le plus souuent de se mesler auec les gueux et mandier.

Faire deffences à toutes personnes de prendre, ny receuoir à leur seruice aucun seruiteur ny seruante, s'ilz ne font apparoir du certificat des maistres ou maistresses, d'où ilz seront sortiz, sur telles peynes qu'il sera aduisé.

Et pouruenoir au règlement des gaiges des dictz seruiteurs et seruantes, d'aultant, qu'ilz veulent auoir gros gages, sy ne veulent guères faire.

Pouruenoir aussy au reiglement de leurs habitz, par ce qu'ilz veulent estre plus braues que les maistres et maistresses.

Pour éuiter beaucoup de maulx, meurdres, larrecins, et effronteries de gens,

qui après auoir, les uns tué, les autres desrobés, autres emprunté et consommé,
bled, argentou autres choses quittent et habandonnent en une nuictte lieu de leur
demeure, et s'en vont demeurer ailleurs, seront tenus acantque quitter le
lieu de leur première demeure, prendre un certifficat (dont le curé ou vicaire
retiendra aultant, signé des parties scauans signer) contiendra aussy les causes du
changement de demeure, et le lieu où ilz vouldront aller demeurer; et lorsqu'il se
présentera quelque nouueau advenu en une paroisse, il sera tenu d'aller incontí-
nant inscripre au pied du roolle de la taille, les noms et surnoms tant de luy que
de sa femme et leur estat et condition, et déclarer de quel lieu et paroisse, ilz
seront sortis, et les causes du changement de leur première demeure, dont le
greffier des tailles sera tenu garder régistre, sans pour ce prendre aulcun salaire,
à peyne de l'amande, et à faulte de §estre inscript, permis aux Préuosts des mareschaux de les apréhander, et leur faire leur procès comme vagabonds.

Cest article (qui contient deux chefs réciproques) seruira aussy pour obuier
aux abus, suppositions de noms, tant d'hommes que de femmes, affin aussy que
les larrons et meurdriers, ne trouent aucun receptacle de seur accez, car l'on
veoid, ordinairement, quand un larron ou meurdrier a faict quelque coup, en un
lieu, il faict un trou, à la nuict, et s'en va demeurer ailleurs, et par ce moien le
mal demeure impuny.

Pouruoir que tous les commissaires du Chastelet de Paris, et autres commis à
faire l'ordre du pris des héritages vendus et adiugés par décret, seront tenus faisans l'ordre de mettre les dattes des obligations, contractz, sentences et autres
pièces portans hipotecques sur lesdictz biens vendus, et encores les noms des
notaires et grefficrs qui les auront receus, et signés, affin que chacun créancier puisse veoir par ledict ordre, lesdictes dattes pour, sy mestier est auoir
recours aux minuttes originalles affin de coguoistre s'il y aura supposition
faulceté ou endossement.

(Arch. nat., K 675, n° 179.)

LXXXXVIII
[POLICE.]

Les bourgeois de Paris voudroient auoir l'office de lieutenant ciuil et de pro-
curour du Roy au Chastellet, pour le faire exercer de trois ans en trois ans par
gens de bien et capables, et qui rendroient la Justice gratis aux pauures, aux
veufues, orphelins et mineurs : tenir la main à ce qu'il n'y eust aucuns bordeaux,
maquereaux, maquerelles et putains, les faire punir corporellement, et bannir
les femmes : Chasser les vagabond, et gens sans adueu; punir corporellement
les larrons, et notamment les coupes-bourses : deffendre les chambres garnies et
les petits cabarettiers, lesquelz sous prétexte d'un bouchon et d'un muid de vin
retirent des voleurs, coupes-bourses, gens incogneus, et des garses. C'est une
grande pitié de vivre en confusion, comme on faict en la Ville de Paris; les plus
meschans [y ont leur retraite. C'est leur asyle, on neieur dit mot; Un coupe-
bourse sera quitte pour auoir un coup de fouet. O l'Injustice!

(Arch. nat., K 675, n° 178).

LXXXXIX
SUPPRESSION DES BRELAUS.

Au Roy et à Messeigneurs des Estatz de France.

Plaintes que font les ecclésiasticques du grand nombre de blasphèmes et scandalle quy journellement ce cometent en plusieurs maisons, de ceste ville où ilz
tiennent brellantz, comme jeux de billards, cartes, et detz, au grand préjudice
du publicq, estant l'origine de rendre les enfans de bonnes maisons, et seruiteurs voleurs et larrons.

Vous supplyant très humblement deffendre à toutes personnes tenants, telz
brellantz de non, à l'aduenir, tenir aucun jeux publicq en leurs maisons, sur
telles paines qu'il vous plaira ordonner et enjoindre aulx commissaires des cartiers, d'en faire la visitte et iceulx faire rompre et emporter, et ce faisant, Dieu
en sera loué et bénira vostre Saicte assemblée.

DURET, PRÉUOST, DANIEL.

(Arch. nat., K 675, n° 95.)

C
[SUPPRESSION DES BRELANS.]

AU ROY.

A Messieurs des estats generaulx de France.

Sire. Ce quy apporte ung grand desordre en ce royaume et quy faict que
toute lisance s'y permet c'est le peu d'estat que les justiciers font de faire obseruer
voz edictz comme aux blasphèmes, brellantz tant de jeux de billards publicq
cartes et des ou journellement s'y commettent de grands blasphèmes et scandalles
contre l'honneur de Dieu et contentement du publicq.

Representant qu'en telz lieux se retirent le plus souvent nombre d'enfans de
bonne maison hommes mariez et serviteurs lesquelz par la continuelle frequenta-
tion n'ayant plus moien d'y continuer sont forcez de voler et dérober et font
mourir leurs fammes et enfans de fin et le plus souvent batues et assoumées après
avoir perdu leurs argent quy les forcent journellement à jurer et blasphèmer
Dieu.

Suppliant très humblement le publicq d'avoir esgard a ceste plaincte et supplication Messieurs si desirez le bien de l'estatz et faire florir ce royaume de

deffandre et de chaser telz brellantz et mauvaise vie par des deffences à ceulx qui les tiennent telles et si vigoureuses que jugerez qu'ilz pourront meriter.

A anjoindre aulx commissaires d'en faire la perquisition et ceulx les faire rompre er mettre en pièce et feront assavoir a ieaulx tenant lesdictz jeux et brelantz le contenu de voz deffances. Ce faisant vous gaignerez les cieux.

BRUGIRR, LAVALIÈRE, DAUDRE, GORINOS.

Plainctes, supplications que faict le publicq au roy et à MM. des estatz generaulx de France.

(Arch. nat., K 675, n° 3.)

CI

[BLASPHÈMES·DÉBAUCHE, CARROSSES.]

Sera remonstré à Sa Majesté et à nosseigneurs de Son Conseil aux Estatz qui se tiendront en la Ville... Ce qui s'ensuit.

Premièrement. — Que pour euiter l'yre de Dieu en ceste France, augmenter et maintenir la foy et religion catholique, appostolique et Romaine, le royaume en paix et tranquillité, deffendre les juremens et blasphemmes, exécrables, du Sainct nom de Dieu que les hommes commettent si meschamment et misérablement et si communément, que les petitz enffans mesmes y sont si bien appris par la méchante et vicieuse accoutumance des hommes, qu'ilz ne parlent quatre parolles, qu'il n'y ayt ung blasme du Sainct nom de Dieu meslé auecq leur discours, et ce à cause de l'impunité desdictz blasphémateurs. Que sil lesdictz blasphemmes ne sont deffendus, et les blasphemmmateurs punis corporellement, comme ilz estoient punis du temps du feu Roy de France, Monsieur Sainct Louis, nous encourrons l'yre de Dieu et son indignation.

Il plaira aussi à Sa Majesté réprimer et deffendre les bordelz et lieux impudiques qui sont en si grand nombre en ce royaume, sepeciallement en sa ville de Paris, et faulx bourgs de Paris qu'il n'y a rue, ou il ny en ayt quantité en des maisons tenues par maquereaulx et maquerelles où il si commet une infinité de desbauchemens et subornation de filles et femmes de maison et de qualité, une infinité de meurtres et assassinatz et lesdictz lieux et bordelz une retraicte de voleurs de nuict et de coupeurs de bourses.

Il plaira aussi à Sa Majesté, en son conseil, retrancher le trop grand nombre de carrosses de Paris où il y en a bien huict mille au moins, tellement que quant il y a des pardons, soit en l'Eglise Nostre-Dame de Paris, aux Mandians, ou autres Eglises, il y a une si grande quantité de carrosses près des Eglises, que le peuple n'y peut aborder, et y a une telle confusion que au lieu de déuotion, il n'y a que injures, blasphemmes et querelles, et bien souuent des personnes et enffanz blessés, estroppiés et tuez, outre qu'il est employé ausdictz carosses et à l'atirail d'icelles, si grande quantité de cuir que le pauure peuple ne peut auoir de la chausseure que bien chèrement, à cause de la cherté du cuir prouenu à cause de la grande quantité qui entre esdictz carosses et en leur atirail.

Sera aussi remonstré à Sadicte Majesté esdictz Estatz l'offence qui se commet journellement enuers Dieu par les gantiers de ce royaulme, spécialement par ceux de la ville de Paris, au lauement des gandz qu'ilz lauent auecq des œufs, ou il y en est employé une si grande quantité, que depuis qu'ilz ont trouué et en commencé ce pernicieux artifice, les œufs sont augmentez de prix, des trois partz, et quelquesfois, il s'en trouve si rarement aux marchez que l'on n'en peut auoir de l'argent, et à cause que lesdictz gantiers font tel trafficq auec les coquetiers et marchauds qui amènent les œufs en ceste ville, et rendent un tel gain ausdictz coquetiers, qu'ilz ayment mieux porter leurs œufs ès maisons des gantiers, que les porter et vendre aux marchez publicqz de ladicte ville, à cause que ilz les vendent ce qu'ilz veullent ausdictz gantiers, et par ce moyen le publicq, les pauures artisans, et manœuures et pauures honteux et malades en reçoiuent très grande incommodité soit en santé, et en maladie, et c'est très certin et véritable que auparauant cette pernicieuse inuention de lauement, le quarteron d'œufz ne coustoit que iy f° ou iiy f° au plus, qui n'estoit qu'à raison du double la pièce, tellement que pour deux liartz, ung pauure maneoure ou autre estoit honnestement poruéu, pour deux liartz d'œufs, à son repas, et à présent, il luy fault deux liartz pour auoir seulement un œuf; c'est pourquoy il plaira à Sa Majesté, pour auiter [premièrement à l'ofance qui se commet envers Dieu par l'employ des œufs à tel lauement inutil et pernicieux et pour le bien et soulagement du publicq, speciallement des pauuvres artisans, maneuures, honteux et malades, ordonner deffences estre faictes ausdictz gantiers et autres de plus faire aucuns lauement de peaux et gands auec des œufs à peyne de confiscation des gandz, peaux qui se trouueront lauez auec œufz, amende arbitraire, et punition corporelle s'il y eschet.

(Arch. nat., K 675, n° 98.)

CII

[HABILLEMENT DES FEMMES; TENUE DES SERVANTES.]

Plaise à Nosseigneurs des Estatz donner règlement sur les habis et accoustremens des femmes, aflin que celles de mérite, extraction noble, alliances charges et dignitez de leurs mariz paroissent par dessus les moindres et de plus basse qualité; ce qui a esté si mal obserué par le passé que les plus simples mesmes celle qui n'ont aucun bien que le labeur de leurs maris, ont marché auecq tant de pompe et de superfluité en leur vestement et atour que celles de qualité releuée se sont restrainctes à la simplicité, craignant que le jugement qu'on feroit d'elles, fust le mesme qu'on faisoit de ces déprauées qu'on estime ordinairement en mauaise vie, d'aultant que se parantz de telz habits en moins de rien, elles sont misérables et rendent leurs mariz et enfans pauvres et destituez de tous biens, et après pour contenir leurs braueries, elles s'abandonnent, dont il sort tant de malheurs [que l'expérience nous] on acquiert journellement la congnoissance. Et n'est pas jusques aux seruantes qui ne sçauent comment s'accommoder et mettent plus sur elles à une seule fois qu'elles ne sçauroient gaigner en quatre ans, d'où s'ensuit aussy qu'elles se laissent aller, ou la plus part à une vie desbordée, et par ce moyen quant elles sont un peu belles, elles se font tant qu'elles ne se soucient de leurs maistresses et veullent auoir plus de gages en une année qu'il ne leur en faudrait en trois, et sont leurs maistresses quelquefois contrainctes afin d'estre seruies de leur donner ce qu'elles demandent, aimant mieux donner autant à une qu'il en faudroit à deux, que de changer pour en auoir une qui serait possible, moins seure, et de plus mauuaise vie que la première; car les seruantes de ce temps sont si mal conditionnées, que rarement il s'en trouue comme elles debueroient estre.

C'est pourquoy nosdictz seigneurs vous serez suppliez que par ung règlement, il soit ordonné que toutes les femmes s'accomoderont chascune selon sa qualité et par la façon de leurs habitz prix et ordre d'iceux, on s'en rapporte à vostre saint jugement. Quant aux seruantes qu'elles s'abilleront toutes à la discrétion de leurs maistresses, afin que par ce moyen elles en soient mieux seruies et que le caquet d'une infinité de coquettes et nez leues soit rabaissé, et qu'elles ne soient plus sy osées de marcher à costé de leurs maistresses ains derrière comme c'est leur debuoir; et que si elles sortant à la porte pour monstrer leur nez fourby, elles rentrent quant bon semblera à leurs dictes maistresses, sans les donner au diable comme font une infinité de mal apprises, et que si elles vont en Ville, elles reuiendront incontinent, qu'elles auront faict leur affaire sans aller leuretter d'un costé et d'autre et où elles n'ont point d'affaires. Ce faisant nosdictz Seigneurs, on priera Dieu perpétuellement pour vostre prosperité et santé.

(Arch. nat., K 675, n° 112.)

CIII
[HABITZ.]

Les ordonnances touchant la réformation des habitz deuroient estre gardées, et deuroient les hommes et femmes, estre habillés, suiuant leurs qualitez, en sorte qu'ilz feussent recongneus par la différence de leurs habitz. Une bourgeoise est habillée plus somptueusement qu'une damoiselle. Un clerc est mieux habillé qu'un gentilhomme.

Soyes. — Estoffes de soyes, deuroient estre deffendues, sinon à quelques personnes, comme il auoit esté proposé, il y a cinq ou six ans, lorsque les marchands de soye s'allèrent plaindre.

On n'a que faire de plaintes de telles gens, quand il est question du public, et mesmes quand ilz seroient tous pendus ou noyez, pourueu que ce feust pour le bien public, il n'y a pas grande perte. De quoy seruent de telles gens, sang-sües de la jeunesse.

(Arch. nat., K 675, n° 97.)

CIV
[RÉPARATION DES PORTES DE LA VILLE[1].]

S'il plaist aux sieurs députez, reigler les sieurs, préuost des marchans, affin qu'ilz trauaillent aux reparations nécessaires des portes, pont-leuis, clôture de la Ville, et aultres choses générales dependans de la Ville, d'aultant qu'ilz ne désirent y rien faire, n y aiant esculptures de marbre à metre et ne désirant faire trauailler que où il y a de quoy en mettre, quant il debueroit n'i auoir de place, que de cinq soubz.

Aussy prandre garde que les parties des ouurniges soient modérées en la présence du sieur......... du Roy et de la Ville, et de ceulx qui y souloient assister, en aiant fait leur volonté l'année dernière, et même celle-si présente, dont il en a qui ne sont certifiées de ceulx quy le doibuent, crainte des modifications, qui y pouroient suruenir, encore qu'il y en aist de passées ausquelles y a plusieurs modifications et particulières de la cheminée, laquelle n'est exécutée suiuant le marché, estans iceulx plus curieux de l'escripteau en grosses lettres pour leurs qualitez, que de metre la première pierre anecq conseil............[2].

(Arch. nat., K 675, n° 122.)

CV
[VENTE DU SEL.]

Plaise à Messieurs les commissaires députés, pour la visitation des cahiers qui sont trouuez dans les troncs de l'hostel de Ville, trauaillant à l'examen d'iceulx, et à dresser ce qu'ilz jugeront à réprimer dans la Police, prendre garde, à règler l'abus qui se commect à la distribution du sel, à petites mesures, et pour le recongnoistre prendront le pied sur la distribution qui se faict au grenier de Paris, qui doibt seruir d'exemple, à tous aultres, auquel lieu le sel vault au grenier pour tous droictz de pris de marchantz, gabelles et augmentations antiennes et nouelles extraordinaires qui se leuent audict grenier, sur chascun minot de sel, compris les droits des officiers, le minot monté à treize liures treize solz quatre deniers.

Et les regrattiers le vendent en détail, à raison de dix huict liures douze solz,

[1] Écriture démesurée et peu lisible. [2] Inachevé.

et pour chascun minot en recouant pour chacun litron cinq solz deux deniers
Tournois; en contant en chascun minot, soisante douze literons qui est le pris
qu'ilz recoiuent aujourd'huy, et par ce moyen ilz proffittent ou exigent du
peuple, quatre liures dix huict solz quatre deniers Tournois, pour minot, au lieu
de quinze solz ou vingts solz qui leur doibt estre atribué au plus.

Lequel reiglement est de telle conséquence, qui requiert telle séléritez qu'il
ne peult tarder sans ung très grandissime intérest au peuple.

(Arch. nat., K 675, n° 182.)

CVI

Il seroit très nécessaire de remédier à trois choses.
— Au nettoyement des Rues de Paris.
— A la pollice du bois et charbon laquelle n'est suiuye suyuant l'intention de
Messieurs de la Ville de Paris.
— Au prix excessif que les bouschers mettent sur la viande, qu'ilz vendent à
leurs estaux.

(Arch. nat., K 675, n° 54.)

CVII

[POLICE.]

Les tueries de bestes deuroient estre au dessous de la Ville et hors d'icelle.
Les teincturiers ne deuroient demeurer dedans les villes, ains hors d'icelles,
comme aussy les tanneries, les corroyeurs de cuir.

Greffes. — Il deuroit auoir un reiglement touchant le salaire des Greffiers qui
volent les parties qui plaident et poursuiuent leurs droictz. Il y a le droict ordinaire; il y a le Parisis, il y a droict du Clerc : puis ilz dressent des sentences et
jugemens, ausquels sont les aduertissemens des deux parties, et font des sentences
de sept, huict, neuf et dix escus et plus. C'est une grande pitié; on y doit remédier. A quoy bon dix ou douze lignes en une feuille. Auec deux motz en une ligne?
Tous voyent ceste vollerie establie par la France.

(Arch. nat., K 675, n° 96.)

CVIII

[POLICE.]

Seroit besoin pour mettre taux au bois et charbon qui arriue aux portz de la
Ville de Paris de veoir les batteaux etm archandise sur le lieu, et nou p   fier
aux marchands, lesquels ont en un batteau trois ou quatre sortes de ma
dises, et font monstre de la meilheuré sur quoy on fait le taux.

Le taux estant mis, pour leur faire obseuer, on deuroit commettre archers qui
auroient en main le taux pour le monstrer aux bourgeois, et où ilz s'entendroient
avec les marchands, comme font les jurez et autres officiers, qui sont sur l'eau,
trompant les bourgeois.

Le Préuost des marchands et Escheuins pensent faire un grand coup pour contenter un bourgeois de condamner un marchant à huict liures d'amande, pour
auoir vendu plus que le taux; c'est leur donner sujet d'y retourner. Mais on
deuroit confisquer et les batteaux et la marchandise et punir corporellement le
marchand délinquant,

(Arch. nat., K 675, n° 94.)